História e consciência de classe cem anos depois

História e consciência de classe cem anos depois

Reflexões sobre o livro que mudou o pensamento crítico do século XX

ORGANIZAÇÃO
José Paulo Netto

PREFÁCIO
Celso Frederico

© Boitempo, 2023

Direção-geral Ivana Jinkings

Edição Frank de Oliveira

Coordenação de produção Livia Campos

Assistência editorial Allanis Ferreira

Preparação Ana Mendes, Mariana Echalar e
Sílvia Balderama Nara

Revisão Clara Altenfelder e Sílvia Balderama Nara

Capa Antonio Kehl e Ivana Jinkings
a partir de Kasimir Malévich

Diagramação Antonio Kehl

Equipe de apoio Ana Slade, Davi Oliveira, Elaine Ramos, Frederico Indiani, Glaucia Britto,
Higor Alves, Isabella Meucci, Isabella Teixeira, Ivam Oliveira, Kim Doria, Luciana Capelli,
Marina Valeriano, Marissol Robles, Maurício Barbosa, Pedro Davoglio, Raí Alves,
Renata Carnajal, Thais Rimkus, Tulio Candiotto, Victória Lobo, Victória Okubo

Agradecemos aos autores e editoras a permissão para publicação ou republicação de textos
que compõem esta coletânea. Eventuais mudanças visaram sobretudo à adequação aos padrões
da editora e à busca de uma coerência editorial no conjunto da obra. Salvo menção em contrário, notas
numeradas em arábico são dos textos originais e notas marcadas com asterisco são da presente edição.

CIP-BRASIL. CATALOGAÇÃO NA PUBLICAÇÃO
SINDICATO NACIONAL DOS EDITORES DE LIVROS, RJ

H58

    História e consciência de classe : cem anos depois : reflexões sobre
o livro que mudou o pensamento crítico do século XX / organização
José Paulo Netto. - 1. ed. - São Paulo : Boitempo, 2023.

    ISBN 978-65-5717-238-4

    1. Lukács, György, 1885-1971. 2. Materialismo dialético.
3. Materialismo histórico. 4. Comunismo. 5. Consciência de
classe. I. Paulo Netto, José.

23-84083   CDD: 335.41
                           CDU: 330.85

Gabriela Faray Ferreira Lopes - Bibliotecária - CRB-7/6643

É vedada a reprodução de qualquer parte
deste livro sem a expressa autorização da editora.

1ª edição: setembro de 2023

BOITEMPO
Jinkings Editores Associados Ltda.
Rua Pereira Leite, 373
05442-000 São Paulo SP
Tel.: (11) 3875-7250 / 3875-7285
editor@boitempoeditorial.com.br
boitempoeditorial.com.br | blogdaboitempo.com.br
facebook.com/boitempo | twitter.com/editoraboitempo
youtube.com/tvboitempo | instagram.com/boitempo

Sumário

Nota da edição 7
Ivana Jinkings

Apresentação 9
José Paulo Netto

Prefácio: Dialética e reificação 17
Celso Frederico

Prefácio (1967) 23
György Lukács

Sobre *História e consciência de classe* 53
Lucien Goldmann

Da arte demoníaca ao milagre da revolução: reflexões sobre o jovem Lukács (1908-1923) 75
Koenraad Geldof

De *História e consciência de classe* a *Dialética do esclarecimento*... E de volta ...105
Slavoj Žižek

Limites da reificação: notas sobre o sujeito revolucionário em *História e consciência de classe* 123
Marcos Nobre

Metamorfoses da filosofia marxista: a propósito de um texto inédito de Lukács 143
Nicolas Tertulian

Lukács: a ponte entre o passado e o futuro 161
Mauro Luis Iasi

O começo de uma filosofia necessária: György Lukács, a história e a consciência 187
Eduardo Sartelli

Depois de Outubro: o Lukács protomarxista 217
Guido Oldrini

A fenomenologia do trabalho: *História e consciência de classe* 249
Antonino Infranca

A alienação no jovem Lukács: *História e consciência de classe* e a crítica à reificação 281
Henrique Wellen

Racionalismo e reificação em *História e consciência de classe* 309
Ricardo Musse

Dialética revolucionária *versus* "reboquismo": a resposta de Lukács à crítica a *História e consciência de classe* 331
Michael Löwy

Sobre o organizador e os autores 341

Nota da edição

Ivana Jinkings

Desde 2010, a Boitempo tem como um de seus objetivos editoriais oferecer ao leitor de língua portuguesa textos relevantes de György Lukács, por muitos estudiosos considerado o maior filósofo marxista do século XX. A ampla repercussão da nossa bem-sucedida Biblioteca Lukács – graças ao rigor de traduções feitas sempre com base nos originais, com apresentações, prefácios e notas preparados por acadêmicos e intelectuais qualificados e publicada com edição esmerada – demonstra o reconhecimento desse nosso empenho por parte do público, reconhecimento que excede as fronteiras universitárias.

O registro do centenário, agora em 2023, da obra de Lukács que é talvez a mais polêmica, não poderia passar sem a contribuição da Boitempo. A antologia que entregamos ao público, organizada pelo professor José Paulo Netto – que, embora não tenha participado da revisão ou da edição dos textos, contribuiu imensamente com seu vasto conhecimento do tema e da bibliografia a ele relacionada – e prefaciada pelo professor Celso Frederico, ambos intelectuais de notório conhecimento no tratamento de escritos de Lukács, é a nossa imprescindível referência aos cem anos de *História e consciência de classe*.

Neste livro, estão reunidos textos, alguns deles dispersos em publicações brasileiras, outros nunca traduzidos para o português, de analistas de distintas nacionalidades e gerações que se debruçaram sobre *História e consciência de classe* (além do depoimento praticamente conclusivo do "velho" Lukács sobre sua obra de "juventude") e aqui também se encontram informações de natureza histórica e bibliográfica nem sempre facilmente localizáveis. O material coligido de forma cuidadosa neste volume seguramente oferecerá ao leitor diferentes perspectivas de análise e de crítica para problematizar, iluminar e enriquecer sua própria interpretação daquele que o filósofo greco-francês Kostas Axelos (um dos responsáveis pela edição francesa de 1960, que Lukács desautorizou, mas que de fato operou a divulgação da obra até então quase impossível de ser acessada) designou como "o livro maldito do marxismo".

Sustenta a Boitempo que autores clássicos do passado (e Lukács é um deles) sempre têm muito a dizer às gerações voltadas para transformar o presente e prospectar racionalmente o futuro. Esta antologia é mais uma obra a reafirmar essa convicção.

Apresentação

José Paulo Netto

Em 1923, a editora berlinense Malik publicou, como nono volume de sua Pequena Biblioteca Revolucionária e dedicado a Gertrud Bortstieber, o livro de G. Lukács – originalmente, com 343 páginas – *Geschichte und Klassenbewusstsein: Studien über marxistische Dialektik* [*História e consciência de classe: estudos sobre a dialética marxista*]*. A Malik, fundada em 1917 por W. Hertzfeld, interrompeu suas atividades em 1918 e retomou-as em 1919, com o apoio financeiro de Felix Weil (ver Frank Hermann, *Malik – Zur Geschichte eines Verlages 1916-1947* [Düsseldorf, Droste, 1989]). Em 1923, conectada ao Partido Comunista da Alemanha, deu à luz duas obras que marcariam profundamente a história da tradição marxista – o livro de Lukács e o de Karl Korsch, *Marxismus und Philosophie* [*Marxismo e filosofia*]**.

Na sequência imediata de sua publicação, *História e consciência de classe* foi objeto de polêmica e de crítica, de aplausos e ataques provindos especialmente de segmentos comunistas e social-democratas. E Lukács, em 1925 ou 1926, replicou às principais críticas que lhe foram feitas em texto que permaneceu inédito até 1996 (*Reboquismo e dialética: uma resposta aos críticos de* História e consciência de classe)***.

---

* Ed. bras.: G. Lukács, *História e consciência de classe: estudos sobre a dialética marxista* (trad. Rodnei Nascimento, 3. ed., São Paulo, WMF Martins Fontes, 2018). (N. E.)

** Ed. bras.: Karl Korsch, *Marxismo e filosofia* (trad. José Paulo Netto, Rio de Janeiro, Ed. UFRJ, (2008) (N. E.)

*** Ed. bras.: G. Lukács, *Reboquismo e dialética: uma resposta aos críticos de* História e consciência de classe (trad. Nélio Schneider, São Paulo, Boitempo, 2015). (N. E.)

Depois de 1929-1930, interrompendo por dois decênios e meio sua intervenção diretamente político-partidária, Lukács fez declarações autocríticas acerca da obra e não se dispôs a republicá-la – mas *História e consciência de classe* prosseguiu como referência para debates entre marxistas e intelectuais progressistas que puderam examinar o livro. Tais debates ganharam força e se alargaram quando uma casa francesa lançou, sem obter a licença do autor, sua primeira reedição*. Apesar do protesto expresso e público de Lukács contra esse lançamento, a obra foi várias vezes reimpressa e abriu a via para o conhecimento mais amplo do livro, até então de difícil acesso. Lukács, na segunda metade dos anos 1960, autorizou enfim sua (re)publicação, com um novo e cuidadoso ensaio autocrítico – datado de março de 1967 e logo apensado à edição italiana da obra: *Storia e coscienza di classe* (Milão, Sugar, 1967) e à edição alemã, coligida em *Frühschriften* (Neuwied/Berlim, Luchterhand, II, 1968).

A partir daí – com *História e consciência de classe* traduzida para o inglês e o espanhol –, alargou-se e renovou-se, em escala internacional, o conhecimento e a crítica da obra de 1923 de que, agora, comemora-se o primeiro centenário. Material de proveniência acadêmica que contribuiu muito para os mencionados alargamento e renovação foi o volume coletivo organizado por István Mészáros, *Aspects of* History and Class Consciousness [Aspectos de *História e consciência de classe*] (Londres, Routledge & Kegan Paul, 1971) – Mészáros, aliás, ocupou-se posteriormente, e em vários passos de seus escritos, de *História e consciência de classe* (ver as páginas que lhe dedicou em seu notável *Para além do capital: rumo a uma teoria da transição***, ademais do tratamento que já lhe conferira em *O conceito de dialética em Lukács****). Ainda na década de 1970, Michael Löwy, talentoso marxista nascido no Brasil e que desenvolveu o essencial de seus influentes trabalhos na França, publicou um importante ensaio que igualmente foi relevante para fomentar a atenção mundial dispensada à obra lukacsiana: *A evolução política de Lukács: 1909-1929*****. Em especial depois de meados dos anos 1970, não deixou de avolumar-se a bibliografia referente à obra de 1923, e também

---

* G. Lukács, *Histoire et conscience de classe: essais de dialectique marxiste* (Paris, Les Éditions de Minuit, 1960). (N. E.)

** István Mészáros, *Para além do capital: rumo a uma teoria da transição* (trad. Paulo Cezar Castanheira e Sérgio Lessa, São Paulo, Boitempo, 2002). (N. E.)

*** Idem, *O conceito de dialética em Lukács* (trad. Rogério Bettoni, São Paulo, Boitempo, 2013). (N. E.)

**** Michael Löwy, *A evolução política de Lukács: 1909-1929* (trad. Heloísa Helena A. Mello, Agostinho Ferreira Martins e Gildo Marçal Brandão, São Paulo, Cortez, 1998). Há edição brasileira anterior, da Lech, de São Paulo, de 1979. (N. E.)

aos textos da crítica filosófica e literária de Lukács, em teses universitárias, livros, comunicações apresentadas em congressos/seminários, ensaios e mesmo artigos de caráter jornalístico – e em escala tal que se torna tarefa muito difícil acompanhar seu crescimento (instrumentos da mídia eletrônica que de algum modo o registram são *sites* e *blogs*, como o francês *Le blog des amis de Georg Lukács*, o alemão da *Internationale Georg-Lukács-Gesellschaft* e o italiano *György Lukács*).

No Brasil, a divulgação do pensamento de Lukács teve seus passos iniciais decisivos com os trabalhos, ainda nos anos 1960, de Leandro Konder e Carlos Nelson Coutinho. Konder, conhecido publicista da tradição marxista entre nós e que já em 1961 iniciava sua correspondência pessoal com Lukács, em 1967 sumariou o pensamento estético do filósofo húngaro (ver, em segunda edição, *Os marxistas e a arte**) e, anos depois, ofereceu-nos uma bela análise da evolução do grande pensador em *Lukács***. Ingressando na carreira universitária, após retornar do exílio, Konder prosseguiu fomentando o estudo de Lukács entre as novas gerações intelectuais. Coutinho, também em 1967, sinalizou os traços principais da concepção estética de Lukács em seu *Literatura e humanismo**** e, na entrada dos anos 1970, criticando o estruturalismo à época em voga, valeu-se muito de Lukács em brilhante ensaio, *O estruturalismo e a miséria da razão*, acessível em sua segunda edição****. Igualmente ingressando na carreira acadêmica em meados dos anos 1980, Coutinho avançou em seu magistério contribuindo com a formação de jovens intelectuais (além de sua intervenção, nos anos 2000, como dirigente da editora da Universidade Federal do Rio de Janeiro). Parece não haver dúvidas acerca do pioneirismo e do protagonismo de Konder e Coutinho, seja na divulgação mais ampla de Lukács no Brasil, seja na inserção de seu pensamento em nossa vida acadêmica.

A integração de Lukács à vida universitária brasileira teve em Konder e Coutinho promotores essenciais, mas não exclusivos: também nos anos 1980, contributo relevante foi o de José Chasin. Assumindo em meados daquela década cargo de docência na Universidade Federal da Paraíba e depois transferindo-se para a Universidade Federal de Minas Gerais, Chasin, no âmbito dos estudos filosóficos – em que se destaca seu principal trabalho, originalmente de 1995, *Marx: estatuto*

---

*   Leandro Konder, *Os marxistas e a arte* (2. ed., São Paulo, Expressão Popular, 2013). (N. E.)

**   Idem, *Lukács* (Porto Alegre, L&PM, 1980). (N. E.)

***   Carlos Nelson Coutinho, *Literatura e humanismo* (Rio de Janeiro, Paz e Terra, 1967). (N. E.)

****   Idem, *O estruturalismo e a miséria da razão* (2. ed., São Paulo, Expressão Popular, 2010). (N. E.)

*ontológico e resolução metodológica** –, desempenhou, ademais de sua atividade como editor, papel muito importante na formação de novos pesquisadores. De suas orientações acadêmicas provieram vários jovens que logo se destacaram na cena intelectual – e seu exemplo se prolonga, na Universidade Federal de Minas Gerais, graças ao empenho de Ester Vaisman. Ex-alunos de Konder, Coutinho e Chasin, inseridos no magistério, desenvolveram interpretações diversas da obra de Lukács e em várias instituições de ensino superior do país, públicas e comunitárias, constituíram (com estudiosos de outras gerações e formações) numerosos núcleos de pesquisa que ampliaram (e continuam hoje a fazê-lo) a incidência de ideias e teses lukacsianas sobre a estética, a filosofia e as ciências sociais brasileiras. Tais núcleos, em grande medida, respondem pela promoção de eventos (seminários, colóquios), pela edição de periódicos e pelo acúmulo, no Brasil, de uma massa crítica muito diferenciada que torna Lukács uma referência indescartável em nossa cultura acadêmica – inclusive com ressonâncias no exterior.

Não cabe aqui, decerto, sumariar a história da recepção de Lukács no Brasil – de que já existe uma diversificada bibliografia, com destaque, entre outros, para materiais reunidos por Maria Orlanda Pinnassi e Sérgio Lessa, organizadores do volume *Lukács e a atualidade do marxismo***, e para os ensaios de Celso Frederico, "Presença de Lukács na política cultural do PCB e na universidade"*** e "A recepção de Lukács no Brasil"****. E menos possível ainda é arrolar aqui o elenco de intelectuais – não necessariamente marxistas – que, em especial nas últimas três décadas, produziram a mencionada massa crítica, aliás muitíssimo diferenciada (embora se deva citar, de maneira aleatória e incorrendo em imperdoáveis omissões, uns poucos dentre vários nomes: Norma Alcântara, Sílvio L. Almeida, Ricardo Antunes, Paulo Henrique F. Araujo, Gláucia M. T. Barbosa, Ranieri Carli, Juarez Duayer, Mário Duayer, Celso Frederico, Mauro Iasi, Ricardo Lara, Sérgio Lessa, Wolfgang L. Maar, Carlos Eduardo J. Machado, Maurício V. Martins, João L. Medeiros, Ricardo Musse, Marcos Nobre, Deribaldo Santos, Vitor Sartori, Arlenice A. Silva,

---

* José Chasin, *Marx: estatuto ontológico e resolução metodológica* (São Paulo, Boitempo, 2009). (N. E.)

** Maria Orlanda Pinnassi e Sérgio Lessa, *Lukács e a atualidade do marxismo* (São Paulo, Boitempo, 2002). (N. E.)

*** Celso Frederico, "Presença de Lukács na política cultural do PCB e na universidade", em João Quartim de Moraes (org.), *História do marxismo no Brasil*, v. 2 (Campinas, Unicamp, 2007). (N. E.)

**** Idem, "A recepção de Lukács no Brasil" (acessível no *Blog da Boitempo*, editado em 24/8/2010). (N. E.)

Adryanice A. S. Sousa, Ester Vaisman, Ronaldo Vielmi, Henrique Wellen). São relativamente poucos os textos de brasileiros (cerca de um terço) coligidos no volume que o leitor tem em mãos – e isso porque a escolha foi dirigida apenas e basicamente para materiais concernentes a *História e consciência de classe*. Também os escritos de autores de outra nacionalidade comparecem aqui na medida em que o livro de 1923 é seu tema destacado. Em boa parte, trata-se de textos que vieram à luz já no século XXI. E a bibliografia (extremamente diferenciada e pluralista) com que se conclui esta apresentação, em que se contemplam igualmente alguns autores brasileiros, é somente uma mínima amostra – limitada, mas que o organizador deste livro julga ser expressiva – recolhida do enorme rol da documentação pertinente a *História e consciência de classe*. É supérfluo assinalar que uma leitura proveitosa da obra de 1923 deve ter em conta sua contextualidade histórico-política, tematizada em vários dos títulos a seguir listados – para uma síntese do quadro histórico-social húngaro em que Lukács se formou, ver o competente ensaio de J. I. Lopez Soria, *De lo trágico a lo utópico: sobre el primer Lukács**. Considere-se, ainda, a visão do próprio filósofo acerca de sua evolução intelectual (ver especialmente G. Lukács, *Pensamento vivido: autobiografia em diálogo***).

Estima o organizador desta coletânea que, na passagem do centenário de publicação de *História e consciência de classe*, este volume contribua para que seu eventual leitor desfrute dessa leitura proveitosa. Estima, ainda, que lhe seja útil a seguinte bibliografia:

ANDRÉS LOPEZ, D. *Lukács:* Praxis and the Absolute. Leiden, Brill, 2019.

ARATO, A.; BREINES, P. *The Young Lukács and the Origins of Western Marxism.* Nova York, The Seabury, 1979.

BASAGLIA, F. *Coscienza di classe e storia in György Lukács*: il dibattito. Carbonia, Susil, 2016.

BEDESCHI, G. *Introduzione a Lukács*. Bari, Laterza, 2005.

BENSELER, F. (org.). *Georg Lukács*: eine Einführung in Leben und Werk. Neuwied, Luchterhand, 1984.

BEWES, T.; HALL, T. (orgs.). *Georg Lukács*: The Fundamental Dissonance of Existence. Londres, Continuum, 2011.

BOELLA, L. *Il giovane Lukács*: la formazione intellettuale e la filosofia politica – 1907-1919. Bari, De Donato, 1977.

_____. (org.). *Intellettuali e coscienza di classe*: il debate su Lukács – 1923-1924. Milão, G. Feltrinelli, 1977.

---

* J. I. Lopez Soria, *De lo trágico a lo utópico: sobre el primer Lukács* (Caracas, Monte Avila, 1978). (N. E.)

** G. Lukács, *Pensamento vivido: autobiografia em diálogo* (trad. Cristina Alberta Franco, São Paulo/Viçosa, Ad Hominem/Editora da UFV, 1999). (N. E.)

BRONNER, Stephen E. *Da teoria crítica e seus teóricos*. Campinas, Papirus, 1997.

BUHR, M.; LUKÁCS, J. (orgs.). *Geschichtlichkeit und Aktualität*: Beiträge zum Werk und Wirken von Georg Lukács. Berlim, Akademie, 1987.

CERUTTI, F. et al. *Geschichte und Klassenbewusstsein heute*. Amsterdá, De Munter, 1971.

CONGDON, L. *The Young Lukács*. Chapel Hill-New Jersey, University of North Carolina, 2011.

DANNEMANN, R. *Das Prinzip Verdinglichung*: Studie zur Philosophie Georg Lukács. Frankfurt, Sendler, 1987.

_____. *Georg Lukács*: Zur Einführung. Hamburgo, Junius, 1997.

FEENBERG, A. *Lukács, Marx, and the Sources of Critical Theorie*. Totowa-New Jersey, Rowman and Littlefield, 1981.

FETSCHER, I. *Karl Marx e os marxismos*. Rio de Janeiro, Paz e Terra, 1970.

_____. Zum Begriff der 'Objektiven Möglichkeit' bei Max Weber und Georg Lukács. *Revue Internationale de Philosophie*, Bruxelas, Universa, ano 27, n. 106, fasc. 4, 1973.

GOLDMANN, L. *Lukács et Heidegger*. Paris, Denoel, 1973.

GRÜNENBERG, A. *Bürger und Revolutionär*: Georg Lukács 1918-1928. Frankfurt, Europäische, 1976.

HABERMAS, J. *Theorie des kommunikativen Handelns*: Handlungsrionakität und gesellschaftliche Rationalistierung, v. 1. Frankfurt, Suhrkamp, 1987.

HAHN, E. *Lukács und der orthodoxe Marxismus*: eine Studie zu *Geschichte und Klasssenbewusstsein*. Berlim, Aurora, 2017.

HELLER, A. (org.). *Lukács Reappraised*. Nova York, Columbia University, 1983.

HERMANN, I. *Georg Lukács, sein Leben und Wirken*. Viena, H. Böhlaus, 1986.

JAY, M. *Marxism & Totality*: The Adventures of a Concept from Lukács to Habermas. Berkeley/Los Angeles, University of California, 1984.

JONES, G. S. et al. *Western Marxism*: A Critical Reader. Londres, New Left Books, 1977.

JUNG, W. *Georg Lukács*. Stuttgart, JB Metzler, 1989.

KADARKAY, A. *Georg Lukács*: Life, Thought, Politics. Oxford, B. Blackwell, 1991.

KAMMLER, J. *Politische Theorie von Georg Lukács*. Darmstadt-Neuwied, Luchterhand, 1974.

KAVOULAKOS, K. *Georg Lukács's Philosophy of Praxis*: From Neo-Kantism to Marxism. Londres, Bloomsbury, 2018.

KELEMEN, J. *The Rationalism of Georg Lukács*. Nova York, Palgrave Macmillan, 2014.

KÖVES, M. The Life and Work of Georg Lukács. *Social Scientist*. Nova Déli, Tulika, v. 45, n. 11--12, nov.-dez. 2017.

KRAUSZ, T.; MESTERHÁSI, M. Lukács *History and Class Consciousness* in the Debates of the 1920s. In: ILLÉS, L. et al. (orgs.). *Hungarian Studies on György Lukács*, v. 1. Budapeste, Akadémiai Kiadó, 1993.

LAMO DE ESPINOSA, E. *La teoria de la cosificación de Marx a la Escuela de Francfort*. Madri, Alianza, 1981.

LANNING, R. *Georg Lukács and Organizing Class Consciousness*. Minneapolis, MEP, 2009.

LEFÈBVRE, H. *Lukács 1955*. Paris, Aubier-Montaigne, 1986.

LOSURDO, D. et al. (orgs.). *György Lukács nel centenário della nascita*. Urbino, Quattro Venti, 1986.

LUDZ, P. (org.). *Georg Lukács*: Schriften zur Ideologie und Politik. Neuwied/Berlim, Luchterhand, 1967.

MERLEAU-PONTY, M. *Les Aventures de la dialectique*. Paris, Gallimard, 1955.

MÉSZÁROS, I. *O conceito de dialética em Lukács*. São Paulo, Boitempo, 2013.

MÜNSTER, A. *Ernst Bloch*: messianisme et utopie. Paris, PUF, 1989.

NETTO, J. P. Possibilidades estéticas em *História e consciência de classe*. In: *Temas de ciências humanas*, v. 3. São Paulo, Lech, 1978.

PARKINSON, G. H. R (org.). *Georg Lukács*: The Man, His Work and His Ideas. New York, Random House, 1970.

PLASS, H. (org.). *Klasse Geschichte Bewusstsein*: was bleibet von Georg Lukács Theorie?. Berlim, Verbrecher, 2015.

RÉVAY, J. et al. *Lukács debatte*: Philosophie und Revolution – Zur Wirkingsgeschichte von "Geschichte und Klasssenbewusstsein". Berlim, Verlag oJ, 1970.

ROCKMORE, T. (org.). *Lukács Today*: Essays in Marxist Philosophy. Dordrecht, D. Reidel, 1988.

SOCHOR, L. Lukács e Korsch: a discussão filosófica nos anos 20. In: HOBSBAWM, E. J. (org.). *História do marxismo*, v. 9. Rio de Janeiro, Paz e Terra, 1987.

STAROSTA, G. Scientific Knowledge and Political Action: On the Antinomies of Lukács' Thought in *History and Class Consciousness*. In: *Science & Society*, Nova York, Guilford, v. 67, n. 1, mar. 2003.

TERTULIAN, N. Bloch-Lukács: la storia di un'amicizia conflittuale. In: MUSILLAMI, R. (org.). *Filosofia e prassi*. Milão, Diffusioni'84, 1989.

WESTERMAN, R. *Lukács's Phenomenology of Capitalism*: Reification Revalued. Londres, Palgrave Macmillan, 2019.

WIGGERSHAUS, R. *A Escola de Frankfurt*: história, desenvolvimento teórico, significação política. Rio de Janeiro, Difel, 2006.

Prefácio
Dialética e reificação
Celso Frederico

Cem anos depois, *História e consciência de classe* (*HCC*) continua sendo a obra de filosofia marxista mais influente da história. A paixão revolucionária presente nos diversos ensaios que compõem o livro, escritos entre 1919 e 1922, exerceu um fascínio duradouro que não deixa o leitor indiferente. Fruto do impacto da Revolução Russa e da expectativa de seus desdobramentos na Europa, *HCC* é um ajuste de contas com o reformismo na política e na teoria. Contra a perspectiva evolucionista, que defendia o caminho pacífico para a transição ao socialismo, a Revolução Russa era uma realidade candente ao colocar a perspectiva revolucionária novamente na ordem do dia. Contra o determinismo mecanicista que orientava a Segunda Internacional, a dialética, a luta dos contrários, foi chamada à cena. A crítica da visão linear da história, do reformismo e do mecanicismo conduziu a uma surpreendente redescoberta da dialética. O empenho, nesse momento, consistia em realçar o caráter revolucionário do método e descartar o sistema conservador que o envolvia e tolhia o subversivo desenvolvimento da dialética.

Hegel, até então tratado como "cachorro morto", como disse em seu tempo Marx, era agora reabilitado em nome da revolução. Na Rússia revolucionária dos anos 1920 travou-se uma disputa sobre o significado da dialética. Entre seus defensores (os "dialéticos"), destacava-se Deborin, e entre os "mecanicistas", L. I. Akselrod. Paralelamente, na Alemanha, Karl Korsch publicou *Marxismo e filosofia**. Na Itália, Gramsci, preso em 1926, criticava o pensamento não dialético de Bukharin e, ao

---

* Karl Korsch, *Marxismo e filosofia* (trad. José Paulo Netto, Rio de Janeiro, Editora UFRJ, 2008). (N. E.)

mesmo tempo, procurava diferenciar-se de seu antigo mestre, Croce, representante maior do hegelianismo na filosofia e do liberalismo na política.

Revolução e dialética, então, passaram a caminhar juntas. Lênin, no texto que ficou conhecido como o seu *Testamento*, fez uma surpreendente crítica a Bukharin, o mais querido entre os bolcheviques. Apesar de realçar seus méritos, Lênin considerava-o incapaz de dirigir o Estado Soviético porque "jamais estudou e creio que jamais compreendeu por completo a dialética"*. Não deixa de ser significativo, embora muito estranho, que, para dirigir o Estado, fosse necessário estudar e compreender a dialética...

De todas essas tentativas de aproximação de Marx com Hegel, a mais ousada é *HCC*. No "Posfácio" de 1967 – assim denominado na edição portuguesa, de 1974 –, Lukács observou que o livro foi escrito "no mais puro estilo hegeliano", pois

> o seu fundamento filosófico último é constituído pelo sujeito-objeto idêntico realizando-se no processo histórico. É verdade que no próprio Hegel o sujeito-objeto nasce por via lógico-filosófica, atingindo o espírito absoluto, o grau supremo da filosofia, com o recolher da alienação [*Entaeusserung*], com o regresso a si mesmo da consciência de si, realizando assim o sujeito-objeto idêntico. Para *História e consciência de classe*, pelo contrário, este processo deve ser social e histórico, e culmina no fato de o proletariado atingir este estádio na sua consciência de classe ao tornar-se sujeito-objeto idêntico da história.**

A pretendida identidade, que em Hegel se realizaria no longínquo momento do Espírito Absoluto, em Lukács era uma realidade efetiva anunciada pela revolução de 1917. Unidade sujeito-objeto, passagem do reino da necessidade para a liberdade, fim da alienação, realização da filosofia... Este último ponto chamou a atenção de Trótski em 1928. Às voltas com a dura realidade e o desafio de construir o socialismo, ele lembrou no texto "As tendências filosóficas do burocratismo" que Lukács

> arriscou-se a anunciar que, com o início da Revolução de Outubro, que representava o salto do reino da necessidade para o reino da liberdade, o materialismo histórico havia deixado de existir e havia deixado de responder às necessidades da era da revolução proletária. Não obstante, rimos muito com Lênin desse descobrimento, que, para dizer moderadamente, era, pelo menos, prematuro.***

---

* "El testamiento de Lenin", em V. I. Lenin, *Obras escogidas*, t. 3 (Moscou, Progresso, 1979), p. 763-89. (N. E.)

** G. Lukács, *História e consciência de classe* (trad. Telma Costa, Lisboa, Escorpião, 1974), p. 362. (N. E.)

***Léon Trotsky, "Las tendencias filosóficas del burocratismo", disponível em: <https://ceip.org.ar/>; acesso em: 2 mar. 2023. (N. E.)

A ironia do revolucionário logo mais seria substituída pela censura. Lukács foi acusado de idealista por considerar a natureza uma categoria social, de negar a teoria do reflexo, de desviar-se da ortodoxia em sua crítica a Engels, de ser voluntarista etc. Quanto à dialética, Stálin instituiu o *diamat* em 1938 como doutrina oficial: Hegel, então, passou a ser considerado o teórico da Restauração, portanto um filósofo reacionário que nada tinha a ver com o marxismo.

Sofrendo pressão de todos os lados, Lukács renegou a obra em diversas autocríticas protocolares – condição, segundo ele, para continuar atuando no movimento comunista. A tentativa de defender a obra de seus críticos gerou o livro *Reboquismo e dialética*, não publicado à época, saindo apenas em 1996 na Hungria (a edição da Boitempo é de 2015)*. A ruptura com as ideias de *HCC*, entretanto, só se efetivou a partir dos anos 1930, quando Lukács leu pela primeira vez os *Manuscritos econômico-filosóficos* de Marx**. A partir de então, Lukács procurou desvencilhar-se do idealismo hegeliano e caminhar rumo a uma concepção ontológica e materialista.

Além da defesa da dialética, há outro conceito no livro destinado a fazer história no pensamento social do século XX: *reificação*, conceito também presente no livro de Isaak Illich Rubin, *A teoria marxista do valor****.

Marx, no capítulo sobre o fetichismo da mercadoria de *O capital*, ao estudar a transação econômica, havia denunciado o caráter mistificador e desumanizante do capitalismo. Lukács retomou o tema e o ampliou para todas as esferas da vida social, pois, para ele, a relação mercantil no capitalismo era "o protótipo de todas as formas de objetividade e de subjetividade"****. Desse modo, as relações entre base e superestrutura passaram a ser moldadas pelo processo de reificação – uma novidade nas interpretações de Marx, que posteriormente orientaria o pensamento de Adorno.

A teoria da reificação, em *HCC*, é conectada com o processo de *racionalização*, tal como desenvolvido pelo antigo mestre de Lukács, o sociólogo Max Weber.

---

*   G. Lukács, *Reboquismo e dialética: uma resposta aos críticos de* História e consciência de classe (trad. Nélio Schneider, São Paulo, Boitempo, 2015). (N. E.)

**   Karl Marx, *Manuscritos econômico-filosóficos* (trad. Jesus Ranieri, São Paulo, Boitempo, 2004). (N. E.)

***   Isaak Illich Rubin, *A teoria marxista do valor* (trad. José Bonifácio de S. Amaral Filho, Polis, 1987). (N. E.)

****   G. Lukács, *História e consciência de classe*, cit., p. 97. (N. E.)

Essa junção de reificação e racionalização, de Marx e Weber, fez de *HCC* o marco de uma corrente de pensamento que Merleau-Ponty batizou de "marxismo weberiano".

Apoiando-se em Marx, Lukács desenvolve a tese segundo a qual a reificante relação mercantil capitalista "penetra cada vez mais profundamente, fatalmente, constitutivamente, na consciência dos homens"*. Além dessa invasão na subjetividade humana, o processo de racionalização – e aqui Lukács acompanha Weber – abarca também todas as instituições sociais: Estado, direito, administração, burocracia etc.

A aproximação de autores tão diferentes foi saudada com entusiasmo por alguns estudiosos como Michael Löwy, no livro *A jaula de aço***, que celebra as "afinidades eletivas" entre ambos. Foi também incorporada no refinado ensaio de Ricardo Musse, reproduzido neste volume, que acompanha *pari passu* o movimento da reificação e das antinomias do pensamento burguês, interpretando *HCC* como momento decisivo na superação dos impasses que paralisavam o desenvolvimento da filosofia moderna.

Entre os críticos da "weberização" de Marx, encontramos, entre outros, um discípulo de Lukács, István Mészáros, o qual afirma que "o mito da 'racionalidade'" teria "embotado o senso crítico de Lukács"***, fazendo-se presente inclusive em *Ontologia do ser social*****. Mészáros lamenta o fato de seu antigo mestre nunca ter se livrado totalmente do fantasma de Weber.

Seja qual for a posição tomada, há um aspecto decisivo a ser ressaltado: a junção dos dois autores possibilitou a passagem da crítica da economia política à crítica da cultura. Foram muitos os autores que seguiram esse deslocamento, formando uma corrente que passou a ser conhecida como "marxismo ocidental".

Lucien Goldmann, por exemplo, retomou a teoria da reificação-racionalização para, com ela, fundamentar sua sociologia da cultura. A esse veio teórico

---

* Ibidem, p. 108. (N. E.)

** Michael Löwy, *A jaula de aço: Max Weber e o marxismo weberiano* (trad. Mariana Echalar, São Paulo, Boitempo, 2014). (N. E.)

*** István Mészáros, *Para além do capital: rumo a uma teoria da transição* (trad. Paulo Cezar Castanheira e Sérgio Lessa, São Paulo, Boitempo, 2002), p. 412. (N. E.)

**** G. Lukács, *Ontologia do ser social: a falsa e a verdadeira ontologia de Hegel* (trad. Carlos Nelson Coutinho, São Paulo, Ciências Humanas, 1979). (N. E.)

acrescentou as ideias do Lukács pré-marxista contidas nos livros *A alma e as formas** e a *A teoria do romance***.

Os teóricos de Frankfurt, tendo à frente Theodor Adorno, construíram uma teoria social, a "teoria crítica", para com ela fazer um diagnóstico profundo do mundo ocidental. Adorno produziu textos brilhantes de crítica literária, de música, de estética e uma implacável crítica da indústria cultural. A vinculação com a tradição hegeliana, entretanto, coabita conflitivamente em sua obra com a recusa da identidade sujeito-objeto, da reconciliação. Esse é o fundamento da "dialética negativa" desse autor, uma dialética que rejeita a unificação dos contrários, a apaziguadora síntese. Nas últimas décadas, o legado adorniano vem sendo atualizado por Fredric Jameson em suas pesquisas sobre o pós-modernismo.

Em direção contrária, os adversários da dialética hegeliana dirigiram críticas iradas a Lukács. Todo o pensamento estruturalista francês voltou-se contra aquilo que eles chamavam de "lógica da identidade". O representante marxista dessa corrente, Louis Althusser, encampou essa crítica originariamente voltada à fenomenologia e ao existencialismo. Contra a "lógica da identidade", que segundo a fenomenologia permitia a passagem da experiência para o conhecimento, Althusser propõe o "corte epistemológico". Não haveria, assim, o trânsito entre o vivido e o conhecimento ("lógica da identidade", "unidade dos diversos"), mas uma ruptura epistemológica. A ciência não reflete o real, a realidade vivida, ela não reproduz o objeto: ao contrário, o objeto passa a ser construído pelo pesquisador. Expurgada a herança hegeliana incrustada na obra de Marx, o marxismo deveria transformar-se num discurso científico.

Outra vertente crítica do hegelianismo desenvolveu-se na Itália com Galvano Della Volpe e seus discípulos, Lucio Coletti, Mario Rossi e Mario Dal Pra. A referência aqui não é a apropriação de Hegel pelo existencialismo, mas a crítica da tradição historicista italiana representada principalmente por Croce e Gramsci. Nesta, todo conhecimento é conhecimento histórico, já que a natureza não é vista como dura alteridade, mas como uma categoria social, tal como em *HCC*. A defesa do caráter científico e do materialismo voltou-se contra o historicismo hegeliano, o humanismo e a teoria da alienação. O vínculo Hegel-Marx é enfaticamente negado e a "dialética especulativa" do primeiro, que partia do abstrato

---

*   G. Lukács, *A alma e as formas* (trad. Rainer Patriota, Belo Horizonte, Autêntica, 2015). (N. E.)

** Idem, *A teoria do romance: um ensaio histórico-filosófico sobre as formas da grande épica* (trad. José Marcos Mariani de Macedo, São Paulo, Duas Cidades/Editora 34, 2000). (N. E.)

ao concreto para retornar ao abstrato, é substituída pela "dialética científica" de Marx, exemplificada pelo movimento "concreto-abstrato-concreto", tal como interpreta Della Volpe na "Introdução" de 1857 à *Crítica da economia política**. Marx, segundo afirma, nada deve a Hegel e à sua dialética, pois seguia o método científico inaugurado por Aristóteles e Galileu, baseado no princípio da não contradição que orienta as ciências experimentais.

Das formas mais diversas possíveis, *HCC* conduziu o debate intelectual do século XX e continua a desafiar o pensamento social no novo século.

Um livro com essa força bem merece ser celebrado. A competência e a erudição de José Paulo Netto souberam recolher textos relevantes sobre *HCC*. As análises tão diferentes de Lucien Goldmann, Michael Löwy, Nicolas Tertulian, Slavoj Žižek, Marcos Nobre, Koenraad Geldof, Mauro Luis Iasi, Eduardo Sartelli, Antonino Infranca, Henrique Wellen, Guido Oldrini e Ricardo Musse foram convocadas para oferecer um panorama completo de um livro centenário que continua desafiando a inteligência de seus leitores.

---

* Galvano Della Volpe, *Rousseau e Marx: a liberdade igualitária* (Lisboa, Edições 70, 1982). (N. E.)

Prefácio (1967)*

György Lukács

Num antigo esboço autobiográfico de 1933[1], chamei o meu primeiro percurso intelectual de "Meu caminho para Marx". Os escritos reunidos neste volume[2] abrangem meus anos de aprendizado do marxismo. Ao publicar os documentos mais importantes dessa época (1918-1930), minha intenção é justamente enfatizar seu caráter experimental, e de modo algum conferir-lhes um significado atual na disputa presente em torno do autêntico marxismo. Pois, diante da grande incerteza que reina

---

* O texto foi retirado de G. Lukács, *História e consciência de classe: estudos sobre a dialética marxista* (3. ed., trad. Rodnei Nascimento, São Paulo, Martins Fontes, 2018). (N. E.)

[1] Em *Georg Lukács zum siebzigsten Geburtstag* (Aufbau, Berlim, 1955), p. 225-31; reimpresso em G. Lukács, *Schriften zu Ideologie und Politik* (org. P. Ludz, Luchterhand, Neuwied, 1967), p. 323-9 [ed. bras.: G. Lukács, *Socialismo e democratização*, organização/tradução de Carlos Nelson Coutinho e José Paulo Netto, Rio de Janeiro, Editora UFRJ, 2008].

[2] *Frühschriften II, Werkausgabee* (Neuwied, 1968), v. 2. Esse volume, para o qual o prefácio foi redigido, contém ainda, além de "História e consciência de classe", os seguintes ensaios: "Tatik und Ethik" ["Tática e ética"], "Rede auf dem Kongress der Jungarbeiter" ["Discurso por ocasião do congresso de jovens operários"], "Rechtsordnung und Gewalt" ["Ordem jurídica e poder"], "Die Rolle der Moral in der kommunistische Production" ["O papel da moral na produção comunista"], "Zur Frage des Parlamentarismus" ["Sobre a questão do parlamentarismo"], "Die moralische Sendung der kommunistischen Partei" ["A missão moral do Partido Comunista"], "Opportunismus und Putschismus" ["Oportunismo e golpismo"], "Die Krise des Syndïkalismus in Italien" ["A crise do sindicalismo na Itália"], "Zur Frage der Bildungsarbeit" ["Sobre a questão do trabalho de formação"], "Spontaneität der Massen – Aktivität der Partei" ["Espontaneidade das massas – Atividade do partido"], "Organisatorische Fragen der revolutionären Initiative" ["Questões organizacionais da iniciativa revolucionária"], "Noch einmal Illusionspolitik" ["Mais uma vez a política da ilusão"], "Lenin – Studie über den Zusammenhang seiner Gedanker" ["Lênin – estudo sobre a coerência dos seus pensamentos"], "Der Triumph Bernsteins" ["O triunfo

hoje quanto à compreensão do seu conteúdo essencial e duradouro e do seu método permanente, essa clara delimitação é um mandamento da integridade intelectual. Por outro lado, as tentativas de compreender corretamente a essência do marxismo podem, ainda hoje, ter uma certa importância documental, se se adotar um comportamento suficientemente crítico tanto em relação a essas tentativas como em relação à situação presente. Por isso, os escritos aqui reunidos iluminam não apenas os estágios intelectuais do meu desenvolvimento pessoal, mas mostram, ao mesmo tempo, as etapas do itinerário geral, que não devem ser de todo sem importância, tomando-se a devida distância crítica, inclusive em relação ao entendimento da situação presente e ao avanço a partir da base fornecida por elas.

Naturalmente é impossível, para mim, caracterizar corretamente minha posição a respeito do marxismo por volta de 1918, sem remeter brevemente à sua pré--história. Conforme destaquei no esboço autobiográfico citado acima, já no colégio havia lido alguma coisa de Marx. Mais tarde, por volta de 1908, ocupei-me inclusive de *O capital*, a fim de encontrar um fundamento sociológico para minha monografia sobre o drama moderno[3]. Nessa época, meu interesse estava voltado para o Marx "sociólogo", visto em grande medida pelas lentes metodológicas de Simmel e Max Weber. No período da Primeira Guerra Mundial, iniciei novamente os estudos sobre Marx, desta vez, porém, guiado por interesses filosóficos gerais e influenciado predominantemente por Hegel, e não mais pelos pensadores contemporâneos. Por certo, esse efeito de Hegel também era conflitante. Por um lado, Kierkegaard havia desempenhado em minha juventude um papel considerável; nos anos que antecederam imediatamente a guerra, em Heidelberg, quis até mesmo tratar em ensaio monográfico sua crítica a Hegel. Por outro, as contradições das minhas concepções políticas e sociais levavam-me a uma relação intelectual com o sindicalismo, sobretudo com a filosofia de G. Sorel. Eu aspirava a ultrapassar o radicalismo burguês, mas repugnava-me a teoria social-democrata (sobretudo a de Kautsky). Ervin Szabó, líder intelectual da oposição húngara de esquerda no interior da social-democracia, despertou meu interesse por Sorel.

---

de Bernstein"], "N. Bucharin: Theorie des historischen Materialismus" ["N. Bukharin: Teoria do materialismo histórico"], "Die neue Ausgabe von Lassalles Briefen" ["A nova edição das cartas de Lassale"], "K. A. Wittfogel: Die Wissenschaft der bürgerlichen Gesellschaft" ["K. A. Wittfogel: a ciência da sociedade burguesa"], "Moses Hess und die Probleme der idealistischen Dialektik" ["Moses Hess e o problema da dialética idealista"], "O. Spann: kategorienlehre" ["O. Spann: doutrina das categorias"], "C. Schmitt: Politische Romantik" ["C. Schmitt: romantismo político"], "Blum-Thesen" ["Teses de Blum"].

[3] *Enturcklungsgeschichte des modernen Dramas* (Budapeste, 1911, em húngaro), 2 v.

Durante a guerra, entrei em contato com as obras de Rosa Luxemburgo. Disso tudo surgiu um amálgama de teorias internamente contraditório que foi decisivo para o meu pensamento no período de guerra e nos primeiros anos do pós-guerra.

Creio que nos afastaríamos da verdade dos fatos se reduzíssemos, "à maneira das ciências do espírito", as contradições flagrantes desse período a um único denominador e construíssemos um desenvolvimento intelectual imanente e orgânico. Se a Fausto é permitido abrigar duas almas em seu peito, por que uma pessoa normal não pode apresentar o funcionamento simultâneo e contraditório de tendências intelectuais opostas quando muda de uma classe para outra em meio a uma crise mundial? Pelo menos no que me concerne e até onde posso me recordar desses anos, em meu universo intelectual relativo a esse período, encontro, de um lado, tendências simultâneas de apropriação do marxismo e ativismo político e, de outro, uma intensificação constante de problemáticas éticas puramente idealistas.

Ao ler os artigos que escrevi nessa época, vejo confirmada essa simultaneidade de oposições abruptas. Quando penso, por exemplo, nos ensaios de caráter literário desse período, pouco numerosos e pouco significativos, considero que muitas vezes excedem em idealismo agressivo e paradoxal meus trabalhos anteriores. Mas, ao mesmo tempo, seguem também o processo irresistível de assimilação do marxismo. Se agora vejo nesse dualismo desarmonioso a linha fundamental que caracteriza minhas ideias nesses anos, não se deve, a partir disso, concluir o extremo oposto, um quadro em preto e branco, como se um bem revolucionário em luta contra os resíduos do mal burguês esgotasse a dinâmica dessa oposição. A passagem de uma classe para uma outra, especificamente para a sua inimiga, é um processo muito mais complicado. Nele, posso constatar em mim mesmo, retrospectivamente, que a atitude em relação a Hegel, o idealismo ético com todos os seus elementos românticos anticapitalistas também traziam consigo algo de positivo para minha concepção de mundo, tal como nasceu dessa crise. Mas isso, naturalmente, apenas depois que esses elementos foram superados como tendências dominantes ou simplesmente codominantes e se tornaram – modificados várias vezes em seu fundamento – elementos de uma nova concepção do mundo doravante unitária. Talvez seja este o momento de constatar que até mesmo meu conhecimento íntimo do mundo capitalista entrou na nova síntese como elemento parcialmente positivo. Nunca incorri no erro de me deixar impressionar pelo mundo capitalista, o que diversas vezes pude observar em muitos operários e intelectuais pequeno-burgueses. O ódio cheio de desprezo que sentia desde os tempos de infância pela vida no capitalismo preservou-me disso.

A confusão, porém, nem sempre é caos. Ela contém tendências que, embora algumas vezes possam reforçar temporariamente as contradições internas, movem-na, em última análise, para a sua resolução. A ética, por exemplo, impele à prática, ao ato e, assim, à política. Esta, por sua vez, impele à economia, o que leva a um aprofundamento teórico e, por fim, à filosofia do marxismo. Trata-se, naturalmente, de tendências que se desdobram apenas de maneira lenta e irregular. Tal orientação começou a se manifestar já no decorrer da guerra, após a eclosão da Revolução Russa. *A teoria do romance* nasceu ainda num estado de desespero geral, tal como descrevi no prefácio à nova edição[4]. Não é de admirar, portanto, que o presente se manifeste nele como o estado fichtiano do pecado consumado, e a perspectiva de uma saída assuma um caráter puramente utópico e vazio. Somente com a Revolução Russa inaugurou-se, inclusive para mim, uma perspectiva de futuro na própria realidade, já com a derrocada do czarismo e ainda mais com a do capitalismo. Nosso conhecimento dos fatos e princípios era então muito reduzido e pouco confiável, mas, apesar disso, vislumbrávamos que – finalmente! finalmente! – um caminho para a humanidade sair da guerra e do capitalismo havia sido aberto. Obviamente, embora nos lembremos desse entusiasmo, não devemos embelezar o passado. Eu também vivenciei – e refiro-me exclusivamente a mim mesmo – uma curta transição: minha última hesitação diante da decisão definitiva e irrevogável levou-me, temporariamente, a uma apologia intelectual fracassada, adornada de argumentos abstratos e de mau gosto. A decisão, no entanto, não podia ser adiada. O pequeno ensaio *Tática e ética* revela suas motivações humanas internas.

Sobre os poucos ensaios do período da República Soviética húngara e dos seus preparativos não há muito o que dizer. Estávamos todos muito pouco preparados intelectualmente – inclusive eu, talvez menos ainda do que todos – para dar conta das grandes tarefas que se impunham; procurávamos substituir com entusiasmo o conhecimento e a experiência. Menciono apenas um fato muito importante a título de ilustração: mal conhecíamos a teoria da revolução de Lênin e os desenvolvimentos essenciais que fizera nessa área do marxismo. Nessa época, apenas poucos artigos e panfletos eram traduzidos e acessíveis para nós, e, daqueles que haviam participado da Revolução Russa, alguns se mostravam pouco dotados teoricamente (como Szamuely), outros se encontravam fortemente influenciados pela oposição russa de esquerda (como Béla Kun). Somente quando emigrei

---

[4] 2. ed., Luchterhand, Neuwied, 1963, p. 5; como também a 3. ed., 1965 [ed. bras.: *A teoria do romance*, trad. José Marcos Mariani de Macedo, 2. ed., São Paulo, Duas Cidades/Editora 34, 2012].

para Viena pude tomar conhecimento mais profundo das teorias de Lênin. Desse modo, nessa época meu pensamento era permeado por um dualismo antitético. Por um lado, não fui capaz de tomar uma posição a princípio correta contra os erros oportunistas graves e funestos da política de então, por exemplo, contra a solução puramente social-democrata da questão agrária. Por outro, minhas próprias tendências intelectuais empurravam-me numa direção utópica e abstrata no campo da política cultural. Hoje, quase meio século depois, fico surpreso ao constatar que conseguimos criar nesse domínio coisas relativamente duradouras. (Para ficar no campo da teoria, gostaria de ressaltar que os dois ensaios "O que é marxismo ortodoxo?" e "A mudança de função do materialismo histórico" ganharam sua primeira versão já nesse período. Embora tenham sido reelaborados para *História e consciência de classe*, mantive sua orientação fundamental.)

Minha emigração para Viena marcou sobretudo o início de um período de estudo, principalmente no que se refere ao contato com as obras de Lênin. Um aprendizado que, por certo, não se desligava em nenhum instante da atividade revolucionária. Tratava-se, acima de tudo, de revigorar a continuidade do movimento operário revolucionário na Hungria: era preciso encontrar palavras de ordem e medidas que parecessem apropriadas para conservar e reforçar sua fisionomia mesmo durante o Terror Branco; refutar as calúnias da ditadura (fossem elas puramente reacionárias ou social-democratas) e, simultaneamente, encetar uma autocrítica marxista da ditadura proletária. Paralelamente, fomos levados em Viena pela corrente do movimento revolucionário internacional. Naquele período, a imigração húngara era talvez a mais numerosa e a mais dividida, mas não a única. Muitos emigrantes dos Bálcãs e da Polônia viviam provisoriamente, ou definitivamente, em Viena, que, além disso, era um lugar de passagem internacional, onde tínhamos contatos constantes com comunistas alemães, franceses, italianos etc. Nessas circunstâncias, não é de estranhar que tenha nascido a revista *Kommunismus*, que durante algum tempo se tornou o principal órgão das correntes de extrema-esquerda na III Internacional. Ao lado de comunistas austríacos, imigrantes húngaros e polacos que constituíam o núcleo interno de colaboradores permanentes, simpatizavam com os seus esforços a extrema-esquerda italiana, como Bordiga e Terracini, e holandeses, como Pannekoek e Roland Holst etc.

O dualismo das minhas atitudes não somente atingiu o seu apogeu nessas circunstâncias como também se cristalizou numa estranha díade de teoria e prática. Enquanto membro do coletivo interno de *Kommunismus*, participei ativamente da elaboração de uma linha teórica e política de "esquerda". Esta se baseava na convicção, ainda muito viva na época, de que a grande onda revolucionária que em breve deveria conduzir o mundo inteiro, ou pelo menos a Europa inteira, ao socialismo de maneira alguma passaria por um refluxo após as derrotas da Finlândia, da Hungria e de Munique. Acontecimentos como o golpe de Estado de Kapp, as ocupações de fábricas na Itália, a guerra entre União Soviética e Polônia e até a Ação de Março na Alemanha reforçavam-nos a convicção de que a revolução mundial se aproximava rapidamente, de que em breve todo o mundo civilizado se remodelaria totalmente. Naturalmente, quando se fala do sectarismo nos anos 1920, não se deve pensar naquela espécie desenvolvida pela prática estalinista. Esta pretende, acima de tudo, proteger as relações de força estabelecidas contra qualquer reforma. É conservadora nas suas finalidades e burocrática nos seus métodos. O sectarismo dos anos 1920, tinha, pelo contrário, objetivos messiânicos e utópicos, e os seus métodos baseavam-se em tendências fortemente antiburocráticas. As duas orientações só têm em comum o nome pelo qual são designadas e internamente representam oposições hostis. (Por certo é verdade que já na III Internacional Zinoviev e seus discípulos tinham introduzido hábitos burocráticos, como também é verdade que, durante os seus últimos anos de doença, Lênin estava muito preocupado em encontrar um modo para combater a burocratização crescente e espontânea da República Soviética com base na democracia proletária. Mas nisso também se vê a oposição entre o sectarismo de hoje e o de então. Meu ensaio sobre as questões de organização no Partido Húngaro dirigia-se contra a teoria e a prática do discípulo de Zinoviev, Béla Kun.)

Nossa revista queria servir ao sectarismo messiânico, elaborando os métodos mais radicais sobre todas as questões, proclamando uma ruptura total, em todos os domínios, com todas as instituições, formas de vida, entre outras coisas, do mundo burguês. Isso contribuiria para fomentar na vanguarda, nos partidos comunistas e nas organizações comunistas juvenis uma consciência de classe autêntica. Meu ensaio polêmico contra a participação nos parlamentos burgueses é um exemplo típico dessa tendência. Seu destino – a crítica de Lênin – fez com que eu pudesse dar o primeiro passo na superação do sectarismo. Lênin apontava para a distinção decisiva, ou melhor, para o paradoxo de que uma instituição pode ser considerada obsoleta do ponto de vista da história universal – como o Parlamento, que se tornou obsoleto nas mãos dos sovietes –, mas nada a impede de participar taticamente da história; pelo contrário. Essa crítica, cujo acerto reconheci imediatamente, obrigou-me a vincular minhas perspectivas históricas de maneira mais sutil e menos direta à tática momentânea. Nessa medida, ela significa o início da mudança nas minhas concepções, todavia no interior de uma visão de mundo que ainda permanece essencialmente sectária. Isso se revela um ano depois, quando, embora entrevendo algumas falhas táticas na Ação de Março, continuei a aprová-la de maneira acrítica e sectária como um todo.

É precisamente nesse instante que o dualismo conflitante irrompe, tanto objetiva como internamente, em minhas antigas concepções políticas e filosóficas. Enquanto na vida internacional eu podia experimentar livremente toda a paixão intelectual do meu messianismo revolucionário, o movimento comunista que se organizava progressivamente na Hungria me colocava diante de decisões cujas consequências gerais e pessoais, futuras e imediatas, eu tinha de conhecer em pouco tempo e transformar em fundamento de decisões subsequentes. Obviamente, essa era a minha situação na República Soviética húngara. E a necessidade de direcionar o pensamento não somente para perspectivas messiânicas impunha também algumas decisões realistas, tanto no Conselho Popular para Educação como na divisão, por cuja direção política eu era responsável. A confrontação com os fatos, a obrigação de examinar aquilo que Lênin chamava de "o próximo elo da corrente", passaram a ser incomparavelmente mais imediatas e intensas do que antes em minha vida. A aparência puramente empírica do conteúdo de tais decisões foi o que acabou por provocar vastas consequências para minha posição teórica. Esta tinha de se apoiar em situações e tendências objetivas. Se a intenção era chegar a uma decisão essencialmente bem fundamentada, nunca se poderia permanecer na reflexão dos fatos imediatos; antes, seria preciso esforçar-se sempre para descobrir aquelas mediações, muitas vezes ocultas, que conduziram a tal situação e, sobretudo, tentar prever aquelas que provavelmente nasceriam dela e determinariam a práxis posterior. A vida me impingia, portanto, uma conduta intelectual que muitas vezes se opunha ao meu messianismo revolucionário, idealista e utópico.

O dilema se intensifica ainda mais pelo fato de que, na liderança de oposição dentro do Partido Húngaro, encontrava-se um sectarismo de tipo moderno e burocrático, dirigido pelo grupo de Béla Kun, discípulo de Zinoviev. No plano puramente teórico, eu poderia ter refutado suas concepções como as de uma pseudoesquerda. Na prática, porém, suas propostas só podiam ser combatidas por um apelo à realidade cotidiana, muitas vezes extremamente prosaica e vinculada apenas por mediações muito distantes às grandes perspectivas da revolução mundial. Como em tantas ocasiões da minha vida, tive dessa vez mais uma felicidade pessoal: à frente da oposição contra Kun estava Eugen Landler, um homem não apenas de elevada inteligência, sobretudo prática, mas também com muita inclinação para problemas teóricos que estivessem realmente ligados à práxis revolucionária, mesmo que por mediações muito distantes; um homem cuja atitude interna mais profunda era determinada por sua ligação íntima com a vida das massas. Seu protesto contra os projetos burocráticos e aventureiros de Kun convenceram-me logo no primeiro momento, e quando eclodiu a luta entre as facções estive sempre ao seu lado. Sem poder entrar aqui nos detalhes dessas lutas internas do partido, nem mesmo nas mais importantes e, muitas vezes, também teoricamente interessantes, quero apenas chamar a atenção para o fato de que a cisão metodológica no meu pensamento se agravou numa cisão prática e teórica: nas grandes questões internacionais da revolução, eu permanecia adepto das tendências de extrema-esquerda, ao passo que, como membro da direção do Partido Húngaro, tornei-me um adversário obstinado do sectarismo de Kun. Isso ficou particularmente flagrante na primavera de 1921. Internamente, como seguidor de Landler, eu defendia uma política energicamente antissectária e, ao mesmo tempo, no plano internacional, era um adepto teórico da Ação de Março. Dessa maneira, a simultaneidade de tendências opostas atingia seu ponto culminante. Com o aprofundamento das diferenças dentro do Partido Húngaro e com o início de uma mobilização própria do operariado radical na Hungria, naturalmente cresceu também em meu pensamento a influência das tendências teóricas resultantes desses acontecimentos, sem, contudo, alcançar uma superioridade que fosse determinante em relação às demais, embora a crítica de Lênin tivesse abalado fortemente minhas convicções sobre a Ação de Março.

História e consciência de classe surgiu nesse período de transição profundamente crítico. A redação é do ano de 1922 e consiste, em parte, na reelaboração de textos mais antigos; além daqueles já mencionados, faz parte do volume o texto sobre "Consciência de classe" (escrito em 1920). Os dois ensaios sobre Rosa Luxemburgo, assim como "Legalidade e ilegalidade", foram incluídos na seleção sem nenhuma modificação essencial. Totalmente inéditos são, portanto, os dois importantes estudos e sem dúvida decisivos: "A reificação e a consciência do proletariado" e "Observações metodológicas sobre a questão da organização". (A este último serviu como estudo prévio o ensaio "Questões organizacionais da iniciativa revolucionária", publicado em 1921, imediatamente após a Ação de Março, na revista *Die Internationale*.) De maneira que *História e consciência de classe*, em relação ao conjunto da obra, é o desfecho que resume meu desenvolvimento desde os últimos anos da guerra. Um desfecho, no entanto, que pelo menos em parte já continha tendências de um estágio de transição para uma clareza maior, embora essas tendências não pudessem se manifestar efetivamente.

Essa luta não resolvida de orientações intelectuais opostas, das quais nem sempre se pode falar em vitoriosos ou derrotados, ainda hoje torna difícil uma caracterização e avaliação unitárias desse livro. Não obstante, é preciso destacar brevemente pelo menos os seus motivos dominantes. O que se nota, sobretudo, é que *História e consciência de classe* representa objetivamente – contra as intenções subjetivas do seu autor – uma tendência no interior da história do marxismo que, embora revele fortes diferenças tanto no que diz respeito à fundamentação filosófica quanto nas consequências políticas, volta-se, voluntária ou involuntariamente, contra os fundamentos da ontologia do marxismo. Tenho em vista aquelas tendências que compreendem o marxismo exclusivamente como teoria social ou como filosofia social e rejeitam ou ignoram a tomada de posição nele contida sobre a natureza. Já antes da Primeira Guerra, marxistas de orientações bastante distintas, como Max Adler e Lunatscharski, defendiam essa tendência. Em nossos dias, deparamos com ela – provavelmente não sem a influência de *História e consciência de classe* – sobretudo no existencialismo francês e em seu ambiente intelectual. Meu livro assume uma posição muito firme nessa questão; em diversas passagens, a natureza é considerada como uma categoria social, e a concepção geral consiste no fato de que somente o conhecimento da sociedade e dos homens que vivem nela é filosoficamente relevante. Os nomes dos representantes dessa tendência já indicam que não se trata propriamente de uma orientação; eu mesmo, nessa época, só conhecia Lunatscharski de nome e rejeitava Max Adler sempre como kantiano e social-democrata. Contudo, uma observação mais atenta revela certos traços em comum. Isso demonstra, por um lado, que é precisamente a concepção materialista da natureza a separar de maneira radical a visão socialista do mundo da visão burguesa; que se esquivar desse complexo mitiga a discussão filosófica e impede, por exemplo, a elaboração precisa do conceito marxista de práxis. Por outro lado, essa aparente elevação metodológica das categorias sociais atua desfavoravelmente às suas autênticas funções cognitivas; sua característica especificamente marxista é enfraquecida, e, muitas vezes, seu real avanço para além do pensamento burguês é inconscientemente anulado.

Ao fazer tal crítica, limito-me, naturalmente, à *História e consciência de classe*, mas não quero de modo algum afirmar com isso que esse desvio do marxismo fosse menos decisivo em outros autores com uma atitude semelhante. Em meu livro, esse desvio exerce uma reação imediata sobre o conceito de economia já elaborado e que, sob o aspecto metodológico, devia naturalmente constituir o ponto central. Como consequência, aquilo que havia sido dado por definitivo assume uma conotação confusa. Procura-se, é verdade, tornar compreensíveis todos os fenômenos ideológicos a partir de sua base econômica, mas a economia torna-se estreita quando se elimina dela a categoria marxista fundamental: o trabalho como mediador do metabolismo da sociedade com a natureza. Mas isso é o resultado natural dessa posição metodológica fundamental. Como consequência, os pilares reais e mais importantes da visão marxista do mundo desaparecem, e a tentativa de tirar, com extrema radicalidade, as últimas conclusões revolucionárias do marxismo permanece sem sua autêntica justificação econômica. É evidente que a objetividade ontológica da natureza, que constitui o fundamento ôntico desse metabolismo, tem de desaparecer. Mas com isso desaparece também, ao mesmo tempo, aquela ação recíproca existente entre o trabalho considerado de maneira autenticamente materialista e o desenvolvimento dos homens que trabalham. A grande ideia de Marx, segundo a qual até mesmo a "produção pela produção significa tão somente o *desenvolvimento das forças produtivas do homem, isto é, o desenvolvimento da riqueza da natureza humana como fim em si*", coloca-se fora daquele domínio que *História e consciência de classe* está em condições de examinar. A exploração capitalista perde esse lado objetivamente revolucionário, e não se compreende o fato de que, "embora esse desenvolvimento das capacidades do gênero *homem* se efetue, de início, à custa da maioria dos indivíduos e de certas classes, ele acaba por romper esse antagonismo e coincidir com o desenvolvimento de cada indivíduo". Não se compreende, portanto, que "o desenvolvimento superior da individualidade é conquistado apenas por um processo histórico em que os indivíduos são sacrificados"[5]. Desse modo, tanto a exposição das contradições do capitalismo como a da revolução do proletariado adquirem uma ênfase involuntária de subjetivismo dominante.

Isso também influencia o conceito de práxis, central nesse livro, deformando-o e estreitando-o. Também a respeito desse problema, minha intenção era partir de Marx, purificar seus conceitos de todas as deformações burguesas posteriores e torná-los apropriados no presente para as necessidades da grande guinada revolucionária. Acima de tudo, nessa época eu tinha absoluta certeza de que o caráter meramente contemplativo do pensamento burguês tinha de ser superado de modo radical. Com isso, a concepção da práxis revolucionária adquire, neste

---

[5] *Theorien über den Mehrwert*, II, MEW 26, 2, p. III.

livro, um caráter excessivo, o que correspondia à utopia messiânica própria do comunismo de esquerda da época, mas não à autêntica doutrina de Marx. É compreensível, então, que, no contexto daquele período, eu atacasse as concepções burguesas e oportunistas do movimento operário, que exaltavam um conhecimento isolado da práxis, supostamente objetivo, mas na realidade destacado de toda práxis. Minha polêmica era dirigida com acerto relativamente grande contra o exagero e a sobrevalorização da contemplação. A crítica de Marx à Feuerbach reforçava ainda mais minha atitude. Só que eu não percebia que, sem uma base na práxis efetiva, no trabalho como sua protoforma e seu modelo, o caráter exagerado do conceito de práxis acabaria se convertendo num conceito de contemplação idealista. Eu queria, portanto, separar a verdadeira e autêntica consciência de classe de toda "pesquisa de opinião" empírica (nessa época, evidentemente, a expressão ainda não estava em circulação), conferir-lhe uma objetividade prática incontestável. Porém, consegui chegar apenas à formulação de uma consciência de classe "atribuída". Tinha em mente com isso aquilo que Lênin, em *O que fazer?*, designava da seguinte maneira: em oposição à consciência trade-unionista que surge espontaneamente, a consciência de classe socialista é trazida "de fora" ao operário, "isto é, de fora da luta econômica, de fora da esfera das relações entre operários e patrões"[6]. Portanto, aquilo que para mim correspondia a uma intenção subjetiva e que para Lênin era o resultado da autêntica análise marxista de um movimento prático dentro da totalidade da sociedade tornou-se em minha exposição um resultado puramente teórico e, portanto, algo essencialmente contemplativo. A conversão da consciência "atribuída" em práxis revolucionária aparecia então – considerada objetivamente – como simples milagre.

A inversão de uma intenção em si correta é consequência da própria concepção abstrata idealista já mencionada. Isso se mostra claramente na polêmica – mais uma vez não inteiramente equivocada – contra Engels, que via no experimento e na indústria os casos típicos de demonstração da práxis como critério da teoria. Desde então, ficou claro para mim, como fundamento teórico da insuficiência da tese de Engels, que o terreno da práxis (sem modificação de sua estrutura básica) se tornou, no curso do seu desenvolvimento, mais extenso, complexo e mediado do que no simples trabalho, motivo pelo qual o simples ato de produzir o objeto pode tornar-se o fundamento da efetivação imediata e verdadeira de uma hipótese teórica e, nessa medida, servir como critério de sua correção ou incorreção.

---

[6] Lênin, *Werke*, Viena-Berlim, IV, II, p. 216 e seg.

No entanto, a tarefa que Engels atribui aqui à práxis imediata, isto é, de pôr fim à doutrina kantiana da "coisa inapreensível em si", permanece por muito tempo sem solução. Afinal, o próprio trabalho pode muito facilmente permanecer no âmbito da mera manipulação e passar ao largo – de modo espontâneo ou consciente – da solução da questão a respeito do em-si, ignorá-la total ou parcialmente. A história mostra-nos casos de ações corretas na prática, mas baseadas em teorias totalmente erradas que implicam o desconhecimento do em-si no sentido de Engels. É claro que a própria teoria de Kant não nega, de modo algum, o valor cognitivo, a objetividade de experimentos desse tipo, só que os remete ao reino dos simples fenômenos ao manter o caráter incognoscível do em-si. E o atual neopositivismo quer eliminar da ciência toda questão acerca da realidade (do em-si); ele rejeita toda questão acerca do em-si como "não científica" e, ao mesmo tempo, reconhece todos os resultados da tecnologia e da ciência natural. Portanto, para que a práxis possa exercer a função corretamente exigida por Engels, ela tem de elevar-se acima desse imediatismo, permanecendo práxis e tornando-se cada vez mais abrangente.

Sendo assim, minhas reservas em relação à solução de Engels não eram injustificadas, por mais errônea, no entanto, que fosse minha argumentação. Era totalmente incorreto afirmar que "o experimento é o mais puro modo de comportamento contemplativo". Minha própria descrição refuta essa demonstração. Pois produzir uma situação em que as forças naturais a serem investigadas possam atuar "de maneira pura", livres das interferências do mundo objetivo ou das observações parciais do sujeito, é – tanto quanto o próprio trabalho – uma posição teleológica, de tipo evidentemente particular, mas por essência uma práxis pura. Era igualmente incorreto negar a práxis na indústria e enxergar nela, "no sentido dialético-histórico, apenas um objeto, e não o sujeito das leis naturais da sociedade". Essa frase está em parte correta – mas apenas em parte – no que se refere somente à totalidade econômica da produção capitalista. No entanto, isso não contradiz, de modo algum, o fato de cada ato da produção industrial ser não apenas a síntese de atos teleológicos de trabalho, mas, ao mesmo tempo e especialmente nessa síntese, um ato teleológico e, portanto, prático. Tais imprecisões filosóficas servem de punição para a *História e consciência de classe* que, ao analisar os fenômenos econômicos, busca seu ponto de partida não no trabalho, mas simplesmente em estruturas complexas da economia mercantil desenvolvida. Com isso, perde-se de antemão a perspectiva de um salto filosófico em direção a questões decisivas, como a da relação entre teoria e prática, ou sujeito e objeto.

Nesses pontos de partida e em outros igualmente problemáticos, manifesta-se a influência da herança hegeliana, que não foi elaborada de modo coerente pelo materialismo e, por isso, também não foi suprimida nem preservada. Há ainda outro problema central a ser mencionado e que se refere aos princípios. Sem dúvida, um dos grandes méritos da *História e consciência de classe* foi ter restituído à categoria da totalidade, que a "cientificidade" do oportunismo social-democrata empurrara totalmente para o esquecimento, a posição metodológica central que sempre ocupou na obra de Marx. Nessa época, eu ignorava que tendências semelhantes também estavam presentes em Lênin. (Os seus fragmentos filosóficos foram publicados nove anos após *História e consciência de classe*.) Mas, ao passo que Lênin, também nessa questão, renovava efetivamente o método marxista, surgia em mim um exagero hegeliano, porquanto opunha a posição metodológica central da totalidade à prioridade da economia: "Não é o predomínio de motivos econômicos na explicação da história que distingue decisivamente o marxismo da ciência burguesa, mas o ponto de vista da totalidade". Esse paradoxo metodológico acentua-se ainda mais porque a totalidade era vista como a portadora categorial do princípio revolucionário da ciência: "A primazia da categoria da totalidade é portadora do princípio revolucionário da ciência"[7].

Sem dúvida, esses paradoxos metodológicos desempenharam um papel relevante e muitas vezes até progressista na influência exercida pela *História e consciência de classe*. Afinal, o recurso à dialética de Hegel significa, por um lado, um duro golpe contra a tradição revisionista; já Bernstein queria eliminar do marxismo, em nome da "cientificidade", tudo aquilo que lembrasse principalmente a dialética hegeliana. E mesmo seus adversários teóricos, sobretudo Kautsky, não estavam muito longe de defender essa tradição. Para o retorno revolucionário ao marxismo, era um dever óbvio, portanto, renovar a tradição hegeliana do marxismo. *História e consciência de classe* significou talvez a tentativa mais radical daquela época de tornar novamente atual o aspecto revolucionário do marxismo por meio da renovação e do desenvolvimento da dialética hegeliana e de seu método. Essa empresa tornou-se ainda mais atual, pois, na mesma época, penetraram na filosofia burguesa certas correntes que procuravam renovar Hegel. É claro que, por um lado, estas nunca tomaram como fundamento a ruptura filosófica de Hegel e Kant e, por outro, sob a influência de Dilthey, visavam à construção de uma ponte teórica entre a dialética de Hegel e o irracionalismo moderno. Logo depois do

---

[7] G. Lukács, *Geschichte und Klassenbeurisstsein* (Malik, Berlim, 1923), p. 39.

aparecimento de *História e consciência de classe*, Kroner caracterizou Hegel como o maior irracionalista de todos os tempos e, na exposição posterior de Lowith, a partir de Marx e Kierkegaard originam-se fenômenos paralelos, surgidos da dissolução do hegelianismo. O contraste com todas essas correntes mostra o quanto era atual a problemática da *História e consciência de classe*. Do ponto de vista da ideologia do movimento operário radical, também era atual porque o papel de mediador desempenhado por Feuerbach entre Hegel e Marx, muito valorizado por Plekhanov e outros, aparecia aqui apenas em segundo plano. Expressei abertamente apenas um pouco mais tarde, no ensaio sobre Moses Hess – antecipando em alguns anos a publicação dos estudos filosóficos de Lênin –, que Marx se ligara diretamente a Hegel, mas essa posição já está objetivamente na base de muitas discussões da *História e consciência de classe*.

Nesse esquema, necessariamente sumário, é impossível efetuar uma crítica concreta aos pormenores contidos no livro, isto é, mostrar qual interpretação de Hegel apontava para a frente e qual levava à confusão. O leitor de hoje, se for capaz de crítica, certamente encontrará alguns exemplos de ambos os tipos de interpretação. Mas, para compreender tanto o efeito que o livro causou na época quanto sua eventual atualidade, é preciso considerar um problema de importância decisiva, que ultrapassa todas as observações de detalhe: trata-se do problema da alienação, que, pela primeira vez desde Marx, foi tratado como questão central da crítica revolucionária do capitalismo, e cujas raízes histórico-teóricas e metodológicas remontam à dialética de Hegel. Naturalmente, o problema pairava no ar. Alguns anos mais tarde, deslocava-se para o centro das discussões filosóficas com o *Ser e tempo* (1927), de Heidegger, mantendo essa posição ainda hoje, sobretudo em consequência da influência exercida por Sartre, assim como por seus discípulos e oponentes. Podemos renunciar, portanto, à questão filológica levantada principalmente por Lucien Goldmann ao identificar em algumas passagens da obra de Heidegger uma réplica ao meu livro, ainda que este não seja mencionado. Hoje, a constatação de que o problema pairava no ar é perfeitamente suficiente, sobretudo quando os fundamentos ontológicos dessa situação são analisados com atenção (o que não é possível fazer aqui), a fim de esclarecer a influência posterior, a mescla de motivações marxistas e existencialistas especialmente na França, logo após a Segunda Guerra Mundial. Prioridades, "influências", dentre outras coisas, não vêm ao caso. O que continua sendo importante, afinal, é que a alienação do homem foi conhecida e reconhecida como problema central da época em que vivemos, tanto pelos pensadores burgueses como pelos proletários, por aqueles

Prefácio (1967) | 37

social e politicamente de direita como pelos de esquerda. *História e consciência de classe* exerceu, assim, uma profunda influência nos círculos dos jovens intelectuais; conheço toda uma série de bons comunistas que foram conquistados para o movimento exatamente por esse motivo. Sem dúvida, a nova acolhida desse problema hegeliano-marxista por parte de um comunista também foi decisiva para que este livro exercesse uma influência muito além das fronteiras do partido.

No que concerne ao tratamento do problema, hoje não é difícil perceber que ele se dá inteiramente no espírito hegeliano. Sobretudo porque o fundamento filosófico último desse tratamento é constituído pelo sujeito-objeto idêntico, que se realiza no processo histórico. É claro que, para o próprio Hegel, o surgimento desse sujeito-objeto é de tipo lógico-filosófico: ao atingir-se a etapa superior do espírito absoluto na filosofia com a retomada da exteriorização e com o retorno da consciência de si a si mesma, realiza-se o sujeito-objeto idêntico. Na *História e consciência de classe*, ao contrário, esse é um processo histórico-social que culmina no fato de que o proletariado realiza essa etapa na sua consciência de classe, tornando-se o sujeito-objeto idêntico da história. Isso deu a impressão de que Hegel estava, de fato, "caminhando com as próprias pernas", como se a construção lógico-metafísica da *Fenomenologia do espírito* tivesse encontrado uma autêntica efetivação ontológica no ser e na consciência do proletariado, o que, por sua vez, parecia oferecer uma justificativa filosófica à transformação histórica do proletariado, que visava a fundar a sociedade sem classes por meio da revolução e concluir a "pré-história" da humanidade. Mas será que o sujeito-objeto idêntico é mais do que uma construção puramente metafísica? Será que um sujeito-objeto idêntico é efetivamente produzido por um autoconhecimento, por mais adequado que seja, mesmo que tenha como base um conhecimento adequado do mundo social, ou seja, será que ele é produzido numa consciência de si, por mais completa que seja? Basta formular a questão com precisão para respondê-la negativamente. Pois, mesmo que o conteúdo do conhecimento possa ser referido ao sujeito do conhecimento, o ato do conhecimento não perde com isso seu caráter alienado. Foi justamente na *Fenomenologia do espírito* que Hegel rejeitou, com razão, a realização místico-irracional do sujeito-objeto idêntico, a "intuição intelectual" de Schelling, e exigiu uma solução filosoficamente racional do problema. Seu forte sentido de realidade manteve essa exigência; sua construção universal mais geral culmina, é verdade, na perspectiva de sua realização efetiva, mas ele nunca mostra concretamente como essa exigência pode cumprir-se no interior do seu sistema. Portanto, o proletariado como sujeito-objeto idêntico da verdadeira história da humanidade não é uma realização materialista que supera as construções de pensamento idealistas, mas muito mais um hegelianismo exacerbado, uma construção que tem a intenção de ultrapassar objetivamente o próprio mestre, elevando-se acima de toda realidade de maneira audaciosa.

Essa precaução de Hegel tem como base teórica o caráter temerário de sua concepção fundamental. Afinal, em Hegel, o problema da alienação aparece pela primeira vez como a questão fundamental da posição do homem no mundo, para com o mundo. Sob o termo exteriorização [*Entausserung*], o conceito de alienação inclui para ele todo tipo de objetivação. Sendo assim, como conclusão, a alienação mostra-se idêntica à objetivação. Por isso, o sujeito-objeto idêntico, ao superar a alienação, também supera simultaneamente a objetivação. No entanto, como para Hegel o objeto, a coisa, só existe como exteriorização da consciência de si, a retomada da exteriorização no sujeito seria o fim da realidade objetiva, ou seja, da realidade em geral. *História e consciência de classe* segue Hegel na medida em que nele também a alienação é equiparada à objetificação (para utilizar a terminologia dos *Manuscritos econômico-filosóficos*, de Marx). Esse equívoco fundamental e grosseiro certamente contribuiu em muito para o êxito de *História e consciência de classe*. O desmascaramento teórico da alienação, como já foi mencionado, pairava no ar e em pouco tempo se tornaria a questão central da crítica da civilização, que investigava a situação do homem no capitalismo atual. Para a crítica filosófico-burguesa da civilização – basta pensar em Heidegger –, era muito óbvio sublimar a crítica social numa crítica puramente filosófica, fazer da alienação, social em sua essência, uma *condition humaine* eterna, para utilizar um termo que surgirá só mais tarde. É claro que esse modo de exposição da *História e consciência de classe* ia na direção de tais posicionamentos, muito embora o livro tivesse outra intenção, exatamente oposta a essa. A alienação, identificada com a objetificação, podia muito bem ser vista como uma categoria social – o socialismo devia, com efeito, superar a alienação –, não obstante, sua existência insuperável nas sociedades de classes e principalmente sua fundamentação filosófica aproximava-se da *condition humaine*.

Isso resulta diretamente da falsa identificação, tantas vezes ressaltada, de conceitos básicos que são opostos. A objetificação é, de fato, um modo de exteriorização insuperável na vida social dos homens. Quando se considera que na práxis tudo é objetificação, principalmente o trabalho, que toda forma humana de expressão, inclusive a linguagem, objetiva os pensamentos e sentimentos humanos, então torna-se evidente que lidamos aqui com uma forma humana universal de intercâmbio dos homens entre si. Enquanto tal, a objetificação não é, por certo, nem boa nem má: o correto é uma objetificação tanto quanto o incorreto; a liberdade, tanto quanto a escravidão. Somente quando as formas objetificadas assumem tais funções na sociedade, que colocam a essência do homem em oposição ao seu ser, subjugam, deturpam e desfiguram a essência humana pelo ser social, surgem a relação objetivamente social da alienação e, como consequência necessária, todos os sinais subjetivos de alienação interna. Essa dualidade foi ignorada na *História e consciência de classe*. Isso explica o erro e o equívoco de sua concepção histórico-filosófica fundamental. (Deve-se notar, de passagem, que o fenômeno da reificação, estreitamente relacionado com a alienação, porém sem ser idêntico a ela no âmbito social ou conceitual, também foi empregado como seu sinônimo.)

Essa crítica dos conceitos fundamentais não pretende ser completa. Mas é preciso mencionar rapidamente, mesmo limitando-se às questões centrais, a rejeição ao caráter de reflexo do conhecimento. Essa crítica tem duas fontes: a primeira era a profunda aversão ao fatalismo mecânico que costumava acompanhar o materialismo mecânico e contra o qual protestavam apaixonadamente meu utopismo messiânico da época e o predomínio da práxis em meu pensamento – mais uma vez, não inteiramente sem razão. O segundo motivo decorria, por sua vez, do reconhecimento da origem e do ancoramento da práxis no trabalho. O mais primitivo dos trabalhos, como o que o homem pré-histórico fazia, recolhendo pedras, pressupõe que a realidade em questão é refletida corretamente. Pois nenhuma posição teleológica se efetua com êxito sem uma representação, mesmo que primitiva, da realidade, visada pela prática. A práxis só pode ser a realização e o critério da teoria porque tem como fundamento ontológico, como pressuposto real de toda posição teleológica real, uma reflexão da realidade considerada correta. Não vale a pena aqui entrar nos detalhes da polêmica decorrente dessa questão, nem na justificação de uma recusa do caráter fotográfico das teorias correntes do espelhamento.

Não creio que seja uma contradição falar exclusivamente do aspecto negativo da *História e consciência de classe* e, apesar disso, julgar que à sua época e ao seu modo tenha sido uma obra importante. O simples fato de que todas as deficiências aqui enumeradas tenham suas fontes não tanto na particularidade do autor, mas em grandes tendências do período, ainda que muitas vezes objetivamente errôneas, confere ao livro um certo caráter representativo. Um poderoso momento histórico de transição debatia-se então por sua expressão teórica. Mesmo quando uma teoria não expressava a essência objetiva da grande crise, mas apenas uma tomada de posição típica diante dos seus problemas fundamentais, ela ainda podia adquirir um certo significado histórico. Esse era o caso, creio hoje, da *História e consciência de classe*.

A presente exposição não significa que todas as ideias expressas neste livro sejam, sem exceção, deficientes. Sem dúvida, não se trata disso. As observações introdutórias ao primeiro ensaio já oferecem uma definição da ortodoxia no marxismo que, segundo minhas convicções atuais, está não apenas objetivamente correta, como poderia ter mesmo hoje, às vésperas de um renascimento do marxismo, uma importância considerável. Penso nas seguintes observações:

> Embora não o admitamos, suponhamos que pesquisas recentes tivessem demonstrado incontestavelmente a falsidade objetiva de cada uma das afirmações particulares de Marx. Todo marxista "ortodoxo" sério poderia reconhecer incondicionalmente todos esses novos resultados, rejeitar cada uma das teses de Marx, sem ter de renunciar por um minuto sequer à sua ortodoxia marxista. Marxismo ortodoxo não significa, portanto, um reconhecimento acrítico dos resultados da investigação de Marx, não significa uma "crença" nesta ou naquela tese nem a exegese de um livro "sagrado". A ortodoxia, em questão de marxismo, refere-se, antes, exclusivamente ao *método*. É a convicção científica de que o método correto de investigação foi encontrado no marxismo dialético, de que esse método só pode ser complementado, desenvolvido e aprofundado no sentido dos seus fundadores. No entanto, é também a convicção de que todas as tentativas de suplantá-lo ou de "melhorá-lo" conduziram à superficialidade, à trivialidade e ao ecletismo, e tinham necessariamente de conduzir a isso.[8]

Sem querer parecer pretensioso, creio que se pode encontrar ainda várias ideias igualmente corretas. Menciono apenas a inclusão das obras de juventude de Marx no quadro geral de sua concepção de mundo, numa época em que a maioria dos marxistas a viam somente como documento histórico do desenvolvimento intelectual de Marx. *História e consciência de classe* não pode ser responsabilizada se, décadas mais tarde, essa relação acabou por se inverter, apresentando o jovem Marx muitas vezes como o verdadeiro filósofo e desprezando, em grande medida, sua obra madura. Com razão ou não, em meu livro sempre tratei a concepção marxista do mundo como essencialmente unitária.

Também não se pode negar que muitas passagens procuram mostrar as categorias dialéticas em sua objetividade e seu movimento ontológicos efetivos e que, por

---

[8] Ibidem, p. 13.

Prefácio (1967) | 41

isso, apontam na direção de uma ontologia autenticamente marxista do ser social. A categoria de mediação, por exemplo, é apresentada da seguinte maneira: "A categoria de mediação como alavanca metódica para a superação do simples imediatismo da experiência não é, portanto, introduzir algo de fora (subjetivamente) nos objetos, não é um juízo de valor ou um dever que se contrapõe ao seu ser, *mas a abertura de sua própria estrutura, objetiva e verdadeira*"[9]. Numa relação ainda mais estreita com essa ideia está a conexão entre gênese e história: "Gênese e história só podem coincidir ou, mais exatamente, só podem constituir momentos do mesmo processo quando, por um lado, todas as categorias sobre as quais se edifica a existência humana aparecerem como determinações dessa mesma existência (e não apenas da descrição dessa existência), e, por outro, quando sua sucessão, sua conexão e sua ligação se mostrarem como aspectos do próprio processo histórico, como características estruturais do presente. A sucessão e a conexão interna das categorias não constituem, portanto, uma série puramente lógica, nem se ordenam conforme a facticidade puramente histórica"[10]. Esse raciocínio conduz, de maneira coerente, a uma citação da célebre observação metodológica de Marx nos anos 1850. Não são raras as passagens que, de modo semelhante, antecipam uma interpretação e uma renovação dialético-materialista de Marx.

Porém, se me concentrei aqui na crítica das deficiências, foi por motivos essencialmente práticos. É um fato que *História e consciência de classe* causou uma forte impressão em muitos leitores, e o faz ainda hoje. Se são as linhas corretas do raciocínio a produzir esse efeito, então está tudo resolvido, e minha atitude como autor é inteiramente irrelevante e desprovida de interesse. Mas infelizmente sei que, por razões ligadas ao desenvolvimento social e pelos posicionamentos teóricos por ele produzidos, aquilo que hoje reputo como teoricamente errado pertence aos momentos mais atuantes e influentes da recepção deste livro. Por isso, considero-me obrigado, ao reeditá-lo depois de mais de quarenta anos, a expor sobretudo suas tendências negativas e a alertar os leitores para as decisões equivocadas que, na época, talvez fossem muito difíceis de ser evitadas, mas que hoje e há muito tempo não são mais.

Já mencionei que, em certo sentido, *História e consciência de classe* representou a síntese e o termo do meu período de desenvolvimento, que começou em 1918--1919. Os anos seguintes mostraram isso de maneira cada vez mais evidente.

---

[9] Ibidem, p. 178 e seg.

[10] Ibidem, p. 175.

Sobretudo o utopismo messiânico desse período perdia progressivamente sua real influência (inclusive a que parecia ser real). Em 1924, morre Lênin e, após sua morte, as disputas partidárias concentram-se de modo cada vez mais intenso na possibilidade de construir o socialismo num só país. Naturalmente, o próprio Lênin já havia se manifestado há muito tempo sobre essa possibilidade teórica e abstrata. Todavia, a perspectiva da revolução mundial, que parecia próxima, destacava naquela época o seu caráter meramente teórico e abstrato. O fato de que doravante a discussão passasse a girar em torno dessa possibilidade real e concreta mostrava que nesses anos quase não se podia contar seriamente com a perspectiva de uma revolução mundial. (Esta ressurgiu, por algum tempo, com a crise econômica de 1929.) Além disso, após 1924, a III Internacional estava certa em conceber a situação do mundo capitalista como uma "estabilização relativa". Para mim, esses acontecimentos também significavam a necessidade de uma nova orientação teórica. Minha posição a favor de Stálin nas discussões do Partido Russo pelo socialismo num único país mostrava muito claramente o início de uma mudança decisiva.

Essa mudança foi determinada de modo imediato, mas essencial pelas experiências no Partido Húngaro. A política correta da facção liderada por Landler começava a render frutos. O partido, que trabalhava de maneira estritamente ilegal, conquistava uma influência cada vez maior sobre a ala esquerda da social-democracia, de modo que, por volta de 1924-1925, uma divisão no partido tornou possível a fundação de um partido operário radical, mas voltado para a legalidade. Esse partido, dirigido na ilegalidade pelos comunistas, colocava-se como tarefa estratégica a consolidação da democracia na Hungria, que culminaria com a exigência da república, ao passo que o próprio Partido Comunista, na ilegalidade, permanecia preso à antiga palavra de ordem, estratégica da ditadura do proletariado. Embora nessa época eu estivesse de acordo com a tática dessa decisão, cada vez mais me preocupava com uma série de problemas não resolvidos, relacionados à justificação teórica daquela situação.

Essas reflexões já começavam a minar os fundamentos intelectuais do período de 1917 a 1924. Acrescente-se a isso o fato de que a desaceleração do ritmo de desenvolvimento da revolução mundial impelia necessariamente na direção de uma cooperação entre elementos sociais, em certa medida orientados à esquerda, contra a reação crescente e mais forte. Para um partido operário legal de extrema-esquerda, na Hungria de Horthy, tratava-se de uma evidência cristalina. Mas o movimento internacional também mostrava tendências que apontavam nessa direção. Já em 1922 ocorria a marcha sobre Roma, e os anos seguintes trariam um reforço ao nacional-socialismo na Alemanha, uma reunião crescente de todas as forças reacionárias. Assim, os problemas da frente única e da frente popular foram colocados na ordem do dia e submetidos a um exame profundo, tanto do ponto de vista teórico quanto estratégico. Nesse momento, dificilmente se podia esperar alguma orientação da III Internacional, que se encontrava fortemente influenciada pela tática stalinista. Ela oscilava taticamente entre a esquerda e a direita. O próprio Stálin interveio nessa situação de incerteza de maneira extremamente funesta quando declarou, em 1928, que os social-democratas eram "irmãos gêmeos" dos fascistas. Com isso, fechavam-se de vez as portas para qualquer frente única de esquerda. Embora me posicionasse a favor de Stálin na questão central da Rússia, repugnou-me profundamente essa tomada de posição. Ela não interferiu na minha decisão de abandonar gradualmente as tendências de extrema-esquerda dos primeiros anos da revolução, tanto mais que a maioria dos agrupamentos de esquerda nos partidos europeus se convertia ao trotskismo, posição que sempre recusei. Por certo, no que concerne à Alemanha, cuja política me interessava acima de tudo, se fui contra Ruth Fischer e Masslov, isso não significa que sentisse alguma simpatia por Brandler ou Thalheimer. Naquela época, para esclarecer minhas próprias dúvidas e compreender as ideias teóricas e políticas, eu buscava um programa de esquerda "autêntico", que opusesse uma terceira alternativa a essas correntes de oposição na Alemanha. Porém, a ideia de uma solução teórico-política para as contradições num período de transição como aquele não passou de um sonho. Nunca logrei encontrar uma solução satisfatória, mesmo que apenas para mim, e, por isso, nunca me manifestei publicamente no plano da prática ou da teoria durante esse período.

No movimento húngaro, a situação era diferente. Landler morreu em 1928, e em 1929 o partido preparava seu segundo congresso. Coube a mim a tarefa de escrever o projeto para as teses políticas. Vi-me confrontado com meu antigo problema na questão húngara: pode um partido estabelecer dois objetivos estratégicos diferentes ao mesmo tempo (no plano legal, a república; no ilegal, a república soviética)? Ou, de outro ângulo: a posição do partido em relação à forma de Estado pode ser objeto de conveniência puramente tática (ou seja: a perspectiva do movimento comunista ilegal considerada como meta autêntica, e a do partido legal, como medida meramente tática)? Uma análise detalhada da situação econômica e social da Hungria convencia-me cada vez mais de que, à sua época, Landler tocava instintivamente na questão central de uma perspectiva revolucionária correta para a Hungria com a palavra de ordem estratégica da república: ainda que uma crise tão profunda do regime de Horthy provocasse as condições objetivas de uma transformação fundamental, uma transição direta à república soviética não era possível para a Hungria. Eis por que a palavra de ordem legal da república precisava ser concretizada no sentido que Lênin atribuía em 1905 à ditadura democrática dos operários e camponeses. Hoje é difícil para a maioria das pessoas compreender o quanto essa palavra de ordem tinha um efeito paradoxal naquela época. Embora o VI Congresso da III Internacional mencionasse isso como possibilidade, julgava-se, em geral, que tal retrocesso seria historicamente impossível, visto que a Hungria já havia sido uma república soviética em 1919.

Não cabe aqui considerar essa diversidade de opiniões. Tanto mais que o texto dessas teses, por mais que tenha abalado todo o meu desenvolvimento posterior, hoje pode apenas ser considerado como um documento teoricamente importante. Minha exposição era insuficiente, tanto do ponto de vista dos princípios como concretamente, o que, em parte, também era causado pelo fato de que, para tornar plausível o conteúdo principal, eu atenuava muitos detalhes, tratando-os de maneira demasiadamente genérica. Mesmo assim, originou-se um grande escândalo no Partido Húngaro. O grupo que apoiava Kun via nas teses o mais puro oportunismo; além disso, o apoio da minha própria facção era bastante morno. Quando soube de fontes confiáveis que Béla Kun preparava minha exclusão do partido na condição de "liquidador", decidi renunciar a prosseguir a luta, pois sabia da influência de Kun na Internacional, e publiquei uma "autocrítica". Embora naquela época eu estivesse profundamente convencido de estar defendendo um ponto de vista correto, sabia também – pelo destino de Karl Korsch, por exemplo – que a exclusão do partido significava a impossibilidade de participar ativamente da luta contra o fascismo iminente. Como "bilhete de entrada" para tal atividade, redigi essa autocrítica, já que, sob tais circunstâncias, eu não podia e não queria mais trabalhar no movimento húngaro.

Era evidente que essa autocrítica não podia ser levada a sério: a mudança da opinião fundamental que sustentava as teses – mas que nem de longe conseguia expressá-las adequadamente – passou a ser doravante o fio condutor para minha atividade teórica e prática. Obviamente não convém fazer aqui um esboço, mesmo que resumido, dessas observações. Apenas como prova de que não se trata da imaginação subjetiva de um autor, mas de fatos objetivos, menciono aqui algumas notas de Jószef Révai (de 1950), referindo-se justamente às teses de Blum, nas quais, como principal ideólogo do partido, apresenta minhas concepções literárias da época como consequência direta das teses de Blum: "Quem conhece a história do movimento comunista húngaro sabe que as *concepções literárias* defendidas pelo camarada Lukács de 1945 até 1949 estão ligadas às *concepções políticas*, muito mais antigas, que ele defendia no final dos anos 20 com respeito ao desenvolvimento político na Hungria e à estratégia do partido comunista"[11].

Essa questão tem também um outro aspecto, para mim mais importante, e no qual a mudança efetuada adquire uma fisionomia muito evidente. O leitor desses escritos deve ter percebido que minha decisão de aderir ativamente ao movimento comunista foi profundamente influenciada por motivos éticos. Quando assim o fiz, não tinha ideia de que me tornaria político pelo período de uma década. Foram as circunstâncias que o determinaram. Quando, em fevereiro de 1919, o Comitê Central do partido foi preso, considerei como dever aceitar o posto que me ofereciam no semi-ilegal comitê substitutivo. Numa sequência dramática, vieram: o comissariado popular para o ensino na república soviética e o comissariado popular de política no Exército Vermelho, trabalho ilegal em Budapeste, conflito entre facções em Viena etc. Somente então fui colocado novamente diante de uma alternativa real. Minha autocrítica interna e privada chegou à seguinte conclusão: se era tão evidente que eu tinha razão, como tinha de fato, e, no entanto, não podia evitar uma derrota tão estrondosa, era porque, de algum modo, minhas habilidades práticas e políticas demonstravam uma séria deficiência. Por isso, a partir desse momento, pude retirar-me com a consciência tranquila da carreira política e concentrar-me novamente na atividade teórica. Nunca me arrependi dessa decisão. (A aceitação de um posto de ministro em 1956 não significa nenhuma contradição. Antes de aceitá-lo, esclareci que seria somente por um período de transição, relativo à crise mais aguda; tão logo ocorresse uma consolidação, renunciaria imediatamente.)

No que se refere à análise da minha atividade teórica em sentido estrito após *História e consciência de classe*, saltei meia década e somente agora posso ocupar-me mais de perto desses escritos. O afastamento da cronologia justifica-se pelo fato de que o conteúdo teórico das teses de Blum, naturalmente sem que eu pudesse sequer imaginar, constituiu o *terminus* secreto *ad quem* do meu desenvolvimento. Meus anos de aprendizado do marxismo só podem ser considerados como concluídos quando comecei a superar, numa questão concreta e importante, na qual estão concentrados os mais diversos problemas e definições, aquele conjunto

---

[11] Jószef Révai, *Literarische Studien* (Dietz, Berlim, 1956), p. 235.

composto de um dualismo contraditório, que caracterizava meu pensamento desde os últimos anos da guerra. É esse desenvolvimento, do qual as teses de Blum constituem uma conclusão, que deve ser retraçado neste momento com o auxílio da minha produção teórica daquele período. Creio que, uma vez determinado o objetivo preciso dessa evolução, será mais fácil apresentá-la, especialmente se considerarmos que nessa época minha energia estava concentrada sobretudo nas tarefas práticas do movimento húngaro, e que minha produção teórica consistia predominantemente em trabalhos de circunstância.

Sendo assim, o primeiro e mais extenso desses escritos, uma tentativa de desenhar um retrato intelectual de Lênin, é literalmente uma obra de circunstância. Logo após a morte de Lênin, meu editor pediu-me uma monografia em versão resumida sobre ele; segui seu estímulo e completei o pequeno texto em poucas semanas. Ele significou um avanço em relação à *História e consciência de classe*, visto que o grande modelo em que eu estava concentrado ajudava-me a compreender mais claramente o conceito de práxis em sua relação mais autêntica, ontológica e dialética com a teoria. Naturalmente, a perspectiva da revolução mundial nesse caso é a mesma dos anos 20. No entanto, em parte como consequência das experiências do curto período transcorrido, e em parte por concentrar-se na personalidade intelectual de Lênin, os traços sectários mais pronunciados de *História e consciência de classe* começavam a esmaecer e a dar lugar a outros mais próximos da realidade.

Num posfácio que escrevi recentemente para uma reedição em separado desse pequeno estudo[12], procurei ressaltar, de maneira mais detalhada do que anteriormente, o que ainda considero saudável e atual em sua posição fundamental. Trata-se principalmente de compreender a autêntica especificidade intelectual de Lênin, em vez de concebê-lo como simples sucessor teórico em linha reta de Marx e Engels ou como o genial e pragmático "político realista". Em poucas palavras, essa imagem de Lênin poderia ser formulada da seguinte maneira: sua força teórica baseia-se no fato de ele relacionar toda categoria – por mais abstrata e filosófica que seja – com sua atuação na práxis humana e, ao mesmo tempo, com respeito à ação, que para ele se apoia sempre na análise concreta da respectiva situação concreta, relacionar essa análise de maneira orgânica e dialética com os princípios do marxismo. Sendo assim, ele não é, no sentido estrito da palavra, nem um teórico, nem um político, mas um profundo pensador da práxis, aquele que verte apaixonadamente a teoria em práxis, alguém cuja visão aguda

---

[12] G. Lukács, *Lenin* (Luchterhand, Neuwied, 1967), p. 87 e seg.

está sempre voltada para os momentos de inflexão, em que a teoria transpõe-se na prática e a prática, na teoria. O fato de o quadro histórico e intelectual do meu antigo estudo, em que desenvolvo essa dialética, ainda conter os traços típicos dos anos 20 produz falsas impressões a respeito da fisionomia intelectual de Lênin, já que, principalmente em seus últimos anos de vida, levou a crítica do presente muito mais adiante do que seu biógrafo; no entanto, reproduz corretamente seus traços principais, pois a obra teórica e prática de Lênin também está ligada objetiva e indissoluvelmente aos preparativos de 1917 e às suas consequências necessárias. Hoje creio que a luz lançada por essa mentalidade dos anos 20 oferece, portanto, apenas um matiz, não totalmente idêntico, mas também não completamente estranho, à tentativa de apreender adequadamente a particularidade específica dessa grande personalidade.

Todos os outros textos que escrevi nos anos posteriores são trabalhos de circunstância não apenas aparentemente (em sua maior parte recensões de livros), mas também quanto ao conteúdo, na medida em que, procurando espontaneamente uma nova orientação, eu tentava clarear meu caminho futuro com a demarcação de concepções distintas. Em termos práticos, a recensão sobre Bukharin é talvez a mais importante delas (seja dito de passagem ao leitor atual que, na época de sua publicação, em 1925, Bukharin era, ao lado de Stálin, a figura mais importante do grupo dirigente do Partido Russo; somente três anos depois ocorreu a ruptura entre eles). O traço mais positivo dessa recensão é a concretização das minhas concepções no domínio da economia; ela se mostra principalmente na polêmica contra a concepção que via na técnica o princípio objetivamente motor e decisivo do desenvolvimento das forças produtivas. Tal concepção, além de amplamente disseminada, era defendida tanto pelo materialismo comunista vulgar como pelo positivismo burguês. Evidentemente, isso conduz a um fatalismo histórico, à eliminação do homem e da práxis social e à atuação da técnica como "força natural" social, como "legalidade natural". Minha crítica não se move apenas num plano historicamente concreto, como a maior parte do tempo na *História e consciência de classe*; também não oponho ao fatalismo mecanizante as contra-forças de voluntarismo ideológico. Tento, antes, demonstrar nas próprias forças econômicas o momento socialmente decisivo, que determina a própria técnica. A pequena recensão sobre o livro de Wittfogel apresenta uma posição semelhante. Teoricamente, ambas exposições padecem pelo fato de tratar de modo indiferenciado o materialismo vulgar mecanicista e o positivismo como tendências iguais, e muitas vezes este chega a ser assimilado por aquele.

De grande importância são as recensões mais detalhadas das novas edições das cartas de Lassalle e dos escritos de Moses Hess. Em ambos domina uma tendência para dar à crítica e ao desenvolvimento social uma base econômica mais concreta do que aquela que conseguia oferecer na *História e consciência de classe*, e para colocar a crítica do idealismo e o aprimoramento da dialética hegeliana a serviço do conhecimento das relações assim adquiridas. Aproveito para retomar a crítica do jovem Marx, na *Sagrada família*, àqueles idealistas que tinham a pretensão de superar Hegel. Para Marx, esses idealistas acreditavam ultrapassar Hegel subjetivamente, porém, objetivamente, não representavam nada além da simples renovação do idealismo subjetivo de Fichte. É próprio também dos aspectos conservadores no pensamento de Hegel o fato de sua filosofia da história se limitar a revelar o presente em sua necessidade, e certamente foram molas subjetivamente revolucionárias que situaram o presente na filosofia da história de Fichte como uma "era da degradação total", entre o passado e um futuro supostamente cognoscível do ponto de vista filosófico. Já na crítica feita por Lassalle esse radicalismo apresenta-se como puramente imaginário e a filosofia de Hegel representa uma etapa superior à de Fichte no conhecimento do verdadeiro movimento histórico, uma vez que a dinâmica de mediação histórico-social, objetivamente intencionada e que produz o presente, é construída de maneira mais real e menos abstrata do que a orientação de Fichte, voltada para o futuro. A simpatia de Lassalle por tais tendências de pensamento está ancorada numa visão geral puramente idealista do mundo; repugna-lhe aquela imanência que resulta da conclusão de uma evolução histórica baseada na economia. A esse respeito e para salientar a distância entre Marx e Lassalle, a recensão cita uma declaração deste em conversa com Marx: "Se você não acredita na eternidade das categorias, tem de acreditar em Deus". Naquela época, esse esforço para realçar com veemência os traços filosoficamente retrógrados do pensamento de Lassalle era, ao mesmo tempo, uma polêmica teórica contra as correntes na social-democracia que, em oposição à crítica que Marx dirigira a Lassalle, pretendia fazer deste um fundador de igual plana da concepção socialista do mundo. Sem referir-me diretamente a ela, combati tal tendência como um aburguesamento. Em determinadas questões, essa intenção também contribuiu para que minha abordagem sobre o verdadeiro Marx fosse mais próxima do que aquela feita em *História e consciência de classe*.

A recensão sobre a primeira reunião dos escritos de Moses Hess não tinha a mesma atualidade política. Devido justamente à minha retomada das ideias do jovem Marx, havia uma necessidade cada vez mais forte de demarcar minha posição em relação aos seus contemporâneos teóricos, que se situavam na ala esquerda do processo de dissolução da filosofia hegeliana e do "socialismo verdadeiro", frequentemente ligado a ela. Essa intenção também contribuiu para que as tendências de concretização filosófica do problema econômico e do seu desenvolvimento social surgissem ainda mais energicamente em primeiro plano. Na verdade, o exame acrítico de Hegel não é de modo algum superado, e a crítica contra Hess parte, tal como *História e consciência de classe*, da suposta identidade entre objetivação e alienação. O progresso em relação à concepção anterior assume agora uma forma paradoxal: por um lado, contra Lassalle e os jovens hegelianos radicais, são colocadas em primeiro plano aquelas tendências de Hegel para apresentar as categorias econômicas como realidades sociais e, por outro, há uma veemente tomada de posição contra o caráter não dialético da crítica de Feuerbach a Hegel.

O último ponto de vista leva à constatação já salientada de que Marx parte diretamente de Hegel, enquanto o primeiro refere-se à tentativa de uma definição mais precisa da relação entre economia e dialética. Assim, por exemplo, partindo da *Fenomenologia*, acentua-se a ênfase da imanência na dialética econômico-social de Hegel, em contraposição à transcendência de todo idealismo subjetivo. Em igual medida, a alienação é apreendida de tal maneira que não é "nem um produto do pensamento, nem uma realidade 'reprovável', mas a forma de existência imediatamente dada do presente como transição para sua autossuperação no processo histórico". A isso se junta um desenvolvimento dirigido para a objetividade que se origina na *História e consciência de classe* e diz respeito ao imediatismo e à mediação no processo de evolução da sociedade. O mais importante nessas ideias é que elas culminam na exigência de um novo tipo de crítica, que busca já expressamente uma conexão direta com a *Crítica da economia política* de Marx. Depois que compreendi, de modo decisivo e fundamental, a falha de toda a estrutura de *História e consciência de classe*, esse empenho assumia a forma de um plano com vistas a investigar os nexos filosóficos entre economia e dialética. Já no início dos anos 30, em Moscou e em Berlim, fiz a primeira tentativa de realizá-lo: a primeira versão do meu livro sobre o jovem Hegel (concluído somente no outono de 1937)[13]. Trinta anos depois, tento dominar de fato esse conjunto de problemas numa ontologia do ser social, com a qual me ocupo no momento.

Em que medida essas tendências progrediram nos três anos que separam o ensaio sobre Hess das teses de Blum, hoje não posso precisar, já que não existem

---

[13] G. Lukács, "Der junge Hegel", *Werke*, v. 8 (Luchterhand, Neuwied, 1967) [ed. bras.: *O jovem Hegel*, trad. Nélio Schneider, São Paulo, Boitempo, 2018].

documentos. Creio somente que é muito improvável que o trabalho prático para o partido, que sempre exigia análises econômicas concretas, não me tenha trazido nenhum incentivo também do ponto de vista teórico e econômico. Em todo caso, em 1929 ocorreu a grande virada com as teses de Blum e, após tal transformação em minhas concepções, em 1930 tornei-me colaborador científico do Instituto Marx-Engels de Moscou. Nesse período, vieram em meu socorro dois felizes acasos: tive a ocasião de ler o original, já completamente decifrado, dos *Manuscritos econômico-filosóficos* e travei conhecimento com M. Lifschitz, dando início a uma amizade que duraria a vida inteira. A leitura dos textos de Marx rompeu todos os preconceitos idealistas da *História e consciência de classe*. É certo que eu poderia ter encontrado em seus outros textos, lidos anteriormente, ideias semelhantes para essa transformação teórica. Mas o fato é que isso não aconteceu, obviamente porque os lia desde o início com base em minha própria interpretação hegeliana, e somente um texto completamente novo poderia provocar esse choque. (Acrescente-se a isso, naturalmente, o fato de que, nessa época, eu já havia superado o fundamento político-social desse idealismo nas teses de Blum.) De qualquer modo, ainda consigo me lembrar do efeito transformador que produziram em mim as palavras de Marx sobre a objetificação como propriedade material primária de todas as coisas e relações. A isso se somava a compreensão, já mencionada, de que a objetificação é um tipo natural – positivo ou negativo, conforme o caso – do domínio humano sobre o mundo, ao passo que a alienação representa uma variante especial que se realiza sob determinadas circunstâncias sociais. Com isso, desmoronavam definitivamente os fundamentos teóricos daquilo que fizera a particularidade de *História e consciência de classe*. O livro se tornou inteiramente alheio a mim, do mesmo modo que meus escritos de 1918-19. Isso ficou claro de uma só vez: se quero realizar o que tenho teoricamente em mente, então tenho de recomeçar tudo desde o princípio.

Quis então registrar por escrito e para o público minha nova posição. Essa tentativa, contudo, não pôde ser concluída, pois nesse ínterim o manuscrito se perdeu. Não me preocupei muito na época: encontrava-me ébrio de entusiasmo pelo novo começo. Mas via também que isso só podia fazer sentido com base em novos estudos bastante amplos, que seriam necessários muitos desvios para me colocar em condição de apresentar adequadamente, de maneira científica e marxista, aquilo que na *História e consciência de classe* seguia por uma trilha equivocada. Já mencionei um desses desvios: aquele que partia do estudo de Hegel, passando pelo projeto de obra sobre economia e dialética, até chegar à minha atual tentativa de uma ontologia do ser social.

Paralelamente, quis aproveitar meus conhecimentos nos domínios da literatura, da arte e da sua teoria para construir uma estética marxista. Nesse contexto surgiu o primeiro trabalho com M. Lifschitz. Depois de muitas conversas, tornou-se claro para ambos que mesmo os melhores e mais capacitados marxistas, como Plekhanov e Mehring, não haviam apreendido com suficiente profundidade o caráter universal da concepção de mundo do marxismo e, por isso, não compreenderam que Marx também nos coloca a tarefa de edificar uma estética sistemática sobre um fundamento dialético-materialista. Não cabe aqui descrever os grandes méritos filosóficos e filológicos de Lifschitz nesse domínio. Quanto a mim, foi nessa época que escrevi o ensaio sobre o debate de Sickingen entre Marx-Engels e Lassalle[14], no qual já se tornam claramente visíveis os contornos dessa concepção, limitados naturalmente a um problema particular. Após uma resistência inicial muito forte, principalmente por parte da sociologia vulgar, essa concepção impôs-se, nesse ínterim, em amplos círculos do marxismo. Não vêm ao caso maiores indicações a esse respeito. Quero apenas indicar rapidamente que a virada filosófica geral em meu pensamento exprimiu-se de maneira inequívoca durante minha atividade como crítico em Berlim (1931-1933). Ao criticar sobretudo as tendências naturalistas, não era apenas o problema da mimese que se colocava no centro dos meus interesses, mas também a aplicação da dialética sobre a teoria do reflexo. Pois, de fato, a todo naturalismo subjaz teoricamente o espelhamento "fotográfico" da realidade. A ênfase aguda da oposição entre realismo e naturalismo, que falta tanto ao marxismo vulgar como às teorias burguesas, é um pressuposto insubstituível da teoria dialética do reflexo e, consequentemente, também de uma estética no espírito de Marx.

Embora essas observações não façam parte estritamente do tema aqui tratado, elas eram necessárias para indicar a direção e os motivos daquela virada que significou para minha produção o reconhecimento da falsidade dos fundamentos da *História e consciência de classe*. Isso me dá o direito de ver neles o ponto de chegada dos meus anos de aprendizado e, com eles, o meu desenvolvimento de juventude. Neste momento, trata-se apenas de fazer algumas observações à minha famigerada autocrítica a respeito da *História e consciência de classe*. Preciso iniciar com uma confissão: sempre fui extremamente indiferente em relação aos meus trabalhos intelectualmente ultrapassados. Assim, um ano após a publicação de *A alma e as formas*, escrevi, numa carta de agradecimento a Margarethe

---

[14] Em *Internationale Litteratur*, Moscou, ano 3, n. 2, 1933, p. 95-126.

Susmann pela recensão do livro, que "o todo e sua forma haviam se tornado estranhos para mim". Foi assim com *A teoria do romance* e com a *História e consciência de classe.*

Ora, quando voltei à União Soviética, em 1933, com a perspectiva de uma atividade frutífera – o papel de oposição, no campo teórico e literário, da revista *Literaturni Kritik*, entre 1934-39, é conhecido por todos –, senti uma necessidade tática de manter abertamente certa distância em relação à *História e consciência de classe*, para que a verdadeira luta dos resistentes contra as teorias oficiais e semioficiais da literatura não fosse prejudicada por contra-ataques, nos quais, segundo minha própria convicção, o adversário teria tido efetivamente razão, por mais limitada que fosse sua capacidade de argumentação. Naturalmente, tive de submeter-me às regras de linguagem em vigor na época para poder publicar uma autocrítica. Mas esse foi o único elemento de adaptação nessa declaração. Mais uma vez, era o preço a ser pago para prosseguir com a luta de resistência. A diferença em relação à autocrítica anterior a respeito das teses de Blum é, "apenas", a de que eu considerava então, e considero ainda hoje, franca e efetivamente, a *História e consciência de classe* como um livro errôneo. Do mesmo modo, continuo a crer que tive razão em combater posteriormente aqueles que tentaram se identificar com minhas autênticas aspirações, quando fizeram dos defeitos desse livro novas palavras de ordem. As quatro décadas que se passaram desde o aparecimento da *História e consciência de classe*, a mudança nas condições de luta pelo autêntico método marxista, além de minha própria produção nesse período talvez permitam, doravante, uma tomada de posição menos abrupta e unilateral. Não é minha tarefa, evidentemente, estabelecer em que grau certas tendências da *História e consciência de classe*, justas em sua intenção, produziram um resultado correto e orientado para o futuro, na minha atividade e, eventualmente, na de outros. Há nisso todo um conjunto de questões, cuja decisão posso entregar tranquilamente ao juízo da história.

Budapeste, março de 1967.

Sobre *História e consciência de classe*[1]*

Lucien Goldmann

György Lukács tem um lugar preponderante na história do pensamento do século XX: com *A alma e as formas***, ele foi o iniciador da filosofia existencialista; com esse mesmo livro e *A teoria do romance****, ele elaborou as primeiras análises estruturalistas realmente operacionais da criação cultural; e, sobretudo, com *História e consciência de classe*****, ele iniciou uma virada decisiva na história da filosofia em geral e da teoria marxista em particular.

Todavia, por mais importantes que sejam essas obras, gostaria de tratar sobretudo da obra marxista de Lukács e, em especial, do papel que *História e consciência de classe* desempenhou no momento em que foi publicado e de sua atualidade, ainda hoje, para nós. Para isso, devo contextualizar – ainda que esquematicamente – a situação do pensamento marxista em 1923, ano em que o livro foi publicado.

Desde a morte de Marx e Engels, e talvez já nos últimos escritos de Engels, delineava-se uma ruptura bastante profunda com o pensamento dialético. O marxismo não era decerto um bloco unitário, e as diferenças entre os pensamentos

---

[1]   Originalmente publicado em *L'Homme et la société*, n. 43-4, 1977, p. 57-75 (edição temática: Inédits de Lukács e textes de Lukács).

*   A tradução para o português para a presente edição é de Mariana Echalar. (N. E.)

**   G. Lukács, *A alma e as formas* (trad. Rainer Patriota, Belo Horizonte, Autêntica, 2015). (N. E.)

***   Idem, *A teoria do romance* (trad. José Marcos Mariani de Macedo, 2. ed., São Paulo, Duas Cidades/Editora 34, 2012). (N. E.)

****   Idem, *História e consciência de classe* (trad. Rodnei Nascimento, 2. ed., São Paulo, WMF Martins Fontes, 2016). (N. E.)

de Lênin, Plekhanov, Bernstein, Kautsky e Rosa Luxemburgo eram patentes. Não obstante, se desconsiderarmos esta última, e se compararmos a obra dos teóricos marxistas mais conhecidos antes de 1923 – entre as quais até mesmo o *Anti-Dühring** e *A dialética da natureza***, de Engels – com os escritos de Marx, impressiona-nos uma diferença bastante clara hoje, mas que era praticamente imperceptível antes de 1923, fora mesmo de qualquer ortodoxia. Essa diferença se tornou visível em parte graças ao livro de Lukács.

Se as análises marxistas estão corretas e se, como afirmam, a vida intelectual tem estreita relação com a vida econômica, social e política dos homens, é evidente que essa afirmação vale para a própria história do pensamento marxista, que não poderia escapar da influência da realidade social no interior da qual ela se desenvolve. O materialismo dialético e histórico nasceu nos anos 1845-1850, num momento em que as últimas vagas da revolução burguesa agitavam ainda a Europa e as primeiras expressões dos movimentos específicos da classe operária já se manifestavam. Em contrapartida, com o fim da revolução de 1848 e a tomada de poder por Napoleão III – ou, como dizia Victor Hugo, Napoleão, o Pequeno –, a sociedade capitalista liberal vai constituir-se e estabilizar-se, favorecendo, no plano filosófico e teórico, o desenvolvimento e o florescimento das filosofias idealistas, neokantianas e positivistas. A antiga burguesia revolucionária – ou, ao menos, progressista – torna-se a classe dominante, uma classe cada vez mais conservadora, ameaçada em maior ou menor grau pelas novas forças de oposição, enquanto começa a desenvolver-se, no lugar do movimento operário e revolucionário preconizado por Marx e Engels, um movimento sindical e uma social-democracia ainda marxistas nas palavras, mas, na realidade, cada vez mais integrados à sociedade existente. É evidente que essa integração do movimento socialista à ordem capitalista ocidental não podia não ter consequências para a estrutura de pensamento desse movimento, mesmo que este último continuasse a reivindicar a obra teórica e política de Marx.

Assim, entre 1890 e 1923, todos os teóricos importantes do marxismo – com exceção de Rosa Luxemburgo e, em grande medida, de Trótski – tomaram uma direção positivista paralela àquela da ciência universitária. Para nos convencermos, basta constatarmos a pouca importância que os estudos filosóficos davam à relação entre Marx e Hegel, que, no entanto, foi explicitamente afirmada pelo

---

* Friedrich Engels, *Anti-Dühring* (trad. Nélio Schneider, São Paulo, Boitempo, 2015). (N. E.)

** Idem, *A dialética da natureza* (trad. Nélio Schneider, São Paulo, Boitempo, 2020). (N. E.)

primeiro. Para Kautsky – que na época era considerado quase unanimemente o principal teórico marxista –, o pensamento de Marx se compara, em primeiro lugar, ao de Darwin; para Plekhanov, ele se compara ao de Espinoza, de Dietzgen e dos materialistas mecanicistas do século XVIII; para Max Adler, Vorländer, Bernstein e os austro-marxistas, ele deve ser associado à filosofia neokantiana; e o próprio Lênin, com *Materialismo e empiriocriticismo**, escreveu uma das obras mais mecanicistas e mais antidialéticas que já existiram. E essa tradição antidialética prosseguiu com o stalinismo e o estruturalismo althusseriano.

Entre Marx e Lukács, o italiano Antonio Labriola foi o único a dar importância real à tradição hegeliana, mas nem por isso desenvolveu um marxismo verdadeiramente dialético. Se levarmos em conta tudo isso, não nos surpreende constatar que os escritos que formaram várias gerações de militantes social-democratas e, posteriormente, militantes comunistas não foram os escritos de Marx, mas, antes do stalinismo, o *Anti-Dühring*, de Engels – ao qual se juntou mais tarde *A dialética da natureza*, do mesmo autor – e *Materialismo e empiriocriticismo*, de Lênin.

Essa orientação da história teórica que acabamos de esboçar refletia a realidade social: estabilização da ordem social do capitalismo liberal entre 1852 e 1914 – brevemente interrompida pelo episódio da Comuna de Paris, política e moralmente importante pelas repercussões que teve na consciência revolucionária, mas histórica e socialmente bastante limitada – e, mais tarde, a partir de cerca de 1928, pela estabilização do regime stalinista na URSS.

Ora, é entre esses dois períodos, após a crise de 1905 na Rússia, que se situam as grandes convulsões revolucionárias mundiais (1917 e 1923-1927: Rússia, Alemanha e China), e o renascimento do pensamento dialético está muito provavelmente ligado a essa época de agitações revolucionárias. Esse renascimento ocorreu em três pontos diferentes da Europa, em datas muito próximas, mas nos três casos limitou-se ao nível filosófico, sem repercussões no plano sociológico e, principalmente, no plano político e organizacional: a descoberta em 1914-1915 do pensamento hegeliano por Lênin, que o expressou no texto publicado posteriormente com o título *Cadernos sobre a dialética***; a publicação em 1923 de *História e consciência de classe*, de Lukács; e a obra de Antonio Gramsci.

---

* Vladímir I. Lênin, *Materialismo e empiriocriticismo: notas críticas sobre uma filosofia reacionária* (Moscou/Lisboa, Progresso/Avante, 1982). (N. E.)

** Idem, *Cadernos sobre a dialética de Hegel* (trad. José Paulo Netto, Rio de Janeiro, Editora UFRJ, 2011, Pensamento Crítico, n. 16). (N. E.)

Caracterizado primeiramente pela afirmação da separação radical entre juízos de fato e juízos de valor, entre a realidade exterior, submetida a leis "objetivas", e a práxis humana, que no máximo pode julgar moralmente a realidade ou modificá-la por uma ação técnica baseada no conhecimento e no emprego das leis objetivas, o positivismo corresponde a situações nas quais as estruturas sociais são tão sólidas que sua existência parece escapar à ação dos homens, que as constituem e permitem. Em *O capital**, Marx denunciou longamente a ilusão do fetichismo da mercadoria, que faz as leis econômicas e até mesmo as leis históricas parecerem independentes da vontade dos homens e análogas às leis naturais. Essa advertência, contudo, não foi suficiente para impedir os marxistas posteriores de sucumbir à mesma ilusão, na medida em que viviam numa sociedade relativamente estável e aparentemente pouco permeável à ação transformadora das classes sociais.

Do lado dos bolcheviques, uma situação distinta sob certos aspectos antes de 1917 favoreceu, ainda assim, uma ideologia semelhante, cuja expressão mais clara se encontra em *O que fazer?***, de Lênin. O Estado tsarista não era tão estável quanto as sociedades ocidentais, mas até 1905, ao menos para os bolcheviques, o proletariado não era espontânea e naturalmente oposição; as tendências espontâneas da consciência proletária pareciam mais trade-unionistas que revolucionárias e, por conseguinte, o proletariado não podia assumir a direção da ação histórica de transformação. À vista disso, essa função deveria ser atribuída ao partido, organização de revolucionários profissionais que desempenharia o papel de técnico coletivo da revolução e cuja ação deveria introduzir a consciência socialista no proletariado. Chegou-se, assim, a uma concepção igualmente positivista e objetivante da sociedade que me parece explicar, entre outras coisas, por que, apesar das diferenças políticas consideráveis entre os bolcheviques revolucionários e a social-democracia reformista, um certo número de obras teóricas (*O capital financeiro****, de Rudolf Hilferding; os livros de Kautsky etc.) era aceito por ambos os lados e fazia parte da ideologia das duas correntes.

A primeira ruptura nessa situação ocorreu em 1905, na Rússia, com a criação do Soviete de Petrogrado, ação revolucionária relativamente espontânea do proletariado

---

* Karl Marx, *O capital: crítica da economia política* Livro I: *O processo de produção do capital*, trad. Rubens Enderle, 2. ed., São Paulo, Boitempo, 2020). (N. E.)

** Vladímir I. Lênin, *O que fazer?* (trad. Paula Vaz de Almeida e Edições Avante!, São Paulo, Boitempo, 2020). (N. E.)

*** Rudolf Hilferding, *O capital financeiro* (trad. Reinaldo Mestrinel, São Paulo, Nova Cultural, 1985). (N. E.)

que pôs fim a um longo período de estabilidade e de tendências de integração. Aliás, a expressão política desse evento refletia a situação ideológica: os bolcheviques, que preconizavam uma revolução liderada por uma organização de revolucionários profissionais e que criaram essa organização separando-se dos mencheviques, viram-se com uma influência relativamente fraca sobre o Soviete de Petrogrado, enquanto Trótski, que não possuía uma organização própria, mas desenvolvera com Parvus a teoria da revolução permanente e do proletariado revolucionário, entrou definitivamente para a história, tornando-se o presidente do soviete. A primeira reação de Lênin foi reorientar sua política: ele, que defendera rigidamente a criação de uma organização disciplinada de revolucionários profissionais e quisera a ruptura com os mencheviques, agora preconizava a unidade e, implicitamente, concedia uma influência muito maior à base proletária. Mas, pouco depois, houve o episódio da revolução de 1905 e os bolcheviques – inclusive Lênin – retornaram à sua política anterior.

Apenas em 1915, e sobretudo em 1917, com a aproximação da revolução, é que Lênin voltou a posições mais dialéticas, primeiro no plano filosófico, com os *Cadernos sobre a dialética*, e, posteriormente, no plano político, com *O Estado e a revolução** e a integração do grupo trotskista ao partido bolchevique, no qual alguns de seus membros ocuparam mais tarde posições de destaque. O retorno ao mecanicismo e ao positivismo stalinista começou por volta de 1922, mas consolidou-se sobretudo após a morte de Lênin.

Na Europa, onde os *Cadernos sobre a dialética* eram desconhecidos (e a obra de Gramsci se tornou conhecida apenas muito tempo depois), a publicação do livro de György Lukács em 1923 foi a primeira expressão do renascimento do pensamento dialético. A obra fez escola, mas de imediato provocou uma reação hostil da parte dos ortodoxos. Esse posicionamento fez com que Lukács proibisse reedições do livro até 1968 e escrevesse pouquíssimas notas, de duas a seis páginas, até as vésperas da tomada de poder por Hitler. Acrescentemos que ele declarou inúmeras vezes que o livro continha erros e que ele discordava das teses que desenvolvera nele.

Na verdade, se tentarmos explicar tanto o impacto da obra no momento em que foi publicada quanto o papel que ela desempenhou tempos depois, parece-me que temos de distinguir três grupos de ideias diferentes: o primeiro se explica em

---

* Vladímir I. Lênin, *O Estado e a revolução* (trad. Paula Vaz de Almeida, São Paulo, Boitempo, 2017). (N. E.)

grande parte pela época da redação da obra, e hoje todos concordariam que essas ideias não refletiam a realidade; o segundo resulta da necessidade de integrar os novos elementos que a obra suscitou num sistema constituído de elementos ainda não renovados; e, por último, o terceiro grupo é constituído pelas novas análises teóricas que depois teriam um papel capital no desenvolvimento do pensamento marxista e das ciências humanas em geral.

Vou tratar apenas brevemente dos dois primeiros grupos para poder me ocupar mais detidamente com o terceiro, que me parece, de longe, o mais interessante.

Esses artigos, escritos de 1919 a 1922, em plena crise revolucionária das sociedades europeias, após a vitória da Revolução Russa e da vitória provisória – e subsequente derrota – das revoluções na Hungria e na Finlândia e do esmagamento do espartaquismo na Alemanha, são ainda um reflexo da esperança revolucionária que considerava essas derrotas um recuo temporário num contexto de crise decisiva e fundamental do capitalismo mundial.

Assim, Lukács tinha a convicção de que seu livro estava sendo redigido às vésperas da revolução mundial, da destruição do capitalismo e da instauração de uma sociedade sem classes – uma das ideias centrais da obra é a de que as condições econômicas e sociais da revolução haviam sido realizadas e a vitória era, antes de tudo, uma questão de conscientização do proletariado.

Desde então, a história fez seu julgamento e partidários e adversários de Lukács concordam que essa avaliação era ilusória e equivocada.

O segundo grupo de ideias diz respeito aos problemas de organização do movimento e dos partidos revolucionários. No primeiro quarto do século, na prática desde a morte de Engels, havia duas posições opostas, que se baseavam em duas análises diferentes da natureza da sociedade capitalista. A primeira, representada sobretudo por Rosa Luxemburgo e Trótski, e fiel à hipótese do proletariado revolucionário, partia da ideia dialética da identidade do sujeito e do objeto, da orientação espontânea do proletariado na direção de uma consciência autêntica e não integrada, e exigia um partido democrático cuja base proletária – apesar de uma consciência revolucionária menos desenvolvida do que aquela dos quadros dirigentes – deveria ser o núcleo fundamental: era essa base que devia controlar o aparelho do partido, formado por revolucionários profissionais mais instruídos e experientes, mas que corriam o risco de se orientar para a burocratização, substituir os interesses da classe operária por seus próprios interesses e, no mundo ocidental, seguir na direção da integração à sociedade capitalista. O segundo grupo de teóricos marxistas ou neomarxistas, partindo da experiência histórica das décadas anteriores, constatava que a consciência do proletariado não se orientava espontaneamente para o questionamento da sociedade capitalista, mas para a integração a ela, era de natureza democrática e trade-unionista. Esses teóricos, por sua vez, dividiam-se em duas correntes: a primeira, revisionista, abandonou a própria ideia de revolução, pois não via mais nenhuma base social para ela; a segunda, encarnada sobretudo pelo partido bolchevique, exigia a criação de um partido disciplinado de revolucionários profissionais que, em vez de ajudar o proletariado a compreender o que já era para ele uma tendência virtual de sua consciência e ação, deveria introduzir a consciência revolucionária no proletariado e controlá-lo permanentemente para evitar o retorno de suas tendências espontâneas.

Ora, a experiência dos anos 1917-1923 – a derrota dos espartaquistas e das revoluções europeias – deixou claro o caráter equivocado das posições de Rosa Luxemburgo e aumentou o prestígio dos vitoriosos bolcheviques na Rússia (embora as posições de Trótski e Lênin tenham se aproximado muito durante a revolução). Além do mais, os anos 1919-1923 escancararam novamente a estabilidade relativa e a força de resistência do capitalismo ocidental; aliás, pouco tempo depois, a evolução histórica conduziria à eliminação de Trótski, como já havia conduzido à de Rosa Luxemburgo.

Em suas posições fundamentais, Lukács, assim como muitos revolucionários da época, admitia a ideia do proletariado revolucionário. No máximo, talvez tivesse mais consciência do que a maioria dos teóricos de que isso o colocava muito próximo das posições de Rosa Luxemburgo. Mas, assim como para Lênin em 1916 e, mais tarde, para Gramsci, esse retorno à dialética no plano da filosofia e da análise sociológica fundamental não podia – dada a realidade social e política e a perspectiva revolucionária desses pensadores – conduzir ao questionamento da experiência dos anos anteriores e, sobretudo, ao desenvolvimento de uma crítica radical da estrutura do partido bolchevique – que foi o único a organizar e dirigir uma revolução vitoriosa – e à explicitação do perigo que ele representava tanto para a democracia quanto para a revolução. É nítido o dilema em que se encontravam consciente ou inconscientemente os três teóricos revolucionários que redescobriram a dialética.

Como conciliar a exigência de uma força social espontaneamente revolucionária, interna à sociedade existente (em termos filosóficos, a ideia de identidade parcial do sujeito e do objeto), com a aceitação – que eles nem sequer cogitavam poder contestar – do partido bolchevique centralizado e hierarquizado como forma de organização eficaz por excelência do movimento revolucionário? Na verdade, o problema era insolúvel: não havia uma posição intermediária que fosse viável, na prática, entre o Lênin de *O que fazer?* e as posições de Rosa Luxemburgo. Compreende-se por que nem Lukács, nem Gramsci, nem Lênin conseguiram encontrar resposta a um problema que a situação histórica impedia que fosse resolvido, e por que – os dois primeiros na teoria e o terceiro na prática, nos últimos anos de sua vida – puderam apenas preconizar um programa irrealizável de democratização interna dos partidos comunistas.

Até hoje, no momento em que lhes falo, a História não elucidou o problema. E devo acrescentar que o caráter mais democrático do partido comunista italiano e a resistência mais forte dos intelectuais poloneses à restalinização devem-se em parte, talvez, à tradição de Gramsci e Rosa Luxemburgo. De todo modo, sobre esse ponto também, as ideias que Lukács desenvolve em *História e consciência de classe* me parecem dificilmente defensáveis, mas com a ressalva de que, entre aqueles que as criticam, os marxistas institucionais o fazem por causa do programa de democratização do partido, e os heréticos, por suas ilusões a respeito da possibilidade de semelhante democratização.

Dito isso, chegamos ao núcleo fundamental do livro de Lukács, graças ao qual ele se constituirá definitivamente como um dos grandes momentos da história do pensamento marxista em particular e do pensamento filosófico europeu em geral.

A primeira análise – que, aliás, implica as outras e, enquanto tal, já é um retorno ao pensamento dialético – considera de imediato fundamentos essenciais e específicos do marxismo a ideia do sujeito coletivo e a ideia de que somente as classes sociais são sujeitos históricos. Eu acrescentaria ainda que Lukács, após analisar em dois livros pré-marxistas uma série de estruturas possíveis do pensamento baseadas na ideia de consciência individual, e levando aos seus últimos limites a ideia de consciência transindividual e, em particular, de consciência de classe, dedica-se muito mais a mostrar seu *status* histórico e criticar as insuficiências e distorções fundamentais do pensamento individual – *status* contemplativo e reificação – que a descrever explicitamente as relações da consciência de classe com a consciência individual. Tendo sido o problema levantado por um certo número de análises críticas, em especial as da Escola de Frankfurt, gostaria de considerá-lo brevemente aqui.

Diferentes correntes da filosofia da burguesia ascendente – racionalismo, empirismo, Filosofia das Luzes – e também da filosofia universitária posterior –

positivismo, neokantismo, existencialismo sartriano – sempre consideraram o *status* individual do sujeito do pensamento e da ação uma evidência inconteste. As filosofias que admitiam o papel parcial ou inteiramente ativo e criador do sujeito em relação ao conhecimento e ao mundo exterior (neokantismo, fenomenologia husserliana) foram obrigadas, diante da impossibilidade de atribuir esse *status* à consciência empírica dos indivíduos, a recorrer a esse monstro filosófico e científico que é o *ego* transcendental. De fato, a hipótese do *status* individual do sujeito colide com toda e qualquer experiência cotidiana. Basta imaginarmos três carregadores transportando um piano para nos darmos conta da absoluta impossibilidade de compreendermos esse evento se partimos da suposição de que um deles possui o *status* de sujeito, o que implica que os outros dois são semelhantes ao piano enquanto objetos do pensamento e da ação do primeiro. Acrescento que essa perspectiva rompe necessariamente o elo entre a consciência do indivíduo considerado como sujeito e o deslocamento do piano, que não é de sua natureza, e confere ao pensamento um *status* contemplativo em relação a esse deslocamento. É evidente que a única maneira de compreender os fatos e restabelecer o elo entre a consciência e a práxis é admitir que os três carregadores constituem juntos o sujeito de um comportamento do qual o piano é o objeto e seu deslocamento o resultado. Ora, esse exemplo, aparentemente banal, é válido para todo comportamento consciente das pessoas em sua vida social e, implicitamente, para a maior parte de sua consciência. A hipótese do sujeito individual é uma ideologia deformadora, ela própria elaborada por um sujeito coletivo.

Dito isso, é evidente que cada comportamento examinado enquanto setor particular da realidade tem um sujeito coletivo específico e diferente daquele da maioria dos outros comportamentos; isso significa que, no espaço de tempo de apenas um dia, todo indivíduo se integra a um número considerável de sujeitos transindividuais de composição diferente.

Contudo, essa variabilidade não é total. Alguns sujeitos coletivos possuem um *status* mais ou menos durável: os operários de uma empresa de mudanças agem frequentemente juntos, ou ao menos em combinações de número limitado; eles constituem um sujeito transindividual que abrange um número mais ou menos elevado de comportamentos. Em um nível mais global, há sujeitos transindividuais (família, grupo profissional, classe social) que possuem um *status* realmente durável em relação a uma época histórica. E, entre eles, as classes sociais têm uma importância particular e um *status* privilegiado, na medida em que são o *único* sujeito transindividual cuja consciência e comportamento são orientados para a organização do conjunto das relações inter-humanas e das relações entre as pessoas e a natureza, seja para conservá-las tal e qual, seja para transformá-las de maneira mais ou menos radical; isso significa que elas são o sujeito por excelência da ação histórica e, no plano da consciência, o sujeito da criação de universos conceituais e imaginários, isto é, das criações filosóficas e literárias.

Em relação a esse sujeito coletivo, porém, que existência e que *status* a realidade biológica e psicológica do indivíduo pode ter? É incontestável que o indivíduo existe, em primeiro lugar no plano do que Freud denominou *libido*, isto é, no plano de todo um conjunto de desejos e aspirações que entram em conflito com as exigências da vida social e que, transformadas por esse conflito, se modificam ou são reprimidas e permanecem inconscientes. Mas o indivíduo existe também em outro plano, o plano da vida consciente, no qual ele surge como *uma mistura particular e específica de sujeitos coletivos*. Aqui me parece que Freud errou ao considerar o superego – as normas interiorizadas – uma estrutura coerente e significativa; a meu ver, trata-se de uma mistura proveniente da interiorização de normas ligadas às mais variadas estruturas (família, escola, profissão, classe etc.).

Como, nessas condições, estudar o comportamento empírico do indivíduo? Parece-me que esse comportamento é sempre uma mistura de estruturas de significação libidinal e de estruturas de significação social rigorosamente distintas, difíceis de separar, salvo nos casos extremos de preponderância absoluta de uma ou outra no louco e no inventor genial. Quanto às estruturas lógicas e sociais, sua mistura, impossível de separar no ser humano médio no plano individual, é acessível no estudo sociológico do conjunto do grupo no qual as diferenças individuais se anulam mutuamente.

Vê-se como e em que medida uma história sociológica pode ser positiva, relacionando os processos históricos, nos diferentes níveis econômico, social, político e cultural, com os sujeitos históricos: as classes sociais. Contudo, sendo o *status* do sujeito transindividual radicalmente diferente daquele do sujeito individual, essa relação feita entre o comportamento histórico e as classes sociais acarreta uma mudança radical tanto de perspectiva quanto de metodologia científica.

A primeira dessas diferenças reside na identidade parcial – Lukács falava ainda de identidade total – do sujeito e do objeto do pensamento e da ação. Se, por exemplo, supomos que os textos de Marx exprimem a perspectiva do proletariado e estão ligados à consciência virtual desse proletariado, então pelo *Capital* o proletariado pensa não apenas a sociedade capitalista em seu conjunto, mas pensa a

Sobre *História e consciência de classe* | 63

si mesmo enquanto parte dessa sociedade. E, evidentemente, a mesma coisa vale para o jansenismo enquanto expressão teológica da nobreza de toga, para o cartesianismo enquanto filosofia ligada ao Terceiro Estado francês etc.

A relação entre o sujeito *individual* e o mundo ambiente era, no plano do conhecimento, necessariamente estática e contemplativa; podia passar à ação apenas por um hiato, uma ruptura radical, e conferia necessariamente a esta última um caráter técnico ou moral. Os juízos de fato constitutivos do pensamento teórico apresentavam-se como não tendo nenhuma ligação necessária com os juízos de valor que estruturavam os imperativos hipotéticos ou categóricos da ação técnica ou moral. A dualidade sujeito-objeto se prolongava na dualidade pensamento- -ação, juízos de fato-juízos de valor e em inúmeras outras dualidades: elementos- -totalidade, sincronia-diacronia, estático-dinâmico, político-moral, fim-meios, e assim por diante. Como dissemos, a tentativa de superar essa dualidade, atribuindo uma função constituinte ao sujeito, não podia se situar, no âmbito das filosofias individualistas, senão no céu abstrato e especulativo do transcendental.

Contudo, basta passarmos do sujeito individual para o sujeito coletivo para nos depararmos de imediato com um monismo radical que rejeita qualquer alternativa absoluta. Retornando à alternativa sujeito-objeto – que o pensamento dialético substitui pela identidade parcial de um com o outro –, a perspectiva do sujeito transindividual suprime toda e qualquer necessidade de se recorrer ao conceito de transcendental, na medida em que os sujeitos empíricos transindividuais, os grupos humanos, são constitutivos do conjunto e construíram *realmente* e *empiricamente* as estradas, as casas, as cidades, as relações sociais, as instituições e as normas, as categorias mentais etc. Do mesmo modo, a dualidade ciência-consciência perde seu caráter radical, na medida em que o estudo do objeto é ao mesmo tempo autoconhecimento transformador do sujeito; aliás, essa é a razão principal do título do livro: *História e consciência de classe*, que, segundo mostrou Lukács, são idênticas, ao menos em parte.

Ainda algumas palavras sobre duas das dualidades mais importantes que regem o pensamento positivista: a do determinismo (dimensão da ciência positivista) e a da liberdade (dimensão vivida da ação, e especialmente da ação moral). Aqui, mais uma vez, os pensadores dialéticos, rejeitando todo e qualquer dualismo, apenas podiam ver uma estruturação histórica, na medida em que consideram que a ação dos homens é limitada exteriormente e interiormente (isto é, mentalmente e psiquicamente) pelas condições sociais existentes e pelas categorias mentais daí resultantes, mas também que essa limitação dá aos membros das diferentes classes sociais um campo de liberdade no qual seu comportamento modifica as estruturas sociais e, por isso mesmo, aumenta ou diminui sua liberdade, como escreveu Marx ("Tese III sobre Feuerbach")*. Do mesmo modo, a dualidade consciência-ação, que encontramos com frequência no nível individual, no qual – dada a complexidade da mistura que compõe toda personalidade – é fácil imaginar uma contradição até bastante radical entre as convicções e o comportamento de um indivíduo, é inconcebível quando se trata de um grupo social cuja consciência coletiva é sempre funcional em relação ao seu comportamento efetivo. No plano da criação cultural, essa constatação tem uma importância particular, na medida em que, por exemplo, seria muito difícil estabelecer um elo *necessário* entre a vida de Racine e a estrutura de sua obra (faltou muito pouco para que ele fosse educado pelos jesuítas e, em consequência, escrevesse peças completamente diferentes), ao passo que é muito mais fácil mostrar de forma clara um elo necessário entre essa obra, a teologia jansenista, as estruturas mentais da nobreza de toga do século XVII e a situação social, política e econômica dessa classe.

Poderíamos prosseguir nessa direção, mas extrapolaríamos o quadro desta conferência. Apenas gostaria de sublinhar que, se nenhuma das alternativas que regem o pensamento individualista e positivista tem valor absoluto, em compensação todas têm interesse operatório para a pesquisa, desde que se tenha sempre em mente seu caráter relativo e específico. O que isso significa? Que a relação entre o sujeito e o objeto, a determinação e a liberdade, a teoria e a práxis, a ciência e a consciência não tem um caráter permanente, universal e estático, mas varia com as situações históricas particulares. Que ela deve ser sempre evidenciada e constitui uma das dimensões fundamentais do que o jovem Lukács denominava "as formas psíquicas" e depois passou a denominar "o princípio de totalidade", e que hoje denominamos "estrutura significativa".

Uma das teses fundamentais tanto da psicanálise no plano do sujeito individual quanto do pensamento dialético no plano social e histórico reside precisamente na assunção de que todos os fatos humanos – que resultam do comportamento de um sujeito, respectivamente individual ou transindividual, cuja ação é orientada para a transformação do mundo ambiente a fim de criar um equilíbrio mais de acordo com as suas aspirações – possuem, enquanto tais, um caráter de estruturas

---

* Em Karl Marx e Friedrich Engels, *A ideologia alemã* (trad. Rubens Enderle, Nélio Schneider e Luciano Cavini Martorano, São Paulo, Boitempo, 2007). (N. E.)

funcionais, isto é, de estruturas significativas. Portanto, o estudo desses fatos pressupõe, de um lado, uma análise interna, *compreensiva*, que tem como função evidenciar a estruturação imanente e, a partir daí, a significação eventual dos diversos elementos envolvidos em tal ou tal relação, e, de outro lado, uma análise externa, *explicativa*, sobre a inserção da estrutura enquanto elemento funcional numa outra estrutura abrangente. Nesse sentido, e apesar de tudo o que os diferencia, os pensamentos de Hegel, Marx, Freud e Lukács são estruturalismos genéticos centrados na ideia de que todo fato humano deve ser estudado como um comportamento – individual ou coletivo – tentando estabelecer um melhor equilíbrio entre o sujeito e o mundo ambiente. Isso quer dizer que devemos levar a sério a afirmação de que nenhum fato humano é absurdo, que aquilo que parece sem sentido é ou um fato parcial, mal recortado pelo pesquisador no conjunto da realidade, ou uma mistura de significações diferentes associadas a sujeitos diferentes; portanto, a compreensão pressupõe ou inserção num todo mais vasto e num devir temporal, ou separação dos diferentes elementos constitutivos da mistura, ou, se necessário, ambas. Eu acrescentaria que, se todo comportamento é significativo e funcional na medida em que tende a um equilíbrio, isso não significa, obviamente, que ele poderá realizar de fato esse equilíbrio, pois, além dos obstáculos externos que ele pode encontrar, o mundo ambiente muda, graças aos comportamentos dos diferentes sujeitos coletivos e, com ele, a situação, de modo que o que era funcional e significativo num dado momento não o é mais e dá lugar a uma funcionalidade diferente. Essa transformação – que obviamente é um processo progressivo e em que a passagem da estruturação e da funcionalidade anterior para a estruturação e a funcionalidade posterior tem, não obstante, um caráter brusco – implica uma síntese de continuidade e descontinuidade que Hegel chamava de "passagem da quantidade para a qualidade".

Sob essa perspectiva, outra dualidade importante ou até mesmo fundamental para o pensamento individualista, a dualidade entre os meios e o fim – cuja predominância constitui, respectivamente, o moralismo e o maquiavelismo –, desaparece e em seu lugar surge uma estrutura global em que fins e meios agem de forma recíproca uns sobre os outros, sem que haja nenhuma primazia de princípio.

Último ponto importante: na medida em que todo comportamento humano é considerado um processo, ele não poderia mais ser definido pela realidade efetiva, fora da virtualidade que ele tende a realizar. Ao conceito de consciência real acrescenta-se aquele de *bezogens Bewusstsein*, que traduzimos por "máximo de consciência possível", baseado no conceito de consciência virtual agindo sobre a realidade e delimitando o campo das variações possíveis dessa realidade. Trata-se da distinção de Marx entre a classe em si e a classe para si, sem a qual é impossível compreender o que quer que seja da vida histórica e social.

A importância do livro de Lukács – que, após um eclipse de meio século, reintroduziu todos esses conceitos dialéticos no pensamento marxista, restabelecendo sua perspectiva dialética – foi sem dúvida considerável. Mas nem vocês nem eu somos historiadores puros e é óbvio que o que nos interessa hoje, em primeiro lugar, é a fecundidade desses conceitos para a compreensão positiva e científica dos problemas da nossa época e das sociedades em que vivemos. Tarefa tanto mais difícil na medida em que – como eu disse antes – não se trata de recuperar as análises sociais e políticas de Lukács, que evidentemente são equivocadas, e que, hoje, a importância histórica do livro reside, acima de tudo, no plano filosófico, metodológico e em suas análises concretas da reificação e de certos setores da história da filosofia.

Contudo, no momento presente, podemos usar esse livro para ir mais longe do que o próprio Lukács foi e poderia ir? Podemos estabelecer, com base nos métodos dialéticos, uma análise social e política da nossa época? Acredito – ao menos em parte – que a resposta deve ser afirmativa. Entre as grandes porções de análise marxiana que Lukács conservou e que, a meu ver, devemos deixar de lado, encontram-se, antes de tudo, a teoria do proletariado revolucionário e a ideia de uma democratização interna e revolucionária dos partidos comunistas nascidos, precisamente, das tendências reformistas e integrativas da classe operária. A questão pode ser formulada de maneira bastante simples: ao moralismo dos teóricos social-democratas, ao reformismo não revolucionário dos políticos dos sindicatos e dos socialistas ocidentais, à tecnicidade revolucionária do partido bolchevique até 1917 ou mesmo até 1923, Lukács opunha a exigência dialética de uma força revolucionária *interna*, que fizesse parte do próprio objeto a ser transformado, ou seja, a sociedade capitalista, a exigência de uma classe social de tendência espontânea e naturalmente revolucionária.

Já dissemos que Lukács, Rosa Luxemburgo e Trótski viam essa força no proletariado e que é provavelmente na inexatidão dessa análise que se encontra o motivo por que eles foram politicamente eliminados pelos Bernsteins e pelos Stálins, pelos reformistas e pelos comunistas institucionais cujas análises, na época, eram muito mais próximas da realidade.

Continuamos, hoje, diante do mesmo dilema? Não há outra escolha para o socialista, além daquela entre as políticas de Trótski e de Rosa Luxemburgo, ou as de Stálin e dos reformistas, ao menos nas sociedades industriais avançadas? Não creio. Há alguns anos já, três ideias estreitamente relacionadas no interior de uma análise política global vêm se desenvolvendo e ocupando um lugar cada vez maior no pensamento socialista mundial: a ideia de autogestão, a ideia de camadas médias assalariadas ou nova classe operária e a ideia de reformismo revolucionário.

De fato, é impossível, para um pensamento marxista sério, trabalhar unicamente com o conceito de sociedade capitalista tal como ele foi elaborado por Marx. Não se trata aqui de uma crítica ao pensamento deste último, mas de uma tentativa de continuá-lo. Sejam quais forem os pontos sobre os quais se acredita que seja necessário fazer modificações nas análises marxianas, *O capital* é ainda o fundamento de toda análise séria da sociedade capitalista liberal. Mas acontece que Marx morreu em 1883 e, desde então, a história da sociedade capitalista seguiu em frente, trazendo mudanças importantes que, evidentemente, devem ser incorporadas à análise. No início do século XX e até o fim da Primeira Guerra Mundial, os principais teóricos do movimento operário, em especial Hilferding, Lênin e Rosa Luxemburgo, foram obrigados a adotar, como teoria do *imperialismo*, a análise das transformações que o desenvolvimento do capital financeiro, dos monopólios e dos trustes trouxe para a estrutura tradicional do capitalismo liberal.

Ora, resta cada vez menos dúvida para a maioria dos economistas e sociólogos de que, desde então, o desenvolvimento das intervenções de Estado e a criação de mecanismos de regulação ligados a elas criaram na história do capitalismo uma terceira fase, designada comumente como sociedade tecnocrática, capitalismo de organização, sociedade de consumo.

Aqui, devo apontar um problema de terminologia não sem importância. Parece-me inoportuno conservar o termo "imperialismo" na segunda fase da história do capitalismo analisada por Lênin e Rosa Luxemburgo, e situada entre cerca de 1912 e 1945-1950; e não porque o termo seja inadequado, mas, ao contrário, porque as características que ele designa e que permitiam distinguir entre essa fase e o capitalismo liberal anterior, em vez de desaparecer e perder força na passagem para o capitalismo de organização e a sociedade tecnocrática, ganharam força e essa última fase é, no mínimo, tão ou mais imperialista que a precedente.

Nessas condições, e na medida em que temos necessidade de três termos para designar as características específicas de cada uma dessas fases, sugiro que se mantenha o termo "capitalismo imperialista" para o conjunto do período que começou no início do século e que se distingam duas fases nesse período: a do capitalismo em crise (1912-1950) e a do capitalismo de organização (a partir de 1950). O primeiro termo me parece justificado pela desorganização do mercado liberal que foi ocasionada pelo desenvolvimento dos monopólios e dos trustes – até ser substituído por mecanismos de intervenção de Estado e regulação – e gerou uma série de crises econômicas, sociais e políticas muito próximas umas das outras, interrompidas por breves períodos de equilíbrio instável e passageiro. Esse período histórico é caracterizado pela Primeira Guerra Mundial, pela crise social e econômica do imediato pós-guerra (até 1923), pela extraordinária crise econômica dos anos 1929-1933, pela tomada de poder hitleriana e pela Segunda Guerra Mundial.

Voltando à nossa primeira questão, a da existência de forças de transformação internas nas sociedades capitalistas ocidentais contemporâneas que poderiam atuar no sentido da realização de uma sociedade socialista, devemos considerar brevemente as transformações sociais que caracterizaram a passagem do capitalismo em crise para o capitalismo de organização.

A mais importante, sob a perspectiva que nos interessa aqui, reside no fato de que, embora tenha diminuído consideravelmente os riscos de crise econômica e, nos últimos vinte anos, tenha assegurado um lento aumento do nível de vida de quase todos os grupos sociais que participam da produção, inclusive a classe operária, o desenvolvimento do capitalismo de organização modificou profundamente a estrutura social das sociedades ocidentais, sobretudo em dois pontos importantes: a elevação da qualificação média dos produtores e a substituição progressiva das antigas camadas médias – formadas em grande parte por notáveis independentes – por camadas médias de uma natureza diferente, com renda equivalente ou às vezes mais elevada, mas também com um *status* de especialistas dependentes e assalariados. Chegou-se, assim, a um desenvolvimento considerável dos técnicos especialistas, designados por alguns de "novas camadas médias assalariadas" e, por outros, de "nova classe operária", e à concentração de todos os poderes de decisão nas mãos de um grupo cada vez mais restrito de tecnocratas, que controlam não apenas a produção propriamente dita, mas também todos os outros campos da vida[2].

Ora, na medida em que as tendências de futuro se orientarão provavelmente para o aumento do peso relativo dos especialistas assalariados no conjunto da vida

---

[2] Usamos a palavra "tecnocrata" para designar os grupos cada vez mais restritos que concentram em suas mãos as decisões essenciais em todos os setores da vida econômica, social e política. Há, portanto, não apenas tecnocratas da produção industrial, mas também da organização, da educação, da cultura, da política etc.

Sobre *História e consciência de classe* | 69

social e para a diminuição – ao menos relativa ou talvez até mesmo absoluta – do peso dos operários não qualificados, a análise marxista das tendências da sociedade contemporânea deveria se preocupar, em primeiro lugar, com a orientação provável dessa camada de técnicos e também com a das universidades onde eles são formados – e que provavelmente ocuparão cada vez mais espaço na vida da sociedade. Sobre esse ponto, várias ideias importantes foram desenvolvidas nos últimos anos pelos teóricos do reformismo revolucionário.

a) Essa camada de especialistas assalariados, cujo nível de vida sem dúvida aumentará progressivamente e cuja qualificação a torna muito menos vulnerável do que eram os antigos trabalhadores em cadeia, provavelmente aceitará com cada vez mais dificuldade o *status* de simples executante ao qual tenderão a limitá-la os defensores da ordem existente. A lei da utilidade marginal atuando pela primeira vez, e fazendo com que quanto mais o nível de vida seja elevado, mais seu aumento perca importância, o mínimo que se pode dizer é que uma ação socialista orientada para a transformação da ordem existente tem todas as chances de encontrar nesse meio um terreno cada vez mais favorável.

Contudo, devemos frisar que, na medida em que a ação transformadora da sociedade não é mais fundada sobretudo numa classe operária não qualificada, mas em técnicos e executivos assalariados, ela mudará profundamente de natureza.

A falta de qualificação da maioria dos operários no período anterior tornava-os, de um lado, extremamente vulneráveis, na medida em que era fácil substituí-los, e, de outro, dificilmente acessíveis a uma análise global da sociedade, na medida em que a falta de qualificação e a repetição infinita de um único e mesmo gesto no trabalho cotidiano estreitava de modo considerável seu horizonte intelectual. É compreensível por que, nessa época, as grandes organizações burocráticas (sindicatos e partidos) eram a única possibilidade de defesa de seus interesses na sociedade capitalista. Inversamente, a qualificação de técnicos e especialistas torna-os indispensáveis ao aparelho de produção, difíceis de substituir e muito mais acessíveis – ao menos virtualmente, senão realmente – à análise de seu *status* no conjunto da sociedade. Isso significa que, na medida em que serão conduzidos a desempenhar um papel social e político, a problemática já mencionada da dialética entre a espontaneidade e a organização hierarquizada e disciplinada será muito provavelmente invertida em favor da primeira.

b) Por outro lado, todas as análises que levaram Marx a descrever a natureza e a estratégia da transformação socialista pela revolução proletária – e que na evolução histórica real se revelaram extremamente problemáticas – decerto não se aplicam a uma ação socialista fundada, antes de tudo, nos técnicos especialistas enquanto força principal da transformação social.

Como se sabe, Marx desenvolveu uma ideia de pauperização progressiva da classe operária que conduziria esta última necessariamente a um conflito com a sociedade existente. Essa pauperização – que nem sequer se confirmou para as classes operárias tradicionais nas sociedades ocidentais – dificilmente pode ser cogitada como provável para os técnicos na evolução futura de uma sociedade tecnocrática.

Por outro lado, uma das ideias fundamentais de Marx era a de que o proletariado – enquanto proletariado que não pode aumentar seu poder econômico e social na sociedade capitalista – seria, na história da humanidade, a primeira classe cuja ação libertadora teria um caráter universalmente humano, orientando-se para sua própria supressão como grupo particular e, sobretudo, fazendo as grandes transformações da economia e da sociedade serem precedidas pela revolução e pela tomada do poder político. Essa análise obviamente não funciona para as novas camadas sociais das quais acabamos de falar. No caso delas, o problema – que aumentará cada vez mais – será o de sua pouca influência dentro da empresa e de sua redução ao papel de simples executante. No plano econômico, serão pessoas que terão cada vez mais a perder e cuja ação se orientará não somente no sentido de preservar as vantagens adquiridas, mas também de aumentar e conquistar cada vez mais poder dentro da produção e da vida social global. Surge, assim, a perspectiva de uma transformação cujo modelo – muito distinto tanto do esquema da revolução proletária política que antecede as transformações econômicas quanto do reformismo parcial e limitado das sociais-democracias ocidentais, que apenas tentavam rearranjar a sociedade capitalista existente – é consideravelmente próximo daquele do desenvolvimento da burguesia na sociedade feudal, na qual a tomada de poder econômico e o aumento considerável do peso social da classe ascendente *precederam* a tomada de poder político, a qual, aliás, conforme o país, teve primeiro um caráter revolucionário (Inglaterra, França), mas depois também evolucionista e reformista (Alemanha, Itália). É precisamente o que denominamos hoje análise reformista revolucionária, que relaciona de maneira estreita às ideias que acabo de desenvolver a ideia não menos importante de autogestão operária.

Sem dúvida, podemos encontrar para a ideia de autogestão toda uma série de ancestrais históricos desde Proudhon até os anarquistas da revolução espanhola,

Sobre *História e consciência de classe* | 71

como antes se procurou encontrar ancestrais para o comunismo revolucionário e o pensamento marxista no comunismo primitivo, na República de Platão, no comunismo das seitas heréticas da Idade Média etc. Esse é, sem dúvida, um objeto interessante de estudo da história das ideias. Para o sociólogo e o pensador político contemporâneos, contudo, é evidente que, a partir do desenvolvimento do pensamento dos socialistas iugoslavos, a autogestão como programa socialista mudou radicalmente – tanto de função como de natureza. Desenvolvida sobretudo pelos iugoslavos, menos por uma necessidade interna da própria sociedade – ainda muito atrasada para permitir uma redução considerável dos poderes centrais, se queriam manter o investimento – do que pela necessidade política de se criar uma estrutura econômica e social diferente da sociedade soviética e das democracias populares, e que permitisse ao país assegurar sua autonomia em relação a elas, a autogestão – parcialmente e ainda insuficientemente realizada na Iugoslávia – mostrou que corresponde de maneira bastante rigorosa às tendências virtuais e ao programa provável das camadas de técnicos especializados nos países economicamente avançados em via de completar sua segunda revolução industrial.

De fato, na medida em que a evolução dessas sociedades se orientará para um aumento do peso relativo dos técnicos especialistas no conjunto da produção em relação aos operários não qualificados, há chances muito grandes de que os primeiros orientem sua ação no sentido de exigir uma influência cada vez maior dentro da programação e da tomada de decisões importantes da empresa, e isso quer dizer, no limite, no sentido da autogestão das empresas pelos produtores. Devemos acrescentar que esse programa, extremamente difícil de realizar num país relativamente pouco desenvolvido e com um nível de vida relativamente baixo, como era o caso da Iugoslávia, em virtude da existência de uma classe operária cujas necessidades materiais são agudas e urgentes e da qual partes consideráveis possuem muitas vezes um nível intelectual relativamente baixo, tendo saído do campo há pouco tempo, será muito mais fácil de realizar quando se tratar de fazer decisões responsáveis e programas de longa duração serem aceitos por especialistas cujo nível intelectual é realmente ou virtualmente elevado e cujo padrão de vida é tal que ao menos as necessidades mais urgentes da existência são satisfeitas e não representam mais um problema.

Por fim, a autogestão é a democracia econômica dos produtores, e parece-me que, uma vez que esses produtores tiverem atingido certo nível de desenvolvimento de sua consciência e certo nível econômico, ela será tão inevitável quanto foi, uma vez assegurada a orientação para a democracia política nos países industriais avançados, o desenvolvimento econômico, social e intelectual da burguesia. Todavia, eu acrescentaria que, afora a necessidade – irrealizável no contexto de uma conferência como esta – de desenvolver essa perspectiva geral, e absolutamente esquemática, com análises concretas de tudo que Althusser chamou de fatores de "sobredeterminação", isto é, no nosso caso, o caráter específico das estruturas econômicas, sociais e políticas, e das relações de classe nos diferentes países industriais avançados, há três problemas gerais, que devo me contentar em mencionar brevemente, mas cuja importância nunca é demais sublinhar. São eles:

1) qual será a resistência dos atuais dirigentes e das forças conservadoras à perspectiva de transformação reformista revolucionária do conjunto da sociedade e à orientação para a democracia econômica e a autogestão? Em outras palavras, qual será a natureza dos conflitos que será preciso enfrentar para assegurar o desenvolvimento humano e eficaz das sociedades ocidentais? Sobre esse ponto, as vias efetivas serão decerto muito mais variadas do que o esquema da revolução política proletária. Basta mencionar a multiplicidade de vias pelas quais a burguesia chegou ao poder nos países da Europa ocidental e também nos Estados Unidos (revolucionária na Inglaterra e na França, reformista na Alemanha, por um movimento de unificação e independência nacional na Itália, pela criação direta de uma sociedade burguesa e pelo extermínio dos habitantes originários nos Estados Unidos). Como, porém, é provável que a via não revolucionária de ascensão ao poder das burguesias alemã e italiana somente tenha sido possível graças à vitória prévia das revoluções inglesa e francesa, não há garantia nem probabilidade de que a primeira transformação no sentido da autogestão ocorra pela via pacífica, sem conflitos agudos.

Isso coloca o problema particularmente importante das formas de organização que o movimento socialista deverá assumir para assegurar o triunfo da autogestão sobre as forças reacionárias que se oporão a ela. Sem dúvida nenhuma, essas formas de organização não serão nem aquelas que correspondem aos grandes corpos burocráticos e hierarquizados que dirigiam a ação dos operários da indústria mecanizada, nem aquelas que correspondem ao movimento de liberação e transformação social dos países subdesenvolvidos. O movimento terá de inventar e criar formas de organização própria nos próprios países ocidentais, exatamente como em 1905 os operários de Petrogrado inventaram os sovietes – que nenhum dos principais teóricos socialistas da época havia previsto. Por enquanto, o ressurgimento e a reatualização dos teóricos da época

Sobre *História e consciência de classe* | 73

passada (Rosa Luxemburgo, Trótski, Lênin) e as referências aos grandes líderes dos movimentos revolucionários do Terceiro Mundo (Mao, Fidel Castro, Che Guevara) provam antes de tudo – seja qual for a admiração que se tenha por sua genialidade, ação e pensamento – a carência de soluções próprias, adaptadas aos países industriais avançados.

2) É evidente que a problemática da autogestão e do movimento reformista revolucionário, particularmente adaptado aos países da Europa ocidental, não pode se desenvolver num espaço vazio e será preciso analisar teoricamente e resolver na prática o problema das relações entre o movimento socialista desses países e os movimentos que, por força das circunstâncias, tomarão formas absolutamente diferentes nos países do Terceiro Mundo. Gostaria apenas de assinalar que esse é um problema extremamente complexo, ao qual se respondeu, até o momento, sobretudo com profissões de fé e soluções verbais que evitam que se tome consciência das dificuldades.

3) Enfim, um problema particularmente ameaçador, e do qual é preciso ter consciência, dadas as atuais tendências da evolução da técnica e das forças produtivas: é possível que a democracia dos produtores – que no pensamento socialista se identificava com a democracia econômica real do conjunto da sociedade – se torne, por sua vez, dominação de um grupo de privilegiados (os produtores em seu conjunto) sobre uma parte cada vez maior da sociedade, precisamente aquela que a evolução técnica e a automação terão eliminado da produção.

Tudo o que podemos dizer sobre esse ponto é que, na medida em que é muito provável que, para impor reformas de estruturas e uma democracia econômica autogestionária real, os produtores precisem do apoio do conjunto da população – exatamente da mesma forma como na Inglaterra e na França a burguesia teve de se apoiar nas classes populares para lutar contra o feudalismo e, mais tarde, contra a monarquia –, uma das tarefas mais importantes dos teóricos e dos militantes socialistas será fazer tudo o que estiver a seu alcance para que essa aliança constitua uma disposição durável, suficientemente arraigada na consciência das pessoas para evitar, ou ao menos mitigar, o surgimento de conflitos ulteriores; em suma, fazer de tudo para que, em sociedades suficientemente ricas para tanto, a aliança histórica de 1793 não resulte dessa vez na repressão que se seguiu aos movimentos de junho de 1848 e da Comuna de Paris.

Vemos aqui a que ponto o livro de Lukács é atual, em toda a sua parte metodológica, filosófica e sociológica, para o esforço de compreensão das sociedades nas quais vivemos e do mundo contemporâneo. Isso, a meu ver, é a maior homenagem que podemos fazer a um texto que permanecerá – apesar dos erros incontestáveis e provavelmente inevitáveis para a época em que foi escrito – uma das etapas mais marcantes na história do pensamento sociológico, filosófico, metodológico e político do século XX.

Da arte demoníaca ao milagre da revolução
reflexões sobre o jovem Lukács (1908-1923)*
Koenraad Geldof

Um clássico paradoxal

1923. György Lukács (1885-1971) vive exilado em Viena já há três anos[1]. Alguns anos antes, em 1919, ele escapara por pouco da sangrenta repressão que se seguira à efêmera Revolução Húngara (março a agosto de 1919, uma experiência política da qual Lukács participara ativamente como comissário para assuntos culturais). O fracasso da revolução o abala profundamente e as intermináveis querelas ideológicas no interior do próprio Partido Comunista Húngaro agravam a situação. Além disso, Lukács é vigiado de perto pelos serviços secretos austríacos; a ameaça de uma extradição de volta para a Hungria – o que, na época, equivalia simplesmente a uma sentença de morte – é constante e real. Ainda em 1923, o clima (proto)revolucionário do imediato pós-guerra na Europa esvaece sem resultados concretos para os diferentes partidos comunistas. O *status quo* vencera o voluntarismo revolucionário. Alguns intelectuais, entre os quais Herman Gorter e Lukács, não se resignam à derrota das forças comunistas, recusam-se a tirar lições de estratégia política do sucedido e continuam a proclamar a possibilidade ou mesmo a necessidade de um movimento revolucionário internacional na Europa. Em discursos fortemente polêmicos, rejeitam qualquer forma de compromisso com a ordem política democrática existente. Esse radicalismo doutrinário, como

---

* Originalmente publicado em Koen Boey et al. (orgs.), *Ex libris van de filosofie in de 20ste eeuw*, v. 1: *1900-1950* (Louvain, Acco, 1997-1999), p. 145-64. A tradução para a presente edição é de Mariana Echalar (N. E.).

[1] Para mais informações biográficas, ver, entre outros, Arpad Kadarkay, *Georg Lukács: Life, Thought, and Politics* (Oxford, Blackwell, 1991).

sabemos, acaba irritando Lênin, que, em nome de uma cínica *Realpolitik*, condena-o como uma crença ingênua de uns poucos intelectuais. A esse propósito, Lênin cita explicitamente Lukács.

Nesse período incerto sob todos os aspectos, Lukács escreve os ensaios que vêm a lume em 1923 pela editora Malik[2] com o título de *Geschichte und Klassenbewußtsein: Studien über marxistische Dialektik* (*História e consciência de classe: estudos sobre a dialética marxista*)[3]. Seu estado de espírito? Oscila continuamente entre o total isolamento político e social e um idealismo revolucionário sem fim. Com *Marxismus und Philosophie* (*Marxismo e filosofia*[4], também de 1923), de autoria de Karl Korsch[5], *História e consciência de classe* constitui uma etapa absolutamente crucial no desenvolvimento do marxismo no século XX. Nesses dois livros, e contra a ortodoxia comunista, Lukács e Korsch inauguram uma nova forma de filosofia social e cultural que tenta importar para a teoria marxista elementos da tradição filosófica "burguesa". O *marxismo ocidental*[6] – porque

---

[2] O nome da editora não é irrelevante. A Malik era de propriedade de Felix Weil, que alguns anos depois se envolveu muito intimamente (em termos financeiros) com a fundação do Institut für Sozialforschung [Instituto de Pesquisa Social]. Ver Ralf Wiggershaus, *Die Frankfurter Schule: Geschichte, theoretische Entwicklung, politische Bedeutung* (Munique, Carl Hanser, 1987 [1986]), p. 24.

[3] G. Lukács, *Geschichte und Klassenbewußtsein: Studien über marxistische Dialektik*, em *Georg Lukács Werke: Frühschriften II*, v. 2 (Neuwied, Luchterhand, 1968 [1923]), p. 161-517 [ed. bras.: *História e consciência de classe: estudos sobre a dialética marxista*, trad. Rodnei Nascimento, São Paulo, WMF Martins Fontes, 2003].

[4] Ver Karl Korsch, *Marxismus und Philosophie* (Frankfurt am Main, Europäische, 1975, coleção Basis Studienausgaben) [ed. bras.: *Marxismo e filosofia*, trad. José Paulo Netto, Rio de Janeiro, Editora UFRJ, 2008]. Assim como Lukács, Korsch será vítima de ataques violentos de comunistas ortodoxos. Chegará a ser expulso do partido, um perigo do qual Lukács somente conseguiu escapar graças a suas repetidas autocríticas.

[5] Menciono esses dois autores juntos, embora a diferença entre eles seja real. A versão lukacsiana do marxismo, por exemplo, é muito mais cética em relação à prática científica que aquela proposta por Korsch, que tenta integrar ciência e filosofia marxista.

[6] Dizem que foi Merleau-Ponty que inventou a expressão (ver Maurice Merleau-Ponty, "Le Marxisme 'occidental'", em *Les Aventures de la dialectique*, Paris, Gallimard 1977 [1955], coleção Idées, n. 375, p. 48-89 [ed. bras.: *As aventuras da dialética*, trad. Claudia Berliner, São Paulo, Martins Fontes, 2006]). Korsch a utiliza erroneamente em *Marxismo e filosofia* e ela aparece, desde o fim dos anos 1920, em publicações soviéticas, nas quais sua conotação é sistematicamente negativa. Para as obras de síntese mais importantes sobre o marxismo ocidental, ver, entre outros, Martin Jay, *Marxism and Totality: The Adventures of a Concept from Lukács to Habermas* (Cambridge, Polity, 1984); Russell Jacoby, *Dialectic of Defeat: Contours of Western Marxism* (Cambridge, Cambridge University, 1989); Alvin W. Gouldner, *The Two Marxisms: Contradictions and Anomalies in the Development of Theory (The Dark Side of the Dialectic III)* (Londres, MacMillan, 1980).

Da arte demoníaca ao milagre da revolução | 77

é disso que se trata – desenvolve-se, a partir dos anos 1920 e 1930, fora ou à margem da ideologia marxista oficial, *institucional*, dos partidos comunistas, e seu discurso canônico é produzido essencialmente por intelectuais de pensamento difícil, em geral universitários e relativamente independentes[7].

O impacto *duradouro*, *difuso* e *internacional* de *História e consciência de classe* é difícil de mensurar, o que complica de saída a história da recepção dessa obra clássica – uma história, aliás, que continua à espera de seu cronista. Seja como for, parece que o livro foi lido durante muito tempo de duas maneiras incompatíveis. No campo comunista ortodoxo, Lukács é percebido como um idealista de fundo burguês que desconhece a própria essência do marxismo. No V Congresso da Internacional Comunista, de 1924, Zinoviev, que mais tarde seria uma das inúmeras vítimas do terror stalinista, ridiculariza esse "marxismo de professores", esse desvio intelectualista de gente como Lukács, Korsch e Gramsci[8]. A condenação perseguirá o autor de *História e consciência de classe* até o fim da vida. Na União Soviética e na Europa do Leste, o livro é apresentado invariavelmente como um erro ideológico imperdoável e, durante anos, foi usado para depreciar a obra posterior de Lukács, mesmo que esta tenha se distanciado sensivelmente das ideias ali defendidas. Fora da ortodoxia comunista, o caráter inédito e inovador da coletânea é reconhecido de imediato. A lista dos autores que foram influenciados de uma maneira ou de outra por ela é longa e impressionante: Karl Mannheim[9], Ernst Bloch[10], Siegfried

---

[7] Para reflexões sociológicas sobre os inventores do marxismo ocidental, ver, entre outros, Perry Anderson, *Considerations on Western Marxism* (Londres, New Left, 1976) [ed. bras.: *Considerações sobre o marxismo ocidental*, trad. Isa Tavares, São Paulo, Boitempo, 2004].

[8] Ver, entre outros, G. Lukács, *Pensée vécue, mémoires parlés* (Paris, L'Arche, 1986 [1980], coleção Le Sens de la Marche), p. 105 e seg., p. 227 e seg.

[9] Ver Karl Mannheim, "Uber *Geschichte und Klassenbewußtsein*", em Éva Karádi e Erzsébet Vezér (orgs.), *Georg Lukács, Karl Mannheim und der Sonntagskreis* (Frankfurt am Main, Sendler, 1985), p. 298-303. Alguns anos depois, e em resposta direta a *Geschichte und Klassenbewußtsein*, Mannheim publicou *Ideologie und Utopie* [ed. bras.: *Ideologia e utopia*, trad. Sérgio Magalhães Santeiro, 4. ed., Rio de Janeiro, Guanabara, 1986], em que lança a famosa noção de "*freischwebende Intelligenz*" ["*intelligentsia* livremente flutuante"], a qual questiona toda correlação demasiado estreita entre criação intelectual e posição de classe. O que por sua vez provocará uma reação polêmica da parte de Max Horkheimer ("Ein neuer Ideologiebegriff", *Archiv für die Geschichte des Sozialismus und der Arbeiterbewegung*, ano 15, 1930).

[10] Ver Ernst Bloch, "Aktualität und Utopie. Zu Lukács' Philosophie des Marxismus", *Der neue Merkur*, ano 7, n. 1, 1923-1924, p. 457 e seg. A simpatia não é recíproca. Em *Geschichte und Klassenbewußtsein*, Lukács acusa Bloch de ter relacionado o tema da revolução proletária a temas religiosos, messiânicos (ver G. Lukács, *Geschichte und Klassenbewußtsein*, cit., p. 379 e seg.).

Kracauer[11], Walter Benjamin[12], Jürgen Habermas[13], Maurice Merleau-Ponty[14], Lucien Goldmann[15] e muitos outros. Todavia, há nuances nessa farta e prestigiosa recepção. Em muitos casos, a estratégia de leitura aplicada a *Geschichte und Klassenbewußtsein* é das mais seletivas. Por exemplo, os capítulos que tratam de forma crítica de questões filosóficas relativas sobretudo ao idealismo alemão (Kant, Hegel) são mencionados com frequência, mas o *ethos* revolucionário que atravessa o livro do início ao fim é ignorado[16]. Em suma, a primazia é do filósofo, em

---

Ironia involuntária, quiçá, da parte do autor de uma obra sobre a revolução que é ela própria impregnada de messianismo.

[11] Ver Siegfried Kracauer, *Le Roman policier: un traité philosophique* (Paris, Payot, 1971 [1925], coleção Critique de la Politique, n. 389). A analítica da modernidade que fundamenta esse livro brilhante é exatamente aquela apresentada em *Geschichte und Klassenbewußtsein* (mais que aquela que figura em *Die Theorie des Romans*).

[12] *Geschichte und Klassenbewußtsein* teve papel crucial na formação em Benjamin de um estilo de pensamento cada vez mais marxizante na segunda metade dos anos 1920. Ver Walter Benjamin, *Briefe I* (org. Gershom Scholem e Theodor W. Adorno, Frankfurt am Main, Suhrkamp, 1978 [1966], coleção ES, n. 930), p. 350, 355, 381, 396.

[13] Para uma leitura crítica mais recente de Lukács, ver, entre outros, Jürgen Habermas, *Theorie des kommunikativen Handelns*, v. 1: *Handlungsrationalität und gesellschaftliche Rationalisierung* (Frankfurt am Main, Suhrkamp, 1985 [1981]), p. 474-88 [ed. bras.: *Teoria do agir comunicativo*, v. 1: *Racionalidade da ação e racionalização social*, trad. Paulo Astor Soethe, São Paulo, WMF Martins Fontes, 2016].

[14] Ver o artigo de Maurice Merleau-Ponty, "Le marxisme 'occidental'", cit., p. 48-89. Devemos fazer uma observação sobre a recepção de *Geschichte und Klassenbewußtsein* na França. Em 1960, aparece a tradução *não autorizada* do livro; é de autoria de Kostas Axelos e Jacqueline Blois e é publicada na coleção Arguments (editora Minuit). A escolha da coleção não é irrelevante: "Arguments" é também o nome de um grupo de intelectuais marxistas heterodoxos do qual fazem parte Henri Lefebvre, Jean Duvignaud e Roland Barthes. Ironia da história: desde o início da Guerra Fria, esse mesmo Lukács foi recrutado pelo Partido Comunista Francês como cão de guarda ideológico stalinista na luta contra os existencialistas e os marxistas heterodoxos. Sobre essa complicada história, ver, entre outros, Mark Poster, *Existential Marxism in Postwar France: From Sartre to Althusser* (Princeton, Princeton University, 1975).

[15] A influência de Lukács é visível sobretudo em *Recherches dialectiques* (Paris, Gallimard, 1959) e, é claro, em *Le Dieu caché* (Paris, Gallimard, 1976). Para uma análise mais aprofundada das relações entre Lukács e Goldmann, ver Michael Cohen, *The Wager of Lucien Goldmann: Tragedy, Dialectics, and a Hidden God* (Princeton, Princeton University, 1994); e Ferenc Féher, "Lucien Goldmann, the 'Mere Recipient' of Georg Lukács?", *Philosophy and Social Criticism*, v. 6, n. 1, 1979, p. 1-24. Lukács, porém, sempre se mostrou extremamente reticente em relação a Goldmann: era da opinião de que Goldmann fora o principal responsável pela oposição mais ou menos "canônica" entre um jovem Lukács genial e um Lukács maduro que, depois de *Geschichte und Klassenbewußtsein*, teria se tornado um stalinista de raiz. Interpretação persistente, mas fundamentalmente simplista e enganadora.

[16] G. Lukács, *Georg Lukács Werke*, cit., p. 18. Durante a revolta dos estudantes alemães em 1968, deu-se ênfase à dimensão revolucionária e idealista de *Geschichte und Klassenbewußtsein*, em detrimento de sua dimensão sofisticada e hiperfilosófica.

Da arte demoníaca ao milagre da revolução | 79

detrimento do revolucionário. E o que pensar da atitude do próprio Lukács em relação à sua *opus magnum*? Essa é uma história trágica e irônica em alguns momentos. No famoso prefácio escrito para a reedição de *Geschichte und Klassenbewußtsein* (tomo II das obras completas), Lukács trata muito claramente de se distanciar de seu livro, assim como da recepção que ele teve no Ocidente[17]. *Geschichte und Klassenbewußtsein*, diz o autor agora ortodoxo, é no fundo o resultado discutível de uma exaltação revolucionária demasiado idealista; tomado dessa maneira, o livro diz mais do percurso intelectual do autor do que do marxismo propriamente dito. Essa autocrítica severa explica talvez porque durante anos Lukács proibiu a reedição desse livro mítico e ao mesmo tempo indisponível (materialmente)[18]. Quando por fim o livro é reimpresso, no final dos anos 1960, Lukács lhe acrescenta um longo prefácio[19] em que traça a gênese intelectual da obra e enfatiza insistentemente sua não pertinência em relação à "verdadeira" filosofia marxista contemporânea.

O que dissemos até aqui resume bastante bem o destino trágico de Lukács como intelectual politicamente engajado. Alguns o consideram um filósofo genial que, após *Geschichte und Klassenbewußtsein*, não publicou mais nenhum livro de nível igual. O ano 1923 é a data de uma morte simbólica, pode-se dizer. Outros, entre os quais o próprio Lukács, consideram que *Geschichte und Klassenbewußtsein* é o último produto de um período de confusão ideológica; depois dele, começaram os verdadeiros anos de aprendizagem[20]. Podemos citar à vontade muitos outros exemplos dessa recepção no mínimo ambígua de Lukács e de *Geschichte und Klassenbewußtsein*. Há oposições similares em toda parte: ou se defende o jovem Lukács contra o Lukács da maturidade, o "idealista" contra o "realista", ou o contrário. Esse debate é datado, inútil, na medida em que hipoteca uma leitura cheia de nuances que pretende abarcar a complexidade e a ambivalência internas de *Geschichte und Klassenbewußtsein*. Nas próximas páginas, não tentarei salvar nem criticar esse livro denso e difícil; minha intenção é simplesmente lê-lo e tentar

---

[17] Sobre as modalidades e funções do gênero do prefácio em Lukács, ver, entre outros, Koenraad Geldof, "Orthogenèse péritextuelle et normalisation identitaire: *La Théorie du roman* à travers la stratégie préfacière de György Lukács", *Sociocriticism*, v. 8, n. 2, 1992, p. 81-110.

[18] Daí as numerosas cópias fraudulentas da obra. A esse respeito, ver "Bibliographie V: Bibliographie der deutschen Lukács-Raubdrucke", *Text + Kritik*, v. 39-40, 1973, p. 84-5.

[19] G. Lukács, *Georg Lukács Werke*, cit., p. 11-41. [A versão brasileira do prefácio está reproduzida no presente volume.]

[20] Ibidem, p. 11 e 14.

compreendê-lo. A estrutura da minha leitura será dupla: primeiro, examinarei o intertexto imediato de *Geschichte und Klassenbewußtsein*, isto é, sua gênese intelectual; em seguida, me debruçarei sobre essa extraordinária coletânea de ensaios.

Arte, demonismo, redenção

A problemática central que ocupa o pensamento do jovem Lukács[21] de 1908 a 1911 é a da relação entre a arte e a realidade, a forma e a vida, a idealidade e a empiria. A experiência que se encontra na base dessa questão é a da alienação: é típico da cultura *moderna* que a arte – funcionando aqui como uma espécie de metonímia da ordem conceitual das ideias e das normas enquanto tal – e o mundo vivido concreto não coincidam um com o outro; a harmonia entre as formas e a vida tornou-se impossível. Essa sensação de alienação demonstra um forte desejo de um mundo onde essas esferas sejam reintegradas a uma totalidade que faça sentido. Eis a problemática que sustenta todas as obras de juventude de Lukács e que, sob a forma discursiva, articula-se no dualismo "totalidade (polo positivo) *versus* fragmentação (polo negativo)". Tomo como ponto de partida a coletânea de ensaios intitulada *Die Seele und die Formen* [*A alma e as formas*]* (1911).

O ponto de vista que predomina em *Die Seele und die Formen* é o do ensaísta – aliás, o primeiro ensaio da obra consiste em uma reflexão sobre o significado do próprio gênero ensaio[22]. A problemática que mencionei acima é abordada de maneira

---

[21] Entre as obras mais importantes sobre o jovem Lukács, ver Paul Breines, *The Young Lukács and the Origins of Western Marxism* (Nova York, The Seabury, 1979); Lee Congdon, *The Young Lukács* (Chapel Hill, University of North Carolina, 1983); Mary Gluck, *Georg Lukács and his Generation, 1900-1918* (Cambridge, Harvard University, 1985); Agnes Heller (org.), *Die Seele und das Leben: Studien zum frühen Lukács* (Frankfurt am Main, Suhrkamp, 1977); Ernst Keller, *Der junge Lukács: Antiburger und wesentliches Leben, 1902-1915* (Frankfurt am Main, Sendler, 1984); Michael Löwy, *Georg Lukács: From Romanticism to Bolshevism* (Londres, Verso, 1979); Rainer Rochlitz, *Théorie de la forme et philosophie de l'histoire* (Paris, Payot, 1983); Michael Grauer, *Die entzauberte Welt. Tragik und Dialektik der Moderne im frühen Werk von Georg Lukács* (Konigstein im Taunus, Anton Hain, 1985); Ute Kruse-Fischer, *Verzehrte Romantik. Georg Lukács' Kunstphilosophie der essayistischen Periode (1908-1911)* (Stuttgart, M und P, 1991).

* G. Lukács, *A alma e as formas* (trad. Rainer Patriota, Belo Horizonte, Autêntica, 2015). (N. E.)

[22] O leitor encontrará uma resposta direta a esse ensaio sobre o ensaio em Theodor W. Adorno, "Der Essay als Form", em *Noten zur Literatur* (Frankfurt am Main, Suhrkamp, 1974, coleção STW, n. 355), p. 9-33 [ed. bras.: *Notas de literatura I*, trad. Jorge de Almeida, São Paulo, Duas Cidades/Editora 34, 2008]. Embora ambos os autores deem um valor cognitivo e normativo particular ao gênero do ensaio, sua posição não é idêntica: Adorno assume plenamente o papel de ensaísta, o que não é exatamente o caso de Lukács.

plural e, sobretudo, indireta. A ótica do ensaísta é indireta, oblíqua, na medida em que ele próprio não assume a problemática básica e não apresenta uma solução; ele passa simplesmente em revista as formas como outros intelectuais abordaram a questão das relações entre arte e existência. A visão de mundo do ensaísta é de certo modo *parasitária*. Há ainda a pluralidade. De fato, *Die Seele und die Formen* não é um tratado contínuo e coerente. Ao contrário, mesmo que a problemática básica não varie, ela é incessantemente modulada em função dos contextos de leitura e redação específicos. A maneira de ler do ensaísta é prismática, o que resulta numa multiplicidade de interlocutores possíveis: Platão, Goethe e os românticos, Kierkegaard, Beer-Hoffmann, Sterne, George, Kassner, Philippe e Storm. O objetivo de cada leitura é trazer à luz a atitude desse ou daquele autor *vis-à-vis* a incongruência entre literatura e existência. No fim das contas, o ensaísta se mostra invariavelmente crítico: todos os autores mencionados tentaram em determinado momento, em determinada obra, superar, transcender o antagonismo entre arte e vida, forma e existência, mas, segundo o ensaísta, inutilmente. Nenhuma solução para a problemática básica é convincente – mesmo que o ensaísta deseje muito explicitamente encontrar tal solução. O ensaísta justapõe – sem síntese nem superação dialética – diferentes pontos de vista, o que torna *Die Seele und die Formen* um livro estranho: de um lado, focado numa única e mesma questão; de outro, irremediavelmente indeciso e, sob o ângulo do ensaio, indecidível.

O ano 1911 constitui para Lukács um divisor existencial e intelectual[23]. O suicídio da mulher por quem fora apaixonado provoca nele um choque e uma crise, que, no plano intelectual, significa o abandono definitivo do ponto de vista do ensaísta, agora demasiado "frívolo". Lukács troca a Hungria pela Alemanha. É o início de uma temporada que se prolongará até 1918. É o início também de um período de ascese intelectual: Lukács continua a refletir sobre o significado da arte, mas essa reflexão não contém mais nenhum traço da atitude quase existencial de outrora. O objetivo da reflexão estética é definir em termos conceituais e teóricos a essência da obra de arte. No entanto, a tentativa de objetivar asceticamente a obra de arte fracassa. Ao menos é o que diz *Die Heidelberger Philosophie der Kunst* [A filosofia da arte de Heidelberg], um fragmento teórico que foi escrito entre 1912 e 1914 e ficou inacabado[24]. Evidentemente, a Primeira Guerra Mundial interrompeu a redação do texto, mas não foi o motivo principal da sua

---

[23] Ver também G. Lukács, *Tagebuch (1910-1911)* (Berlim, Brinkmann & Bose, 1991).

[24] Para uma leitura aprofundada desse fragmento, ver, entre outros, Elisabeth Weisser, *Georg Lukács' Heidelberger Kunstphilosophie* (Bonn, Bouvier, 1992).

não conclusão. Lendo com atenção o fragmento (inteiramente concebido no jargão neokantiano, o que não facilita a leitura), constata-se que, no fundo, o autor volta constantemente à interrogação *lebensfilosófica*[25] de *Die Seele und die Formen*, não consegue se abstrair inteiramente das problemáticas inerentes ao mundo vivido concreto. O fragmento termina literalmente no início do capítulo que deveria abordar a estrutura imanente da obra de arte. Silêncio significativo que exprime a derrota intrínseca do teórico da estética.

E, no entanto, no mesmo período, algo fundamental muda em relação a *Die Seele und die Formen* e apesar do fracasso da primeira estética teórica. A problemática inicial da alienação, da dissociação patogênica entre arte e existência adquire nova dimensão: a história, ou melhor, a filosofia da história. O abismo que separa forma e vida é tomado cada vez menos como uma problemática quase eterna, supratemporal: a distância entre idealidade e empiria resulta na verdade de um *devir histórico*. E o que deveio não está forçosamente condenado a permanecer eternamente idêntico a si mesmo. Em outras palavras, Lukács descobre e tematiza a fundo a historicidade de sua interrogação inicial. Ele fala de uma maneira de pensar metafísica, fiel *por momentos* à filosofia histórica de Hegel – voltarei a esse ponto. O primeiro efeito concreto dessa mudança de perspectiva é *Die Theorie des Romans* [*A teoria do romance*]* (primeira edição em 1916, em forma de artigo). A antítese em torno da qual o texto inteiro se desenvolve é aquela entre epopeia e romance, dois gêneros literários que, para Lukács, remetem a duas *formas de vida*, a dois tipos de cultura, no sentido largo do termo. O mundo épico representa uma totalidade harmoniosa na qual tudo está ligado a tudo: não existe diferença entre a arte e a vida, há uma ausência total de uma ou de outra forma de alienação. É o mundo de Homero e de seus heróis. O romance, inversamente, distingue-se pela alienação, pela fragmentação: ele exprime em essência uma realidade na qual a idealidade não coincide mais com a empiria; a esfera dos conceitos e das normas se torna transcendência pura e simples. Essa separação brutal, diz Lukács, expressa de forma paradigmática pelo romance, é o traço distintivo *par excellence* da modernidade. Romance, mal-estar, modernidade: no discurso lukacsiano da

---

[25] Para uma análise muito instrutiva da semântica heteróclita da noção de *Lebensphilosophie* [filosofia da vida], ver Heinrich Rickert, *Die Philosophie des Lebens: Darstellung und Kritik der philosophischen Modeströmungen unserer Zeit* (Tubinga, Mohr Siebeck, 1922); Karl Albert, *Lebensphilosophie: Von den Anfängen bei Nietzsche bis zu ihrer Kritik bei Lukács* (Friburgo, Karl Alber, 1995).

* G. Lukács, *A teoria do romance: um ensaio histórico-filosófico sobre as formas da grande épica* (trad. José Marcos Mariani de Macedo, São Paulo, Duas Cidades/Editora 34, 2000). (N. E.)

época, essas noções são perfeitamente intercambiáveis. No nível da forma romanesca, a ausência, ou melhor, a impossibilidade de uma totalidade de sentido manifesta-se pela *ironia*: às vezes, o romance parece uma forma bem-sucedida de totalização quase épica (Lukács se refere aos românticos e a Flaubert, entre outros), porém, como princípio estruturante, a ironia desfaz essa ilusão e desmascara o romance como uma forma estética imperfeita, nascida em e de um universo degradado, inautêntico, totalmente privado de *valores*. Assim, o romance aparece como o gênero paradigmático de um mundo abandonado por Deus. Esse mundo é o da modernidade ocidental.

A dimensão metafísica (ou histórico-filosófica), por sua vez, é sobredeterminada por uma visão ético-teológica particular. De início, *Die Theorie des Romans* foi concebido como uma espécie de introdução a uma obra dedicada a Dostoiévski, uma obra cujo objeto não seria mais a literatura, mas a busca de uma nova ética do amor teologicamente articulado. O *avant-texte* fragmentário (*Die Dostojewski--Notizen* [Notas sobre Dostoiévski])[26] desse projeto que nunca seria realizado mostra que Lukács rechaça resolutamente a ética formalista kantiana do dever em nome de uma ética definida em termos de uma intersubjetividade total, imediata, enfim, não alienada, chamada "amor" (*Liebe*). A ética do amor, por sua vez, justifica a condenação radical do mundo moderno, bem como as filosofias políticas que ele pôde produzir. Daí a leitura extremamente crítica de Hegel e Marx, que Lukács acusa de não quererem abolir de maneira suficientemente radical a alienação da sociedade e do homem modernos[27].

Além de seu valor ético, o componente teológico também serve de referência *decisiva* para o julgamento estético, e a tal ponto que se pode falar, no que diz respeito a *Die Notizen* e *Die Theorie des Romans*, de discurso de alcance *antiestético*. Explico: para o jovem Lukács, a arte e *a fortiori* o romance tornaram-se problemáticos porque o mundo onde eles nasceram é problemático. Ora, a partir do momento em que essa relação fatal é estabelecida, a arte não pode mais funcionar no interior dessa filosofia da história como actante privilegiado, como *instância soteriológica*: ela não é capaz de salvar o mundo, visto que ela própria

---

[26] G. Lukács, *Dostojewski. Notizen und Entwürfe* (org. J. C. Nyiri, Budapeste, Akademiai Kiado, 1985).

[27] A ideia de uma ética da intersubjetividade pura e radical surgiu pela primeira vez na crítica de Schiller ao formalismo moral de Kant. A esse respeito, ver Jürgen Habermas, "Exkurs zu Schillers *Briefe über die ästhetische Erziehung des Menschen*", em *Der philosophische Diskurs der Moderne. Zwölf Vorlesungen* (Frankfurt am Main, Suhrkamp, 1985), p. 59-64.

é parte integrante do mal-estar da modernidade. Ou ainda: a arte é incapaz de remediar sua própria natureza problemática. Assim, e por implicação, Lukács se distancia de qualquer veleidade vanguardista. O que é a vanguarda histórica que aparece logo no início do século XX? Um movimento definido pela crença na força revolucionária da arte, justamente o que o jovem Lukács não admitiria nunca como premissa. O que é preciso é revolucionar por completo o mundo vivido, não a arte. Naquele momento, talvez pudesse se instaurar uma prática artística totalmente inédita (de novo *épica*? Lukács deixa a questão em suspenso)[28]. Nessa analítica da modernidade, o *status* da arte e da literatura é ambíguo. Seu valor sintomático é inegável, mas ao mesmo tempo a arte comporta um perigo, um risco mortal. Enquanto forma estética, a arte possui a estranha capacidade de seduzir seu destinatário. A contemplação e o gozo são possíveis, ao menos em parte, graças à suspensão temporária do mundo e da questão vital de uma mudança radical do real problemático. *Fiat ars, pereat mundus!* Esse é o tema da bela aparência como ameaça, ilusão quietista. O pensamento de Lukács, portanto, é dos mais paradoxais. Para definir o sentido da cultura moderna, o diagnóstico é feito indiretamente por uma reflexão sobre a estética (romanesca) moderna e chega a uma advertência unívoca: não se deixe encantar pelo reino de formas esplêndidas, não se deixe enganar por essa arte moderna *demoníaca*. Em outras palavras, a primazia teológico-ética da exigência de transformação do mundo moderno na direção de um real que seja não alienado impõe um limite fundamental à arte. Essa é a conclusão a que chega *Die Theorie des Romans*[29].

---

[28] O fim de *Die Theorie des Romans* é muito parecido com outro texto clássico, datado mais ou menos da mesma época: o *Tractatus logico-philosophicus*, de Wittgenstein. Nos dois casos, o essencial do que é escrito situa-se *fora* do espaço do *dizível* e é de ordem não teórica, mas *ética*, ou até mesmo metafísica. E, nas duas narrativas, o sujeito da enunciação implícita ocupa uma posição *indeterminada*, uma posição *entre dois*: ele fala de um lugar que não pertence mais plenamente ao mundo descrito pela teoria – porque percebe sua insuperável *finitude*, sem ter diretamente acesso ao universo do *Novum*. Em outras palavras, esse sujeito da enunciação é de natureza *místico-visionária*.

[29] O que suscita a questão do teor hegeliano de *Die Theorie des Romans*. Na maioria dos comentários, esse teor é simplesmente confirmado. Para um exemplo representativo desse tipo de interpretação canônica, ver, entre outros, James M. Bernstein, *The Philosophy of the Novel: Lukács, Marxism, and the Dialectics of Form* (Brighton, The Harvester, 1984). Nossa leitura contradiz essa convenção interpretativa persistente. *Die Theorie des Romans* é uma obra profundamente *anti-hegeliana*, e por vários motivos: 1) o ponto de vista teórico privilegiado não é a filosofia, mas o romance (e, por intermédio dele, a estética); 2) o romance é problematizado com o auxílio de uma perspectiva teológico-ética; 3) a reflexão sobre o romance não conduz em absoluto a uma ou outra forma de *Versöhnung*, de reconciliação com o mundo tal como é, mas, ao contrário, a uma rejeição messiânica da realidade existente. Aliás, voltarei a essa problemática.

A crítica da arte demoníaca torna pouco provável, no pensamento de Lukács, um retorno vigoroso da estética, mesmo que puramente teórico. A suspeição em relação à contemplação estética é demasiado grande. Todavia, de 1916 a 1918, ou seja, logo depois da primeira edição de *Die Theorie des Romans*, Lukács retoma o antigo projeto de uma estética teórica de inspiração (neo)kantiana. Que pensar dessa evolução à primeira vista para trás? Trata-se de um momento de estagnação no percurso intelectual de Lukács? De uma anomalia que desdiz a leitura de *Die Theorie des Romans* que apresentei acima? Ou de um caso de oportunismo institucional da parte daquele que precisa urgentemente de um título de doutor para se apresentar como candidato à universidade de Heidelberg? A resposta a essas perguntas é tão simples quanto clara: não. Retornemos brevemente ao primeiro fragmento estético (*Heidelberger Philosophie der Kunst*, de 1912-1914). Esse fragmento, como vimos, deve ser considerado um fracasso, pois o teórico não consegue explicitar conceitualmente o que constitui o próprio objeto estético; observa-se em tudo a interferência de questões existenciais relativas à experiência vivida; a *Lebensphilosophie* compromete *de dentro* a própria possibilidade de um entendimento teórico da arte – o que explica a não conclusão inevitável de *Heidelberger Philosophie der Kunst*. O segundo fragmento estético, *Heidelberger Ästhetik* [Estética de Heidelberg] (1916--1918), ultrapassa – e em muito – o projeto precedente em termos de radicalismo teórico: Lukács leva ao extremo a tendência tipicamente neokantiana à pureza conceitual. Dessa vez, o autor promete que tratará apenas da arte concebida como objeto de uma objetivação particular, que não é nem da ordem da razão teórica (aquela que se encontra na base das ciências da natureza) nem da ordem da razão prática (aquela que define a ética). A partir dessa perspectiva analítica, é preciso evitar toda forma de raciocínio *heterônomo*, isto é, toda redução do objeto estético a um princípio explicativo não estético. A arte moderna se tornou autônoma, somente tolera categorias estéticas autônomas. A separação entre a arte e o mundo é, por conseguinte, *total*: o julgamento estético deve abstrair de toda referência ao real e, graças ao princípio teórico da imanência e da autonomia irredutível da arte moderna, o perigo de uma arte *demoníaca* é evitado. Isso significa que, para Lukács a partir de *Die Theorie des Romans* e *Heidelberger Ästhetik*, a esfera ética e a esfera estética constituem duas realidades incomensuráveis: elas se excluem mutuamente – uma exclusão *constitutiva*. O discurso metafísico e teórico funciona de certo modo como um exorcismo[30]: limpar a ética de qualquer vestígio estético e, inversamente,

---

[30] Nem mesmo a produção teórica escapa das seduções demoníacas da arte, da bela aparência: em *Heidelberger Ästhetik*, por exemplo, o autor examina demoradamente a natureza *estética, poética*

pensar na arte sob uma perspectiva rigorosamente estética. Em relação ao mundo, à realidade vivida: o teórico da estética não tem a dizer sobre ele, porque isso excede sua competência de técnico da estética. A estética mantém o mundo tal como é, fragmentado, alienado etc. Para mudar o mundo decaído, é preciso apelar para outra instância, outra "lógica", por exemplo, a da revolução política. Esse é o raciocínio que, no caso do jovem Lukács, torna compreensível a transição de uma visão do mundo *estética* para o marxismo e o engajamento *ético*-ideológico.

Uma ortodoxia heterodoxa

Para se constituir como sujeito de enunciação possível de um discurso revolucionário, o locutor (Lukács) teve de se libertar de um encantamento estético persistente. A partir de 1918, e por mais de uma década, Lukács se arrisca num salto radical[31], num engajamento político-ideológico concreto[32]; a partir daí, ele se declarará "marxista" ou "comunista". O engajamento é primeiro prático – a experiência da Revolução Húngara de 1919 – e depois teórico – após o fracasso da revolução. Entre 1919 e 1923, Lukács volta incessantemente à mesma questão primordial: como a verdadeira revolução comunista é possível numa sociedade burguesa moderna? A insistência com que Lukács volta à questão mostra quanto ela é a expressão de uma inquietação profunda, prática e teórica; ela é também o núcleo temático dos ensaios que compõem *Geschichte und Klassenbewußtsein*. Uma segunda questão igualmente urgente e compulsiva acrescenta-se a ela: qual é a perspectiva (de classe) *adequada* para pensar e realizar a revolução? Ou ainda: de que tipo de consciência de classe o proletariado necessita para ver o mundo capitalista *tal como ele é* (e compreender o caráter *inevitável* da revolução)? O significado

---

da *Fenomenologia* de Hegel: assim como a obra de arte, o *sistema* hegeliano visa transcender numa síntese conceitual fechada toda forma de dualidade (entre sujeito e objeto, entre idealidade e empiria, entre *Espírito* e história). Ora, o êxito *teórico*, conceitual, nada mais é que resultado de um trabalho sistemático de pôr em forma *poética*, ou ainda a *Fenomenologia* é uma obra de arte *literária* que ignora a si mesma (e *deve* se ignorar para poder se constituir em *veridicção filosófica*). Trata-se de uma leitura "desconstrutiva" *avant la lettre*. Essa crítica será retomada em *Geschichte und Klassenbewußtsein*, quando Lukács ataca a "mitologia conceitual" de Hegel.

[31] No caso de Lukács, a passagem para o comunismo é repentina, abrupta: ocorre em novembro de 1918. De certo modo, a teoria imita a vida.

[32] Em relação à evolução *política* do jovem Lukács entre 1917-1918 e 1929-1930, ver, entre outros, Antonia Grunenberg, *Bürger und Revolutionär: Georg Lukács 1918-1928* (Frankfurt am Main, Europäische, 1976); e Jörg Kammler, *Politische Theorie von Georg Lukács* (Darmstadt, Luchterhand, 1974).

de *Geschichte und Klassenbewußtsein* como intervenção teórica é duplo. De um lado, o livro fornece um diagnóstico muito perspicaz e elaborado da modernidade burguesa – um diagnóstico que deve revelar seu lado ultrapassado, problemático. De outro, Lukács afirma, ao escrever *Geschichte und Klassenbewußtsein*, o potencial revolucionário do marxismo contra as diversas interpretações revisionistas (burguesas e socialistas) de Marx, isto é, das interpretações que põem em dúvida a necessidade de uma revolução política, econômica e social e, portanto, trocam o tema da revolução pelo do compromisso, do reformismo gradual.

As teses defendidas em *Geschichte und Klassenbewußtsein* repousam sobre duas premissas fundamentais: 1) o êxito da revolução proletária radical, da revolução *total* depende, em primeiro lugar, da perspectiva teórica adotada; 2) o que caracteriza o marxismo não é sua filosofia materialista nem a referência à infraestrutura econômica como princípio etiológico básico[33], mas a categoria ao mesmo tempo epistemológica e prática de *totalidade*. Voltarei adiante ao primeiro *parti pris*. Em relação à importância exclusiva atribuída à noção de totalidade, ela modifica o próprio sentido da ideia de ortodoxia. Em matéria de filosofia marxista, são decisivos a natureza exata do método empregado (a ortodoxia se torna então uma questão de epistemologia)[34] e em que medida uma teoria é ou não definida pela categoria de totalidade[35]. Esse é o tema central dos dois primeiros ensaios de *Geschichte und Klassenbewußtsein*, "O que é marxismo ortodoxo?"[36] e "Rosa Luxemburgo, comunista"[37]. Esses ensaios explicitam o que prefiro chamar de dimensão *topológica* (enunciativa) da noção de totalidade: Lukács indica o lugar da enunciação do qual ele tomará a palavra enquanto marxista e esse lugar não é exclusivamente seu; trata-se do lugar *legítimo* – o único – do marxismo ortodoxo como tal, um lugar do qual é preciso delimitar e defender *o que lhe é próprio*. Isso significa que, de ponta a ponta, o discurso lukacsiano é polêmico, distintivo (no sentido bourdieusiano).

A que realidade intelectual remete o marxismo? Segundo Lukács, o marxismo é mais um *saber* que uma *ciência*, o que contradiz diametralmente a *dóxa* socialista da época, uma *dóxa* que apenas inocula no marxismo revolucionário

---

[33] G. Lukács, *Geschichte und Klassenbewußtsein*, cit., p. 199.

[34] Ibidem, p. 171.

[35] Ibidem, p. 182 e seg.

[36] Ibidem, p. 171-98.

[37] Ibidem, p. 199-217.

uma concepção científica burguesa e, portanto, conformista. O que é essa ciência? Uma prática que se distingue dos *fatos empíricos* por um fetichismo, que fragmenta a realidade social e histórica em função de disciplinas distintas[38] e que, enfim, cria uma relação artificial, *alienada* entre o sujeito da ciência e a realidade à sua volta. A ciência faz do homem uma instância cognitiva isolada e contemplativa[39]. O método marxista, ao contrário, define-se em termos de *realidade* e *totalidade*: os "fatos" se inscrevem, por princípio, em processos, contextos e tendências sócio-históricos mais amplos[40], da mesma forma que o sujeito do conhecimento faz parte de uma totalidade mais vasta, ou seja, a *classe social*[41]. Em outras palavras, a ciência nada mais é que uma emanação específica da *consciência de classe* burguesa. A crítica marxista da ciência burguesa tem então, segundo Lukács, um duplo impacto: 1) ela reintegra os "fatos" isolados, fragmentados, da ciência convencional numa totalidade de sentidos; e 2) mostra que, no fundo, a realidade pretensamente "objetiva" é resultado da atividade humana, de uma *prática* que articula uma certa relação do sujeito com o mundo real[42]. O saber marxista restaura a relação entre ciência e agir, entre teoria e prática, entre objetividade e subjetividade[43].

Dito isso, nos primeiros ensaios de *Geschichte und Klassenbewußtsein*, a oposição entre consciência de classe burguesa e consciência proletária (ou crítica) não é o objetivo principal de Lukács (ele voltará a essa questão no capítulo intitulado "A reificação e a consciência proletária")[44]. No início do livro, a antítese entre ciência e saber, ciência e marxismo, coloca-se a serviço de uma polêmica com outras formas de socialismo e comunismo da época – formas que Lukács qualifica indistintamente de "marxismo vulgar". Como explicar essa querela de caráter sobretudo interno? O socialismo é sujeito à caução porque reduz o marxismo a um economismo puro e simples: com o auxílio de "fatos

---

[38] Ibidem, p. 170, 200 e seg.

[39] Ibidem, p. 264; ver abaixo.

[40] Ibidem, p. 366, 370.

[41] Ibidem, p. 200, 222, 380.

[42] Ibidem, p. 188, 352-3, 384.

[43] Ibidem, p. 215; ver a seguir. Assim, em 1923, por essa exigência de totalização crítica e eficácia prática, Lukács anuncia o que alguns anos depois será o programa inicial de pesquisa da Escola de Frankfurt, tal como Max Horkheimer o formulou magistralmente e tal como seria concretizado pela *Zeitschrift für Sozialforschung* [Revista de Pesquisa Social].

[44] G. Lukács, *Geschichte und Klassenbewußtsein*, cit., p. 257-397.

empíricos", da "realidade tal como ela é", com o auxílio da ciência, portanto, tenta-se "provar" que ainda não chegou a hora da revolução ou que bastam certas reformas parciais para tornar a situação da classe proletária mais aceitável. Aqui, o fetichismo tipicamente burguês dos "fatos" e da ciência caminha de mãos dadas com a metamorfose fatal da ideia de *revolução* em uma política do compromisso parlamentar, *político*[45]. A crítica da ciência está intimamente ligada a um radicalismo revolucionário que, no entanto, Lênin já condenara severamente. O que une essas duas dimensões, a teoria e a prática, é a categoria de totalidade[46]. Além do socialismo – por exemplo, o de Bernstein e Kautsky –, Lukács visa a variante do marxismo proposta pela Internacional Comunista (Comintern) dos anos 1910-1920. Esse marxismo quer ostentar a qualquer preço, ante a ciência (econômica e social) burguesa, sua cientificidade superior. Daí a imitação dos procedimentos e da retórica das ciências da natureza no discurso comunista, daí a ideia, amplamente difundida na época, de que as sociedades são governadas por *leis* subterrâneas da natureza, à maneira das leis cegas. Sob essa ótica, a consciência subjetiva nada mais é que um epifenômeno secundário que reflete passivamente a realidade sócio-histórica e econômica exterior. Aqui, materialismo puro e simples rima com cientismo ingênuo. O marxismo, afirma Lukács, deve se libertar dessa ambição científica para se tornar enfim o que ele realmente é: um saber crítico. A desconfiança em relação à própria ideia de ciência se manifesta em *Geschichte und Klassenbewußtsein* por intermédio da polêmica – diplomática, mas realmente presente – com Engels (que dessa forma é situado em oposição a Marx)[47].

A posição de Lukács é clara: se o marxismo deseja realmente permanecer fiel a sua vocação crítica, se deseja realmente pôr fim à hegemonia esmagadora da visão de mundo burguesa, cientificista e positivista, deve manter distância do mimetismo intelectual, rechaçar um certo ideal de "cientificidade" e restabelecer os laços com a tradição filosófica da qual surgiu, especialmente com o idealismo alemão e, mais especificamente, com a dialética de Hegel[48]. Apenas assim compreenderá que a "realidade" é bem mais que uma simples questão de "fatos" e "ciência", que ela

---

[45] Ver também "Taktik und Ethik", em *Georg Lukács Werke*, cit., p. 43-78.

[46] G. Lukács, *Geschichte und Klassenbewußtsein*, cit., p. 199, 243 e seg.

[47] Ibidem, p. 312, 388.

[48] Lukács prolonga, no terreno da filosofia marxista, o debate "burguês" sobre a *differentia specifica* entre ciências humanas (*Geisteswissenschaften*) e ciências naturais (*Naturwissenschaften*). O que explica, provavelmente, por que Weber e Simmel são aliados mais "naturais" que Engels e Lênin.

é sempre e essencialmente um real *devindo* e a expressão da interação entre um sujeito que reflete e age e um objeto[49]. É claro que isso não implica que tudo no *sistema* de pensamento de Hegel merece ser levado em consideração; todavia, a *maneira* de enxergar a realidade, o *método* de Hegel, constitui, *também* para o marxismo, uma herança fundamental[50]. O que está em questão é toda forma de determinismo. A consciência (de classe) não é simples efeito de uma causalidade histórica e social anônima, "natural", muito pelo contrário: as estruturas sociais (e a maneira de percebê-las) são o resultado de uma consciência de classe historicamente situada[51]. No contexto ideológico comunista dos anos 1919-1923, essa tese é iconoclasta e prenhe de consequências: no fundo, diz que, em última instância, a própria possibilidade da revolução não depende dos processos socioeconômicos (pense-se na teoria marxiana sobre a pauperização que conduz "automaticamente" a um estado revolucionário) nem dos imperativos preconizados por um partido político (pense-se no proverbial voluntarismo inerente à concepção bolchevique da vanguarda revolucionária), mas da feição, em momento dado, da *consciência de classe proletária*[52]. Consequentemente, a filosofia política e social de Lukács se concentrará, antes de tudo, na questão da consciência de classe (burguesa e proletária) – abertamente em oposição à *dóxa* científica burguesa e comunista da época. O que Lukács define no início do livro como marxismo "ortodoxo" revela-se, portanto, absolutamente heterodoxo.

---

[49] G. Lukács, *Geschichte und Klassenbewußtsein*, cit., p. 188 e *passim*. Lukács chega a negar a possibilidade de uma objetividade não subjetiva. Afirma, por exemplo, que a *natureza* é uma categoria *cultural* (ibidem, p. 309, 410 e *passim*), o que nos meios comunistas é, evidentemente, pura heresia idealista.

[50] Marx e Engels já enfatizavam a diferença entre o sistema e o método de Hegel (ver *Ludwig Feuerbach e o fim da filosofia clássica alemã* [trad. Isabel Vale et al., 3. ed., Lisboa, Estampa, 1975]) e a necessidade de explorar o método dialético em função de uma nova filosofia do social e da história. Entretanto, Lukács se distancia de Engels, justamente porque este último confere um valor analítico e filosófico muito grande à ciência (exata).

[51] Essa inversão da tese marxiana clássica aparece já – e de forma *programática* – no livro de Simmel, *Philosophie des Geldes* [Filosofia do dinheiro] (1900). Simmel sublinha que o marxismo erra ao considerar a cultura apenas sob o ângulo da infraestrutura econômica. A tese contrária – pensar sobre o econômico apenas como uma categoria cultural – é igualmente justificada e será defendida ao longo do monumental *Philosophie des Geldes*.

[52] G. Lukács, *Geschichte und Klassenbewußtsein*, cit., p. 243.

Alienação, reificação, racionalização (Marx, Simmel, Weber)

Os dados foram lançados: o tema da revolução autêntica está ligado à análise da consciência de classe e o marxismo, como método baseado na noção de totalidade, não deverá ser completado pela ciência burguesa, mas por um retorno à tradição filosófica – e essa tradição significa, para Lukács, muito mais que apenas o idealismo alemão. Isso delimita de maneira única o lugar de enunciação que será aquele de Lukács. Agora o objetivo é demonstrar o mais-valor analítico dessa abordagem (solitária). Para isso, Lukács estabelece uma relação – inesperada para um marxista – entre a problemática da consciência de classe (a tradição marxista) e certas analíticas da modernidade na sociologia alemã (a tradição sociológica alemã burguesa com, entre outros, Tönnies, Simmel e Weber). Para entendê-la, temos de voltar brevemente à relação entre sujeito e objeto. Lançando mão da concepção dialética e dinâmica de Hegel, Lukács consegue demonstrar que a versão científica da relação entre sujeito e objeto é uma forma de alienação. Para ele, o sujeito e o objeto, a consciência e a história se encontram numa dinâmica circular e, sobretudo, *expressiva*: a história exprime um princípio geral – consciência ou *Subjekt* – e *funda* essa consciência. Daí o título *Geschichte und Klassenbewußtsein*. Entre as dimensões de expressão e fundamento da história existe uma relação de tensão que o próprio autor não aborda. Tenhamos em mente o seguinte: para compreender tanto a natureza quanto a diferenciação da consciência de classe, é preciso *historicizar* a fundo o questionamento crítico. Ou ainda: a análise da consciência de classe contemporânea passa necessariamente por uma leitura crítica da modernidade europeia[53]. O marxismo não pode ser considerado um saber supratemporal – como creem muitos comunistas – porque ele próprio se inscreve numa cultura e numa sociedade específicas: as da modernidade e do estado do modo de produção capitalista que lhes corresponde[54]. Outro sinal da heterodoxia de Lukács. Em termos concretos, a relação intrínseca entre consciência e modernidade é demonstrada com o auxílio de um intertexto complexo *e* contraditório, constituído de três analíticas da modernidade: a de Georg Simmel (a modernidade como *tragédia da cultura*), a de Marx (a modernidade como *triunfo do fetichismo da mercadoria*) e a de Weber (a modernidade como *expansão descontrolada da racionalização*).

---

[53] Ibidem, p. 414.

[54] Ibidem, p. 406.

Em suas obras pré-marxistas, como *Die Entwicklungsgeschichte des modernen Dramas* [História da evolução do drama moderno], *Die Seele und die Formen* e *Die Theorie des Romans*, Lukács apresenta a modernidade como um processo gradual de alienação. É típico da modernidade: o distanciamento cada vez maior entre a cultura objetiva (os bens simbólicos disponíveis) e a cultura subjetiva (a recepção e o consumo efetivos de bens simbólicos) e o fato concomitante de que o sujeito-criador não se reconhece mais nos produtos da cultura objetiva. Esta se autonomiza, adquire a aparência de uma *segunda natureza* (Hegel) abstrata, estranha, opaca[55]. Esse diagnóstico acerca da cultura moderna e a ideia normativa de uma relação expressiva[56], não alienada, entre sujeito e objeto, Lukács os encontrou primeiramente nas obras de Georg Simmel[57]. Este parece não saber bem como interpretar a cultura moderna. Primeiro (por exemplo, em *Philosophie des Geldes* [Filosofia do dinheiro]), ele discerne na cultura moderna uma possibilidade de felicidade e sucesso: a autonomização das culturas subjetivas e objetivas possibilita *escolhas* culturais individuais (ela engendra e acelera a *individualização* da cultura moderna)[58]. Com o passar dos anos, porém, o diagnóstico dado ao mesmo fenômeno torna-se cada vez mais pessimista. A ideia de potencialidade e individualização crescente é substituída pela ideia de alienação: o homem é incapaz de tornar sua a cultura objetiva *existente*, essa cultura que se desenvolve quase automaticamente, impulsionada por uma dinâmica cega, obscura, inominável. É o que Simmel denomina tragédia da cultura (moderna). Lukács se mostra ambíguo em relação a Simmel e sua filosofia metafísica da cultura – pelo menos mais do que se atreve a confessar. O que se preserva é a problemática da alienação e a norma da aculturação como processo expressivo de absorção da cultura objetiva pela cultura subjetiva. Lukács, porém, afasta-se de Simmel quando se trata de refletir sobre a *historicidade* da alienação. Ele rejeita a visão trágica e metafísica da cultura como um exemplo *par excellence* da impotência explicativa intelectual de Simmel: o sociólogo se mostra infinitamente perspicaz quando descreve as

---

[55] Ibidem, p. 192 e *passim*.

[56] Sobre a estrutura e os limites inerentes desse modelo expressivista da *aculturação*, ver, entre outros, Jürgen Habermas, "Georg Simmel über Philosophie und Kultur", em *Texte und Kontexte* (Frankfurt am Main, Suhrkamp, 1991, coleção STW, n. 944), p. 162 e seg.

[57] Sobre a relação de Simmel e Lukács, ver, entre outros, Antonio De Simone, *Lukács e Simmel: il disincanto della modernità e le antinomie della ragione dialettica* (Lecce, Millela, 1985).

[58] Para uma análise mais detalhada da tragédia da cultura moderna segundo Simmel, ver, entre outros, Koenraad Geldof, *La Voix et l'événement: pour une analytique du discourse métalittéraire* (Louvain, Presse Universitaire de Louvain, 1993, coleção L'Univers des Discours), p. 11-45.

Da arte demoníaca ao milagre da revolução | 93

diferentes manifestações (aparentemente banais, quotidianas) da alienação, mas é absolutamente incapaz – de uma incapacidade *estrutural* – de explicar o que descreveu[59]. Com Simmel, a descrição do mal-estar da cultura moderna tornou-se um ingrediente desse mesmo mal-estar.

É nesse ponto da análise – na questão da historicidade da alienação – que Marx entra em cena. Graças ao intertexto marxiano, referente à análise do caráter fetichista da mercadoria moderna[60], Lukács consegue dissociar a problemática da alienação da esfera cultural (no sentido estrito da palavra) e superar a aporia histórico-filosófica constatada em Simmel: como experiência objetiva e subjetiva, a alienação não é regida por uma mão metafísica invisível, mas é condicionada por um mecanismo muito preciso: o da produção de mercadorias para um mercado anônimo e em função do aumento do mais-valor econômico[61]. A questão, então, é saber o que Marx entende exatamente quando fala do *segredo* da mercadoria moderna[62]. A resposta pode ser resumida da seguinte maneira: o modo de produção capitalista gera uma realidade ilusória na qual os objetos – isto é, as mercadorias que circulam no mercado – possuem uma existência quase autônoma, enquanto os sujeitos que aparecem como entidades isoladas e autossuficientes transacionam num mercado anônimo. Essa ilusão é corroborada principalmente pelas ideologias burguesas – entre as quais a economia política moderna –, que a consideram o alfa e o ômega da análise "científica" do real. Pecado capital e mortal da teoria e da filosofia hegemônicas: elas se apoiam na "realidade tal como é". Ora, segundo Marx, essa realidade não é em absoluto um ponto de partida válido, porque é *devinda*, *já* é o efeito de uma dinâmica que precede todo "real" (objetivo *e* subjetivo). A dinâmica em questão depende da própria essência do modo de produção capitalista: este fragmenta integralmente o processo de

---

[59] G. Lukács, *Geschichte und Klassenbewußtsein*, cit., p. 269-70. A crítica de Lukács a Simmel não data de *Geschichte und Klassenbewußtsein*: ver G. Lukács, "Georg Simmel: Ein Nachruf" [1918], em Kurt Gassen e Michael Landmann (orgs.), *Buch des Dankens an Georg Simmel: Briefe, Erinnerungen, Bibliographie. Zu seinem 100. Geburtstag am 1. Marz 1958* (Berlim, Duncker & Humblot, 1958), p. 171-6. Nesse texto, a ressalva não é efeito de um ou outro posicionamento marxista, mas deve-se simplesmente ao fato de que, para Lukács, Simmel é um pensador muito "impressionista", muito pouco rigoroso do ponto de vista ético e teórico, ou seja, um ensaísta.

[60] Ver Karl Marx, "Le Caractère fétiche de la marchandise et son secret", em *Le Capital I: le développement de la production capitaliste* (Paris, Éditions Sociales, 1977), p. 68-76 [ed. bras.: *O capital: crítica da economia política*, Livro I: *O processo de produção do capital*, trad. Rubens Enderle, São Paulo, Boitempo, 2013].

[61] G. Lukács, *Geschichte und Klassenbewußtsein*, cit., p. 258.

[62] Ibidem, p. 257 e seg.

produção concreto, de maneira que ao fim o operário não reconhece mais o produto acabado como *seu*. Portanto, em razão do modo de produção, a relação entre sujeito e objeto do trabalho é profundamente alienada. O que resulta, entre outras coisas, da mercadoria aparentemente autônoma – uma autonomia que mascara o fato elementar de que toda mercadoria nada mais é que *efeito* secundário de uma complexa rede de *relações* econômicas e sociais que são por natureza *conflitantes*. Desvendar o segredo da produção mercantil moderna é descobrir ao mesmo tempo que a sociedade moderna, com tudo o que ela implica, funda-se em relações de desigualdade constitutivas. Ou ainda: a análise da mercadoria conduz forçosamente à análise da luta social de classes e, portanto, ao tema incontornável da revolução. Contudo, essa maneira de ver a realidade social é relativamente rara, excepcional, porque o capitalismo produz uma forma de consciência alienada que, no fundo, não questiona a realidade fragmentada *dada* e, consequentemente, se acomoda diante da fragmentação moderna do subjetivo e do objetivo[63]. O que, por sua vez, explica a exclusão estrutural – no nível do saber e da experiência – da categoria de *totalidade* – a única realmente capaz de desvendar o mistério da produção mercantil moderna[64].

Com Marx, Lukács *socializa* e *historiciza* a problemática da alienação de Simmel, inscrevendo-a no desenvolvimento da modernidade europeia – entendida como período de expansão ilimitada do modo de produção capitalista[65]. Foi um passo decisivo na analítica lukacsiana da modernidade: entre esta última e a economia capitalista não há nenhuma diferença *qualitativa* fundamental, mas uma ligação de comutabilidade total. Dito isso, esse mesmo Lukács se afasta de Marx em alguns pontos nevrálgicos. Por exemplo, ele atribui uma pertinência analítica infinitamente maior à questão da reificação. Enquanto Marx a limita ao exame da *mercadoria* moderna, Lukács estabelece uma sinonímia perfeita entre *reificação*

---

[63] Ibidem, p. 257.

[64] Um dos estudos mais sutis e mais detalhados sobre a questão da alienação segundo Lukács é ainda o de Rudiger Danneman, *Das Prinzip Verdinglichung: Studie zur Philosophie Georg Lukács'* (Frankfurt am Main, Sendler, 1987).

[65] A isotopia "modernidade-capitalismo-racionalização-razão formal e instrumental" constitui uma das premissas básicas do marxismo ocidental. No entanto, a série sinonímica não é nada evidente, como mostrou Habermas em *Theorie des kommunikativen Handelns*. Para ele, a analítica da modernidade não coincide forçosamente com a analítica (crítica) da racionalização e do capitalismo; a diferenciação proposta por Habermas se revela crucial para uma concepção menos unilateral e menos negativa da problemática da modernidade enquanto tal. Ver também Koenraad Geldof, *Analytiques du sens: essais sur la sociologie de la culture* (Louvain/Paris, Peeters/Vrin, 1996, coleção Accent), p. 11 e seg.

e *objetividade como tal*, o que permite – verdadeiro traço distintivo de todas as variantes do neomarxismo ocidental – que ele apresente a *ciência*, com seu fetichismo irrefletido dos "fatos [empíricos]", como uma emanação pura e simples da reificação moderna e onipresente, ilimitada. Para Marx, esse tipo de problematização radical da própria ideia de ciência seria simplesmente inaceitável[66]. Em *O capital*, a análise da mercadoria dá início a uma longa odisseia conceitual e histórica que adquire a forma de uma cartografia econômica e social pormenorizada do modo de produção capitalista. Lukács, de sua parte, demonstra muito pouco interesse pela fisionomia material da sociedade capitalista: ele é obcecado pela questão da reificação e a examina sob todos os aspectos para descobrir suas inúmeras manifestações culturais. Se existe uma afinidade eletiva entre Marx e Lukács, é sobretudo com o Marx dos *Manuscritos econômico-filosóficos de 1844*[67]. No caso dos *Manuscritos de 1844* e de *Geschichte und Klassenbewußtsein*, o que provavelmente atraiu muitos intelectuais de esquerda em toda a Europa foi a centralidade da problemática da alienação, a perspectiva filosófica e humanista e o claro retorno a Hegel[68]. E se levarmos em conta que a redescoberta dos *Manuscritos de 1844* data apenas dos anos 1930, é razoável nos perguntarmos se Lukács não *sobredeterminou* profundamente a recepção do jovem Marx no Ocidente.

Marx formula uma crítica radical à economia política de sua época, Lukács elabora uma refinada fenomenologia – que se apresenta também como uma genealogia – da consciência reificada que combina certos temas de *O capital* com a *Lebensphilosophie* simmeliana. Mais ainda, e no mesmo contexto, Lukács mobiliza um terceiro intertexto, a saber, a analítica da modernidade proposta por Max Weber. Quando se trata de medir o alcance da modernidade ocidental, Lukács adota uma visão pessimista, na qual a modernidade se identifica com um processo crescente de racionalização ou formalização – interpretação que

---

[66] A conclusão da *Dialektik der Aufklärung*, de Horkheimer e Adorno (1947), é idêntica: nesse caso, a ligação original entre prática científica disciplinar e filosofia social crítica se rompe de vez, o que põe fim ao programa inicial de pesquisa da Escola de Frankfurt.

[67] No entanto, o jovem Marx se opõe a Lukács num ponto fundamental: à semelhança do Hegel da *Fenomenologia do espírito*, Lukács é incapaz de conceber uma forma de objetividade que não seja de natureza subjetiva, de maneira que a objetividade como tal é considerada uma espécie de alienação de um polo subjetivo constitutivo (o Espírito em Hegel, a consciência de classe em Lukács). Ora, para o jovem Marx, essa equivalência é inadmissível, porque mina a própria possibilidade de um materialismo coerente. Ver Karl Marx, *Critique de l'économie politique: les manuscrits de 1844* (Paris, UGE, 1972, coleção 10/18, n. 667), p. 271 e seg. [ed. bras.: *Manuscritos econômico-filosóficos*, trad. Jesus Ranieri, São Paulo, Boitempo, 2004].

[68] G. Lukács, *Georg Lukács Werke*, cit., p. 24.

Koenraad Geldof

se inspira sem nenhuma ressalva em *Geschichte und Klassenbewußtsein*[69]. Em termos concretos, isso significa que todos os aspectos e domínios da vida moderna são cada vez mais submetidos ao princípio da racionalidade instrumental e formal. O quantitativo, o calculável etc. têm primazia sobre o qualitativo, o singular, o único[70]. É a jaula de ferro, diz Weber, que cedo ou tarde engolirá completamente a modernidade e nenhum obstáculo digno desse nome conseguirá frear a expansão do formalismo vazio, da quantificação, da reificação – balanço sombrio que *por princípio* deveria impedir qualquer reapropriação da tese de Weber por um marxista. E, no entanto, Lukács lê e até mesmo segue Weber. Resta saber a que preço.

Os sintomas da racionalização são observados em toda a parte, escreve Lukács, a exemplo de Weber: a economia se preocupa apenas com fatores que podem aumentar o lucro, o mais-valor; o trabalhador (manual e intelectual) é valorizado somente na medida em que é especializado e, portanto, limitado[71]; o Estado e o direito são submetidos a uma dinâmica de burocratização irreversível[72] e, logicamente, a um formalismo cínico que desconhece a realidade social[73]; o saber – não importa se científico ou jornalístico – reduz a realidade existente a um amálgama caótico de "fatos" isentos de qualquer dimensão relacional. Em resumo, segundo Weber e Lukács, a modernidade obedece a uma dialética demoníaca: quanto mais a realidade social (e individual) se torna racional (e, portanto, se organiza exclusivamente em função dos imperativos da razão especializada, instrumental e formal), mais ela se torna irracional. O princípio implicitamente reinante é: a racionalidade da parte, a irracionalidade do todo. Por exemplo, a economia política tem uma explicação provável para todo fenômeno socioeconômico concebível, mas é e permanece essencialmente incapaz de *explicar* as crises estruturais e recorrentes que sacodem a sociedade capitalista e a tornam instável, segundo Lukács,

---

[69] Ibidem, p. 262 e seg. Para mais informações sobre a relação entre Weber e Lukács, ver, entre outros, Kurt Beiersdörfer, *Max Weber und Georg Lukács: Über die Beziehung von verstehender Soziologie und westlichem Marxismus* (Frankfurt am Main, Campus, 1986, coleção Forschung, n. 450); Laurence A. Scaff, *Fleeing the Iron Cage: Culture, Politics, and Modernity in the Thought of Max Weber* (Berkeley, University of California, 1992); Koenraad Geldof, "Œuvre classique ou maudite? Perspectives nouvelles sur la genèse, le contexte institutionnel et la réception de la *Théorie du roman*", *Études Germaniques*, v. 47, n. 2, 1993, p. 167-89.

[70] G. Lukács, *Geschichte und Klassenbewußtsein*, cit., p. 275, 290.

[71] Ibidem, p. 263.

[72] Ibidem, p. 273 e seg.

[73] Ibidem, p. 284 e seg.

para todo o sempre[74]. Simmel também é vítima do mesmo paradoxo: ele explica inúmeras manifestações isoladas do impacto alienante da cultura moderna, porém, quando se trata de explicitar os mecanismos que as provocam, ele apenas consegue invocar a pretensa "tragédia da cultura", uma força metafísica cega, uma fatalidade misteriosa, o que transforma a sociologia crítica da modernidade numa apologia da sociedade moderna existente, à revelia do próprio Simmel. Logo, racionalidade e irracionalidade constituem os dois lados da mesma medalha[75].

Consciência de classe: fragmentação *versus* totalidade

Dois tipos de consciência de classe desenvolvem-se no interior desse universo social alienado e alienante: a consciência burguesa e a consciência proletária[76]. A consciência de classe burguesa encontra-se numa fase de declínio, enquanto a consciência de classe proletária, após as sucessivas crises do capitalismo, vem ganhando terreno. Na primeira forma de consciência de classe, à qual Lukács dedica uma análise bastante minuciosa e técnica – e que se trata, na verdade, de toda a tradição filosófica pré-marxista –, distinguem-se duas variantes. Qualifico a primeira variante de *heroica* e, se entendemos bem, ela coincide com o idealismo alemão, cuja expressão mais completa e, sobretudo, mais lúcida é a filosofia crítica de Kant. Essa consciência de classe é heroica na medida em que chegou perto de desmistificar a alienação como ilusão ideológica[77], mas não foi bem-sucedida porque permanece dependente dos interesses de classe burgueses. Kant, por exemplo, entendeu que o universo das coisas não é autônomo, resulta da interação entre o sujeito do conhecimento e a realidade[78]. No entanto, sua filosofia crítica é incapaz de conceber o mundo como uma totalidade relacional; ao contrário, funda-se sobre um sujeito cada vez mais abstrato, legitima conceitualmente a fragmentação artificial dos saberes (ver a tripartição de teoria, ética e estética) e torna-se uma arma ideológica; do mundo, do real, não resta mais que um traço ínfimo e impenetrável, a coisa em si. E mesmo ela, segundo Kant, será engolida pela violência identitária do idealismo (Fichte, Schelling, Hegel). Em todo caso, Kant

---

[74] Ibidem, p. 280 e seg.

[75] Ibidem, p. 276. Outro exemplo da similaridade entre *Geschichte und Klassenbewußtsein* e a *Dialektik der Äufklarung*: o progresso e a racionalidade esclarecida degeneram fatalmente em escravidão.

[76] G. Lukács, *Geschichte und Klassenbewußtsein*, cit., p. 347 e seg.

[77] Ibidem, p. 289.

[78] Ibidem, p. 287 e seg.

tem o mérito de conservar a coisa em si: ele exprime dessa forma a incapacidade da consciência de classe burguesa de *se* fundar realmente[79].

O racionalismo formal de Kant mostra seu caráter fundamentalmente *limitado*. Em seus sucessores, a consciência do limite desaparece por completo em virtude de uma "mitologia conceitual"[80] que absorve tudo que excede a esfera da razão raciocinante. No caso de Fichte, o mundo é de certo modo devorado por um sujeito hiperbólico que *constitui* o real pelos *Tathandlungen*, pelos atos literalmente fundadores[81]. Schiller, por sua vez, tenta remediar a fragmentação kantiana das faculdades humanas com o auxílio da ficção essencialmente *estética* do homem integral[82]. E Hegel, de sua parte, afasta-se dos outros representantes do idealismo na medida em que tematiza de maneira mais sistemática e coerente a união dialética entre subjetividade e objetividade. Entretanto, essa premissa tão crucial é privada de seu potencial crítico na medida em que, no fim das contas, a dialética é subordinada a um quimérico Espírito que se manifesta sem alarde e sem resistência por intermédio da história e da realidade existente[83]. Em outras palavras, a construção hegeliana conduz a uma totalidade ilusória, feita de conceitos identitários e circulares.

Até certo ponto, o idealismo alemão é uma forma de consciência de classe *trágica*[84]: trata-se de uma construção intelectual cujo objetivo é desvendar as relações entre subjetividade e objetividade, mas que tropeça invariável e fatalmente, enquanto consciência *de classe*, nessa incapacidade estrutural de pensar em *si* mesma e no real como uma totalidade de sentido. O idealismo sofre de uma antinomia endêmica que apenas será de fato superada com Feuerbach e, sobretudo, com Marx. Se a filosofia burguesa pensasse no mundo como totalidade, ela seria obrigada a admitir que o mundo do qual ela fala é, no fundo, um mundo conflituoso, fundado sobre a exploração inumana de uma classe social por outra; compreenderia que a universalidade em nome da qual ela se exprime nada mais é que uma justificação ilusória, ideológica, de um interesse de classe *particular*, notadamente aquele da classe burguesa empresarial. Nas formulações trágicas da consciência

---

[79] Ibidem, p. 314.

[80] Ibidem, p. 191.

[81] Ibidem, p. 301 e seg.

[82] Ibidem, p. 317 e seg.

[83] Ibidem, p. 327 e seg.

[84] Ibidem, p. 235 e seg., p. 295.

dessa classe há variantes mais prosaicas e puramente (às vezes cinicamente) apologéticas, como a ciência, a epistemologia neokantiana ou ainda as tentativas inúteis de criticar *fundamentalmente* e superar a racionalização sufocante do mundo vivido, como a filosofia do *elã vital* de Bergson[85] e a *Lebensphilosophie* de Simmel[86]. Ela liquida simplesmente a questão dos fundamentos do conhecimento e contenta-se, como no positivismo moderno, com a hiper-racionalidade de uma ciência fragmentada (a questão da totalidade é excluída), ou então se perde em visões ilusórias e irracionais que acabam intensificando a alienação, em vez de explicá-la e superá-la.

Uma coisa está clara: o pensamento burguês não tem a solução para suas próprias antinomias e aporias[87]. A superação da alienação está inscrita no curso da história[88], isto é, na lógica implacável da luta de classes na qual a burguesia é confrontada com aquela classe cujo interesse específico – a emancipação da classe operária – coincide com o interesse universal da humanidade. E a consciência *de classe* proletária será então a última da história, dado que, com a revolução social radical, as distinções de classe serão abolidas para sempre. De um ponto de vista intrínseco, a consciência de classe proletária é capaz de se liberar dos onipresentes constrangimentos da racionalidade formal e instrumental burguesa e da irracionalidade correlata de toda visão de conjunto: ela é definida, em todos os níveis, pela primazia absoluta da categoria de *totalidade*. A significação desta última é principalmente *analítica e crítica* (ou simplesmente teórica). Graças efetivamente à ideia de totalidade, a consciência de classe proletária pode *pensar* como tais nas contradições e nas antinomias estruturais do pensamento burguês e, sobretudo, *explicá-las* como um efeito da alienação geral da sociedade – que é provocada pela hegemonia total e expansionista do modo de produção capitalista. Assim, o ponto de vista proletário se apresenta como a única instância capaz de formular uma *crítica ideológica radical e legítima* da sociedade burguesa.

A noção de totalidade tem também um valor *prático-normativo*: como prática teórica, a consciência de classe proletária é automaticamente relacionada (uma relação imediata de causa e efeito) com a prática ético-revolucionária[89]. Por intermédio

---

[85] Ibidem, p. 286, 366.

[86] Ver acima.

[87] G. Lukács, *Geschichte und Klassenbewußtsein*, cit., p. 286.

[88] Ibidem, p. 326.

[89] Ibidem, p. 352-3, 375, 400 e *passim*.

da atividade teórica e revolucionária da classe operária, haverá finalmente a harmonia perfeita entre o subjetivo e o objetivo, e isso numa totalidade de sentido *pensada e vivida*[90]. Essa revolução do espírito e do social anuncia também, como previu Marx, o verdadeiro fim da história humana; começará então a era da pós-história revolucionária *autêntica*.

Milagre da revolução ou volta da estética?

Como devemos interpretar essa teoria da revolução proletária tal como ela aparece em *Geschichte und Klassenbewußtsein*? Como expressão hiperbólica de um idealismo revolucionário que a realidade socioeconômica, política e cultural de uma época que é tudo, menos "revolucionária", contradiz por completo? Não exatamente. O intertexto lukacsiano *constitutivo*, que põe lado a lado Marx, Simmel e Weber, torna *Geschichte und Klassenbewußtsein* uma narrativa ambivalente, esquizofrênica – ou, em todo caso, uma narrativa cujo sujeito da enunciação oscila continuamente e sem meio-termo entre a cegueira idealista e intelectualista e a extrema lucidez analítica. Para Lukács, e à semelhança de Weber, a racionalização constitui efetivamente *o* fato primitivo básico da cultura capitalista: ela é a lei inexorável que governa o real em todos os seus aspectos, objetivos e subjetivos, uma lei a que nada é capaz de obstar. Ora, quanto mais a racionalização estende seu raio de ação – como previram tanto Weber como Lukács –, mais as classes sociais burguesa *e* proletária serão afetadas[91] e menos provável será a formação *efetiva* da consciência de classe proletária tal como Lukács a imagina. Ou ainda: a racionalização, com seus efeitos alienantes, produz sempre mais racionalização e, por conseguinte, a gênese da consciência de classe e da revolução autenticamente radical *não está inscrita no curso da história*. Haverá forçosamente uma ruptura inesperada, milagrosa, que deverá se realizar *contra* as leis da história.

Sendo as premissas de Lukács o que são, como se pode evitar a aporia total? Em *Geschichte und Klassenbewußtsein*, com o auxílio da construção de uma *ficção conceitual* à qual Lukács atribui um *certo* grau de objetividade. Essa ficção se denomina "consciência de classe proletária". Essa consciência de classe teórica não tem nada a ver com a consciência de classe proletária *empírica*, psicológica, já que, de todo modo, ela é necessariamente (dada a tese da expansão ilimitada

---

[90] Ibidem, p. 215, 385 e *passim*.

[91] Ibidem, p. 286, 355.

da racionalização) alienada[92]. Trata-se, ao contrário, do ponto de vista que *corresponde* exatamente ao lugar social ocupado pela classe operária – o ponto de vista que o proletariado *deveria adotar*, se estivesse realmente em estado revolucionário – e que Lukács atribui, enquanto tal, ao proletariado ("*das zugerechnete Klassenbewußtsein*", a consciência de classe atribuída, imputada)[93]. A ideia de Lukács é a seguinte: a revolução proletária está inscrita na história como *possibilidade objetiva* – uma noção-chave de Weber – na medida em que a luta de classes, se *tivesse* de suceder em algum momento, se concretizaria na forma de uma luta de vida ou morte entre a burguesia e o proletariado. Entretanto, essa revolução apenas se torna provável a partir do momento em que a consciência de classe proletária *atribuída*, *teórica*, substitui por inteiro a consciência de classe *empírica*[94]. No fundo, a teoria lukacsiana da revolução (probabilista ou mesmo *hipotética*) é muito semelhante à leitura singularíssima que Georges Sorel faz de Marx. Para Sorel, Marx não é sinônimo de um sistema de pensamento, de uma teoria de intelectuais para intelectuais; o marxismo é, em primeiro lugar e essencialmente, um *mito* que, independentemente de questões de verdade científica, é capaz de *mobilizar*, *entusiasmar* a classe operária. O que determina, em última instância, o valor real do marxismo como narrativa mítica da revolução é sua *eficácia* social, é a força prática que emana da ficção prática cujo nome é marxismo. A consciência de classe proletária tal como Lukács a concebe em 1923 também se caracteriza por esse lado ficcional, *mítico*[95].

A metamorfose – à primeira vista misteriosa – de uma construção ideal-típica em uma realidade histórico-social[96] efetua-se em *Geschichte und Klassenbewußtsein* graças a um *deus ex machina* encarnado pelo partido de vanguarda comunista.

---

[92] Ibidem, p. 248, 252.

[93] Ibidem, p. 224 e seg.

[94] Ibidem, p. 331-2, 397.

[95] Ver Georges Sorel, *Réflexions sur la violence* (Paris, Slatkine, 1981 [1906], coleção Ressources), p. 149 e seg. No prefácio a *Geschichte und Klassenbewußtsein*, Lukács cita o nome de Sorel, mas não explicita essa afinidade profunda (e perturbadora, para uma filosofia *marxista* da revolução).

[96] Lukács ignora radicalmente, portanto, o *status heurístico* de conceitos no terreno das ciências humanas e, dessa forma, confirma (talvez inconscientemente) o que Weber sempre criticou no marxismo: este nega a função instrumental do trabalho de conceituação e cai, por conseguinte, não numa ciência, mas numa mitologia conceitual. Ver, entre outros, Max Weber, "Die 'Objektivität' sozialwissenschaftlicher und sozialpolitischer Erkenntnis", em *Gesammelte Aufsätze zur Wissenschaftslehre* (Tubinga, J. C. B. Mohr, 1988 [1904], coleção UTB für Wissenschaft, n. 1.492), p. 146-214.

Isso não significa que, nesse ponto, Lukács se ajusta sem nenhuma ambiguidade à ortodoxia leninista. Olhando atentamente, constatamos que, em Lukács, a relação entre partido e consciência de classe proletária é ambivalente: ora é a consciência de classe que serve de referência decisiva, ora é o partido. No primeiro caso, o partido deve apenas se submeter ao radicalismo puro da consciência de classe; no segundo, o proletariado deve simplesmente acatar as diretivas do partido. A ambiguidade deriva – e a observação vale para o conjunto de *Geschichte und Klassenbewußtsein* – do *status* indecidível do sujeito da enunciação: ele exprime a consciência de classe possível ou apenas traduz a vontade geral do partido? As duas leituras são igualmente plausíveis: uma é típica do ultraesquerdismo dos anos 1920, a outra é perfeitamente ortodoxa, leninista.

De todo modo, a revolução não obedece mais a nenhuma necessidade histórica; ao contrário, ela depende de uma *ética da intenção* radical (a *Gesinnungsethik* de Weber)[97], de um *salto* tão radical quanto imprevisto e voluntarista[98], enfim, de um *milagre*. Como Lukács escreveu muito a propósito no prefácio à reedição de *Geschichte und Klassenbewußtsein* de 1968: o que os revolucionários necessitam é menos de uma situação socioeconômica propícia à mutação social que de uma espécie de lucidez súbita e total de ordem *paulina*; dessa tomada de consciência decorrerá a revolução concreta propriamente dita[99]. Nesse sentido, e contrariamente ao que se afirmou a respeito de *Geschichte und Klassenbewußtsein*, o livro de Lukács não é o protótipo mesmo do marxismo *hegeliano*[100]; o resultado dessa analítica da modernidade e suas implicações revolucionárias chama-se mais apropriadamente Fichte. Ou Kierkegaard. A teoria e a prática estão separadas para sempre por um abismo que nenhum raciocínio "lógico" será capaz de vencer.

E assim – talvez mais do que Lukács gostaria – demonstramos o que pretendíamos demonstrar. Da obra de arte – tema de *Die Seele und die Formen, Die Theorie des Romans* e dos dois fragmentos de teoria estética – à consciência de classe é

---

[97] Isto é, uma ética definida unicamente pelo objetivo pretendido e que justifica *todos os meios* para atingir esse objetivo. Essa é mais uma diferença entre Lukács e Weber. Comparar com Max Weber, "Politik als Beruf" [1919], em *Gesammelte politische Schriften* (Tubinga, J. C. B. Mohr, 1988, coleção UTB für Wissenschaft, n. 1.491), p. 505-60; e "Wissenschaft als Beruf" [1919], em *Gesammelte Aufsätze zur Wissenschaftslehre* (Tubinga, J. C. B. Mohr, 1988, coleção UTB für Wissenschaft, n. 1.492), p. 610.

[98] G. Lukács, *Geschichte und Klassenbewußtsein*, cit., p. 429.

[99] Idem, *Georg Lukács Werke*, cit., p. 21.

[100] Ver acima nota 30.

um pequeníssimo passo: nos dois casos, trata-se de totalidades perfeitas, completamente fechadas em si mesmas e em que todas as contradições são superadas, totalidades que, além do mais, mantêm intacta a distância entre obra de arte e realidade, entre consciência de classe imputada e consciência de classe empírica, entre teoria e prática. Será que ainda assim, e apesar do exorcismo da *Heidelberger Ästhetik*, a arte demoníaca terá a última palavra?

De *História e consciência de classe* a *Dialética do esclarecimento*... E de volta*

Slavoj Žižek

História e consciência de classe (1923), de G. Lukács, é um dos poucos *eventos* verdadeiros na história do marxismo. Hoje, nossa experiência do livro é apenas como de uma estranha lembrança fornecida por uma época já distante – para nós, é até mesmo difícil imaginar o impacto verdadeiramente traumático que seu aparecimento teve nas posteriores gerações de marxistas. O próprio Lukács, na sua fase termidoriana, isto é, do começo dos anos 1930 em diante, tentou desesperadamente se afastar dele, tratando-o como um documento com mero interesse histórico. Aceitou que fosse reeditado apenas em 1967, fazendo-o acompanhar de um novo e longo prefácio autocrítico. O livro teve, até que essa reedição "oficial" aparecesse, uma espécie de existência fantasmagórica e subterrânea como uma entidade "não morta", que circulava em edições piratas entre estudantes alemães da década de 1960, estando também disponível em poucas e raras traduções (como a legendária edição francesa de 1959). No meu próprio país, a agora defunta Iugoslávia, referir-se a *História e consciência de classe* servia como um *signe de reconnaissance* ritualístico para saber se se fazia parte do círculo marxista crítico reunido em torno da revista *Praxis*. Seu ataque à noção de Engels de "dialética da natureza" foi crucial para a rejeição crítica da crença segundo a qual a proposição central do "materialismo dialético" seria a teoria do conhecimento "reflexiva". O impacto do livro

---

* "From *History and Class Consciousness* to *The Dialectic of Enlightenment*... and Back", *New German Critique*, v. 81, 2000, p. 107-23. Agradecemos aos editores da *New German Critique* e a Slavoj Žižek pela gentil permissão para publicar este artigo. Tradução de Bernardo Ricupero. (Nota dos editores da tradução original para o português, publicada em *Lua Nova*, São Paulo, Cedec, n. 59, 2003.)

esteve longe de se restringir a círculos marxistas: mesmo Heidegger foi claramente afetado por *História e consciência de classe*, havendo alguns sinais inconfundíveis disso em *Ser e tempo*. Até no último parágrafo, o autor, numa clara reação à crítica de Lukács à "reificação", pergunta: "Há muito tempo sabemos que existe o perigo da 'reificação da consciência'. Mas o que significa reificação [*Verdinglichung*]? Qual é sua origem?... A 'diferença' entre 'consciência' e 'coisa' é o bastante para haver um desenvolvimento pleno do problema ontológico?[1]".

Como, então, *História e consciência de classe* passou a ter um *status* de livro proibido quase-mítico, cujo impacto foi talvez comparável apenas ao de *Pour Marx*, escrito pelo posterior grande antípoda anti-hegeliano de Lukács, Louis Althusser?[2] A resposta que primeiro vem à mente é evidentemente que estamos discutindo o texto fundador de todo o marxismo ocidental de inspiração hegeliana. Nessa linha, o livro combina uma postura revolucionária engajada com temas que foram mais tarde desenvolvidos pelas diferentes linhas da chamada Teoria Crítica chegando até os Estudos Culturais de nossos dias (por exemplo, a noção de que seriam componentes estruturais de toda a vida social o "fetichismo da mercadoria", a "reificação" e a "razão instrumental" etc.). No entanto, olhando mais de perto, as coisas aparecem numa luz ligeiramente diferente: há uma quebra radical entre *História e consciência de classe* (mais precisamente, entre os trabalhos de Lukács escritos em torno de 1915 a 1930, inclusive seu *Lenin* de 1925, e uma série de outros textos curtos desse período publicados nos anos 1960 sob a rubrica Ética e Política) e a posterior tradição do marxismo ocidental. O paradoxo (ao menos, para nossa sensibilidade "pós-política" ocidental) é que *História e consciência de classe* é um livro filosoficamente muito sofisticado,

---

[1] Martin Heidegger, *Sein und Zeit* (Tubinga, Max Niemeyer, 1963), p. 437 [ed. bras.: 15. ed., trad. Márcia Sá Cavalcante Schubach, *Ser e tempo*, Petrópolis, Vozes/Universidade São Francisco, 2005].

[2] Paradoxalmente, da perspectiva de cada um desses dois marxistas, Althusser e Lukács, o outro aparece como o exemplo mais acabado do stalinista: para Althusser e para os pós-althusserianos, a noção de Lukács de que o Partido Comunista equivale praticamente ao sujeito hegeliano legitima o stalinismo; para os discípulos de Lukács, o "anti-humanismo teórico" do estruturalista Althusser e sua total rejeição da problemática da alienação e da reificação combinam-se à desconsideração stalinista pela liberdade humana. Ao mesmo tempo que este não é o lugar para tratar detalhadamente desse confronto, ele enfatiza como cada um dos dois marxistas articula uma problemática fundamental, que não faz parte do horizonte do oponente: em Althusser, a noção dos aparelhos ideológicos do Estado como a tradução material da ideologia, e em Lukács, a noção do ato histórico. Além do mais, evidentemente não é fácil realizar uma "síntese" entre essas duas posições mutuamente opostas – é possível, assim, que a melhor maneira de proceder seja usando como referência alternativa o outro grande fundador do marxismo ocidental, Antonio Gramsci.

De *História e consciência de classe* a *Dialética do esclarecimento...* E de volta | 107

comparável às maiores realizações do pensamento não marxista do período, ao mesmo tempo que também está inteiramente envolvido nas lutas políticas de sua época, refletindo a radical experiência política leninista do autor (entre outras coisas, Lukács foi comissário da cultura na curta experiência do governo comunista da Hungria de Béla Kun em 1919). O paradoxo é que, em comparação com o marxismo ocidental "padrão" da Escola de Frankfurt, *História e consciência de classe* é ao mesmo tempo muito mais engajado politicamente como filosoficamente é muito mais marcadamente hegeliano-especulativo (veja, por exemplo, a noção do proletariado como sujeito e objeto da história, ideia com a qual os membros da Escola de Frankfurt nunca se sentiram confortáveis). Se é que houve algum dia um filósofo do leninismo e do Partido Leninista, o Lukács marxista dos primeiros dias foi quem avançou mais longe nessa direção, chegando a defender os elementos "não democráticos" do primeiro ano do regime soviético contra a famosa crítica de Rosa Luxemburgo. O crítico acusou a revolucionária de "fetichizar" a democracia formal, em vez de tratá-la como uma das possíveis estratégias a serem utilizadas ou rejeitadas a fim de fazer avançar a situação revolucionária concreta. Hoje em dia, aquilo que mais se deve evitar é precisamente esquecer o aspecto político do livro, o que corresponderia a reduzir Lukács a um respeitável crítico cultural, que nos adverte sobre a "reificação" e a "razão instrumental", motivos que já foram há um bom tempo apropriados até mesmo pelos críticos conservadores da "sociedade do consumo".

Como texto fundador do marxismo ocidental, *História e consciência de classe* é uma exceção que, entretanto, mais uma vez confirma a ideia de Schelling de que "o início é a negação daquilo que se inicia com ele". No que se baseia esse *status* excepcional? Em meados dos anos 1920, aquilo que Alain Badiou chama de "Evento de 1917" começou a exaurir seu potencial revolucionário, ao mesmo tempo que o processo tomava uma viragem termidoriana. Com a exaustão da "sequência revolucionária de 1917" (Badiou), já não era mais possível um engajamento teórico-político direto, como o que aparece em *História e consciência de classe* de Lukács. O movimento socialista definitivamente rachou entre o reformismo parlamentar social-democrata e a nova ortodoxia stalinista, enquanto o marxismo ocidental, que se absteve de apoiar abertamente qualquer um dos dois polos, abandonou o envolvimento político direto e tornou-se uma parte da máquina acadêmica existente, estabelecendo, a partir daí, uma tradição que vai da Escola de Frankfurt até os atuais Estudos Culturais. Aí está a principal diferença que separa essa tradição do Lukács da década de 1920. Por outro lado, a filosofia soviética foi gradualmente assumindo a forma de "materialismo dialético", funcionando como a ideologia de legitimação do "socialismo realmente existente" – são mesmo sinal da ascensão da ortodoxia soviética termidoriana os violentos ataques desferidos contra Lukács e seu companheiro teórico Karl Korsch, cujo *Marxismo e filosofia** é uma espécie de peça de acompanhamento a *História e consciência de classe*, ambos publicados em 1923.

O momento de viragem foi o quinto congresso do Comintern de 1924, o primeiro após a morte de Lênin e também o primeiro a transcorrer depois que ficou claro que a onda revolucionária tinha se exaurido na Europa e que o socialismo russo teria de sobreviver por conta própria. Na sua famosa intervenção nesse congresso, Zinoviev fez questão de desferir um ataque anti-intelectualista e de fácil apelo contra os desvios "ultra-esquerdistas" de Lukács, Korsch e outros "professores", como depreciativamente referiu-se a eles, apoiando, assim, a crítica de Laszlo Rudas, companheiro de Lukács no Partido Húngaro, contra seu "revisionismo". Mais tarde, as principais críticas a Lukács e Korsch passaram a ser fornecidas por Abram Deborin e sua escola filosófica, na época dominante na União Soviética (apesar de posteriormente ter sido expurgada sob a acusação de "idealismo hegeliano"). Escola essa que foi a primeira a sistematicamente desenvolver a concepção de que o marxismo seria um método dialético com validade universal, capaz de elaborar leis gerais que poderiam ser aplicadas à análise tanto dos fenômenos naturais como dos sociais – a dialética marxista é estripada, dessa forma, de sua atitude prático-revolucionária, que leva ao engajamento direto, e transforma-se numa teoria epistemológica geral que lida com as leis universais do conhecimento científico. Como notou Korsch, logo depois desses debates, críticas vindas dos inimigos declarados, o Comintern e o "revisionismo" social-democrata, basicamente repetiam os mesmos contra-argumentos contra ele e Lukács, denunciando seu "subjetivismo" (na verdade, o engajamento prático da teoria marxista etc.). Já não se podia admitir tal posição numa época em que o marxismo estava se transformando numa ideologia de Estado cuja *raison d'être* última era legitimar as pragmáticas decisões do Partido por meio das não históricas ("universais") leis da dialética. Sintoma disso é a reabilitação da ideia de que o materialismo dialético seria a "visão de mundo [*Weltanschauung*] da classe trabalhadora". Para Lukács e Korsch, assim como para o próprio Marx, por definição, "visão de mundo" designa a atitude "contemplativa" da ideologia, que a engajada teoria revolucionária marxista deveria superar.

---

* Karl Korsch, *Marxismo e filosofia* (trad. José Paulo Netto, Rio de Janeiro, Editora UFRJ, 2008). (N. E.)

De *História e consciência de classe* a *Dialética do esclarecimento*... E de volta | 109

Evert van der Zweerde[3] descreveu em detalhes a utilização ideológica pelo regime soviético da filosofia do materialismo dialético, pretensamente a "visão de mundo científica da classe trabalhadora". Apesar de o materialismo dialético reconhecer ser uma ideologia, não é a ideologia que proclama ser. Não motivou, mas legitimou atos políticos; não se deveria, assim, acreditar nela, mas ritualmente encená-la. Sua reivindicação de que era uma "ideologia científica" e, consequentemente, a "reflexão correta" das circunstâncias sociais excluía a possibilidade de que existisse uma ideologia "normal" na sociedade soviética, já que ela "refletiria" a realidade social de uma maneira "errada" etc. Perde-se, por consequência, inteiramente o fio da meada ao se tratar o infame *diamat* como um sistema filosófico genuíno. Ele funcionava, na verdade, como o instrumento de legitimação do poder que deveria ser ritualmente encenado e, como tal, é melhor colocá-lo na densa teia de relações de poder. Exemplo disso são os diferentes destinos de I. Iljenkov e P. Losev, quase protótipos de filósofos russos durante o socialismo. Losev foi o autor do último livro publicado na URSS (em 1929) a rejeitar abertamente o marxismo, que descartava como "óbvia perda de tempo". No entanto, depois de uma pequena temporada na prisão, lhe foi permitido retomar sua carreira acadêmica e, durante a Segunda Guerra, voltar a dar aulas. A "fórmula" que encontrou para sobreviver foi refugiar-se na história da filosofia (estética), especializando-se numa disciplina acadêmica, em que se dedicava ao estudo de autores gregos e romanos. Aparentemente narrando e interpretando o pensamento de autores antigos, em especial Plotino e outros neoplatônicos, pôde contrabandear suas próprias teses místicas, ao mesmo tempo que, nas introduções a seus livros, macaqueava a ideologia oficial com uma citação ou duas de Kruschev ou Brejnev. Dessa forma, foi capaz de sobreviver a todas as vicissitudes do socialismo e viveu para ver o fim do comunismo, consagrado como o decano da autêntica herança espiritual russa! Em contraste, Iljenkov, um soberbo dialético e especialista em Hegel, tornou-se, como marxista-leninista convicto, uma figura descolada. Por essa razão (isto é, porque escrevia de uma maneira que revelava seu envolvimento pessoal com o que escrevia, procurando fazer do marxismo uma filosofia séria e não o equivalente a uma série de fórmulas ritualísticas de legitimação[4]), foi excomungado e

---

[3] Ver Evert van der Zweerde, *Soviet Historiography of Philosophy* (Dordrecht, Kluwer, 1997).

[4] Paradigmática é a lendária história da fracassada participação de Iljenkov num congresso mundial de filosofia realizado nos Estados Unidos em meados dos anos 1960. Iljenkov já tinha o visto e estava pronto para pegar o avião quando sua viagem foi cancelada, porque seu texto para o congresso, "Do ponto de vista leninista", que tinha antes apresentado aos ideólogos do partido, não os agradou. Isso não se deu graças a seu conteúdo (inteiramente aceitável), mas simplesmente

levado ao suicídio. Será que é possível encontrar melhor demonstração de como uma ideologia efetivamente funciona?

Num gesto que corresponde a um termidor pessoal, Lukács, no início dos anos 1930, refugiou-se nas águas mais especializadas da estética e da teoria literária marxista, justificando seu apoio público às políticas stalinistas com base na crítica hegeliana à bela alma. A União Soviética, inclusive todas as suas dificuldades não previstas, foi o resultado da Revolução de Outubro, portanto, em vez de condená-la a partir da posição confortável da bela alma e, assim, manter as mãos limpas, se deveria reconhecer corajosamente "o cerne da encruzilhada do presente" (a fórmula de Hegel para a reconciliação pós-revolucionária). Adorno estava inteiramente justificado ao designar sarcasticamente esse Lukács como alguém que confundiu o barulho de suas correntes com a marcha triunfante do Espírito Universal, e, consequentemente, apoiou a "reconciliação à força" do indivíduo e da sociedade nos países comunistas do Leste Europeu[5].

Apesar de tudo, o destino de Lukács nos leva a confrontar o difícil problema da emergência do stalinismo. É até excessivamente fácil contrastar o espírito autenticamente revolucionário do "Evento de 1917" com seu posterior termidor stalinista – o verdadeiro problema é saber "como a partir de lá chegamos aonde chegamos". A grande tarefa, como foi enfatizado por Alain Badiou, é a de pensar a necessidade da evolução no interior do leninismo em direção ao stalinismo sem negar o tremendo potencial emancipador do Evento de outubro e também sem cair no velho papo-furado liberal sobre o potencial "totalitário" da política emancipadora radical, que sugere que toda revolução leva a uma repressão pior que a antiga. Ao mesmo tempo que se deve reconhecer que o stalinismo é inerente à lógica revolucionária leninista e não o fruto de alguma influência corruptora externa, como o "atraso russo" ou a postura ideológica "asiática" das massas, é necessário continuar a fazer uma análise concreta da lógica do processo político e, a todo custo, evitar usar conceitos imediatos quase antropológicos ou genericamente filosóficos, como "razão instrumental". A partir do momento em que aceitamos tal postura, o stalinismo perde sua especificidade, sua dinâmica política particular, e se transforma apenas num outro

---

por causa de seu estilo, da maneira engajada em que foi escrito. Já a frase de abertura ("É minha avaliação pessoal que...") era proferida num tom pouco aceitável.

5 Ver Theodor W. Adorno, "Erpresste Versöhnung", em *Noten zur Literatur* (Frankfurt am Main, Suhrkamp, 1971), p. 278.

De *História e consciência de classe* a *Dialética do esclarecimento*... E de volta

exemplo da noção geral. Exemplo disso é o famoso comentário de Heidegger, na sua *Introdução à metafísica*, de que o comunismo russo e o americanismo são, do ponto de vista histórico, "metafisicamente iguais".

É evidente que, no interior do marxismo ocidental, a *Dialética do esclarecimento*, de Adorno e Horkheimer, e os diversos ensaios posteriores deste último sobre a "razão instrumental" levaram à mudança fatal, de análises sociopolíticas concretas às generalizações antropofilosóficas. A transformação exige que, ao reificar a "razão instrumental", ela mesma deixe de se basear em relações capitalistas concretas, para tornar-se, de maneira praticamente imperceptível, o "princípio" ou "fundação" quase transcendental. Junto com essa mudança, a tradição da Escola de Frankfurt evita quase por completo a confrontação teórica direta com o stalinismo, o que contrasta claramente com sua obsessão com o antissemitismo fascista. As exceções a essa regra são reveladoras. O *Behemoth*, de Franz Neumann, um estudo do nacional-socialismo que, da maneira bastante comum no final dos anos 1930 e 1940, sugere que os três grandes sistemas mundiais da época – o emergente capitalismo do New Deal, o fascismo e o stalinismo – tenderiam a levar à mesma sociedade "administrada", burocrática e inteiramente organizada. Da mesma forma, *O marxismo soviético*, de Herbert Marcuse, seu menos apaixonado e, talvez, pior livro, estranhamente traz uma análise neutra, sem nenhum engajamento claro, sobre a ideologia soviética. Por fim, há tentativas de alguns discípulos de Habermas que, ao refletirem sobre o então fenômeno nascente da dissidência, tentaram elaborar um conceito de sociedade civil como o espaço onde apareceria a resistência ao regime comunista. Politicamente, essas análises são interessantes, mas não oferecem uma teoria global satisfatória da especificidade do "totalitarismo" stalinista[6]. A desculpa padrão, segundo a qual os autores clássicos da Escola de Frankfurt não queriam se opor abertamente ao comunismo, já que, ao fazerem isso, domesticamente estariam fazendo o jogo daqueles que eram favoráveis ao capitalismo e à Guerra Fria, é evidentemente insuficiente. Na verdade, o ponto central não é que seu medo de servirem ao anticomunismo oficial provaria como eram secretamente pró-comunistas, mas o oposto. Se fossem de fato colocados contra a parede para definirem sua posição na Guerra Fria, os membros da Escola de Frankfurt provavelmente escolheriam a democracia liberal ocidental (como fez de forma explícita Horkheimer em alguns de seus últimos escritos). No final das contas, essa solidariedade com o sistema ocidental, quando ele esteve realmente

---

[6] Ver, como exemplo representativo, Andrew Arato e Jean L. Cohen, *Civil Society and Political Theory* (Cambridge, MIT, 1994).

ameaçado, é o que os teóricos de Frankfurt tinham vergonha de assumir publicamente, o que contrasta com a "oposição crítica socialista e democrática" na República Democrática Alemã, que criticava abertamente o domínio do Partido. Mas, no momento em que a situação se agravou e o socialismo passou de fato a ser ameaçado, eles (Brecht nas manifestações de trabalhadores em 1953, Christa Wolf na Primavera de Praga em 1968) passaram a apoiar o sistema abertamente... O "stalinismo" (o socialismo realmente existente) foi, assim, um assunto traumático para a Escola de Frankfurt, sobre o qual ela preferiu se calar. Esse silêncio foi a única maneira que seus intelectuais encontraram para manter uma inconsistente posição de solidariedade implícita com a democracia liberal ocidental, sem perder a máscara oficial de críticos esquerdistas "radicais". Se assumissem abertamente essa solidariedade, perderiam sua aura "radical", convertendo-se em apenas mais uma versão liberal esquerdista e anticomunista da Guerra Fria, enquanto se demonstrassem muita simpatia pelo "socialismo realmente existente", seriam forçados a trair seus verdadeiros compromissos não assumidos.

Apesar da tarefa de explicar a ascensão do stalinismo estar além do escopo deste ensaio, somos tentados a arriscar um curto comentário preliminar sobre ela. Todo marxista se lembra do comentário de Lênin, nos seus *Cadernos filosóficos*, de que aquele que não leu e estudou cuidadosamente toda a *Ciência da lógica* de Hegel não pode realmente entender *O capital* de Marx. Na mesma linha, somos tentados a afirmar que quem não leu e estudou com cuidado os capítulos sobre "Julgamento" e "Silogismo" da *Lógica* de Hegel não pode realmente entender a emergência do stalinismo. Isto é, a lógica da emergência do fenômeno histórico pode ser mais bem entendida com base na sucessão das três formas de mediação silológica, que vagamente correspondem à tríade marxismo-leninismo-stalinismo. Os três termos mediados (o Universal, o Particular e o Singular) representam a História (o movimento histórico universal), o proletariado (a classe particular que tem uma relação privilegiada com o Universal) e o Partido Comunista (o agente singular). Na primeira forma marxista clássica de mediação, o Partido realiza a mediação entre a História e o proletariado: sua ação permite que a classe trabalhadora "empírica" se torne consciente da missão histórica inscrita em sua própria situação social e aja de acordo com ela, isto é, torna-se sujeito revolucionário. A ênfase está na atitude "espontaneamente" revolucionária do proletariado: o Partido apenas desempenharia um papel maiêutico, tornando possível a conversão, meramente formal, do proletariado de classe-em-si para classe-para-si. No entanto, como é sempre o caso em Hegel, a "verdade" dessa mediação está em que, no curso do movimento, a posição inicial, a identidade presumida, é falsificada. Na primeira forma, a identidade presumida é entre o proletariado e a História, isto é, a ideia de que a missão revolucionária de libertação universal está inscrita na própria condição social objetiva do proletariado como "classe universal", classe cujos interesses particulares confundem-se com os interesses universais da humanidade. O terceiro termo, o Partido, é meramente o operador que realiza esse potencial universal do particular. É palpável, porém, que no curso da mediação o proletariado atinja "espontaneamente" apenas uma consciência economicista e reformista, o que nos leva à conclusão leninista: a constituição do sujeito revolucionário só é possível quando os intelectuais do Partido compreenderem a lógica interna do processo histórico e, de acordo com ela, "educarem" o proletariado. Nessa segunda forma, o proletariado tem seu papel reduzido ao de mediador entre a História (o processo histórico global) e a consciência científica a respeito dela internalizada no Partido. Depois de compreender a lógica interna do processo histórico, o Partido "educa" os trabalhadores, que serão o instrumento consciente da realização do fim da história. A identidade pressuposta nessa segunda forma é entre o Universal e o Singular, a História e o Partido, isto é, a concepção de que o Partido como "intelectual coletivo" compreende o processo histórico. Esse pressuposto é mais bem entendido com a superação dos aspectos "subjetivo" e "objetivo". A noção da História como um processo objetivo ao qual correspondem leis necessárias é estritamente correlata com a dos intelectuais do Partido como sujeitos cujo conhecimento privilegiado – compreensão – do processo possibilita a intervenção e direção do processo. Como era de esperar, é esse pressuposto que é falsificado no curso da segunda mediação, levando à terceira, "o stalinismo", forma de mediação que contém a "verdade" de todo o movimento, no qual o Universal (a História ela mesma) faz a mediação entre o proletariado e o Partido. Em termos simplistas, o Partido apenas usa a referência à História – isto é, sua doutrina, "o materialismo histórico e dialético", para garantir seu acesso privilegiado à "necessidade inexorável do progresso histórico" – a fim de legitimar sua dominação e exploração sobre a classe trabalhadora. Ela fornece, dessa forma, às decisões pragmáticas e oportunistas do Partido, uma espécie de "justificativa ontológica". Em termos da coincidência especulativa dos opostos, ou do "julgamento infinito", em que o mais alto coincide com o mais baixo, não deixa de ser significativo que os trabalhadores soviéticos fossem acordados de manhã cedo pela música tocada por amplificadores que reproduziam os primeiros acordes da Internacional. Suas palavras, "De pé, ó vítimas da fome!", passam a ter um significado irônico mais profundo: a "verdade" última do significado patético original ("Bem unidos façamos, nesta luta final, uma terra sem amos, a Internacional!") passa a ser seu significado literal, o apelo dirigido aos trabalhadores cansados: "De pé, ó vítimas da fome, comecem a trabalhar para nós, a *nomenklatura* do Partido!".

Se, nessa tríplice mediação silológica da História, do proletariado e do Partido, cada forma de mediação é a "verdade" da precedente, então o Partido, que instrumentaliza a classe trabalhadora para realizar seu fim, justificado que está na compreensão correta que teria da lógica interna do processo histórico, é a "verdade" da noção de que o Partido possibilitaria ao proletariado tomar consciência da sua missão histórica, descobrindo seu "verdadeiro" interesse. A exploração brutal da classe trabalhadora pelo Partido seria, dessa forma, a "verdade" da ideia de que por meio dela o Partido realiza sua compreensão da História. Será que isso significa que esse movimento é inexorável, que estamos lidando com uma lógica de ferro com base na qual, a partir do momento em que aceitamos o ponto de partida – a premissa de que o proletariado, devido à sua posição social, é a "classe universal" – ficamos presos, numa espécie de compulsão diabólica, a sermos conduzidos, no final do caminho, ao *gulag*? Se isso fosse verdade, *História e consciência de classe*, apesar de (ou devido a) seu brilho intelectual, seria o texto fundador do stalinismo, e a crítica pós-moderna do livro, segundo a qual ele seria a manifestação última do essencialismo hegeliano, assim como a identificação, por parte de Althusser, do hegelianismo com o stalinismo (a necessidade teleológica de toda a História progredir em direção à revolução proletária, momento decisivo, em que o proletariado como sujeito e objeto da História, a "classe universal" tornada consciente pelo Partido da missão inscrita em sua posição social objetiva, realiza o ato revelador de sua própria libertação) estariam inteiramente justificados. A reação violenta dos partidários do "materialismo dialético" a *História e consciência de classe* seria apenas uma confirmação da regra de Lucien Goldmann a respeito de como uma ideologia dominante precisa necessariamente negar suas premissas fundamentais. Dessa perspectiva, a noção megalomaníaca, que Lukács toma emprestado de Hegel, do Partido Leninista como correspondendo ao espírito da história, já que ele seria o "intelectual coletivo" do proletariado, sujeito e objeto da História, seria a "verdade" escondida por trás da aparentemente mais modesta versão "objetivista" do stalinismo sobre como a atividade revolucionária estaria baseada num processo ontológico global dominado por leis dialéticas universais. E, claro, seria fácil desconstruir o conceito hegeliano da identidade do sujeito e objeto com base na premissa básica do desconstrutivismo de que o sujeito emerge

De *História e consciência de classe* a *Dialética do esclarecimento...* E de volta | 115

precisamente de/como ausência de substância (ordem das coisas objetiva), que há subjetividade apenas quando existe uma "rachadura no edifício do Ser", na medida em que o universal está, de alguma maneira, "fora dos trilhos", "é descontínuo". Em poucas palavras, a realização completa do sujeito não só falha sempre, mas aquilo a que Lukács não prestou atenção já seria um modo de subjetividade "imperfeita", sujeito frustrado e, efetivamente, o próprio sujeito. A versão "objetivista" stalinista seria, portanto, por razões estritamente filosóficas, a "verdade" de *História e consciência de classe*. Como, por definição, o sujeito sempre falharia, sua completa realização como sujeito e objeto da História necessariamente levaria ao seu próprio cancelamento, sua auto-objetivação como instrumento da História. Indo mais além, seria fácil de defender, contra esse impasse hegelo-stalinista, a posição pós-moderna de Laclau, de que a contingência radical seria o próprio terreno da subjetividade (política). Universais políticos deveriam ser entendidos como conceitos "vazios", a ligação entre eles e o conteúdo particular que os hegemoniza devendo ser buscada naquilo que envolve a disputa ideológica, por sua vez, inteiramente contingente. O que equivale a dizer que o sujeito político tem sua missão universal inscrita na sua condição social "objetiva".

Mas é isso que *História e consciência de classe* realmente sugere? Será que se pode deixar de prestar atenção a Lukács em razão de ele ser um defensor do argumento pseudo-hegeliano de que o proletariado seria o sujeito e o objeto da História? Voltemos ao contexto político concreto de *História e consciência de classe*, no qual Lukács agia como um revolucionário engajado. Colocando as coisas em termos crus e simplistas, a escolha, para as forças revolucionárias na Rússia de 1917, em que a burguesia era incapaz de levar a cabo a revolução democrática, colocava-se nos seguintes termos. Por um lado, havia a postura menchevique de obedecer à lógica "do desenvolvimento das etapas objetivas": realizando primeiro a revolução democrática, depois a revolução proletária. Assim, no remoinho de 1917, os partidos radicais, em vez de capitalizarem a desintegração progressiva do aparato de Estado e construírem, com base no descontentamento popular generalizado, uma alternativa revolucionária, deveriam resistir à tentação de empurrar o movimento longe demais, sendo presumivelmente melhor aliarem-se com elementos democráticos burgueses a fim de "amadurecer" a situação revolucionária. Desse ponto de vista, a tomada de poder por parte de socialistas em 1917, quando a situação ainda não estava "madura", levaria à volta ao terror primitivo... (Apesar de hoje o temor das consequências catastróficas de um levante "prematuro" poder parecer antecipar o stalinismo, a ideologia do stalinismo leva, de fato, a um retorno a essa lógica "objetivista" dos estágios necessários de desenvolvimento.) Por outro lado, a estratégia leninista era de antecipar-se, lançando-se por inteiro no paradoxo da situação, aproveitando as oportunidades e intervindo mesmo quando as condições eram "prematuras", com a aposta de que a própria intervenção "prematura" mudaria a relação de forças "objetivas", dentro da qual a situação inicialmente parecia ser "prematura". Isto é, ela minaria o próprio padrão de referência, que nos informa que a situação era "prematura".

Nessa linha, é preciso tomar cuidado para não perder o fio da meada: não é que Lênin, diferentemente dos mencheviques e dos céticos no interior do Partido Bolchevique, acreditasse que a complexa situação de 1917, isto é, a crescente insatisfação das massas com as políticas irresolutas do governo provisório, oferecesse uma chance única de "pular" uma fase (a revolução democrática burguesa), ou de "condensar" os dois estágios consecutivos necessários (a revolução democrático-burguesa e a revolução proletária) num só. Tal raciocínio mantém a mesma lógica objetiva "reificada" dos "estágios necessários de desenvolvimento", mas aceita que existiria um ritmo diferente de evolução em variadas circunstâncias concretas (isto é, em alguns países, o segundo estágio poderia suceder imediatamente ao primeiro). O argumento de Lênin é muito mais forte. Em última instância, não há nenhuma lógica objetiva dos "estágios de desenvolvimento necessários", já que "complicações" aparecem na intricada textura das situações concretas e/ou os resultados não antecipados de intervenções "subjetivas" sempre bagunçam sua evolução normal. Como Lênin gostava de observar, o colonialismo e a superexploração das massas na Ásia, na África e na América Latina afetam e "deslocam" radicalmente a luta de classes "normal" nos países capitalistas avançados. Falar de "luta de classes" sem levar em conta o colonialismo é uma abstração vazia, que, quando se traduz em política concreta, pode apenas resultar na aceitação do papel "civilizador" do colonialismo. Portanto, ao subordinar a luta anticolonialista das massas asiáticas à "verdadeira" luta de classes nos Estados capitalistas avançados, a burguesia passaria a definir *de facto* os termos da luta de classes... (Mais uma vez, aqui se pode notar uma proximidade não esperada com a ideia althusseriana da "sobredeterminação". Não há nenhuma regra última que permita traçar "exceções". Na história real, há apenas exceções.) É também tentador utilizar termos lacanianos sobre isso. O que está em jogo nessa fórmula alternativa é a (não) existência do "grande Outro". Os mencheviques acreditavam nas bases autossuficientes da lógica positiva do desenvolvimento histórico, enquanto os bolcheviques (ao menos Lênin) tinham consciência de que "o grande Outro

De *História e consciência de classe* a *Dialética do esclarecimento*... E de volta | 117

não existe". A intervenção apolítica não acontece a partir das coordenadas dadas por uma matriz global subjacente, já que o que ela faz é precisamente "reelaborar" essa matriz global.

Essa é a razão por que Lukács admirava tanto Lênin. Seu Lênin era aquele que, diante da disputa na social-democracia russa entre bolcheviques e mencheviques sobre quem deveria ser membro do partido, escreveu: "Por algumas vezes, todo o destino do movimento operário pode, por certo tempo, ser decidido por uma ou duas palavras presentes no programa do partido". Ou o Lênin que, quando percebeu, no fim de 1917, a possibilidade de tomada revolucionária do poder, disse: "A História nunca nos perdoará se desperdiçarmos a oportunidade!". Num nível mais geral, a história do capitalismo é uma longa história de como a referência ideológica predominante foi capaz de cooptar (e diluir o potencial subversivo) dos movimentos e demandas que pareciam ameaçar sua própria sobrevivência. Por exemplo, por um bom tempo, libertários em matéria sexual acreditavam que a repressão monogâmica era necessária para a sobrevivência do capitalismo – sabemos agora que o capitalismo não só pode tolerar, mas incitar e explorar formas de sexualidade "pervertidas", sem mencionar seu convívio, sem maiores problemas, com a indulgência promíscua em prazeres sexuais. No entanto, a conclusão que se pode tirar disso não é a de que o capitalismo tem a capacidade sem fim de integrar e, assim, diluir o potencial subversivo de todas as demandas particulares – já que a questão do *timing*, de "aproveitar o momento", é decisiva. Uma demanda particular, num dado momento, possui poder de detonação global, funcionando como um substituto metafórico para a revolução global. Se, de maneira inflexível, insistimos nela, o sistema pode explodir. Se, entretanto, esperamos por tempo demais, o curto-circuito metafórico entre essa demanda particular e a derrubada global é dissolvido, e o Sistema pode, com hipócrita satisfação, perguntar: "Não era isso que você queria? Então, fique com o que pediu!", sem que nada de realmente radical aconteça. O artifício que Lukács chamou de *Augenblick* (o momento quando, por pouco tempo, há a abertura para um ato de intervenção numa situação) é a capacidade de aproveitar o momento certo, agravando o conflito antes que o Sistema possa acomodar a demanda. Passamos a ter, assim, um Lukács muito mais "gramsciano", aberto para o conjuntural/contingente do que normalmente se imagina. O *Augenblick* de Lukács está também surpreendentemente próximo do que Alain Badiou chama de Evento: uma intervenção que não pode ser entendida com base em suas "condições objetivas" preexistentes. O ponto principal do argumento de Lukács é rejeitar a redução do ato às suas "circunstâncias históricas". Não há "condições objetivas" neutras, isto é (em hegelês), todos os pressupostos estão minimamente postos.

Característico disso é a enunciação "objetivista" por Lukács dos fatores que levaram ao fracasso da revolução húngara de 1919: os oficiais traiçoeiros, o bloqueio externo que causou a fome... Apesar de esses serem indubitavelmente fatores que desempenharam um papel decisivo na derrota da revolução, é equivocado considerá-los como a matéria-prima decisiva, sem levar em conta a maneira como foram "mediados" por inúmeros fatores políticos subjetivos. Por que, então, no caso do bloqueio ainda mais intenso à Rússia soviética, não se sucumbiu aos ataques imperialistas e contrarrevolucionários? Porque, na Rússia, o Partido Bolchevique esclareceu às massas que o bloqueio era fruto da ação de forças contrarrevolucionárias estrangeiras e domésticas. Na Hungria, porém, o Partido não era suficientemente forte, o que fez com que as massas sucumbissem à propaganda anticomunista que afirmava que o bloqueio era o resultado da natureza "antidemocrática" do regime – sugerindo que com o retorno à democracia a ajuda estrangeira não pararia de afluir... Traição dos oficiais? Sim, mas por que a mesma traição não levou às mesmas consequências catastróficas na Rússia soviética? E, quando traidores foram descobertos, por que não foi possível substituí-los por quadros confiáveis? Porque o Partido Comunista Húngaro não era suficientemente forte e ativo, ao passo que o Partido Bolchevique russo mobilizou os soldados que estavam dispostos a defender a revolução. Claro, pode-se sempre afirmar que a fraqueza do Partido Comunista Húngaro era um componente "objetivo" da situação social; contudo, por trás desse "fato", há ainda outras decisões e atos subjetivos, o que faz com que nunca seja possível atingir o nível zero de um pretenso estado de coisas puramente "objetivo". O ponto realmente importante não é a objetividade, mas a "totalidade", entendida como processo global de "mediação" entre o aspecto subjetivo e o objetivo. Em outras palavras, o ato nunca pode ser reduzido ao reflexo de condições objetivas.

Pegando um exemplo de outro campo, a maneira como a ideologia "põe seus pressupostos" é também facilmente percebida na (pseudo) explicação sobre a crescente aceitação da ideologia nazista durante os anos 1920, segundo a qual os nazistas manipulavam os medos e as ansiedades da classe média gerados pela crise econômica e pelas mudanças sociais. O problema com essa explicação é que ela não percebe como está implícita nela uma autorreferência circular. Sim, os nazistas certamente manipularam medos e ansiedades, todavia, esses medos e ansiedades refletiam, de antemão, uma certa perspectiva ideológica e não correspondiam

De *História e consciência de classe* a *Dialética do esclarecimento... E de volta* | 119

a fatos pré-ideológicos. Em outras palavras, a ideologia nazista também gerou ela mesma "ansiedades e medos", para os quais propôs soluções.

Podemos agora voltar para nosso "silogismo" triplo e procurar descobrir onde se encontra seu erro: na própria oposição entre as suas duas primeiras formas. Claro que Lukács opõe-se ao "espontaneísmo", que defende a organização autônoma das massas trabalhadoras em movimentos de base contra a ditadura imposta por burocratas do Partido. Mas ele também se opõe ao conceito pseudoleninista (na verdade, de Kautsky) de que a classe trabalhadora "empírica" pode, deixada a ela mesma, apenas atingir o nível sindicalista de consciência, e que a única maneira de ela passar a ser o sujeito revolucionário é importando sua consciência por meio de intelectuais que, depois de compreenderem "cientificamente" as necessidades "objetivas" da passagem do capitalismo para o socialismo, "esclarecem a classe trabalhadora da missão implícita em sua posição social objetiva". No entanto, é aqui que encontramos a abusiva "identidade dos opostos" dialética na sua forma mais pura. O problema com essa oposição não é que os dois polos estão muito cruamente opostos e que a verdade se encontraria em algum lugar presente entre eles, na "mediação dialética" (a consciência de classe que surgiria da "interação" entre a consciência espontânea da classe trabalhadora e o trabalho educativo do Partido). Na verdade, o problema está na ideia de que a classe trabalhadora tem potencialmente a capacidade de atingir a consciência de classe adequada (e, consequentemente, que o Partido apenas desempenha um papel menor, "maiêutico", de possibilitar aos trabalhadores empíricos realizarem seu potencial), já que, assim, se legitima o exercício da ditadura do Partido sobre os "trabalhadores, baseada na sua compreensão correta de quais são seus verdadeiros potenciais e/ou seus interesses a longo prazo". Em poucas palavras, Lukács está apenas aplicando à oposição falsa entre "espontaneísmo" e dominação externa do Partido a identificação especulativa de Hegel dos "potenciais internos" de um indivíduo na sua relação com seus educadores. Dizer que o indivíduo precisa possuir "potencial próprio" para se tornar um grande músico equivale a dizer que esses potenciais devem estar, de antemão, presentes no educador que, por meio de influência externa, estimulará o indivíduo a realizar seu potencial.

O paradoxo, então, é que, quanto mais insistimos em como uma postura revolucionária traduz a verdadeira "natureza" da classe trabalhadora, mais somos levados a exercer pressão externa sobre a classe trabalhadora "empírica", a fim de que ela realize seu potencial. Em outras palavras, a "verdade" sobre a identidade imediata dos dois primeiros opostos é, como vimos, a terceira forma, a mediação stalinista. Por quê? Porque essa identidade imediata exclui qualquer espaço para o ato propriamente dito. Se a consciência de classe aparece "espontaneamente", como a realização do potencial interno presente na própria situação objetiva da classe trabalhadora, nenhum ato ocorreria, a não ser a conversão puramente formal do em-si para o para-si. O que corresponde ao gesto de descortinar o que sempre esteve lá. Se a consciência de classe propriamente revolucionária deve ser "importada" pelo Partido, então nos restaria a presença de intelectuais "neutros", que compreenderiam a necessidade histórica "objetiva" (sem intervir diretamente nela). Consequentemente, a utilização da classe trabalhadora, manipulada de maneira instrumental, como ferramenta para realizar a necessidade já presente na sua situação, não deixaria nenhum espaço para o ato propriamente dito.

Hoje em dia, época do triunfo mundial da democracia, quando ninguém de esquerda (com exceções notáveis, como a de Alain Badiou) ousa questionar as premissas da democracia política, é mais importante do que nunca ter em mente o comentário de Lukács, proferido na sua polêmica contra a crítica de Rosa Luxemburgo a Lênin, de como a atitude verdadeiramente revolucionária de aceitar a contingência radical da *Augenblick* não deveria levar também à aceitação da oposição padrão entre a "democracia", a "ditadura" ou o "terror". Se deixarmos de lado a oposição entre o universalismo liberal-democrático e o fundamentalismo étnico/religioso, para o qual a mídia insiste em chamar a atenção, o primeiro passo é reconhecer a existência do que se pode chamar de "fundamentalismo democrático": a ontologização da democracia numa referência universal despolitizada que não deve ser (re)negociada com base em disputas político-ideológicas pela hegemonia.

A democracia como forma de política estatal é mesmo inerentemente "popperiana". O critério último da democracia está na "falseabilidade" do regime, isto é, em que um procedimento público claramente definido (o voto popular) pode determinar se ele perdeu legitimidade e deve ser substituído por uma nova força política. O ponto não é tanto a "justiça" do procedimento, mas o fato de que todos os envolvidos aceitam antecipadamente, e sem dar margem a dúvidas, como ele funcionará, independentemente da sua "justiça". No procedimento padrão de chantagem ideológica, os defensores da democracia alegam que, a partir do momento em que abandonamos essa característica, entramos numa esfera "totalitária", em que o regime "não é falsificável", isto é, ele evita a situação de "falsificação" unívoca. Independentemente do que acontecer, mesmo que milhares se manifestem contra o regime, ele continuará a insistir que é legítimo, que

De *História e consciência de classe* a *Dialética do esclarecimento*... E de volta | 121

representa os verdadeiros interesses do povo e que o "verdadeiro" povo o apoia... Deveríamos, aqui, rejeitar essa chantagem (como Lukács faz em relação a Rosa Luxemburgo). Não há nenhuma "regra (procedimento) democrática" que estejamos, de antemão, proibidos de violar. A política revolucionária não diz respeito a "opiniões", mas à verdade que faz com que frequentemente se tenha de não levar em conta a "opinião da maioria" e impor a vontade revolucionária sobre ela.

Se, então, a principal tarefa da esquerda atual for, afinal de contas, fazer a passagem de *História e consciência de classe* para *Dialética do esclarecimento*, mas na direção oposta do que é normalmente imaginado? A questão não é de "aprofundar" Lukács de acordo com as "exigências dos novos tempos" (o grande *slogan* de todo revisionismo oportunista, incluindo o atual Novo Trabalhismo), mas de repetir o Evento em novas condições. Somos ainda capazes de nos imaginar num momento histórico em que termos como "traidor revisionista" ainda não faziam parte do mantra stalinista, mas expressavam uma postura verdadeiramente engajada? Em outras palavras, a questão a ser levantada hoje sobre o Evento único do Lukács marxista dos primeiros tempos não é: "Como esse trabalho fica em relação à constelação atual? Ele ainda está vivo?", mas, ao contrário, o de parafrasear a conhecida inversão de Adorno da insolente pergunta historicista de Croce sobre "o que está vivo e o que está morto na dialética de Hegel" (o título de seu principal trabalho)[7]: como é que nós nos encontramos diante de Lukács? Ainda somos capazes de realizar o ato descrito por Lukács? Qual ator social pode, com base em seu radical deslocamento, realizá-lo hoje em dia?

---

[7] Ver Theodor W. Adorno, *Drei Studien zu Hegel* (Frankfurt, Suhrkamp, 1963), p. 13.

Limites da reificação
notas sobre o sujeito revolucionário em *História e consciência de classe*[*][1]
Marcos Nobre

Alcançar a forma de exposição própria da crítica marxista significa, para Lukács, "um retorno ao marxismo original, não falsificado", como é possível encontrá-lo na *Miséria da filosofia,* em que Marx

> [...] refuta Proudhon remontando às verdadeiras fontes de seus conceitos: a Ricardo, por um lado, a Hegel, por outro. A análise de onde, como e sobretudo por que Proudhon *tinha de* não entender (*missverstehen musste*) Ricardo e Hegel é a fonte da luz que não apenas ilumina sem piedade as contradições de Proudhon, mas que também alcança as razões obscuras que estão na origem de seus erros e que ele próprio desconhecia: as relações entre as classes, de que as suas concepções são expressão teórica.[2]

É por isso que, para Lukács, "não é de modo algum casual que as duas obras fundamentais com que se inicia em termos teóricos o renascimento do marxismo – *A acumulação do capital*, de Rosa Luxemburg[**], e *O Estado e a Revolução*, de Lênin – retomem em termos de exposição (*darstellerisch*) aquela forma do jovem Marx" (*GKb*, p. 105; *HCC*, p. 49). Mas o que pode significar aqui a expressão "jovem Marx"? O Lukács de *História e consciência de classe* (1923) não leu os chamados

---

[*] Originalmente publicado em *Crítica Marxista*, São Paulo, Boitempo, v. 1, n. 10, 2000, p. 30-47. (N. E.)

[1] Agradeço a Andréa Marim pelo cuidado e pelo carinho com que recuperou o texto da dissertação.

[2] *Geschichte und Klassenbewusstsein* (Luchterhand, 1988), p. 103 (doravante abreviado como *GKb*). *História e consciência de classe* (trad. Telma Costa, Rio de Janeiro, Elfos, 1989), p. 47 (doravante abreviado como *HCC*).

[**] Em especial neste caso, optamos por conservar a forma escolhida pelo autor do texto. (N. E.)

Manuscritos econômico-filosóficos nem a totalidade de *A ideologia alemã*, publicados na íntegra somente em 1932[3], o que impossibilita de saída uma distinção nítida entre o "jovem" Marx e o Marx da maturidade. O que, aliás, pode ser aferido na maneira mesma pela qual Lukács pensa a relação entre a *Miséria da filosofia* e *O capital*, pois se este, como a principal obra teórica de Marx,

> [...] só adotou parcialmente esse tipo de *apresentação* histórica das questões – devido às suas dimensões e à abundância dos problemas ali tratados –, isso não deve ocultar a *identidade concreta no tratamento dos problemas* (*die sachliche Gleichartigkeit der Problembehandlung*). *O capital* e *Teorias da mais-valia* são, segundo a essência de seu objeto (*dem Wesen der Sache nach*), uma obra cuja estrutura mais íntima (*dessen innerer Aufbau*) significa um preenchimento de conteúdo do problema esboçado brilhantemente na *Miséria da filosofia*, dotado também de grande alcance em termos de apresentação. (*GKb*, p. 103; *HCC*, p. 48)

É de se notar aqui, entretanto, que não se pode falar, em 1923, de uma distinção entre o jovem Marx e o Marx da maturidade tal como a conhecemos depois de 1932. Lukács não apenas insiste nessa distinção como valoriza sobremaneira os escritos de juventude. Como pudemos ler no texto citado, Lukács afirma que *O capital* é um "preenchimento de conteúdo" (*eine inhaltliche Erfüllung*) do problema esboçado na *Miséria da filosofia*, o que significa conferir a essa obra uma estatura invulgar, mesmo para alguém que não conheceu a totalidade da produção do jovem Marx. Se, portanto, a expressão "jovem Marx" é nebulosa em Lukács – significando, aproximadamente, a produção de Marx até a *Miséria da filosofia* –, nem por isso ela deixa de ser fundamental. Por outro lado, dizer que Lukács volta ao jovem Marx significa também que ele, mesmo tendo um acesso fragmentário ao universo da produção marxiana de juventude, trouxe à tona elementos importantes desse período, ainda que não estivesse em condições de tematizá-los em toda a sua amplitude e seu alcance[4].

---

[3] Não obstante isso: o capítulo IV do segundo volume de *A ideologia alemã* apareceu em 1847 em *Das Westphälische Dampfboot*, revista mensal veiculada na Renânia. Bernstein publicou parte de "São Marx" em 1903-1904 e outro trecho em 1913. Coube a Gustav Meyer a publicação de "O Concílio de Leipzig" e do capítulo II (São Bruno), já em 1921. Lukács leu pelo menos o texto editado por Bernstein, já que o cita. Além disso, é também certo que leu os textos publicados nos *Anais Franco-Alemães* (ou seja, "A questão judaica", "Para a crítica da filosofia do direito de Hegel. Introdução" e as três cartas de Marx a Ruge), como também *A sagrada família* e a *Miséria da filosofia*, além das "Teses sobre Feuerbach" (publicadas por Engels em "apêndice" a *Ludwig Feuerbach e o fim da filosofia clássica alemã* [ed. bras.: *Ludwig Feuerbach e o fim da filosofia clássica alemã*, São Paulo, Edições Sociais, 1977).

[4] Por isso, a expressão "jovem Marx", empregada neste artigo, não pode pretender à *letra* da distinção operada após a publicação do conjunto dos textos de juventude; mas é inegável que guarda o

Mas qual é então o sentido do recurso de Lukács ao "jovem Marx" em *História e consciência de classe*? Vimos que Lukács enfatiza, na *Miséria da filosofia*, a referência às *relações entre as classes* que estaria na base da incapacidade de compreensão por Proudhon de Ricardo e Hegel. Ao passar à comparação com *O capital*, encontramos dois movimentos simultâneos no texto de Lukács. De um lado, temos "a identidade concreta no tratamento dos problemas" entre os universos de textos da juventude e da maturidade, marcando, portanto, a *unidade* e a *continuidade* da obra de Marx em seu conjunto. De outro, entretanto, Lukács nos diz que *O capital* adotou "apenas parcialmente" o tipo de apresentação histórica das questões que seria próprio da *Miséria da filosofia*, o que significa, a seu ver, que é preciso ler *O capital* como "um preenchimento de conteúdo do problema esboçado brilhantemente na *Miséria da filosofia*", o que significa que é preciso ler *O capital* também *da perspectiva* daquele texto de juventude.

Penso, neste ponto, que a ênfase de Lukács nas "relações entre as classes", que seria central na *Miséria da filosofia* e, de certo modo, ficaria obscurecida em *O capital* em virtude do modo de apresentação que lhe é próprio, pode nos ajudar a responder à questão da posição dos escritos do jovem Marx em *História e consciência de classe*. O recurso de Lukács ao jovem Marx, a meu ver, é uma tentativa de escapar às dificuldades que encontrou na apresentação própria a *O capital* para a determinação do sujeito revolucionário. Pois que se trata de desvendar o sujeito oculto sob a aparência coisal da realidade imediata, o sujeito que produz essa realidade. Esse sujeito – o proletariado como classe – produz *praticamente* essa imediatidade e, por isso, tem diante de si a possibilidade de tornar consciente esse processo, o que significa transformar a própria forma de objetividade do objeto[5], suprimir a cisão entre a teoria e a prática, percebendo esses dois momentos (antes opostos) como *momentos*, como momentos de um único processo do qual o proletariado é o sujeito. Significa, portanto, que o operário, como momento da classe, abandona sua posição de *portador* (*Träger*) de relações de produção.

---

espírito desse corte na obra de Marx. No que se segue, pretende-se mostrar o caráter sistemático e necessário do recurso ao jovem Marx por parte de Lukács, bem como as consequências desse movimento. Por ora, gostaria somente de chamar atenção para o fato de que apenas o último ensaio de *História e consciência de classe* ("*Methodisches zur Organisationsfrage*") tem um texto de Lênin por epígrafe; todos os outros ensaios que registram epígrafes têm textos do jovem Marx como mote.

5   Sobre a noção de "forma de objetividade", consulte, entre muitas outras passagens, *CKb*, p. 170; *HCC*, p. 97. Para uma análise da expressão e de suas origens, ver ainda o capítulo 2 de meu mestrado *Limites da reificação* (Universidade de São Paulo, mimeo., 1991), especialmente p. 42 e seg.

Nesse sentido, cabe lembrar antes de tudo que

> o discurso de *O capital* tem como objeto central não o operário e o capitalista (o que poderia ser dito, de um modo bastante geral, do discurso sobre a luta de classes), mas o próprio *capital*. Ora, que é o capital, e que representam em relação a ele o operário e o capitalista? A resposta a essa questão nos conduz à problemática do sujeito e do predicado. O capital, diz, com efeito, o capítulo 4 (original) do tomo I de *O capital, é sujeito*.[6]

Ou, nas palavras de Giannotti, no caminho de Marx em direção à maturidade, "o fundamento se desloca da relação sujeito-objeto para uma objetividade-sujeito: a mercadoria"[7].

Onde encontrar, nesse contexto, o sujeito revolucionário? A resposta de Lukács passa pela citação de *A sagrada família* com que culminam os dois parágrafos introdutórios ao ensaio "O ponto de vista do proletariado": "A classe proprietária e a classe do proletariado apresentam a mesma autoalienação humana. Mas a primeira sente-se confirmada e à vontade nessa autoalienação, reconhece a alienação como *seu próprio poder* e possui nela a *aparência* de uma existência humana; a segunda sente-se aniquilada na alienação, enxerga nela sua impotência e a realidade de uma existência inumana". Mas passa também pela citação da *Introdução à crítica da filosofia do direito de Hegel*, tomada por Lukács como epígrafe para o ensaio "A reificação e a consciência do proletariado": "Ser radical significa pegar a coisa pela raiz. Para o homem, entretanto, a raiz é o próprio homem"[8].

No caso do texto de *A sagrada família*, Lukács visa ao resultado seguinte:

> *na sua imediatidade*, a realidade objetiva do ser social é "a mesma" para o proletariado e para a burguesia. Mas isso não impede que, como consequência das diferentes

---

[6] Ruy Fausto, *Marx: lógica e política* (São Paulo, Brasiliense, tomo 1, 1983), p. 30. A sequência do texto diz: "O capital é 'sujeito que domina' (*übergreifendes Subjekt*), 'sujeito automático' (*automatisches Subjekt*), 'sujeito de um processo' (*Subjekteines Prozesses*) [...]. O operário e o capitalista são 'suportes' desse sujeito, e num sentido (mais ontológico do que propriamente lógico) seus predicados. A rigor, os predicados do sujeito 'capital' – seus 'momentos' – são o *dinheiro* e a *mercadoria*. O operário e o capitalista são suportes do capital, por serem suportes do dinheiro e das mercadorias – inclusive a força de trabalho – enquanto momentos do capital". No segundo "apêndice" ao volume, "Notas sobre o jovem Marx", Fausto escreve que "o Marx da *Crítica do direito de Hegel* critica Hegel porque este supõe a existência de um *sujeito autônomo de que* os indivíduos são portadores. O que, guardadas outras diferenças, ele mesmo suporia mais tarde, ao escrever *O capital*" (p. 243).

[7] José Arthur Giannotti, *Origens da dialética do trabalho: estudo sobre a lógica do jovem Marx* (Porto Alegre, L&PM, 1985), p. 258.

[8] *Marx Engels Werke*, v. 1 (Dietz, 1956), p. 385 (doravante abreviado *MEW*). Ver *GKb*, p. 170; *HCC*, p. 97.

posições que ocupam as duas classes no "mesmo" processo econômico, venham a ser fundamentalmente diversas as *categorias específicas da mediação* por meio das quais a realidade puramente imediata se transforma para ambas na realidade objetiva propriamente dita. (*GKb*, p. 269; *HCC*, p. 169)

Mas tal resultado da argumentação lukacsiana depende também da explicitação do elemento *vital* presente na conhecida passagem de Marx da *Introdução à crítica da filosofia do direito de Hegel* citada. Comecemos por aqui.

O recurso ao jovem Marx e a consequente referência a uma natureza humana abre a possibilidade de constituição de um sujeito *humano*, mas exige ao mesmo tempo que sejam mostradas as credenciais em nome das quais a dialética hegeliana é posta em xeque. Em primeiro lugar, "faz-se mister um fundamento anterior à lógica cujo desenvolvimento elucidará tanto as determinações abstratas do pensamento formal como os movimentos da natureza e da história, inseparáveis da categoria de totalidade. O conceito de trabalho vem responder a essas dificuldades"[9]. Mas isso ainda não é o suficiente, pois quem (como Feuerbach, Stirner, Marx, Sartre etc.) pretende "se opor à lógica hegeliana sem abandonar a dialética" terá necessidade "de um conceito, ou melhor, de um processo vital, que vincule o sujeito ao universal"[10]. Mas "os dois termos a serem vinculados não podem ser completamente heterogêneos". Como prossegue o texto de Giannotti,

> [...] por sujeito não se entenderá a mônada absolutamente individual, fechada sobre si mesma, pois desse modo nunca formará a universalidade concreta da *organização*, onde cada parte age e se coloca em relação ao todo [...]. De sorte que o sujeito, desde o início, será organizado, possuirá uma universalidade básica potencial a ultrapassar o isolamento da individualidade imediata. Feuerbach e o jovem Marx interpretam esse sujeito como o homem na qualidade de ser genérico (*Gattungswesen*).[11]

Apesar da referência à "natureza humana", seria inteiramente despropositado atribuir ao Lukács de *História e consciência de classe* o "antropologismo" do jovem Marx. Quando "o homem se tornou medida de todas as coisas (sociais)" (*GKb*, p. 320; *HCC*, p. 206), não estamos mais falando de seu ser genérico, pois estaríamos

---

[9] José Arthur Giannotti, *Origens da dialética do trabalho*, cit., p. 21.

[10] Idem. Ruy Fausto lembra que a "questão da tradução da 'consciência de si' por 'homem' – ou por 'homem negado' – é complementar à questão da tradução de 'espírito' por 'trabalho' – ou por 'trabalho social'" (Ruy Fausto, "Sobre o jovem Marx", *Discurso*, São Paulo, Polis, n. 13, 1983, p. 25, nota). É evidente que aqui se trata de buscar apenas os elementos propriamente lukacsianos da equação.

[11] Ibidem, p. 21-2.

então sujeitos aos perigos de todo "humanismo" ou "ponto de vista antropológico" (basta pensar no exemplo do pragmatismo moderno):

> [...] se o homem é tomado como medida de todas as coisas, se, com a ajuda desse ponto de partida, deve ser suprimida (*aufgehoben werden soll*) toda transcendência, sem que, simultaneamente, o próprio homem seja medido por esse ponto de vista, sem que a "medida" seja aplicada a si mesma, ou – mais precisamente – sem que o homem seja tomado igualmente dialético, então o homem assim absolutizado simplesmente passa a ocupar o lugar daqueles poderes transcendentes que ele tinha sido chamado a explicar, dissolver e substituir metodologicamente. (*GKb*, p. 322-3; *HCC*, p. 208)

Não se trata, portanto, de secundar o jovem Engels em seu entusiasmo pela vivacidade com que Carlyle descreve a dilapidação do humano no capitalismo, pois isso significa *opor* a essa imagem um ser do homem *fora do tempo.* Portanto:

> A solução pode ser encontrada se esses dois momentos forem tomados em sua união dialética indissolúvel, tal como aparecem no processo de desenvolvimento real e concreto do capitalismo; se, portanto, a aplicação correta das categorias dialéticas ao homem como medida das coisas for igualmente a descrição completa da estrutura econômica da sociedade burguesa, o conhecimento correto do presente. Pois que, do contrário, a descrição terá de recair – embora pertinente nos detalhes – no dilema do empirismo e do utopismo, do voluntarismo e do fatalismo etc. (*GKb*, p. 328; *HCC*, p. 212)

Se podemos dizer que o recurso de Lukács ao jovem Marx não implica nenhuma espécie de "antropologismo" (mesmo que eventualmente "negativo"), também parece agora mais clara a ideia de que a pretensão de ler a obra de juventude a partir dos textos de maturidade é pelo menos ambígua. O mesmo Lukács nos diz que a perspectiva de leitura da maturidade é necessária, pois, sem a "descrição completa da estrutura econômica da sociedade burguesa", estaríamos nos enredando nos dilemas típicos do entendimento, aqueles que nos oferecem duas alternativas igualmente aceitáveis, como as oposições entre empirismo e utopismo, entre voluntarismo e fatalismo. Mas, ao mesmo tempo, Lukács busca justamente a *formação* de um sujeito revolucionário que não esteja à mercê desses dilemas.

E esse movimento teórico (que vai tomar *uma* direção *determinada* com a consciência de classe e o partido) passa pelo "conhecimento correto do presente", pelas dificuldades trazidas pelo vertiginoso desenvolvimento capitalista que desatina numa guerra mundial, como também pela revolução proletária na Rússia. Nesse ponto, a perspectiva lukacsiana talvez possa ser expressa com palavras de Ruy Fausto:

Giannotti critica o caráter subjetivo da teoria das necessidades do jovem Marx. Estamos de acordo com ele no que se refere à fundação subjetiva das necessidades. Mas seria preciso insistir sobre o fato de que é a fundação subjetiva da crítica das necessidades que é criticável, não, digamos, o nível subjetivo do seu objeto [...]. Vemos que o defeito dos *Manuscritos* não é o de ter *acentuado* a subjetividade: no capitalismo contemporâneo, as relações de produção, se se pode dizer assim, *passam* pelo interior da subjetividade (de uma maneira que não é a da determinação simples da subjetividade dos agentes enquanto *suportes*). A insuficiência dos *Manuscritos* é a de fundar pela subjetividade.[12]

Como já referido, o Lukács de *História e consciência de classe* não leu os *Manuscritos*, mas a argumentação aqui desenvolvida pretende justificar a irrelevância relativa desse fato. Por outro lado, porque escreve com os *Manuscritos* à sua disposição, Ruy Fausto esclarece elementos presentes em Lukács (posto que presentes nos textos de juventude de Marx a que ele teve acesso). Nesse sentido, podemos, por exemplo, comparar o texto de Ruy Fausto que vem ser citado com um seu artigo de mesmo tema[13]:

Com efeito, o que parece ocorrer no capitalismo contemporâneo é que, diferentemente do capitalismo clássico, o conjunto da individualidade, inclusive no seu nível mais profundo, é determinado imediatamente pelo sistema. Na realidade, sempre houve determinação e talvez em todos os níveis, mas para alguns deles, na forma mais clássica, provavelmente não havia uma determinação direta. A *produção das necessidades* existia, mas não existia *efetivamente*, isto é, como resultado da atividade (altamente "tecnicizada") de um *setor* da produção. Nesse sentido, ela era apenas pressuposta. Ora, essa situação nova em que tudo se passa como se *o modo de produção ele próprio passasse pelo interior da individualidade*, como se os indivíduos não estivessem mais naquela forma clássica da dependência do sistema para a qual se utilizou o termo "suporte" (Träger), mas estivessem numa outra, mais profunda, que vai além do conceito clássico de suporte, tudo se passa como se o sistema tivesse *reposto* uma subjetividade profunda que no capitalismo clássico era mais ou menos pressuposta.

É curiosa a proximidade desse texto de passagens de Lukács, como aquela que fala da "racionalização do mundo, aparentemente integral, atingindo o mais profundo

---

[12] Ruy Fausto, *Marx: lógica e política*, cit., p. 245-6 (nota 3). A polêmica de Ruy Fausto com Giannotti (sobre isso, ver também o Prefácio à reedição de *Origens da dialética do trabalho*) é irrelevante para nossos propósitos, já que o objetivo é trazer à luz a versão lukacsiana da teoria.

[13] Ruy Fausto, "Sobre o jovem Marx", cit., p. 50.

do ser físico e psíquico do homem" (*GKb*, p. 195; *HCC*, p. 115), mas é preciso notar, antes de tudo, que uma ambiguidade presente no primeiro texto de Ruy Fausto foi perdida quando passamos ao segundo. No primeiro texto, as relações de produção passam pelo interior da subjetividade "de uma maneira que não é a da determinação simples da subjetividade dos agentes enquanto *suportes*"; no segundo, a dependência do sistema é qualificada como "mais profunda".

De certa maneira, essa ambiguidade e essa determinação do sujeito no capitalismo são também uma ambiguidade de *História e consciência de classe*. Lukács detecta uma passagem das relações de produção pelo interior da subjetividade "de uma maneira que não é a da determinação simples da subjetividade dos agentes enquanto suportes" (como acabamos de ler em Ruy Fausto), e isso significa fugir ao campo de forças de *O capital*, em busca de um sujeito revolucionário (donde o recurso ao jovem Marx) cujo modelo dialético está dado na *Fenomenologia do espírito* de Hegel. Mas esse movimento não é linear, pois que, se a racionalização do mundo é *aparentemente* integral, ela não deixa de atingir "o mais profundo do ser físico e psíquico do homem". Por outras palavras, se o sistema *repôs* "uma subjetividade profunda que no capitalismo clássico era mais ou menos *pressuposta*", esse movimento tem duas facetas: pode significar a catalisação de um potencial revolucionário que irá instaurar o verdadeiro sujeito da história, ou caminhar para uma determinação cada vez mais completa e acabada da subjetividade pelo sistema.

É justamente essa *ênfase* na subjetividade que vai marcar o esforço teórico de *História e consciência de classe*; um esforço que, não obstante, diz pressupor as análises econômicas de *O capital*, embora se afastando, em certo sentido, da *lógica da apresentação* desse texto de maturidade de Marx. Como podemos observar na referência ao caráter central e estrutural da mercadoria na sociedade capitalista analisada por Marx: "somente nesse caso pode ser descoberto na estrutura da relação-mercadoria (*Warenverhältnis*) o protótipo (*Urbild*) de todas as formas de objetividade e de todas as formas correspondentes da subjetividade na sociedade capitalista" (*GKb*, p. 170; *HCC*, p. 97). Cabe, portanto, buscar uma determinação da subjetividade no capitalismo que venha a romper o círculo mágico da reificação, que permita destruir *praticamente* a subjetividade na forma do *Träger*.

Para Lukács, essa referência à prática indica já o que significa deixar de encarar a realidade como coisa em si: dizer que "o ato de tornar consciente transforma a forma de objetividade do objeto" (*GKb*, p. 308-9; *HCC*, p. 198) aponta para a ideia de que as diferentes posições ocupadas pelas classes no processo econômico podem produzir "formas de objetividade" diversas, conforme a atitude que tiverem diante da realidade. Isso nada mais é do que a possibilidade de superar a ideologia no que concerne à mitificação (vale dizer: como dominação), buscando mostrar que a mercadoria como protótipo da forma de objetividade no capitalismo convive com a possibilidade de sua destruição. Nesse ponto confluem vários momentos da teoria lukacsiana. Da perspectiva da "forma de objetividade" lukacsiana, fazer da realidade coisa em si é naturalizar uma "forma" como única "forma de objetividade" possível, é abstrair o conteúdo histórico concreto que lhe dá vida; mas tentar escapar a essa naturalização com o recurso à empiria histórica (numa atitude meramente "descritiva") peca pelo desconhecimento sistemático do caráter mediato da realidade. Somente pela referência à mediação é possível não apenas trazer à luz os momentos da construção dos objetos da realidade, como também vislumbrar tendências reais que apontem para a superação da reificação e dos impasses do pensamento burguês.

Para tanto, essa superação não pode ser um mero movimento de pensamento, tem de se efetivar na práxis concreta do proletariado na luta por sua emancipação, já que é apenas sua posição única no processo social o que lhe garante a possibilidade de atingir o conjunto da mediação, a sociedade como totalidade. Atribuir à realidade objetiva o caráter de coisa em si é recusar a mediação em seu significado mais profundo, em seu papel construtivo como forma de objetividade, é

> [...] supor que a transformação (*Umwandlung*) do dado imediato em efetividade (*Wirklichkeit*) efetivamente *conhecida* (*wirklich erkannte*) (e não apenas *sabida* (*bekannte*) imediatamente), sua transformação, *destarte*, em efetividade objetiva – a ação (*Wirkung*), portanto, da categoria da mediação na imagem de mundo (*Weltbild*) – seja algo apenas "subjetivo", somente uma "avaliação" (*Bewertung*) de uma realidade que "permaneceria idêntica". (*GKb*, p. 269; *HCC*, p. 169-70)

Aqui surge a possibilidade da introdução de um "ponto de vista" sem que estejamos condenados ao "relativismo", ao meramente "subjetivo". O capital pode ser o sujeito do processo econômico, mas não é o sujeito da *história*: a história é "história das formas de objetividade" de que os homens buscam se assenhorar teórica e praticamente, e, nesse processo, o "tornar consciente altera a própria forma de objetividade do objeto". E esse movimento, que destrói a fixidez e a imobilidade da realidade, destrói também qualquer possibilidade de se postular um Absoluto: assim como não se pode postular um "homem" fora da história (para então "compará-lo" à sua realidade presente), também não é possível pretender um "ser fixo das *coisas particulares*" por trás de um rio no qual não se entra duas vezes (ver *GKb*, p. 312; *HCC*, p. 200). Lukács hesita em caracterizar a dialética hegeliana como sendo de modelo heraclitiano, mas é evidente que também não a confunde com a forma marxista: "Hegel representa a transição metodológica porque nele se encontram os elementos das duas concepções, numa mistura que, do ponto de vista metodológico, não se encontra ainda totalmente clarificada". Não obstante isso, Lukács prossegue (em nota de rodapé) dizendo que "o conceito de coisa que se suprime (*der sich aufhebende Dingbegriff*) de Heráclito demonstra, de fato, a maior afinidade com a estrutura de reificação do pensamento moderno". E, em seguida: "É significativo que a dialética de Hegel e de Lassalle tenha superestimado a 'modernidade' de Heráclito" (*GKb*, p. 312; *HCC*, p. 200).

Mais precisamente, não se trata de escapar ao relativismo, mas de aplicar a ele sua própria regra, ou, como diz Merleau-Ponty, de "relativizar o relativismo"[14]. De fato, "só faz sentido lógico falar de relativismo onde se admite um 'absoluto'" (*GKb*, p. 323; *HCC*, p. 208), o que faz com que o "ponto de vista" ganhe um significado muito particular, distinto do uso habitual, em que costuma passar por "opinião":

> A verdade – que no período da "pré-história da sociedade humana", no período da luta de classes, não pode ter outra função senão a de fixar as diferentes atitudes possíveis diante de um mundo (essencialmente) incompreendido, em conformidade com as exigências de dominação do mundo circundante e da luta, e que, portanto, só pode ter uma "objetividade" em referência ao ponto de vista e às formas de objetividade correspondentes às classes tomadas isoladamente – adquire um aspecto inteiramente novo tão logo a humanidade compreende claramente o seu próprio fundamental vital e, em consequência, o *transforma*. (*GKb*, p. 325-6; *HCC*, p. 210)

Para Lukács, esse processo "*começa* quando o ponto de vista do proletariado se torna consciente" (razão pela qual o termo "relativismo" pode induzir a erro quando aplicado ao materialismo histórico).

O termo "humanismo", por exemplo, se não for determinado, pode dizer qualquer coisa: pragmatismo, direitos humanos, teosofia, Charles Dickens. Cumpre mesmo distingui-lo de movimentos à primeira vista semelhantes, como as descrições da desumanização do capitalismo no *Past and Present* de Carlyle ou o

---

[14] Merleau-Ponty, *Les Aventures de la dialectique* (Gallimard, 1977), p. 49. As observações de Merleau--Ponty confrontam Weber e Lukács (p. 49-51) a esse respeito, com nítida vantagem para o último. O presente trabalho se afasta do *encaminhamento* que Merleau-Ponty dá a suas investigações, mas registra a inspiração teórica das *questões* presentes nas "aventuras".

autor responsável pela virada materialista da dialética: Feuerbach. Lukács pretende mostrar que Marx se distingue de Feuerbach (mesmo no período em que esteve sob sua influência direta) em dois pontos:

> Primeiro, porque nunca fala do homem sem mais, do homem abstrato absolutizado, mas sempre o pensa como membro de uma totalidade concreta, da sociedade. Esta tem de ser explicada a partir dele, mas só quando o próprio homem foi integrado nessa totalidade concreta e elevado à verdadeira concreção. Em segundo lugar, porque o próprio homem participa de modo decisivo do processo dialético, como base objetiva (*als gegenständliche Grundlage*) da dialética histórica, como sujeito-objeto idêntico que repousa em seu fundamento (*als das ihr zugrunde liegende identische Subjekt-Objekt*); ou, para lhe aplicarmos a categoria abstrata inicial da dialética: *porque a um tempo (zugleich) é não é.*[15]

Assistimos, então, à retomada do sujeito pressuposto da *Fenomenologia do espírito*, às "etapas do ser" e à produção do objeto como superação da imediatidade (ver *GKb*, p. 276; *HCC*, p. 174). Sabemos, no entanto, que "economia e política mundiais são hoje formas de existência muito mais imediatas do que eram no tempo de Marx" (*GKb*, p. 340; *HCC*, p. 220), e isso significa que as próprias relações de produção passam a determinar a subjetividade de uma maneira muito mais violenta e profunda: elemento que pode significar a catalisação das energias revolucionárias ou uma crescente brutalidade na forma da dominação capitalista. A realidade da subjetividade na forma do *Träger* convive com a "realidade" do sujeito-objeto idêntico da história, o "nós" da gênese do mundo.

Daí que a própria "ideia" de "verdade" tenha de ser colocada na forma da segunda tese sobre Feuerbach: "A questão de saber se a verdade objetiva é um atributo do pensamento humano não é uma questão da teoria, mas uma questão *prática.*

---

[15] *GKb*, p. 327; *HCC*, p. 211. É interessante notar como o final (principalmente) da passagem recém-citada entra em choque frontal com uma arguta observação de J. A. Giannotti: "O primeiro passo dado na direção de uma dialética materialista foi destarte uma volta ao sujeito vivo e ao concreto imediato, que Feuerbach, sem dúvida o precursor da nova filosofia, identificará à natureza, em particular à natureza humana. Contra as abstrações da filosofia hegeliana ele oporá a riqueza da vida, processo teleológico que se cumpre a si mesmo. Desse modo, as determinações lógicas deverão ocupar uma posição subsidiária, a emergir dos momentos cristalizados da eterna inquietude da vida. No entanto, qual é o alcance dessa crítica da lógica hegeliana? Tomar a vida como ponto de partida significa na verdade inverter por completo a lógica que partia da oposição do Ser e do Nada" (José Arthur Giannotti, *Origens da dialética do trabalho*, cit., p. 20-1). Também é importante pensarmos, com base nesse texto, como, no caso de Lukács, de fato "as determinações lógicas passam a ocupar uma posição subsidiária".

O homem tem de provar na prática a verdade, ou seja, a realidade e o poder, a mundanidade (*Diesseitigkeit*), de seu pensamento. A disputa acerca da realidade ou irrealidade de um pensamento, isolada da práxis, é uma questão puramente *escolástica*" (*MEW*, p. 3, 5). O que, no Lukács de *História e consciência de classe,* mostra igualmente a falsidade da teoria do reflexo: "Para a teoria do reflexo, isso significa que o pensamento, a consciência, tem de se orientar pela realidade, que o critério da verdade consiste na adequação à realidade. Ocorre que essa realidade não é de maneira alguma idêntica ao ser empírico-factual. A realidade não é, ela vem a ser"[16].

A consciência, portanto, não se confunde com a aparente permanência das coisas que orienta nossa vida cotidiana e que nos leva a atribuir a elas existência "empírico-factual". Ela tem de ser a consciência de cada etapa do processo, tem ela mesma de "vir-a-ser". Já a epígrafe do ensaio "Consciência de classe" (retirada de *A sagrada família*) nos advertia a não confundir "consciência de classe" com a consciência empírica da classe, a representação que se faz "este ou aquele proletário ou mesmo todo o proletariado":

> Só quando a consciência do proletariado for capaz de mostrar aquele passo para o qual conflui objetivamente a dialética do desenvolvimento, sem que, entretanto, esse passo possa ser dado por força da sua própria dinâmica, só então a consciência do proletariado chegará a ser consciência do próprio processo, só então o proletariado aparecerá como o sujeito-objeto idêntico da história, só então sua prática será transformação da realidade. (*GKb*, p. 339; *HCC*, p. 219)

Não há inexorabilidade da revolução proletária. É certo que todos os elementos do processo de produção capitalista são *condição prévia indispensável* (*GKb*,

---

[16] *GKb*, p. 347; *HCC*, p. 225. Momento em que Engels e o pensamento burguês se confundem novamente: "Pois na doutrina do 'reflexo' objetiva-se teoricamente a dualidade insuperável – para a consciência reificada – de pensamento e ser, de consciência e realidade. E, *desse ponto de vista,* tanto faz se as coisas são tomadas como reflexos dos conceitos ou os conceitos como reflexos das coisas, pois, em ambos os casos, essa dualidade adquire uma fixidez lógica insuperável" (*GKb*, p. 342-3). A solução propriamente dialética pode ser encontrada em Giannotti: "Contra Althusser, sustentamos que tal espelhamento só se torna possível porque ocorre na própria realidade um processo de constituição categorial, contraposto ao vir-a-ser do fenômeno, processo que configura a essência de um modo de produção determinado e, por conseguinte, duma forma de sociabilidade. A essência faz parte de cada momento do concreto sem, contudo, esgotar-lhe todas as dimensões, de sorte que o discurso somente se tornaria científico quando reproduzisse a ordem dessa constituição ontológica. Esta para nós é a única maneira de explicar o fascínio da ilusão hegeliana e a adequação dos textos da maturidade de Marx" (José Arthur Giannotti, "Contra Althusser", em idem, *Exercícios de filosofia* [Rio de Janeiro, Vozes/Cebrap, 1980], p. 90).

p. 302; *HCC*, p. 193) para a constituição do proletariado como classe, mas a certeza da vitória final da revolução não tem nenhuma "garantia" material, apenas a garantia metodológica do método dialético (*GKb*, p. 116; *HCC*, p. 57):

> Coube a Lênin o mérito de haver redescoberto esse aspecto do marxismo que indica o caminho para tornar consciente o seu cerne prático. Sua exortação sempre repetida para que agarremos com todo ímpeto aquele "próximo elo" da cadeia de desenvolvimento do qual depende no dado instante o destino da totalidade, sua recusa de todas as pretensões utópicas, seu "relativismo" e sua "*Realpolitik*", portanto, significam de fato o tornar atual e o tornar prático as teses sobre Feuerbach do jovem Marx. (*GKb*, p. 399; *HCC*, p. 219-20)

Essa nova referência ao jovem Marx também nos leva a nosso próximo problema, a saber, a necessidade de pensar a passagem da "consciência de classe" ao "partido", este o fiel depositário daquela para Lukács. Veremos adiante que essa passagem não se faz sem dificuldades, já que ela exigirá o confronto de elementos leninistas e luxemburguistas em *História e consciência de classe*. Pelo momento, entretanto, cabe ressaltar inicialmente que a autonomia organizacional do partido diante das demais instâncias organizativas do proletariado é exigida pela heterogeneidade mesma da consciência empírica da classe, que, normalmente, guia-se em sua ação pela "média". A relação do partido com essa "média" de consciência pode ser formulada nos seguintes termos: "a clara elaboração da mais alta possibilidade dada *objetivamente* num instante determinado – a autonomia organizacional da vanguarda consciente, portanto – é ela própria um meio de conciliar (*ausgleichen*) a tensão (*Spannung*) entre essa possibilidade objetiva e o estado da consciência de fato da média, de modo a fazer avançar a revolução" (*GKb*, p. 496; *HCC*, p. 334)[17].

Esse modelo de partido, o da "vanguarda consciente", é claramente o modelo exposto por Lênin em *O que fazer?*[18]. Abandonada à própria sorte, a classe proletária

---

[17] Sobre a apropriação por Lukács da categoria weberiana de "possibilidade objetiva", consulte meu trabalho *Limites da reificação*, cit., capítulos 2 e 4.

[18] Michael Löwy argumenta em favor de um abandono das teses de 1902-1904 por Lênin depois dos acontecimentos revolucionários de 1905-1906 (ver *La Théorie de la révolution chez le jeune Marx* [Maspero, 1970], p. 188-91). Contudo, a argumentação não me parece convincente, já que Löwy não faz referência a qualquer outro escrito *sistemático* de Lênin a respeito da questão da organização que pudesse se apresentar como *alternativa* a *O que fazer?*, nem chega a exemplificar sua tese com mudanças *concretas* na forma de organização dos bolcheviques que sinalizassem um abandono do modelo da consciência introduzida "de fora". Em outro livro seu, *Para uma sociologia dos intelectuais revolucionários* (São Paulo, Lech, 1979), Löwy tece importantes considerações sobre o impacto do *Esquerdismo, doença infantil do comunismo* (1920) de Lênin a

não é capaz de se desvencilhar do "registro sindical" da luta econômica, não é capaz de fazer da luta econômica um momento da luta política, que é a arena reservada à luta de *classes*. Lênin, nesse ponto, repete Kautsky: o portador da ciência não é o proletariado, mas os intelectuais burgueses; é do cérebro de alguns espécimes dessa família que nasceu o socialismo contemporâneo, e cabe a eles *introduzir* na luta de classes do proletariado a consciência socialista. Traduzido em termos lukacsianos, o diagnóstico que sustenta tal posição é o de um tal predomínio da reificação que os elementos para superá-la têm de ser organizados "de fora" do processo produtivo em sentido estrito.

Essa possibilidade já estava inscrita no Marx da *Introdução à crítica da filosofia do direito de Hegel*: "O passado *revolucionário* da Alemanha é teórico: é a *Reforma*. Como outrora ocorria com o *monge*, é agora na cabeça do *filósofo* que começa a revolução" (*MEW* 1, 385). E mais adiante: "A *cabeça* dessa emancipação é a *filosofia*, seu *coração*, o *proletariado*" (p. 391). Quem apontou para essa conexão foi Michael Löwy, que comenta: "é notável a analogia entre os temas da *Introdução* e as concepções do ideólogo mais genial da teoria do 'partido, cabeça da classe operária': o Lênin de 1902-1904. Como Marx em 1844, Lênin escreve em *O que fazer?* que o socialismo nasce no cérebro dos intelectuais e deve depois penetrar na classe operária, por meio de uma 'introdução a partir de fora': o partido desempenha aqui o mesmo papel que os filósofos ali"[19].

---

respeito da feitura de *História e consciência de classe* (ver p. 194 e *passim*). Esse ponto ganhará em importância na sequência da presente argumentação.

[19] Michael Löwy, *La Théorie de la révolution chez le jeune Marx*, cit., p. 75. Löwy acredita que devemos buscar as bases sociais das teorias de Lênin nas condições particulares do movimento social-democrata russo anterior a 1905, que podem ser enumeradas em quatro pontos: 1) "caráter isolado, fechado, extremamente minoritário e incipiente da social-democracia"; 2) "dispersão, divisão e desorganização dos núcleos social-democratas"; 3) "clandestinidade rigorosa do movimento, diante da repressão policial do regime czarista"; 4) combate à tendência "economista" no movimento operário (p. 185). Sem descurar da importância dessas observações, parece-me que uma determinação decisiva para a aproximação entre Lênin e o jovem Marx está no "atraso relativo" tanto na Alemanha do *Vormärz* quanto na Rússia czarista (não obstante o fato de esta estar já numa relação "desigual e combinada"): "a mesma ordem burguesa retardatária, que faz do Estado o principal protagonista do processo social, institui a 'importação' (para mantermos a expressão de Marx) de ideias (omitidos seus pressupostos sociais) como prática ideológica da 'revolução sem revolução'" (Paulo Arantes, "O partido da inteligência. Notas sobre a ideologia alemã", Almanaque, São Paulo, Brasiliense, v. 9, 1979, p. 94). E a resposta do Marx da Introdução a esse estado de coisas será levar ao coração (proletário francês) a cabeça (filosófica alemã): "a Teoria – que aqui faz as vezes de Crítica e exprime o ponto de vista da 'revolução radical' – só revela a sua energia prática e se transforma em poder material quando se apodera das Massas, e não do Estado, tomando contudo a via elevada da *Aufklärung*, da iluminação introduzida do

Mas, se o partido, como depositário da "consciência de classe", pode dar o *padrão de medida* para a correta avaliação de uma ação da classe, então como poderemos aplicar essa "medida" a si mesma, como poderemos tornar o partido "igualmente dialético", como o próprio Lukács exigia há pouco no caso do "humanismo" ou ponto de vista antropológico? A única maneira de tentarmos realizar essa tarefa é não fugir à "autocrítica" (que passa agora a ser o "elemento vital" do proletariado, ver *GKb*, p. 169; *HCC*, p. 96) – algo muito distante, a meu ver, daquele modelo de superação da imediatidade que nos prometia o ensaio "A reificação e a consciência do proletariado", ancorado na vitalidade da atividade cotidiana do proletário e que estava ligado, em "O ponto de vista do proletariado", ao *ser social* da classe proletária: "se a burguesia se detém teoricamente na imediatidade, enquanto o proletariado vai além dela, isso não acontece por acaso nem se trata de um problema puramente teórico-científico. Na realidade, exprime-se antes a diversidade do ser social das duas classes" (*GKb*, p. 288; *HCC*, p. 183). E a razão por que o caráter dialético do processo histórico aparece "de maneira mais irrecusável" no ser social do proletariado é enunciada em toda a sua crueza vital: "Para o proletariado, o acesso à consciência da essência dialética de sua existência é questão de vida ou morte, ao passo que a burguesia, na vida cotidiana, oculta a estrutura dialética do processo histórico com as categorias reflexivas abstratas da quantificação, da progressão infinita, etc., de maneira que vive catástrofes não mediadas nos momentos de ruptura" (*GKb*, p. 290; *HCC*, p. 184).

É curioso notar, entretanto, que é exatamente essa "vida cotidiana" e esse impulso vital dotado de uma "intenção para a totalidade" que transparecem no elogio de Lukács a Rosa Luxemburg, no ensaio "Rosa Luxemburg marxista":

> [...] na unidade dialética da teoria e prática que Marx reconheceu e tornou consciente na luta de emancipação do proletariado, não pode haver mera consciência, nem como "pura" teoria, nem como mera exigência, como mero dever ser, como mera norma da ação. Também a exigência tem aqui a sua realidade. Isso quer dizer que o nível do processo histórico que imprime à consciência de classe do proletariado um caráter de exigência, um caráter "latente e teórico", tem de se afigurar como realidade correspondente e, enquanto tal, intervir ativamente na totalidade do processo. Essa figura da consciência de classe proletária é o *partido*. Não foi por acaso que a mesma Rosa

---

exterior na base material, no elemento passivo da revolução, o seu 'coração proletário' tal o 'raio do pensamento' que da 'cabeça' filosófica penetra profundamente esse 'cândido chão popular'" (ibidem, p. 93).

> Luxemburg reconheceu, mais cedo e mais claramente que muitos outros, o caráter essencial espontâneo das ações de massa revolucionárias (com o que ela ressaltou outro aspecto da constatação tratada anteriormente: essas ações são produzidas pela necessidade do processo econômico), da mesma maneira como tinha claro, bem antes de muitos outros, qual era o papel do partido na revolução. (*GKb*, p. 113-4; *HCC*, p. 55)

Como conciliar esse texto com seu antípoda leninista? O próprio Lukács se encarrega de fazê-lo, a bem da "coerência" do livro. Em nota de rodapé, somos informados do seguinte: "Sobre os limites da visão de Rosa Luxemburg, V. os ensaios 'Observações críticas etc.' e 'Observações de método quanto à questão da organização'. Contentamo-nos aqui em expor o seu ponto de vista" (*GKb*, p. 114; *HCC*, p. 55, nota). Antes mesmo de examinarmos tais críticas, é preciso ressaltar – o que é essencial para a argumentação desenvolvida aqui – que essa curiosa nota, que aparentemente pretende tão só limitar o texto a uma "exposição" do "ponto de vista" de Rosa, mas que é aposta a um texto francamente entusiasta de suas posições, *não estava presente no manuscrito original*[20], tendo sido acrescentada posteriormente por Lukács. Esse acréscimo, a meu ver, faz prova da tentativa de Lukács de *reconstruir* (como podemos observar no "Prefácio" de 1922) *História e consciência de classe* a partir da posição leninista que ele foi assumindo ao longo da redação do volume[21].

Nas "Observações de método...", Lukács vai escrever que Rosa abriu a possibilidade de "um grande passo no sentido de um claro conhecimento da questão da organização", mas, para alcançar sua "função correta no processo da revolução", seria necessário que ela "reorientasse organizativamente a questão da direção política, que ela aclarasse os *momentos organizativos* que permitem ao partido do proletariado ficar apto para a direção política" (*GKb*, p. 456; *HCC*, p. 306). Mais adiante, Lukács vai acrescentar mais um elemento à crítica: "Rosa Luxemburg reconheceu, muito corretamente, que 'a organização deve formar-se como produto da luta'. Simplesmente, valorizou em demasia o caráter orgânico desse processo e subestimou a importância do seu elemento consciente e conscientemente organizador" (*GKb*, p. 482; *HCC*, p. 324-5).

---

[20] Michael Löwy, *Marxisme et romantisme révolutionnaire* (Éditions LeSycomore, 1979), p. 156.

[21] As ideias que se seguem foram apresentadas pela primeira vez (de maneira esquemática) no debate "Lukács e Rosa Luxemburg", evento integrante do "Seminário Rosa Luxemburg", promovido pela Unesp, campus de Marília, entre 10 e 12 de outubro de 1989. A exposição inicial esteve a cargo de Wolfgang Leo Maar, tendo como primeiro debatedor Carlos Eduardo Machado. Ver Isabel Maria Loureiro e Tullo Vigevani (orgs.), *Rosa Luxemburg: a recusa da alienação* (São Paulo, Unesp/Fapesp, 1991), p. 122.

Nesse sentido, Lukács apresenta seu livro como tendo um fio condutor que poderia ser enunciado, por assim dizer, na forma de uma divisão de tarefas: Rosa e a totalidade, Lênin e o partido; Rosa e o método, Lênin e a organização da classe. Isso pode ser constatado no "Prefácio" (de 1922), escrito depois de concluído o livro. O terceiro parágrafo do texto diz: "Rosa Luxemburg foi o único discípulo que prosseguiu a obra da vida de Marx, tanto no sentido da *matéria econômica* (*im sachlichökonomischen Sinne*) como no sentido do *método econômico* (*im methodisch-ökonomischen Sinne*)" (*GKb*, p. 50; *HCC*, p. 7). E o parágrafo seguinte vai grifar diferentemente, a propósito de Lênin: "Escolhido este caminho (o da crítica teórica da obra de Rosa Luxemburg, MN), os escritos e discursos de Lênin tornam-se *metodologicamente* decisivos", e isso se deve ao fato de ele "ter elevado a *essência prática* do marxismo a um nível de clareza e concreção que nunca antes tinha sido atingido; de ter salvo essa dimensão de um esquecimento quase total, e, por esse *ato teórico*, ter nos devolvido a chave de uma compreensão correta do método marxista" (*GKb*, p. 50; *HCC*, p. 8). Donde a tentação, portanto, para uma "tentativa de síntese entre o leninismo e o luxemburguismo"[22].

Pretendo, entretanto, afirmar que algo como um luxemburguismo inicial superado pelo ponto de vista de Lênin, ou mesmo uma tentativa "mais abrangente" a partir da consciência atribuída, faz com que desapareçam as *tensões* do pensamento lukacsiano, tensões que me parecem exprimir um elemento central e rico em consequências na posição de destaque que me parece ter *História e consciência de classe* no debate marxista. Noutras palavras, entendo que qualquer tentativa de pensar a relação Rosa/Lênin em *História e consciência de classe* como "unidade", "superação" ou "integração numa figura mais alta" perderá toda a riqueza do problema. Dizer que Lukács não abandona, *em termos de importância teórica*, uma perspectiva em prol da outra, não significa de modo algum pretender que Lukács não caminhou em direção ao leninismo (o que de fato ocorreu). Mas, para mim, não está aí o interesse de *História e consciência de classe*[23].

---

[22] Michael Löwy, *Para uma sociologia dos intelectuais revolucionários*, cit., p. 207, nota.

[23] Para o Lukács do "Prefácio de 1967" (ver *GKb*, p. 5-45; *HCC*, p. 349-78), essa presença de "elementos contraditórios" em *História e consciência de classe* (e em toda a sua produção de "juventude"), resultou num "amálgama internamente contraditório" no seio da teoria (*GKb*, p. 6; *HCC*, p. 350), orientada então por um "utopismo messiânico do comunismo de esquerda", e não pela "autêntica doutrina marxista" (*GKb*, p. 18; *HCC*, p. 358). Como resultado disso, Lukács procede a uma crítica de suas posições de juventude. Critica a apresentação que deu à "consciência atribuída", argumentando que ela pretendia dar conta da posição expressa por Lênin em *O que fazer?*, mas que só conseguiu "um resultado puramente intelectual, e, portanto, essencialmente

Do meu ponto de vista, a grandeza de Lukács reside no fato de manter, lado a lado, duas concepções diversas de consciência de classe, duas concepções diferentes do que seja o partido. E sabemos (pois é de Lukács que estamos falando) que não se trata unicamente de "concepções de partido": são diferentes concepções de teoria e prática, são ideias diversas de totalidade, de avaliação da realidade presente. E me parece justamente ter sido a avaliação da realidade presente que levou Lukács ao leninismo. Disso, entretanto, não me parece devermos concluir uma superioridade intrínseca do paradigma leninista. Dito de outra maneira, parece-me que a questão dos *limites da reificação* tem de ser posta a cada vez nas condições concretas das transformações internas do modo de produção capitalista e da configuração específica da luta de classes.

Recolocada nesses termos (e para além do clássico "no caráter formal de sua própria racionalidade", *GKb*, p. 195; *HCC*, p. 115), a virada de Lukács em direção ao leninismo parece indicar com suficiente clareza qual era naquele momento sua avaliação com respeito às condições de superação da reificação pelo proletariado. E, no entanto, tal tendência não é capaz de apagar o brilho de Rosa Luxemburg. Ao contrário, faz que ganhe em intensidade, pelo efeito elementar do contraste. A tensão Rosa/Lênin seria, portanto, a resposta possível aos dilemas colocados pelo

---

contemplativo" (*GKb*, p. 18-9; *HCC*, p. 358-9). O que revela, por sua vez, um erro fundamental na consideração da práxis: não tomou em conta devidamente o modelo fornecido pelo trabalho, partindo, ao contrário, de "estruturas complexas da economia mercantil desenvolvida" (*GKb*, p. 20; *HCC*, p. 360). A práxis "só pode ser critério e consumação da teoria porque tem em sua base, ontologicamente, uma cópia (*Abbildung*) da realidade tida como correta, como pressuposição real de cada posição teológica real": se, portanto, Lukács ainda recusa a caracterização "fotográfica" da teoria do reflexo, esta já não está mais posta em xeque como tal (*GKb*, p. 27; *HCC*, p. 365). Na base dessas críticas está, como se pode prever, um duro ataque contra o "sujeito-objeto idêntico", momento, em *História e consciência de classe*, em que Hegel parece estar posto "sobre seus pés": "tudo se passa como se a construção lógico-metafísica da *Fenomenologia do espírito* tivesse encontrado uma autêntica realização, adequada ao ser (*seinsmässig*), no ser e na consciência do proletariado, o que parece, por sua vez, fundamentar a sociedade sem classe resultante da virada histórica do proletariado por meio de sua revolução, que parece dar fundamentação filosófica ao término da 'pré-história da humanidade'. Mas será, na verdade, o sujeito-objeto idêntico mais do que uma construção puramente metafísica? Poderá o sujeito-objeto idêntico ser realmente produzido por um conhecimento de si, por mais adequado que seja, mesmo que tenha por base um conhecimento adequado do mundo social? Por outras palavras, poderá ser produzido numa consciência de si, por mais completa que seja?". A resposta de Lukács a essas perguntas é resolutamente negativa (*GKb*, p. 24; *HCC*, p. 363). Fica claro, portanto, que Lukács está recusando todas as tensões que vimos apontadas aqui; essencialmente: o luxemburguismo do sujeito-objeto idêntico. Se há alguma novidade na análise aqui desenvolvida, ela está no "ponto de vista" pelo qual essas tensões são examinadas: decididamente oposto à avaliação que o autor tem delas em 1967.

tempo presente. Toda teoria e prática tem de estar imersa nessa ambivalência, sem qualquer pretensão de resolvê-la, sintetizá-la, integrá-la *a priori*[24].

Esse problema, aliás, já estava colocado na leitura de Lukács do jovem Marx[25]. Da ideia de que a Teoria tem de se apoderar das Massas, e não do Estado, "tomando contudo a via elevada da *Aufklärung*" (como pudemos ler no texto de Paulo Arantes[26]), podemos concluir tanto o partido vanguarda de Lênin como caminhar para uma hegelianização desse Esclarecimento (tendo por modelo a *Fenomenologia do espírito*) que deságua nas ações de massa luxemburguistas. Lukács expressou como ninguém esses que são os dilemas da teoria diante do capitalismo contemporâneo. Responder à pergunta "o que é o marxismo ortodoxo?" significa, antes de tudo, levar até o fim os impasses e as ambiguidades do processo do Esclarecimento.

---

[24] Michael Löwy exclama: "Lukács é tanto acusado de vanguardismo quanto de espontaneísmo!", para concluir com isso que "críticos antinômicos se anulam reciprocamente..." (*Para uma sociologia dos intelectuais revolucionários*, cit. p. 198). De meu ponto de vista, não se trata de "anulação", mas de pensar essas duas determinações *conjuntamente*. Nesse ponto, fica patente, para a presente investigação, a importância do modelo de análise do pensamento político kantiano desenvolvido por Ricardo Terra (*A política tensa. Ideia e realidade na* Filosofia da História *de Kant* [Iluminuras/Fapesp, 1995]), em que ele procura pensar a *tensão* entre o momento determinante e o reflexionante da política, buscando com isso escapar à unilateralidade habitual da bibliografia dedicada a esse tópico da filosofia kantiana.

[25] Não deixa de ser interessante lembrar que Michael Löwy registra uma mudança de posição por parte de Marx seis meses depois da redação da *Introdução à crítica da filosofia do direito de Hegel*, de inspiração marcadamente feuerbachiana. Lembrando a resposta de Marx ao "Rei de Prússia" de Ruge, Löwy afirma que ele "descobre que o proletariado não é 'o elemento passivo' da revolução, antes pelo contrário" (Michael Löwy, *La Théorie de la révolution chez le jeune Marx*, cit., p. 109). Tal oscilação do "jovem Marx" me parece não fazer senão corroborar a linha de argumentação aqui apresentada.

[26] Ver nota 19, *supra*.

Metamorfoses da filosofia marxista
a propósito de um texto inédito de Lukács*

Nicolas Tertulian

Fazendo um resumo, pode-se dizer que o percurso intelectual de György Lukács é um esforço de mais de sessenta anos para circunscrever a subjetividade do sujeito, para definir as condições de uma *unreduzierte Subjectivitat* (uma subjetividade não reduzida e irredutível) e, mais precisamente, de uma verdadeira *humanitas* do *Homo humanus*. Desde os seus ensaios de juventude, reunidos no volume *A alma e as formas* (de 1911)**, ele tentou, por meio de experiências intelectuais audaciosas, algumas das quais abandonadas ao longo do caminho, reencontrar as figuras da consciência que poderiam dar corpo a uma verdadeira subjetividade do sujeito, a uma subjetividade que teria, enfim, estabelecido um equilíbrio entre sua heteronomia e sua autonomia. É a mesma subjetividade irredutível que a filosofia persegue no "eu inteligível" de Kant ("A metafísica da tragédia")***, na *Abgeschiedenheit* de Mestre Eckhart (o "desapego" como expressão da purificação extrema), na interioridade levada ao paroxismo dos heróis de Cervantes ou de Dostoiévski (Dom Quixote, o príncipe Míchkin ou Aliocha Karamazov), no espírito indomável de Ady Endre (autor do célebre poema "Ugocsa non coronat", muito admirado por Lukács, cujo sentido é: mesmo o menor condado da Hungria, Ugocsa, tem o direito de se opor à coroação de um Habsburgo),

---

* Tradução de Ivo Tonet, professor da Universidade Federal de Alagoas. (Nota da tradução original para o português, publicada em *Crítica Marxista*, v. 1, n. 13, 2001, p. 15.)

** G. Lukács, *A alma e as formas: ensaios* (trad. Rainer Patriota, Belo Horizonte, Autêntica, 2015). (N. E.)

*** Idem, "A metafísica da tragédia", em *A alma e as formas*, cit. (N. E.)

na vivência purificada de toda aderência empírica da "experiência estética" (ver o capítulo muito kantiano "A relação sujeito-objeto na estética", da *Estética* de Heidelberg), na identidade hegeliana sujeito-objeto, encarnada pela consciência revolucionária do proletariado (*História e consciência de classe*)*, ou, enfim, na "especificidade do gênero humano" para-si e na "consciência de si do gênero humano" (a *Ontologia* e a *Estética*). Até o fervor com que abraçou o pensamento de Marx explica-se pela convicção de encontrar ali uma estrutura de pensamento que faz plenamente justiça à subjetividade do sujeito, levando em conta a multiplicidade dos condicionamentos objetivos.

Apesar de uma trabalhosa assimilação do marxismo (processo que se estende de 1918 a 1930) e uma libertação não menos difícil de uma certa herança idealista hegeliana, Lukács jamais foi tentado pelo "naturalismo" na interpretação da sociedade e da história, naturalismo que marcava profundamente a ortodoxia de Plekhanov ou de Kautski, e que ressurgiria com força mais tarde no dogmatismo stalinista.

Seu famoso livro de 1923, *História e consciência de classe*, foi intensamente atacado logo após o seu aparecimento, justamente por seu "subjetivismo", pelos doutrinários da Terceira Internacional, que se julgavam os representantes do marxismo autêntico. Pensamos de imediato nos artigos publicados na época, na *Arbeiterliteratur* [Literatura Proletária], por Abram Deborin e László Rudas, logo depois do V Congresso da Internacional, e que haviam sido precedidos de uma condenação arrogante e sumária de Lukács pelo próprio Zinoviev, presidente da Internacional, em seu relatório ao Congresso. Ignorava-se, até recentemente, a reação de Lukács a essa onda de ataques.

A descoberta, nos arquivos unificados do Comintern e do antigo Partido Comunista da União Soviética, de um longo texto desconhecido, datando dos anos 1925-1926 (segundo as fontes citadas), mostra que, em vez de curvar-se à lógica de seus inquisidores, o autor de *História e consciência de classe* defendeu com unhas e dentes suas posições. Esse texto, intitulado *Chvostimus und Dialektik* [Reboquismo e dialética], foi publicado em 1996 em Budapeste, sob a forma de uma brochura de umas oitenta páginas, aos cuidados de László Illés, do Instituto de Teoria Literária da Academia Húngara de Ciências, e com a aprovação do diretor dos Arquivos de Moscou, pela editora Aron, editora da revista

---

* Idem, *História e consciência de classe: estudos sobre a dialética marxista* (trad. Rodnei Nascimento, 2. ed., São Paulo, WMF Martins Fontes, 2016). (N. E.)

Magyar Filozsófiai Szemle. Lukács responde nele às principais objeções de Rudas e Deborin (no entanto, o texto deste último é levado menos em conta), mas as instâncias às quais o texto foi endereçado na época (ele foi encontrado nos fundos do antigo Instituto Lênin de Moscou) parecem não ter aprovado a sua publicação.

O texto testemunha a resistência de Lukács às tentativas de estreitamento do pensamento marxiano, transformado pelos ortodoxos da época em um determinismo grosseiro, tratando a subjetividade como um epifenômeno das cadeias causais objetivas. O essencial da polêmica se volta para a natureza da *subjetividade revolucionária*. O praxicentrismo de Lukács, perceptível na distinção da *zugerechnetes Bewusstsein* (consciência atribuída), nas críticas dirigidas a Engels a respeito da experimentação ou da indústria como formas da práxis, na rejeição da dialética da natureza e da *Abbildtheorie* (teoria do reflexo), desencadeava a indignação de seus adversários, que o acusavam de idealismo e de subjetivismo.

No momento em que redigia sua réplica a Rudas e Deborin, Lukács se encontrava intelectualmente em um período de transição entre o marxismo fortemente hegelianizado de *História e consciência de classe* e a concepção mais equilibrada e mais realista da relação sujeito-objeto desenvolvida nas suas obras de maturidade. Em certos pontos (a questão da *dialética da natureza*, por exemplo), o autor parece efetivamente recuar em relação à decidida posição negativa expressa no seu livro, mas em relação a outros pontos essenciais ele defende com abundância de argumentos as teses mais radicais do seu livro. Longe de se deixar intimidar pelas críticas de Rudas, que o censurava por se inspirar na concepção neokantiana da subjetividade (Rickert e Max Weber), na formulação do seu conceito de *zugerechnetes Bewusstsein* (consciência atribuída), Lukács contrapõe ao empirismo exagerado do seu adversário a vocação do sujeito revolucionário de transcender o dado por meio de um processo de *múltiplas mediações* e, portanto, sua natureza profundamente dialética. O interesse da polêmica reside na energia com a qual Lukács faz valer a especificidade irredutível do *ser social* em relação ao *ser da natureza*, acentuando o caráter essencialmente mediatizado do trabalho da subjetividade.

Sua *bête noire* na época era a interpretação contemplativa da natureza e da sociedade, que mantinha intacto o dualismo sujeito-objeto (seu modelo era o kantismo) e não permitia dar conta da efervescência teleológica da práxis. Tentado mais fortemente a identificar a práxis com a *práxis social* revolucionária, ele tratava com certo distanciamento as formas mais elementares e mais modestas da práxis, chegando a negar à experimentação e à indústria, exemplos utilizados por Engels, o caráter de práxis. Seu messianismo revolucionário, para empregar a caracterização que ele aplicaria a si mesmo mais tarde, imprimia todavia ao seu discurso um dinamismo dialético autêntico, com uma valorização fecunda, por exemplo, do par categorial imediaticidade-mediação (*Unmittelbarkeit-Vermittlung*), abrindo uma brecha na interpretação "cientificista" ou "determinista" do marxismo. Desse modo, ele podia combater eficazmente o que se poderia chamar de interpretação "plekhanoviana" do marxismo que seus adversários (Rudas e Deborin se apoiavam efetivamente em Plekhanov) utilizavam e que, tratando o sujeito como um simples agente do determinismo objetivo, escondia a especificidade da ação do *sujeito* na imanência da vida social. Tirando as conclusões políticas dessas divergências teóricas, o jovem filósofo não hesitava em acusar Rudas de "chvostismo" (atitude daqueles que arrastam os pés) e Deborin de continuar com o seu antigo menchevismo.

O texto revela também as grandes fraquezas da argumentação de Lukács e joga uma luz crua sobre a vulnerabilidade de certas posições de base de seu livro de 1923. Por outro lado, o próprio autor se encarregaria de pô-las em evidência mais tarde, em um prefácio memorável, escrito em 1967 para a reedição do livro.

O discurso filosófico de Lukács nos anos 1920 é uma mistura *sui generis* de ideias fecundas e erros chocantes. Acabamos de ver os efeitos insidiosos do seu "praxicentrismo", que o levava a recusar às formas mais ou menos elementares de ação sobre a natureza o caráter de verdadeira práxis e identificar, no afã do seu combate às posições *contemplativas* a respeito do real, a práxis com a ação emancipadora da classe revolucionária. A teoria kantiana do conhecimento, fundada no dualismo irredutível entre o sujeito cognitivo e a "coisa-em-si", mas também o materialismo tradicional (Lukács chegava a aceitar a definição do materialismo como "platonismo invertido" proposta por Rickert) representavam aos seus olhos o *summum* da atitude contemplativa: ele lhes opunha o dinamismo indomável da dialética hegeliana, que, exigindo que a verdade não fosse considerada apenas "substância", mas também "sujeito", permite articular sem cessar sujeito e objeto, teoria e prática. É a partir dessas posições que Lukács irá formular suas célebres críticas a Engels, tanto a respeito da dialética da natureza quanto a respeito da refutação da "coisa-em-si" kantiana, críticas que lhe deviam atrair a ira dos seus adversários.

Em sua revolta contra a "reificação" das relações inter-humanas na sociedade moderna, na qual os indivíduos são reduzidos cada vez mais ao papel de *objeto* e despossuídos de suas capacidades eminentemente subjetivas de autodeterminação, Lukács se propunha, em *História e consciência de classe*, a voltar aos *fundamentos filosóficos* dessas práticas reificantes. Ele chegava assim a uma construção intelectual audaciosa, mas discutível, na qual a teoria kantiana do conhecimento aparecia como a expressão filosófica sublimada (e também como caução suprema) das práticas da racionalidade instrumental e calculadora. O formalismo da epistemologia kantiana, no qual as categorias são puras determinações do entendimento, aplicadas ao mundo dos fenômenos, era considerado o pano de fundo das práticas de submissão do real às exigências do sujeito manipulador. O postulado gnosiológico kantiano de uma "coisa-em-si" que se subtrai ao acesso do sujeito cognitivo (imobilizada, portanto, segundo o autor de *História e consciência de classe*, na irracionalidade) tornava-se o espelho de uma sociedade que não conheceria mais do que a ação fragmentária e parcelada por definição do sujeito da racionalidade instrumental: a apreensão da *totalidade* estava além da capacidade do sujeito cognitivo, que não tinha acesso ao substrato ou à matéria dos fenômenos. Os limites dessa ação puramente calculadora e instrumental que caracterizam as práticas do sujeito burguês são revelados pelas *crises* que sacodem brutalmente a sociedade, nas quais o autor de *História e consciência de classe* identificava a desforra contra o sujeito puramente manipulador pela "coisa-em-si" relegada à irracionalidade. Desse modo, o sujeito epistemológico kantiano ficaria isolado numa atitude puramente receptiva ou puramente contemplativa em relação ao real, calcada no modelo das ciências da natureza (em particular as matemáticas) e de suas experimentações. Foi Hegel quem quebrou o círculo de ferro dentro do qual Kant havia encerrado a razão, e que aboliu o muro entre o mundo fenomenal e o mundo numenal; dinamizando as categorias, o autor da *Fenomenologia do espírito** abriu o caminho ao substrato e à própria matéria dos processos (portanto à verdadeira ação transformadora) e, sobretudo, à apreensão da *totalidade*. O estudo "Methodisches zur Organisationsfrage" ("Questões a respeito da organização")[1], incluído em *História e consciência de classe*, no qual o filósofo alude às famosas críticas dirigidas por Hegel à teoria kantiana do conhecimento para apoiar Trótski contra Kautski, oferece um exemplo muito característico do modo como Lukács utilizava as categorias filosóficas no seu combate ideológico e político. Kant aparecia aí como um filósofo da contemplação, garantia da estabilidade das categorias, e Kautski, defensor da

---

*   Georg Wilhelm Friedrich Hegel, *Fenomenologia do espírito* (trad. Paulo Meneses, 8. ed., Petrópolis/Bragança Paulista, Vozes/Universitária São Francisco, 2013). (N. E.)

[1]   Título dado na edição francesa de *História e consciência de classe*. Na edição brasileira (trad. Rodnei Nascimento, Martins Fontes, São Paulo, 2003), encontramos "Observações metodológicas sobre a questão da organização", alternativa mais próxima da edição espanhola.

estabilidade das categorias do capitalismo, era colocado entre os seus partidários, ao passo que os bolcheviques, cuja agitação revolucionária abria caminho a um futuro radicalmente novo, encontravam-se do lado de uma filosofia de tipo hegeliano.

Na época em que redigia os textos reunidos em *História e consciência de classe*, Lukács estava tomado de uma certa exaltação e impaciência revolucionárias. Arrastado no turbilhão do seu dinamismo dialético, ele rejeitava a ideia de uma heterogeneidade entre o pensamento e o real, entre o sujeito e o objeto, questionando de maneira radical a tese clássica da *adaequatio rei et intellectus* e, portanto, a famosa "teoria do reflexo" (*Abbildtheorie*). Essa teoria lhe parecia, na época, a expressão da vivência em um mundo reificado e imobilizado. Segundo ele, ela fazia justiça à apreensão do mundo das *coisas*, mas não ao mundo dos *processos*. O devir, e sobretudo o devir finalista, a evolução em direção à realização hegeliana da "*wahre Wirklichkeit*", escapava-lhe inteiramente (a fragilidade dessa posição filosófica ficaria clara para Lukács mais tarde, quando ele compreendeu que levar em conta as *possibilidades*, as *latências* e as *virtualidades* do real não seria de modo nenhum incompatível com a ideia de *mimese* no plano gnosiológico).

Estreitamente associada à negação da teoria do reflexo estava a rejeição da simples ação de transformação da natureza (a experimentação ou a indústria, por exemplo, enfatizadas por Engels), como forma verdadeira de práxis. Precisamente nesse ponto, a posição de Lukács oferecia visivelmente o flanco às críticas dos seus adversários, Rudas e Deborin. Na época, seu ativismo e seu voluntarismo revolucionário se traduziam filosoficamente por um "sociocentrismo" acentuado, que absolutizava a *mediação social* da consciência e sobretudo sua vocação transformadora. A consequência paradoxal dessa posição era tanto a rejeição da ideia de uma "dialética da natureza" como a classificação da ação sobre a natureza na categoria das condutas contemplativas por excelência (uma vez que estavam fundadas na obediência e na submissão a leis preexistentes) e não eminentemente práticas.

A tese de que "a natureza é uma categoria social" retorna como um *leitmotiv* nos estudos de *História e consciência de classe*; ela exprime menos uma desconfiança em relação à autonomia ontológica da natureza, soberanamente indiferente em sua estrutura profunda a qualquer forma de existência societal, do que uma significativa resistência à ideia de uma relação direta, não afetada pela mediação social, do sujeito cognitivo para com a natureza.

Lukács acreditava poder se apoiar na autoridade de Marx para defender sua tese de que o conhecimento da natureza nunca é um *processo imediato* no qual o sujeito desempenha o papel de simples espelho do objeto, mas um processo no qual *categorias sociais* determinadas, aquelas do sujeito, têm o seu lugar. A esse propósito, ele citava uma carta de Marx a Engels. Dizia Marx que Darwin teria encontrado, no mundo dos vegetais e dos animais, a sociedade inglesa do seu tempo, com sua divisão do trabalho, sua concorrência e sua "luta pela existência" de tipo malthusiano; era o *bellum omnium contra omnes* de Hobbes ou o reino animal do espírito, descrito por Hegel na *Fenomenologia do espírito*, com a diferença de que, em Darwin, o reino animal representava a sociedade burguesa[2]. Por mais sugestiva e agradável que fosse a afirmação de Marx, a utilização que Lukács fazia dela não era menos contestável. O *conteúdo de verdade* da teoria darwiniana da seleção natural era um dado objetivo, que se impunha ao sujeito epistêmico como uma lei da natureza, inteiramente indiferente ao surgimento da sociedade humana em geral e à sociedade burguesa em particular (essa verdade tinha um caráter "desantropomorfizador", diria o Lukács tardio). Pode ser que a presença de um *horizonte categorial* determinado, inscrição da realidade sócio-histórica na imanência do sujeito, desempenhe um papel na apreensão da natureza (as categorias constitutivas da sociedade burguesa inglesa na visão darwinista da natureza), mas daí a afirmar, como fazia Lukács, que as leis estabelecidas pelas ciências da natureza, no início da era moderna, não são mais do que uma projeção sobre a natureza da racionalização capitalista há uma distância que não pode ser ultrapassada.

Mas é claro que a essência da questão em debate não era epistemológica. E é bom lembrar, nesse contexto, que em suas posteriores tomadas de posição, às vezes muito críticas em relação ao seu livro de juventude *História e consciência de classe*, Lukács insistia sempre naquilo que lhe aparecia como um plano cheio de consequências: a redução do marxismo a uma *Sozialphilosophie*, uma filosofia da sociedade, e, portanto, uma minimização indevida da reflexão sobre a natureza (a negação da existência de uma "dialética da natureza" era sempre evocada como principal ilustração desse erro).

Essa obstinação em acentuar o problema da *natureza* e de uma filosofia da natureza, quando se concorda de modo geral que o caráter inovador do pensamento de Marx refere-se à sociedade e à teoria do ser social, poderia espantar. Mas a resposta a essas questões leva ao coração do debate sobre a ontologia do sujeito. O Lukács de

---

[2] G. Lukács, *Chvostismus und Dialektik* (Budapeste, Aron, 1996), p. 52 [ed. bras.: *Reboquismo e dialética: uma resposta aos críticos de* História e consciência de classe, trad. Nélio Schneider, São Paulo, Boitempo, 2015].

História e consciência de classe desconfiava profundamente do sujeito como espelho do mundo, ideia calcada na epistemologia das ciências da natureza, já que ela lhe parecia uma recaída no caráter contemplativo do sujeito, não podendo dar conta da sua inventividade e da sua criatividade revolucionária. Daí sua recusa em aceitar a tese de Engels (que havia citado a "experimentação e a indústria" como exemplos representativos da práxis) e sobretudo o interdito oposto à tese do mesmo Engels, segundo a qual os sucessos técnicos na ação sobre a natureza (por exemplo, a fabricação da alizarina) constituiriam, por si mesmos, a melhor refutação da tese kantiana da impossibilidade de conhecer a "coisa-em-si". Lukács tinha uma outra ideia da práxis, que lhe parecia inteiramente incompatível com o pragmatismo estreito. O que lhe repugnava especialmente nos exemplos dados por Engels era a redução do sujeito ao papel de autoconhecimento do objeto, era a ocultação da emergência das virtualidades específicas do sujeito, das quais a práxis revolucionária lhe aparecia como a melhor ilustração. Seus adversários, Rudas e Deborin, não deixavam de acusá-lo de idealismo, explorando ruidosamente, como guardiães da ortodoxia, sobretudo as infidelidades em relação ao pensamento de Engels. Mas, no seu texto de resposta, redigido, lembremo-nos, em 1925-1926, Lukács defendia suas posições argumentando que não é possível fazer justiça ao caráter não contemplativo do materialismo de Marx enquanto se colocarem como práxis condutas nas quais o sujeito apenas se curva ante as formas do objeto. Sua inquietação visava à "reificação" do sujeito; supõe-se que ele desconfiava que as teses acima mencionadas levavam água ao moinho do "cientificismo" e do "positivismo" da social-democracia da época.

Mais tarde, no seu prefácio de 1967, Lukács iria propor uma reconsideração do conjunto de sua posição, formulando juízos nuançados sobre cada um dos pontos em questão. Aí o filósofo procedia de fato a uma reconstrução do seu percurso político e filosófico, indicando claramente quais eram, segundo ele, os méritos e os erros do livro.

Mas, no correr dos anos, *História e consciência de classe* suscitou tantas discussões e controvérsias que não podemos deixar de nos interrogar sobre a tumultuada posteridade desse livro; sem dúvida, a "virada ontológica" que interveio no pensamento do autor, como demonstram suas últimas obras, e sobretudo a *Ontologia do ser social*, o *terminus ad quem* de sua reflexão sobre os fundamentos do marxismo, têm um dedo nisso.

Maurice Merleau-Ponty, entre tantos outros, iria fazer, em *As aventuras da dialética*, o elogio do autor de *História e consciência de classe*, justamente pela energia com a qual ele teria enfatizado a irredutibilidade da práxis em relação ao puro saber teórico, a força da emergência do sujeito e sua capacidade de transgredir o dado em relação a todo determinismo e todo cálculo. "A *Stimmung* de Lukács, e, acreditamos nós, do marxismo", escreveu Merleau-Ponty ao concluir um capítulo sobre o marxismo "ocidental" em seu livro, "é, pois, a convicção de estar não na verdade, mas no limiar da verdade, a qual está ao mesmo tempo muito próxima, apontada por todo o passado e por todo o presente, e a uma distância infinita de um futuro que está por ser feito"[3]. Mais tarde, Cornelius Castoriadis, em *A instituição imaginária da sociedade*, mas também Guy Debord, em *A sociedade do espetáculo**, iriam tomar o mesmo caminho. Castoriadis, que apesar das ressalvas expressas muitas vezes em seu livro (e sobre as quais seria preciso retornar um dia), inspirou-se muito em Lukács (suas teses sobre a historicidade das categorias do ser social ou sobre a livre criatividade da ação revolucionária, por exemplo, têm a ver com essa inspiração), acentua "a profundidade e o rigor"[4] de certas análises de Lukács, que ele considera um dos marxistas mais originais, mas o elogio refere-se apenas ao jovem autor de *História e consciência de classe* e deixa de lado a obra da maturidade.

Lukács levou um tempo para reconsiderar algumas teses do seu livro *História e consciência de classe*. O texto recentemente descoberto mostra que em 1925-1926 ele ainda mantinha as suas antigas posições (embora nuançando algumas delas, por exemplo, sobre a dialética da natureza, cuja existência ele não mais contestava). Sua evolução filosófica posterior, no entanto, foi de encontro a um muro de hostilidade, desconfiança e incompreensão por parte de muitos admiradores de seu primeiro livro marxista, como mostra o exemplo muito claro de Maurice Merleau-Ponty, citado anteriormente. Mas o percurso filosófico de Lukács adquire todo o seu relevo se o comparamos justamente com o de seus antigos admiradores. Se Merleau-Ponty e Castoriadis se distanciaram progressivamente do pensamento de Marx, até chegar a questionar os seus fundamentos filosóficos, é porque este lhes pareceu atravessado (de modo particular na maioria dos seus sucessores) por aporias, dentre as quais aquela entre a forte valorização da práxis e a vontade doutrinária de sistema (a ambição de erigir um conjunto de categorias capazes de

---

[3] Maurice Merleau-Ponty, *Les Aventures de la dialectique* (Paris, Gallimard, 1955), p. 82 [ed. bras.: *As aventuras da dialética*, trad. Claudia Berliner, São Paulo, Martins Fontes, 2006].

* Guy Debord, *A sociedade do espetáculo* (trad. Estela dos Santos Abreu, Rio de Janeiro, Contraponto, 1997). (N. E.)

[4] Cornelius Castoriadis, *L'Institution imaginaire de la société* (Paris, Le Seuil, 1975), p. 45, 49 e 94 [ed. bras.: *A instituição imaginária da sociedade*, trad. Guy Reynaud, Rio de Janeiro, Paz e Terra, 2010].

abarcar a totalidade do real) não era a menos importante. Lukács seguiu o caminho oposto, propondo-se a cavar em profundidade as implicações filosóficas das teses de Marx até fazer aparecer os lineamentos de uma verdadeira ontologia do ser social. A particularidade de sua posição está em que ele não pretendia renegar as aquisições válidas de seu livro *História e consciência de classe* (o antinaturalismo fundamental na interpretação do ser social, a poderosa revalorização da dialética hegeliana, o agudo sentido de historicidade das categorias, a irredutibilidade da práxis etc.), ao mesmo tempo que rearticulava o conjunto dessas categorias sobre um fundamento que lhe parecia mais sólido e mais rigoroso, aquele da ontologia como pensamento do ser e de suas categorias.

A aposta era audaciosa. Tomemos um exemplo. Lukács não parecia de modo nenhum pensar que o "praxicentrismo" de Marx, que deveria servir de base para um pensamento da subjetividade viva e da interatividade criadora, estaria em contradição com o seu programa de construir um saber de tipo científico, cujo corolário só poderia ser a hegemonia de uma razão tecnicista (é mais ou menos a objeção fundamental de Merleau-Ponty ao pensamento de Marx, retomada com mais força por Castoriadis). É interessante observar que Merleau-Ponty expressava essa objeção apoiando-se na dicotomia entre práxis e pensamento contemplativo formulada por Lukács em *História e consciência de classe*:

> Apresentando-se como o reflexo daquilo que é, do processo histórico em si, o socialismo científico põe em primeiro plano o conhecimento que as "Teses sobre Feuerbach" punham em segundo plano, ele toma a postura de um saber absoluto, e ao mesmo tempo se autoriza a extrair da história, pela violência, um sentido que está lá, mas profundamente escondido. A mistura de objetivismo e subjetivismo extremos, um sustentando constantemente o outro, que define o bolchevismo, já está em Marx quando este admite que a revolução já está presente antes de ser reconhecida.[5]

Lukács certamente não pensava que sua fidelidade ao pensamento dialético era incompatível com a sua conversão ao materialismo ontológico (cujo corolário gnosiológico era a teoria da *mimese* ou do reflexo), ou que aceitando seguir Marx em seu "realismo ingênuo" (do qual o socialismo científico teria sido a expressão sociológica), teria recaído, segundo a expressão de Merleau-Ponty, em uma "gnosiologia pré-hegeliana e mesmo pré-kantiana"[6].

---

[5] Maurice Merleau-Ponty, *Les Aventures de la dialectique*, cit., p. 128 [ed. bras.: *As aventuras da dialética*, cit.].

[6] Ibidem, p. 93.

O interesse do Lukács da maturidade por uma ontologia da natureza, como preparação à construção de uma ontologia do ser social, ficou muito incompreendido. Para ele, não se tratava de uma redução da sociedade ao *status* de uma "segunda natureza", e, portanto, de uma "naturalização" da sociedade, mas, pelo contrário, de definir sua heterogeneidade qualitativa. Identificando na *teleologische Setzung* (posição teleológica) o "fenômeno originário" e o germe inicial da vida social (sendo o trabalho a primeira expressão disso), ele conservava a ideia da preeminência da práxis como célula geradora da sociedade. A novidade em relação às posições expressas em *História e consciência de classe* era o fato de levar em conta a *causalidade* como fundamento ontológico da práxis, a demonstração de que não havia atividade finalista sem a apropriação das redes causais objetivas.

Merleau-Ponty estava convencido de que a virada de Lukács em direção ao "realismo" ontológico comprometia seu pensamento dialético, que suas concessões ao "naturalismo" filosófico (por exemplo, a aceitação de uma "dialética da natureza" ou de uma "dialética objetiva") entravam em contradição com a teoria viva da subjetividade desenvolvida em *História e consciência de classe*[7]. De fato, Lukács recusava-se a se deixar encerrar dentro do dilema do "naturalismo" e do "sociocentrismo": consciência-epifenômeno ou consciência criadora. Colocando o acento na autonomia ontológica da natureza, ele se propunha a ancorar solidamente a gênese das aptidões e das faculdades humanas na interação viva entre a multiplicidade das propriedades da natureza e, portanto, propor uma interpretação genético-ontológica do devir do ser humano, e não dissolver a especificidade deste no "naturalismo". A aceitação da "dialética da natureza" (contestada em *História e consciência de classe*) não pretendia ocultar a especificidade da dialética social, mas mostrar a mistura *sui generis* de continuidade e descontinuidade que existia entre elas, identificar na primeira os elementos de uma "pré-história" da segunda.

Pode-se dizer que a ontologia do ser social proposta por Lukács representa, em relação à antinomia construída por Merleau-Ponty, um *tertium datur* entre o objetivismo do "leninismo filosófico" e um pensamento dialético vivo (que faz justiça aos paradoxos e às ambiguidades da subjetividade), entre o marxismo do *Pravda* e o *marxismo ocidental*, do qual *História e consciência de classe* teria sido uma das obras fundadoras.

---

[7] Ibidem, p. 101.

Posterior dois ou três anos à publicação de *História e consciência de classe*, o texto recentemente descoberto tem sobretudo um valor documental, que ilustra o caminhar do pensador em direção a uma interpretação convincente do pensamento filosófico de Marx; é uma etapa de seu longo percurso para se apropriar do marxismo. Alguns anos mais tarde, no começo dos anos 1930, após a descoberta dos *Manuscritos econômico-filosóficos** de 1844, o filósofo ia fazer uma nova refundação de sua interpretação de Marx, expurgada do que ele considerava serem os erros maiores do período anterior (ao qual, claro, também pertence o texto em questão), interpretação que iria desembocar três décadas mais tarde na elaboração de *Ontologia do ser social*.

Como elo de uma longa cadeia, o texto de 1925-1926 aparece recheado de teses discutíveis (essencialmente as mesmas de *História e consciência de classe*), aproximações e tentativas, mas também é impregnado de uma poderosa inspiração dialética, que era o que chocava precisamente os guardiães do cientificismo e do determinismo da ortodoxia marxista da época. Se seus adversários o acusavam de "idealismo" e "subjetivismo" ou "agnosticismo", era exatamente porque ele pretendia conceder um lugar importante à criatividade e ao poder de invenção do sujeito no devir histórico; era porque ele sublinhava com força a preeminência da *totalidade* sobre as análises setoriais ou parciais, rejeitando vigorosamente a assimilação do pensamento de Marx a uma "sociologia" de tipo positivista; era porque ele defendia um historicismo radical, contra toda interpretação *naturalista* da vida social. Se, por outro lado, as críticas de Deborin, por exemplo, apontavam fraquezas reais do livro, era porque na época, como já dissemos, Lukács ainda não tinha consciência clara do peso da natureza no intercâmbio orgânico com a sociedade e, portanto, do papel fundador do trabalho na construção do ser social.

As críticas de Rudas e Deborin são um exemplo dos obstáculos que um movimento político cada vez mais tomado pelo sectarismo e pelo dogmatismo levantava no caminho de um pensador que procurava desenvolver uma reflexão filosófica autônoma. O próprio caráter extremamente datado do texto de Lukács não deixa de ter relação com essa situação; embora defendendo suas mais inovadoras ideias, o filósofo entrava no jogo imposto pelo contexto político da época. Não esqueçamos que a pretexto de discutir as "heresias" das quais Lukács era culpado em relação ao materialismo (de fato um determinismo cientificista redutor e simplista),

---

* Karl Marx, *Manuscritos econômico-filosóficos* (trad. Jesus Ranieri, São Paulo, Boitempo, 2004). (N. E.)

o texto de Rudas, por exemplo, no qual cada frase era uma denúncia do pensador "eclético", "místico" e dependente dos filósofos "burgueses" como Max Weber, Rickert ou Simmel, visava mostrar que Lukács era um filósofo pouco confiável para representar o pensamento marxista no interior do movimento comunista. Zinoviev, por outro lado, lançando o anátema sobre o livro em seu discurso diante da Internacional Comunista em 19 de junho de 1924, apoiava-se explicitamente em uma carta de Rudas. Este havia abandonado a fração da qual fazia parte, com Lukács, no Partido Comunista Húngaro, com o pretexto de recusar-se a caucionar a dissolução do marxismo levada a efeito por seu antigo companheiro de luta. (Desse modo, Rudas passava com armas e bagagens para o campo de Béla Kun, adversário tenaz de Lukács e que se beneficiava da proteção de Zinoviev.) Veem-se desse modo os subterrâneos políticos daquilo que em superfície aparecia como uma controvérsia filosófica sobre os princípios fundadores do marxismo.

Lukács, por sua vez, no seu texto de resposta (que, relembro, nunca foi publicado) contra-atacava seus adversários, apontando, por exemplo, no extremamente ortodoxo Rudas a existência de um *kantismo* larvar, fonte de sua obstrução à ideia hegeliana de totalidade; ou estabelecendo uma conexão entre o "naturalismo" filosófico de Deborin em sua interpretação monolítica do pensamento de Marx e seu antigo "menchevismo", isto é, sua incapacidade de fazer justiça à criatividade do sujeito revolucionário.

Mas, falando do caráter datado do texto de Lukács, também pensamos em seu conteúdo filosófico propriamente dito. Como já mencionamos, o isomorfismo estabelecido em *História e consciência de classe* entre o pensamento kantiano e o pensamento calculador e instrumental parece-nos uma tese bastante contestável na medida em que o pensamento kantiano não se deixa reduzir ao esquema sociológico da racionalidade burguesa (o alcance da teoria kantiana do conhecimento excede em muito o horizonte da racionalidade instrumental). A ideia de que a dualidade kantiana entre os "fenômenos" e a "coisa-em-si", entre o mundo fenomenal e o mundo numenal, seria abolida pelo surgimento da consciência revolucionária de uma classe (o proletariado) capaz de abarcar a *totalidade* da realidade, parece-nos também um fantasma filosófico. O filósofo se apoiava, com razão, nas críticas formuladas por Hegel à tese kantiana da "coisa-em-si", mas, atribuindo ao proletariado a vocação de encarnar na história a identidade entre o sujeito e o objeto, ele realizava, como o diria mais tarde, de modo autocrítico, uma "super-hegelianização" de Hegel (*ein Überhegeln Hegels*). O problema metafísico da "coisa-em-si" não pode ser resolvido em termos sociológicos, evocando uma classe capaz de superar todas as barreiras na aproximação cognitiva do real. Trata-se de apresentar uma argumentação estritamente filosófica, de caráter ontológico e epistemológico, tarefa da qual o próprio Lukács iria se encarregar na maturidade.

História e consciência de classe, apesar de seus limites e de certas teses contestáveis (ou, aparente paradoxo, muitas vezes graças a essas teses), teve uma profunda influência sobre a esquerda intelectual da época. Walter Benjamin, entre os primeiros, reconhece nas suas cartas de 1924-1925 a sedução exercida sobre ele por essa obra. Ele também se mostra muito interessado nas críticas da ortodoxia comunista (ele havia levado consigo para Paris os textos de Rudas e Deborin, como se comprova por uma carta enviada em 1926 a Scholem). Ainda alguns anos mais tarde, em 1929, em um resumo muito elogioso, ele evocava a polêmica desencadeada "pelas instâncias do Partido Comunista", aproveitando para sublinhar o caráter filosófico do livro[8]. Adorno também parecia cativado por Lukács nessa época; em uma carta a Alban Berg, em junho de 1925, declarava que o autor de *História e consciência de classe* havia exercido sobre ele, do ponto de vista intelectual, uma influência mais profunda do que qualquer outro filósofo[9]. De modo aparentemente surpreendente, Siegfried Kracauer se mostrava disposto a dar razão aos adversários comunistas de Lukács ("Rudas e Deborin, por mais limitados que sejam, têm inconscientemente muita razão contra Lukács", escreveu ele em maio de 1926 a Ernst Bloch), enquanto seu correspondente fazia uma defesa exaltada de Lukács. Em sua resposta a Kracauer, Bloch dizia que as profundezas do livro eram inacessíveis ao materialismo limitado daqueles "críticos subalternos"[10]. Indignado com o hegelianismo impenitente de Lukács, Kracauer, que na época se sentia mais próximo do materialismo francês de Helvetius e Holbach ou do empirismo de Locke, desejava uma refundação do marxismo sobre essa base (a ideia de "totalidade" de Lukács lhe parecia uma construção especulativa e considerava sua tese sobre o "conjunto da personalidade" – *Gesamtpersönlichkeit* – reacionária!), enquanto Bloch defendia com ardor justamente a poderosa reatualização de Hegel. Herbert Marcuse, por sua vez, em seus primeiros textos, publicados no

---

[8] Walter Benjamin, "Bücher die lebendig geblieben sind", *Die literarische Welt*, n. 20, 1929, p. 6. A carta de Benjamin a Scholem, datada de 5 de abril de 1926, encontra-se em Walter Benjamin, *Gesammelte Briefe*, v. 3: *1925-1930* (Frankfurt, Suhrkamp, 1997), p. 132-5.

[9] Theodor W. Adorno e Alban Berg, *Briefwechsel 1925-1935* (org. Henri Lonitz, Frankfurt, Suhrkamp, 1997), p. 17-8.

[10] Ver Ernst Bloch, *Briefe 1903-1975* (Frankfurt, Suhrkamp, 1985), p. 272-85. Kracauer não somente faz referência em sua carta de 29 de junho de 1926 às críticas de Rudas e Deborin, mas afirma esperar a resposta de Lukács, da qual havia ouvido falar (por Adorno?).

final dos anos 1920, julgava o livro inovador e denunciava o caráter "primitivo" das acusações apresentadas sob a etiqueta de "metafísica"[11].

A posteridade de *História e consciência de classe* conheceu um novo episódio importante com a eclosão do pensamento de Jürgen Habermas, filósofo que pertence à segunda geração da Escola de Frankfurt e que nunca deixou de sublinhar o que deve a essa obra de Lukács. Para isso basta lembrar o grande capítulo que ele consagra àquilo que chama de "o marxismo weberiano" em seu *Teoria do agir comunicativo*. Encontramos nele longos desenvolvimentos sobre o pensamento lukacsiano da reificação, no qual o autor vê o cerne do "marxismo ocidental" (a fórmula é emprestada de Merleau-Ponty), o fundamento da obra de Adorno, da crítica da razão instrumental em Horkheimer e de seu próprio pensamento.

Não temos aqui a possibilidade de aprofundar a questão das relações entre a filosofia de Habermas e o pensamento do jovem Lukács (muito estreitas, segundo o testemunho do próprio Habermas). Contentar-nos-emos, à guisa de conclusão, em levantar um só problema, dizendo respeito muito mais à evolução filosófica profundamente divergente dos dois pensadores. Trata-se essencialmente de comparar a "virada ontológica" feita pelo pensamento de Lukács e concretizada em sua grande *Ontologia do ser social*, com aquilo que poderíamos chamar de "virada comunicacional", feita pelo pensamento de Habermas, que decidiu substituir o "paradigma do trabalho" pelo "paradigma da comunicação" como fundamento de sua filosofia social.

Habermas consagra longas análises, em sua *Teoria do agir comunicativo*, à multiplicidade dos constrangimentos que pesam sobre os indivíduos nas sociedades do capitalismo avançado, e para isso se apoia na crítica lukacsiana da "reificação". Mas Lukács serve apenas de ponto de partida (um Lukács lido através da crítica weberiana da "racionalização capitalista") para suas próprias análises, poderosas e originais, sobre os mecanismos de assujeitamento dos indivíduos às forças heterônomas, quer se trate de "meios reguladores", do dinheiro ou do poder, quer de uma expansão da "forma jurídica" das relações sociais. Descrevendo o que ele chama de "colonização do mundo vivido" pelas forças heterônomas do "sistema" (ou, segundo uma outra fórmula, "a disjunção entre sistema e mundo vivido"), Habermas julga necessário tomar distância de Marx, mas também de Lukács.

---

[11] Herbert Marcuse, "Zum Problem der Dialektik", *Die Gesellschaft*, n. 2, 1930, p. 15-30, reproduzido na coletânea publicada em 1981 pelos Arquivos Lukács de Budapeste, *Filozófiai Figyelö Évkönyve*, v. 3, p. 174-94; ver, em especial, p. 193

Parece-lhe que formas de racionalização do mundo vivido na modernidade já não podem ser explicadas apenas em termos de relações de classe. Buscando identificar "uma nova espécie de efeitos de reificação, não específicos de classes sociais"[12], Habermas abandona o conceito de "consciência de classe", que tinha um papel tão importante em Marx e em Lukács:

> Diante de uma oposição de classes pacificada pelo Estado social e diante de uma estrutura de classes que se tornou invisível, a teoria da consciência de classe perde sua base empírica. Ela não pode mais ser aplicada numa sociedade em que os mundos vividos estritamente específicos das classes sociais são cada vez menos identificáveis.[13]

Habermas pretende, portanto, abandonar o conceito de "consciência de classe", que não pode mais definir as contradições do mundo moderno (e ele lembra que Horkheimer e Adorno já o haviam abandonado). O modelo de inteligibilidade da modernidade que ele propõe será muito mais a contradição entre os imperativos do "sistema" e os do "mundo vivido", entre as exigências da "razão funcionalista" e as da intercompreensão viva dos indivíduos. A "autonomia do mundo vivido" não se deixaria definir em termos de racionalidade instrumental ou teleológica, mas somente em termos de racionalidade comunicacional, cujo único depositário autêntico é a linguagem.

Comparando a teoria lukacsiana da vida social, tal como é desenvolvida em sua *Ontologia do ser social*, e aquela de Habermas, exposta na *Teoria do agir comunicativo*, percebemos que, apesar das profundas diferenças, e até da oposição que existe entre suas abordagens filosóficas, há uma certa convergência. Essa convergência, que se refere à finalidade última atribuída ao processo de reprodução da sociedade moderna, deve-se justamente ao fato de que Habermas busca sua inspiração na crítica lukacsiana da reificação: o conceito de "vida intacta" (*unversehrtes Leben*) ou de vida não pervertida pelas forças colonizadoras do sistema encontra assim a exigência lukacsiana de uma vida não manipulada e não alienada (*nichtentfremdetes Leben*), expressa com força no capítulo final da *Ontologia*. É claro que sabemos que, para formular os conceitos de "intersubjetividade viva", "reprodução simbólica do mundo vivido" ou vida "não mutilada" (*nicht-verfehltes Leben*), Habermas preconiza o abandono da filosofia clássica do sujeito (compartilhada, segundo ele, por Kant, Marx, Lukács e até Adorno) e busca pontos

---

[12] Jürgen Habermas, *Théorie de l'agir communicationnel*, v. 2 (Paris, Fayard, 1987), p. 384 [ed. bras.: *Teoria do agir comunicativo*, trad. Paulo Astor Soethe, São Paulo, WMF Martins Fontes, 2016].

[13] Ibidem, p. 387.

de apoio de preferência no pragmatismo norte-americano e na moderna filosofia da linguagem, enquanto Lukács permanece fiel ao conceito marxiano de gênero humano (*Gattungsmässikgkeit*) e propõe uma distinção entre o gênero humano-em-si e o gênero humano-para-si. O *aggiornamento* realizado por Habermas será mais convincente que a filosofia marxista do sujeito desenvolvida por Lukács em sua *Ontologia do ser social* e suas distinções entre objetivação, exteriorização, reificação, alienação, existência particular e existência genérica?

Habermas quer substituir o paradigma da racionalidade teleológica pelo da racionalidade comunicacional, abandonando a concepção hegeliana e marxiana do sujeito[14]. Lukács, pelo contrário, acreditava ser possível fundar uma ontologia do ser social na ideia de racionalidade teleológica e mostrava como as formas mais evoluídas e mais sutis da intersubjetividade se desenvolvem a partir do processo de produção e reprodução da vida social. Sempre fiel a Marx, Lukács, falando das contraforças e contratendências que se desenvolvem no interior da racionalidade capitalista, exige uma reformulação do conceito de "consciência de classe" para adaptá-lo às mudanças ocorridas nas sociedades evoluídas do capitalismo contemporâneo, em vez do seu abandono[15]. O velho filósofo, que há muito tempo deixou para trás o "messianismo sectário", presente ainda em *História e consciência de classe*, exige o desenvolvimento de uma consciência anticapitalista a partir do tecido muito diferenciado e muito heterogêneo das sociedades modernas, lamentando no fim da sua vida a ausência de uma verdadeira análise marxista dessas estruturas novas. Pode-se dizer, portanto, sem subestimar o alcance inovador das análises de Jürgen Habermas, que o pensamento da "velha esquerda" simbolizada pela obra de Lukács está longe de ter perdido sua vitalidade e esgotado suas potencialidades. A "época metafísica" da esquerda, denominação com a qual são designados ironicamente aqueles que sempre se apoiam nas categorias filosóficas e sociológicas de Marx para pensar as sociedades modernas, pode reservar surpresas aos espíritos que têm pressa de enterrá-la.

---

[14] Ver Jürgen Habermas, *Die Neue Unübersichtlichkeit* (Frankfurt, Suhrkamp, 1985), p. 244. Segundo Habermas, a concepção hegeliano-marxiana estaria baseada nas ideias de exteriorização (*Entäusserung*) e de reapropriação das forças essenciais do homem.

[15] Ver a carta de Lukács, de 20 de julho de 1970, a István Mészáros, publicada no livro *Aspekte von Geschichte und Klassenbewusstsein*, editado por István Mészáros (Munique, List, 1972), p. 7.

Lukács: a ponte entre o passado e o futuro[1]

Mauro Luis Iasi

> *No que diz respeito ao indivíduo, cada um é, de todos os modos, um filho de sua época; assim também a filosofia é sua época compreendida em pensamentos. É tão tolo imaginar que qualquer filosofia pode ir mais além de seu mundo atual quanto é um indivíduo saltar por cima de sua época.*
>
> Hegel[2]

Em seus comentários críticos de 1967 a respeito do livro *História e consciência de classe*, publicado em 1923, Lukács afirma que a obra assume involuntariamente um certo tom de subjetivismo, sobretudo por dois motivos: uma análise empobrecida da questão econômica e, dentro dela, a relativização da noção central de trabalho; e, por outro lado, uma certa deformação no conceito de práxis revolucionária que leva, segundo o autor, a uma concepção "verdadeiramente exaltada que correspondia ao utopismo messiânico do comunismo de esquerda, mas não à verdadeira doutrina de Marx"[3].

Esses dois aspectos estariam associados, ainda na visão de Lukács, a uma certa assimilação da herança hegeliana não "transformada de forma consequente pelo

---

[1] Texto apresentado ao III Seminário Internacional Teoria Política do Socialismo: *Lukács e a emancipação humana*, Marília, Unesp, 17 a 21 de agosto de 2009.

[2] Georg Wilhelm Friedrich Hegel, *Grundlinien der Philosophie des Rechts*, citado em G. Lukács, "Moses Hess y el problema de la dialéctica idealista", em idem, *Táctica y ética: escritos tempranos (1919-1929)* (Buenos Aires, El Cielo por Asalto, 2005), p. 182.

[3] G. Lukács, *História e consciência de classe: estudos de dialética marxista* (trad. Telma Costa, Porto, Escorpião, 1974), p. 358.

materialismo e, portanto, não superada e suprimida"[4]. Ao mesmo tempo afirmará, no mesmo texto, que um dos méritos da obra em questão é o de ter resgatado a categoria de totalidade que havia sido relegada pelo oportunismo cientificista da social-democracia. Nosso ponto de partida será este aparente paradoxo: as bases metodológicas da trajetória lukacsiana anterior à sua adesão ao marxismo em 1918, apontadas como causa das distorções descritas, são, a nosso ver, igualmente o diferencial que permite ao autor um papel singular de grande importância na formação do pensamento marxista contemporâneo.

A análise dos textos mais significativos produzidos entre os anos 1919 e 1929[5] pode comprovar, tanto no que diz respeito à elaboração teórica como à formulação político-prática, o momento de transição que ligava o passado recente do jovem autor, caracterizado por um anticapitalismo romântico, ao marxismo revolucionário. Acreditamos que a produção desse período revela não apenas os traços do anunciado subjetivismo messiânico como já os elementos que marcaram a contribuição singular de Lukács.

Os elementos fundamentais da herança intelectual de Lukács

Não nos cabe um exaustivo resgate da formação intelectual e cultural do primeiro Lukács antes de sua conversão ao comunismo[6], mas devemos ressaltar que, além da intensa e profunda vida cultural, seu anticapitalismo romântico sofre decisiva influência de Georg Simmel, Ferdinand Tönnies, Ernest Bloch e Max Weber, assim como sua base filosófica se fundamenta em Kant, em Fichte e, posteriormente, em Hegel[7].

Já em seu *História da evolução do drama moderno*, escrito em 1908 e publicado em 1911, a forma do drama é problematizada pela separação verificada entre o indivíduo e a sociedade, carecendo de universalidade e imerso em uma não

---

[4] Ibidem, p. 360.

[5] No presente estudo, centraremos nossa análise principalmente no ensaio *Tática e ética*, de 1919.

[6] Ver, a esse respeito, o livro de Nicolas Tertulian, *Georg Lukács: etapas de seu pensamento estético* (trad. Renira Lisboa de Moura Lima, São Paulo, Editora Unesp, 2008).

[7] É essencial destacar que as considerações aqui alinhavadas não seriam possíveis sem a minha participação no excelente curso sobre o tema oferecido pelo professor José Paulo Netto no Programa de Pós-Graduação da Escola de Serviço Social da Universidade Federal do Rio de Janeiro, no primeiro semestre de 2009.

totalidade, principalmente quando comparado à epopeia antiga, que revelava a plena identidade do indivíduo e da sociedade. A dualidade que opõe o indivíduo e seu grupo seria típica da forma societal contemporânea, nesse momento compreendida muito mais pela aproximação realizada por Simmel. A não universalidade do drama moderno indicaria, assim, uma época de decadência e a busca da forma estética como redenção.

Essa dualidade assume caráter máximo em *A alma e as formas*, de 1910, que opõe a vida ordinária, empírica, à Vida essencial fundada em valores absolutos. A forma estética seria a mediação que permite a subjetividade dos valores absolutos, ainda que não possa ser vivida. A cisão entre os valores absolutos e a existência empírica sempre relativa a compromissos que ferem tais princípios conduz a uma existência "trágica". Como afirma Nicolas Tertulian, a contraposição entre uma "existência autêntica" e a "existência comum" leva Lukács ao elogio da tragédia pelo fato de esta personificar "do modo mais puro um momento da existência despojado de toda inessencialidade", concluindo que, para o autor húngaro, "tal *purificação* da existência era a condição fundamental da gênese da forma". E completa:

> A oposição entre vida empírica e vida "autêntica" atinge seu ponto culminante no elogio da forma artística (à qual o filósofo atribui, além disso, uma significação *ética*, designando-a como o símbolo de uma ordem ideal, acima do caos empírico), a forma como produto de uma subjetividade ideal, *purificada* [...].[8]

Nesse momento, como transparece, a influência filosófica determinante ainda é Kant[9], mas já a partir de *A teoria do romance**, publicado em 1916, inicia-se a transição de Kant a Hegel[10]. A oposição entre vida cotidiana e vida essencial, própria do neokantismo de *A alma e as formas*, será deslocada para um problema

---

[8]   Nicolas Tertulian, *Georg Lukács: etapas de seu pensamento estético*, cit., p. 30-1; grifos nossos.

[9]   Não podemos desconsiderar que a natureza das questões levantadas por Lukács nesse momento de sua produção o aproximam da problemática existencialista, notadamente por influência de Kierkgaard. O próprio Lukács afirma: "Kierkegaard desempenhou um papel considerável na minha evolução de juventude; em Heidelberg, nos anos que imediatamente precederam a guerra, cheguei até a pretender consagrar um ensaio à sua crítica de Hegel"; G. Lukács, *História e consciência de classe*, cit., p. 350. Tertulian (*Georg Lukács: etapas de seu pensamento estético*, cit., p. 30) afirma que se identifica em *A alma e as formas* uma certa prefiguração do existencialismo, enquanto Lucien Goldmann "não hesita em designar *A alma e as formas* como primeira obra existencialista".

*   G. Lukács, *A teoria do romance: um ensaio histórico-filosófico sobre as formas da grande épica* (trad. José Marcos Mariani de Macedo, São Paulo, Duas Cidades/Editora 34, 2000). (N. E.)

[10] Nicolas Tertulian, *Georg Lukács: etapas de seu pensamento estético*, cit., p. 34.

da filosofia da história sob a luz da dialética hegeliana. No entanto, como afirma Tertulian, essa não é uma mera descoberta intelectual capaz de deslocar o jovem filósofo da influência dos estudos de Heidelberg, discípulo promissor de Simmel e frequentador íntimo do círculo de estudos de Weber. O pano de fundo do turbilhão intelectual que levará Lukács a Hegel e depois a Marx é a eclosão da Primeira Guerra Mundial, em 1914, e, fundamentalmente, a posição assumida por seus mestres diante do conflito[11].

O problema detectado em *A alma e as formas* é agora apresentado à contradição entre "interioridade" e "exterioridade", entre subjetividade e objetividade, próprias do universo hegeliano. A epopeia antiga representaria a possibilidade de reencontro da harmonia entre esses opostos, pois encarnam um mundo no qual "os fins do indivíduo se encontram em uma relação de concordância total com os da coletividade"[12]. Em contraste com essa descrição, o romance moderno é a expressão de um espaço histórico-filosófico típico de um mundo deslocado que caracterizaria uma "heterogeneidade radical entre exterioridade e interioridade"[13].

O impacto de Hegel ainda não se completaria nesse momento. Vivendo uma época caracterizada como de "perfeita culpabilidade", tomando a expressão de Fichte, Lukács vê a contradição entre subjetividade e objetividade como seu próprio drama, como o divórcio entre o mundo objetivo que se aproxima da barbárie da guerra e a subjetividade da alma individual em busca de redenção movida por valores absolutos. No entanto, à luz de Hegel, tal contradição mergulha no terreno da história e no movimento dialético das formas, abrindo a possibilidade de recuperar a harmonia entre exterioridade e interioridade em um patamar superior, no reencontro do sujeito com o objeto.

O salto é significativo. Tratando do impacto da leitura hegeliana em *A teoria do romance*, Tertulian afirmará que, para Lukács, "o romance seria a expressão de uma mesma alteração da relação harmoniosa da consciência e da realidade, da subjetividade e da objetividade", mas agora se via como possibilidade do "restabelecimento do equilíbrio ao qual aspirava tão intensamente"; no entanto, este "não tinha a ver com a estética, mas era um problema de caráter social e histórico"[14].

---

[11] Weber teria dito a respeito do conflito mundial: "Apesar de tudo, foi uma grande e maravilhosa guerra".

[12] Nicolas Tertulian, *Georg Lukács: etapas de seu pensamento estético*, cit., p. 35.

[13] Idem.

[14] Ibidem, p. 38.

Lukács: a ponte entre o passado e o futuro | 165

Ainda que esse caminho tenha conduzido Lukács à categoria de totalidade, que se converteria na linha mestra de toda a sua reflexão posterior, nesse momento o reencontro daquela totalidade "ingênua" própria dos "tempos felizes", no plano sócio-histórico essa tendência assumia "uma forma puramente utópica"[15]. O repúdio da realidade contemporânea própria da civilização capitalista, ainda que não se manifestasse em resignação, é ocupado pela afirmação de uma "humanidade pura" na qual o homem voltaria a se apresentar como homem e não como uma interioridade isolada e abstrata, nos termos que vemos em *A teoria do romance*. O indício dessa nova forma Lukács encontrará na literatura russa, em Tolstói e, principalmente, em Dostoiévski.

O elemento que faltava ao processo de consciência de Lukács não poderia vir das reflexões filosóficas nem de seu desencantamento com a realidade, mas de um evento histórico da mais alta transcendência: a eclosão da Revolução Russa, em 1917. No entanto, como dizia Brecht, a nova carne é comida com velhos garfos. A Revolução Russa é recepcionada num primeiro momento pelo velho arsenal metodológico forjado na sociologia alemã, o que leva o jovem filósofo húngaro a questionar a relação entre os fins, considerados justos, e os meios violentos utilizados para sua realização no mundo. Essas reflexões são descritas em um texto significativamente chamado "O bolchevismo como problema moral"[16].

No entanto, já no início de 1918, retoma as leituras de Marx e toma contato com os escritos de Sorel e Rosa Luxemburgo. Em novembro do mesmo ano, em uma reunião da chamada "Sociedade dos Domingos", um círculo de estudos nos moldes dos encontros realizados por Weber, Lukács anuncia sua adesão ao comunismo nestes termos descritos por Infranca e Vedda:

> [...] encontrei uma causa justa. Sua realidade, diferente da nossa, é uma realidade ativa. Pela primeira vez, encontrei algo que personifica o espírito hegeliano. Isso vive realmente naquilo que estamos discutindo. Isso me demonstrou que nunca pensei em todas as consequências de minhas ideias [...] Farei qualquer coisa por isso. Sempre sustentei que a metafísica é muito mais próxima da realidade empírica. Agora compreendo que só o homem conscientemente redimido pode criar o mundo empírico. Reavaliei todo o meu pensamento.[17]

---

[15] Idem.

[16] G. Lukács, "O bolchevismo como problema moral", em Michael Löwy, *A evolução política de Lukács: 1909-1929* (trad. Heloísa Helena A. Mello, Agostinho Ferreira Martins e Gildo Marçal Brandão, São Paulo, Cortez, 1998).

[17] Antonino Infranca e Miguel Vedda, "Introducción", em G. Lukács, *Táctica y ética*, cit., p. 9.

Como estudamos em outra oportunidade[18], o processo de consciência está diretamente ligado ao movimento contraditório entre as ideias anteriormente interiorizadas e o mundo em mudança. Verificamos nesse movimento um salto de qualidade que costuma estar associado às vivências coletivas, a um tipo qualquer de ação e ao contato com novas ideias que parecem corresponder ao novo quadro da objetividade em mutação. No entanto, verificamos também que não existem saltos que marcam mudanças surpreendentes, ou seja, vivemos sempre momentos de transição nos quais se mesclam os elementos de nossas velhas concepções de mundo com os novos valores possíveis pela vivência de novas relações. Dessa maneira, os valores próprios da concepção marxista ainda se mesclarão no momento que se seguiu com elementos próprios do universo metodológico no qual Lukács se encontrava envolvido até então.

Ética e política nos primeiros textos de Lukács

Os textos que marcam as primeiras reflexões marxistas do autor só podem ser compreendidos pelo intenso contexto de lutas políticas e sociais que atingiam a Europa nesse momento e que levarão à experiência revolucionária dos conselhos na Hungria em março de 1919. Apesar dos reveses e das derrotas, parecia aos militantes daquela época, nas palavras de Lukács, "que a revolução mundial avançava a passos largos, que em breve todo o mundo civilizado se iria transformar totalmente"[19]. No entanto, completa o autor:

> Estávamos todos – eu também, eu sobretudo, talvez – intelectualmente muito pouco preparados para assumir essas grandes tarefas; o nosso entusiasmo tentava substituir, conforme podia, o saber e a experiência.[20]

É evidente que Lukács tinha uma sólida formação cultural e intelectual, o "despreparo" é associado, na concepção do filósofo, ao desconhecimento político e, notadamente, à ausência de uma leitura aprofundada das obras de Lênin, que só seriam possíveis a partir do exílio em Viena e, posteriormente, na União Soviética. A inexperiência política teria produzido, ainda segundo o próprio autor, uma espécie de "dualismo antitético" em seu pensamento que o levou a erros políticos e

---

[18] Mauro Luis Iasi, *As metamorfoses da consciência de classe: o PT entre a negação e o consentimento* (São Paulo, Expressão Popular, 2006), p. 230-1.

[19] G. Lukács, *História e consciência de classe*, cit., p. 353.

[20] Ibidem, p. 352.

a "horizontes abstratamente utópicos" no trato teórico da questão da política cultural[21]. O que presenciamos nos textos de 1919 e 1929 é claramente um período de transição, que Lukács caracteriza como "dualismo". Em suas palavras:

> Fausto tem realmente duas almas no seu peito; porque é que um homem, ainda por cima normal, não teria o direito de ter em si várias tendências intelectuais contraditórias, quando em plena crise mundial prepara-se para passar de uma classe social para outra? Pelo menos no que me diz respeito, e se as minhas recordações desse período são exatas, encontro simultaneamente no meu universo intelectual de então, por um lado, tendências para a aquisição do marxismo e para a atividade política, por outro, tendências para a intensificação contínua de problemáticas éticas, puramente idealistas.

Nossa afirmação é que, nesse dualismo descrito, a unidade de contrários assume uma forma muito mais complexa do que pode parecer a princípio, ou seja, não podemos supor, como superficialmente poderia ser pensado, que os elementos da formação filosófica e sociológica anterior à adesão ao marxismo operam exclusivamente no reforço dos elementos idealistas e messiânicos, enquanto as novas e velhas leituras de Marx e da teoria radical reforçam a tendência que apontava para práticas políticas de esquerda. De fato, as influências de Simmel e Weber operam decisivamente na compreensão de uma ação social motivada por valores e, portanto, relativa à dimensão da ética; no entanto, é igualmente verdade que a bagagem cultural e filosófica – primeiro de cunho neokantiano e depois hegeliano – sempre operou em Lukács uma sólida convicção antipositivista – o que será essencial para compreendermos os embates políticos e teóricos contra a social-democracia e os desvios oportunistas no interior do próprio movimento comunista.

Além disso, a bagagem intelectual anterior consolida em Lukács uma consistente referência anticapitalista que, ainda que notadamente romântica[22], sustenta sua decisão à esquerda de forma muita mais sólida do que a que marca muitas trajetórias de supostos grandes conhecedores do marxismo. Como Lukács afirma:

> Nunca caí no erro de deixar que o mundo capitalista acabasse por me subjugar, erro que pude observar muitas vezes em muitos trabalhadores e intelectuais pequeno-burgueses.

---

[21] Idem.

[22] Aqui o termo "romântico" pode servir a interpretações equivocadas, uma vez que em Lukács sempre houve uma crítica ao romantismo. Assim, o anticapitalismo dito romântico deve ser compreendido como aproximação ético-moral de posições idealistas e não no sentido que é dado ao termo na crítica literária.

O ódio e o desdém que desde a infância eu nutria pela vida no capitalismo disso me preservaram.[23]

As reflexões marcadamente éticas não podem ser compreendidas apenas como uma herança mal digerida que ainda atua negativamente na formação do pensamento marxista, pois, como afirma o próprio autor, "nem toda confusão é o caos": certas tendências que podem atuar como contradições internas podem acabar por contribuir para a solução. Dessa forma, as reflexões éticas indicavam "o caminho da práxis, da ação e, por conseguinte, da política".

O dualismo ao qual se refere Lukács expressou-se, na prática política, naquilo que ele descreve como um tipo de sectarismo. No entanto, ele faz questão de diferenciá-lo de outro sectarismo: o que marcaria a política comunista a partir do final dos anos 1920 e no período stalinista e que pretendia, acima de tudo, manter as relações de forças estabelecidas e era, portanto, essencialmente conservador. Ao contrário deste, o desvio sectário vivenciado no início da década de 1920 caracterizava-se por ser profundamente antiburocrático e sua convicção na rápida vitória das forças revolucionárias em toda a Europa revestia-o de um caráter messiânico e utópico, mas não conservador, aproximando-se mais do esquerdismo do que do oportunismo. Como se vê na prática e nas formulações da revista *Kommunismus*, editada pelos emigrados em Viena, esperava-se a adoção de "métodos radicais, proclamando em todos os domínios uma ruptura total com todas as instituições, formas de vida etc. geradas pelo mundo burguês", como forma de desenvolver "uma consciência de classe não falsificada"[24].

O dualismo em *Tática e ética* (1919)

O primeiro elemento que nos chama a atenção no ensaio *Tática e ética*, de 1919, é a referência essencial ao chamado "fim último". Conceituando a tática como o meio escolhido por determinados grupos atuantes para realizar seus objetivos, isto é, como "laço que une o fim último e a realidade"[25], o autor afirmará que o significado da tática é muito diverso se considerarmos "a estrutura e o papel dos diferentes partidos e classes no plano da filosofia da história"[26]. Tal diferença

---

[23] G. Lukács, *História e consciência de classe*, cit., p. 351.

[24] Ibidem, p. 354.

[25] Idem, *Táctica y ética*, cit., p. 27.

[26] Idem.

encontra sua forma mais intensa na medida em que o fim último escolhido se define "dentro de uma realidade social dada ou mais além dela".

Parece evidente que a influência da sociologia compreensiva alemã empresta ao jovem autor húngaro algumas ferramentas-chave, notadamente a compreensão da ação social como resultado da escolha racional movida por valores, ou seja, uma ação ética. No entanto, o velho garfo está diante de uma carne nova. A relação entre meios e fins levará Lukács à caracterização de um dilema essencial assim descrito por ele:

> Essa imanência ou transcendência do fim último contém, antes de tudo, em seu interior a seguinte diferença: no primeiro caso, a ordem legal existente encontra-se dada como um princípio que determina necessária e normativamente o marco tático da ação; contrariamente, no caso de um objetivo social-transcendente, tal ordem apresenta-se como realidade pura, como poder real, e o fato de poder contar com ele pode ter, no fundamental, um sentido utilitário.[27]

O universo compreensivo começa a saltar dos trilhos. Não se trata de uma simples escolha racional, a imanência ou transcendência do fim último, isto é, se o objetivo escolhido se encontra dentro ou fora de uma certa ordem legal estabelecida, não pode ser colocada no mesmo nível como o faz, nas palavras do jovem marxista, "uma sociologia totalmente abstrata e desprovida de quaisquer valores"[28]. Como o Caliban de Shakespeare[29], ela se apropria de uma linguagem para atacar aquele que a ensinou.

Nesse momento, um elemento da bagagem intelectual anterior se reapresentará, mas de uma forma substancialmente diversa. A diferença entre a vida cotidiana, ordinária, e a vida essencial se transubstanciará na contradição entre realidade social estabelecida com seu marco legal definido e a possibilidade histórica de emancipação, ou seja, um objetivo que transcende tal ordem societária e que, portanto, não pode se limitar pelas fronteiras do estabelecido. Diz Lukács:

> Para aquelas classes e partidos cujo fim último já tenha sido na realidade alcançado, a tática se rege, necessariamente, de acordo com a factibilidade dos objetivos atuais e concretos; para eles, aquele abismo que separa o objetivo atual do fim último, aqueles

---

[27] Idem.

[28] Ibidem, p. 28.

[29] A peça a que aqui se refere é *A tempestade*, na qual o personagem Caliban é um nativo que aprende a língua daquele que o domina para xingá-lo.

conflitos que surgem dessa dualidade, simplesmente não existem. Aqui se manifesta a tática sob a forma da *Realpolitik* legal [...].[30]

Eis que os velhos instrumentos servem ao autor para se posicionar contra o pragmatismo político (a *Realpolitik*), contrapondo a esse desvio uma prática revolucionária para a qual a tática não pode ser regrada de acordo com vantagens momentâneas possíveis no quadro do presente – até mesmo, diz o autor, certos acordos devem ser rechaçados caso venham a "colocar em perigo o que é verdadeiramente importante, o fim último"[31]. Note-se que a diferenciação entre a vida empírica e a vida essencial aparece aqui como a dualidade entre o real e o projeto, mas a projeção do objetivo para além do empiricamente existente, ainda segundo Lukács, não pode ser confundido com o utópico, mas como "realidade que deve ser alcançada", e completa:

> A postulação do fim último não pode significar nenhuma abstração da realidade, nenhuma tentativa de impor à realidade certos ideais, mas antes o conhecimento e a transformação prática daquelas forças que atuam dentro da realidade social; daquelas forças, portanto, que conduzem à realização do fim último. Sem esse conhecimento, a tática de qualquer classe ou partido revolucionário oscila sem orientação entre uma *Realpolitik* desprovida de ideias e uma ideologia sem conteúdo real.[32]

Assim, a perspectiva socialista teria encontrado a síntese dialética nesse aparente paradoxo, pois, segundo Lukács, o fim último socialista seria ao mesmo tempo utópico e não utópico. Seria utópico na medida em que não se limita aos marcos do estabelecido, às determinações econômicas, legais e sociais da sociedade atual, só podendo ser realizado para além da atual ordem e através de sua destruição; não seria utópico no sentido que implica a "realização de ideias que se inserem, ainda que vacilantes, além dos limites da sociedade e contra ela", isto é, ideais cujo conteúdo real está no devir, mas que por ser devir não é menos real.

Dessa forma, o critério revolucionário para que possamos julgar a pertinência ou não de uma tática passa a ser, para Lukács, essencialmente sua relação com o fim último. Taxativamente ele conclui que:

> O verdadeiro parâmetro só pode ser como a ação serve em um caso dado para a realização desse fim, do sentido do movimento socialista; por certo – posto que para

---

[30] G. Lukács, *Táctica y ética*, cit., p. 27.

[31] Idem.

[32] Idem.

esse fim não servem meios qualitativamente diferentes, uma vez que os meios em si já significam a aproximação em direção ao fim último – hão de ser bons todos os meios pelos quais esse processo no plano da filosofia da história é despertado para a consciência e a realidade; ao contrário hão de ser maus todos os meios que obscurecem essa consciência (como, por exemplo, os interesses materiais momentâneos do proletariado, aqueles que ofuscam a consciência correta e a continuidade da evolução "histórica"). Se existe um movimento histórico para o qual a *Realpolitik* é funesta e sinistra, esse movimento é o socialismo.[33]

A nova carne permite ao jovem marxista a adesão à causa socialista, os velhos garfos favorecem a definição por um dos lados que compõem essa causa, exatamente aquele que se opunha ao pragmatismo social-democrata, levando-o a uma crítica profunda contra a *Realpolitik*, essa prática "funesta e sinistra". No entanto, para permanecermos nos limites da metáfora, os talheres não deixam de impor suas marcas à nova comida e podem tanto ajudar como prejudicar a digestão. A bagagem intelectual de Lukács, não apenas o anticapitalismo, mas também, nesse aspecto, a incorporação da dialética e da filosofia da história de Hegel, se são essenciais para a compreensão que o afastaria do pragmatismo, ao mesmo tempo acabam por impor, desde já, as marcas daquilo que a crítica de 1967 identificará como subjetivismo e messianismo.

Contraditoriamente, e não há nenhum juízo negativo nessa afirmação, a bagagem que lhe permite a viagem é a mesma que pesa em suas costas. Em uma passagem reveladora, Lukács defende que, ao afirmar a relação utópica e não utópica do objetivo socialista, a "teoria marxista da luta de classes, que nesse aspecto segue escrupulosamente a obra conceitual hegeliana, converte o objeto transcendente em imanente; a luta de classes do proletariado é o objeto e, ao mesmo tempo, sua realização"[34].

Salta aos olhos do observador atento que há uma transposição direta da famosa teoria hegeliana do sujeito-objeto idênticos, ou seja, da possibilidade de superação do estranhamento pelo reencontro do sujeito com o objeto exteriorizado e distanciado. A possibilidade de o meio não ser alheio ao fim está diretamente associada ao movimento em direção ao fim último como "autorrealização". Não é por acaso que o parâmetro para julgar as diversas táticas só possa ser a aproximação e a coerência em relação ao fim último, pois é somente neste que o

---

[33] Ibidem, p. 29-30.

[34] Ibidem, p. 29.

movimento se realiza, que a ideia encontra a realidade e com ela se identifica. O problema, além do evidente idealismo que supõe uma essencialidade que precede sua realização, pois o objeto é apenas uma substância que se alienou, é que, lida por esse ângulo, a relação entre a tática, a estratégia e o objetivo final se converte em uma questão eminentemente ética.

Aqui também a herança assume uma dualidade muito mais complexa do que pode parecer. De fato não se pode reduzir a questão tática e suas relações com os objetivos estratégicos a uma mera questão ética, mas não podemos desconsiderar que há um elemento ético/moral na definição dos caminhos revolucionários. O primeiro risco, o de superestimar a dimensão ética, poderia levar ao caminho da redução individual da ação. No quadro conceitual da sociologia compreensiva, tal como proposta por Weber, a busca do sentido da ação social remete ao conjunto de valores que orientam tal ação e, o que nos interessa diretamente aqui, a definição do indivíduo como sujeito da ação social. Uma vez que o sociólogo compreensivo alemão define que a concepção de mundo que orienta a ação do indivíduo no mundo é formada por um conjunto de valores (uma moral) que não são impostos mecanicamente por uma certa ordem social, como imaginava Durkheim, mas são fruto de uma dinâmica de escolha, de uma afinidade eletiva, ele só pode concluir que o sujeito da ação social é o indivíduo que orienta sua ação em determinada direção, movido por essa visão de mundo, portanto, uma ação ética.

Também nesse caso é possível ver que o universo conceitual da sociologia alemã continua a oferecer ferramentas ao jovem Lukács em seus primeiros esforços no campo do marxismo, mas, da mesma forma como apontamos antes, tais conceitos se tornam uma ponte que o leva além dos limites desse universo conceitual. A filosofia da história de Hegel impõe uma dinâmica que não pode ser reduzida à ação de indivíduos, ou mesmo de ações coletivas derivadas da conjunção de ações individuais. Depois de Hegel, o todo não pode mais ser confundido com a soma das partes. Portanto, quando se fala de escolhas e determinados valores que orientam a ação ética, não estamos mais nos referindo à dinâmica individual da escolha racional. Ao nos perguntarmos sobre a pertinência da escolha de certos meios táticos tendo como parâmetro o fim último, parece evidente que estamos nos referindo a "forças impulsionadoras internas da ação", segundo as próprias palavras de Lukács, e, ainda mais evidente, é que isso nos leva a formular a questão tática à luz da "certeza subjetiva e [d]a consciência da responsabilidade", isto é, como averiguar se é correto ou incorreto o que fez ou quis fazer um ser humano, ou ainda, "por que o fez ou quis fazer".

É inegável que a busca do sentido se liga diretamente à relação dos valores aceitos (certeza subjetiva) com a direção escolhida pela ação e os efeitos que daí resultam (consciência da responsabilidade ou, nos termos weberianos, a ética da responsabilidade). No entanto, aqui a superação não é menos visível. Comenta a esse respeito Lukács:

> Essa pergunta sobre o "porquê" só pode surgir a propósito de casos individuais; só tem sentido em relação ao indivíduo, em aguda contraposição com a questão tática da adequação objetiva, que só pode encontrar uma solução unívoca na ação coletiva dos grupos humanos. A pergunta que se nos apresenta é: como se comportam a certeza subjetiva e a consciência da responsabilidade do indivíduo em face do problema da ação coletiva taticamente correta?[35]

Recordemos que, ao se avaliarem os parâmetros para julgar a ação tática, seriam justas todas aquelas que permitiriam "despertar a consciência" e inadequadas todas aquelas que "obscurecem a consciência". Toda solução de compromisso que condena a ação aos marcos da ordem legal existente, ainda que buscando atender a ditames de uma realidade objetiva (ou, mais precisamente por buscar isso), pode "obscurecer a consciência universal, o despertar para a autoconsciência da humanidade"[36]. Assim, a questão agora passa a ser formulada nos seguintes termos: "Que considerações éticas produzem no indivíduo a decisão para que a consciência necessária no plano da filosofia da história se converta nele em ação política correta – quer dizer, em elemento de uma vontade coletiva –, desperte-se e possa também decidir essa ação?"[37].

Apesar de toda a linguagem conceitual compreensiva, essa singela pergunta é um míssil que atinge abaixo da linha d'água a nau da sociologia alemã. O problema da guerra mundial é mais que um pano de fundo para a evolução intelectual de Lukács: é um problema moral. A constatação da iniquidade da ordem capitalista, da decadência e da perfeita culpabilidade dos tempos que se apresentavam como realidade, como certeza subjetiva, levava, pelo menos aos olhos do jovem e recém-marxista, a um necessário posicionamento prático contra essa ordem, à adesão a ideias que, uma vez realizadas, pudessem constituir uma nova ordem que superasse a decadência e permitisse a emancipação humana. Ora, essa postura é incompatível com os pressupostos de neutralidade

---

[35] Ibidem, p. 31.

[36] Ibidem, p. 30.

[37] Ibidem, p. 31.

axiológica que levam àquilo que, na feliz expressão de Gabriel Cohn, aparece como crítica e resignação.

Em Lukács, isso produz um efeito contrário. Segundo ele, "na ética não há neutralidade nem imparcialidade: aquele que não quer atuar deve responder por sua inação". Eis que a flecha da ética da responsabilidade se volta contra o peito do arqueiro que a lançou. E o autor sentencia:

> Eticamente, ninguém pode eludir a responsabilidade alegando ser meramente um indivíduo, do qual não depende o destino do mundo. Não apenas não podemos saber objetivamente com segurança – posto que sempre é possível que o dito destino dependa precisamente do indivíduo –, como por seu lado a essência mais íntima da ética, a consciência e o sentido da responsabilidade tornam impossível um pensamento semelhante; quem não toma uma decisão com base nessas considerações – ainda que em outros aspectos se mostre um ser muito evoluído – encontra-se, do ponto de vista ético, ao nível de um instinto primitivo, inconsciente.[38]

Assim é que o arsenal da sociologia alemã lhe permite ir além da sociologia alemã, assim como afirmava Paulo Leminski quando nos dizia que isso de querer ser exatamente o que somos ainda nos levará além. Apesar de colocada como uma questão ética, trazendo consigo indisfarçáveis cargas de utopismo messiânico, na substância o que está se apresentando ao jovem Lukács é a questão da consciência, e esta não pode ser reduzida a um mero "saber" derivado da objetividade científica. Quando se trata da luta socialista, essa consciência, "moralmente correta" nos termos então utilizados por Lukács, tem de estar relacionada com o correto conhecimento de uma determinada situação objetiva no plano da filosofia da história, ou seja, tanto para a ação coletiva quanto para a dimensão do indivíduo que busca tomar essa consciência para si como autoconsciência, trata-se de compreender-se como parte de um todo que é muito mais que a soma das partes. Eis que dois aspectos essenciais das futuras formulações do autor se apresentam, tanto no que diz respeito ao método, no que se refere à centralidade da categoria da totalidade, como ao objeto: a consciência.

O vínculo com a totalidade como possibilidade de "despertar a consciência universal" só pode atuar no sentido descrito, isto é, responder à pergunta de como as considerações éticas podem despertar nos indivíduos a decisão para que a consciência necessária no plano da filosofia da história se converta em

---

[38] Ibidem, p. 32.

ação política correta, se partir do pressuposto incontornável segundo o qual o desenvolvimento da certeza subjetiva só pode se expressar, nesse caso, como consciência de classe. Conclui daí o autor que, "para que a ação correta se converta em uma norma verdadeira e correta, a consciência de classe deve elevar-se acima de sua existência meramente dada e ajustar-se à sua missão histórica universal e a seu sentido de responsabilidade"[39]. O dualismo da vida cotidiana em contraste com a vida essencial, nos marcos definidos como ação tática dentro da ordem e objetivo final para além desta, apresenta-se agora como uma consciência que igualmente corresponde a esses momentos e que o levará aos conceitos hegeliano-marxistas de consciência em si e para si. Aqui ainda de forma pouco sofisticada, por conta da já descrita ausência de um conceito mais preciso de práxis e, principalmente, de uma melhor compreensão da categoria trabalho como mediação fundante do ser social.

A principal consequência dessa primeira leitura talvez seja a constatação da consciência em si como contraposição um tanto mecânica à consciência para si, isto é, como se a passagem de uma para outra fosse definida apenas por uma adesão à teoria revolucionária, daí os termos quase místicos como "despertar" ou "salvação". Em outro ensaio presente em *Tática e ética*, mais precisamente o estudo sobre o problema da direção intelectual e os trabalhadores intelectuais[40], quando busca definir o conceito de consciência, o autor revela que:

> Consciência significa aquele particular estágio do conhecimento no qual o sujeito e o objeto conhecido são homogêneos em sua substância; no qual, pois, o conhecimento tem lugar a partir de dentro e não de fora. [...] O principal significado desse método cognitivo consiste em que o mero fato do conhecimento produz uma modificação essencial no objeto reconhecido: pela tomada de consciência, aquela tendência que se encontrava já antes presente no objeto torna-se mais segura e vigorosa do que era anteriormente, ou do que poderia ter sido sem essa tomada de consciência.[41]

Há aqui um evidente exagero. Afirmar que a consciência produz uma alteração essencial no objeto, no caso a classe proletária, pode nos levar a crer que é a consciência que determina a classe e não o ser da classe que se expressa em diferentes momentos da consciência. Nesse caminho, a passagem para a consciência para si

---

[39] Ibidem, p. 33.

[40] Idem, "El problema de la dirección intelectual y los 'trabajadores intelectuales'", em idem, *Táctica y ética*, cit., p. 35-40.

[41] Ibidem, nota 2, p. 38.

(revolucionária) que constitui a classe como classe é um mero ato de consciência, mais que isso, de "tomada de consciência", pois ela já estava lá, "presente no objeto", ainda que menos segura e vigorosa. Isso levará Lukács[42] a supor inadvertidamente que "cada proletário é, por seu pertencimento de classe, um marxista ortodoxo"[43].

Deslocados para essa esfera, tanto a consciência como o trabalho político se convertem em uma ação moral, ou ainda educativa, como transparece nos ensaios sobre *O papel moral da produção comunista* ou *A missão moral do Partido Comunista*, ou, ainda, no artigo *Oportunismo e putschismo*, no qual a revolução é apresentada como um "grande processo educativo do proletariado", levando-o a afirmar que os trabalhadores só podem se converter em classe quando "se desenvolve dentro de si a verdadeira consciência de classe, mas essa consciência só pode nascer da conscientização gerada pela ação adequada à classe, pela ação revolucionária"[44].

Há um núcleo de verdade em meio a essa aproximação em si mesma problemática. Quando Lênin afirma que não há revolução sem teoria revolucionária, não há um marxista que se erga para acusá-lo de um desvio hegeliano. Ao contrário de ser um elemento que o distancie da tradição marxista de sua época, parece-se um elemento que ele compartilha plenamente com seus camaradas contemporâneos.

A perspectiva segundo a qual os trabalhadores e suas direções que se mantêm nos limites da ordem do capital, sem que pelo menos se aproximem da totalidade, tendem ao oportunismo reformista ou aos pragmatismos de toda ordem e, portanto, que o salto de qualidade da consciência exige a apropriação de uma dimensão teórica é, nesse sentido, plenamente válida. No entanto, tal salto não pode ser compreendido como um mero salto de consciência, mas fundamentalmente como resultado das contradições materiais perfeitamente verificáveis no âmbito da contradição entre o avanço das forças produtivas e o choque com as relações sociais de produção e a maneira pela qual tal contradição objetiva se expressa na consciência dos seres humanos e estes lutam para resolvê-la.

Marx já nos alertava de que "a arma da crítica não pode substituir a crítica das armas, que o poder material tem de ser derrubado pelo poder material", mas, na mesma passagem, ele nos lembra com igual intensidade que seu materialismo em

---

[42] Idem, "Partido y clase" (1919), em idem, *Táctica y ética*, cit.

[43] Idem, *Táctica y ética*, cit., p. 53.

[44] Ibidem, p. 89.

muito se distancia do vulgar e até que ponto a concepção dialética penetrou profundamente em seu pressuposto ao afirmar que "a teoria converte-se em força material quando penetra nas massas"[45]. Parece-nos, no entanto, que a aproximação marxiana se diferencia daquela apresentada por Lukács em um aspecto decisivo. Não é a afirmação de que a teoria, ao se apoderar das massas, se torna força material aspecto comum a Marx, Lênin e Lukács, mas como ocorre esse apoderar-se.

Para que compreendamos tal diferença, temos de retornar aos textos de 1919 a fim de refletir um pouco mais sobre a maneira como Lukács coloca o problema. Para o autor húngaro, a questão é dúplice, isto é:

> Por um lado, é preciso perguntar: de que índole podem ser as forças motoras da sociedade e as leis que as regem, a fim de que a consciência humana as conceba, e a vontade humana e a capacidade dos homens para postular fins que possam ser postos em prática de forma razoável? Por outro lado, que orientação e composição devem ter a consciência humana, a fim de que possa ser posta em prática de modo razoável e exercer influência decisiva na evolução social?

Note-se que aqui também a formulação pressupõe o dilema hegeliano como ponto de partida, ou seja, qual seria a natureza da objetividade e da consciência que lhes permitiria o reencontro, mas parece-nos que é mais do que apenas isso. A questão central se encontra na busca das formas que permitam à consciência se aproximar do real para incidir sobre ele, direcionando-o no sentido desejado. Nesse ponto, a solução lukacsiana, ainda que prenhe de um certo idealismo que não deixará de impor suas marcas no produto da formulação, é inegavelmente mais sofisticada e complexa do que o mero idealismo vulgar e mesmo do que muitos materialismos sofisticados.

O jovem marxista desenvolve seu raciocínio apresentando quatro teses na forma de pressupostos. A primeira afirma que a evolução social está determinada exclusivamente por forças inerentes à sociedade e se explicam pela luta de classes e pelas transformações nas relações sociais de produção; a segunda tese afirma que essa evolução social tem uma direção que pode ser determinada de maneira precisa, ainda que não seja sempre compreendida; o terceiro pressuposto seria que essa direção deve se relacionar com uma certa tomada de posição no que diz respeito aos fins que se estabelecem para a humanidade e que essa relação pode ser conhecida

---

[45] Karl Marx, *Crítica da filosofia do direito de Hegel* (trad. Rubens Enderle e Leonardo de Deus, São Paulo, Boitempo, 2005), p. 153.

e levada à consciência, de forma que essa tomada de consciência exerça influência positiva sobre a própria evolução; e, por último, essa relação seria possível porque as forças motoras da sociedade são "independentes de toda consciência humana individual, da vontade e dos fins dessa dita consciência, ainda que a existência da relação só possa ser pensada sob a forma de consciência *humana*, da vontade e do posicionamento quanto à finalidade humana"[46].

Pela primeira afirmação, é atacado qualquer princípio compreensivo que remeta para além da própria evolução do real as determinações da "evolução social", no que, sem distanciar-se de Marx, não rompe em absoluto com os pressupostos de Hegel, mas, ao localizar a imanência do devir do real no próprio real, na forma da luta de classes e das transformações nas relações sociais de produção, rompe com Hegel em direção a Marx. A segunda tese, que afirma que a dita evolução tem uma "direção" e pode ser entendida como uma certa teleologia histórica, não encontra problemas no universo categorial hegeliano e na ideia de "espírito absoluto", mas pode criar problemas no caso da visão marxista. Enquanto Hegel supõe uma essencialidade humana que se realiza no processo e que, portanto, já existia antes e se reencontrará com o objeto ao final, em Marx essa afirmação parte de um pressuposto inverso, ou seja, não há essência humana, esta se forma daquilo que historicamente os seres humanos constroem, isto é, os seres humanos são aquilo que fazem de si mesmos. Mas essa diferença, que nos parece essencial, não implica que não haja "direção" no fluir histórico, pelo contrário, exatamente pelo fato de os seres humanos construírem historicamente sua essência é que podem dar a essa construção um sentido. De forma mais precisa, se os próprios seres humanos constituíram as bases de sua alienação, podem, por meio de sua ação histórica, produzir uma sociabilidade não estranhada ou emancipada.

Nesse aspecto, a afirmação de que a história humana tem uma direção, em si mesma, não separa Hegel de Marx, e Lukács não tem de escolher entre eles, mas coloca-os todos no campo oposto a Nietzsche e, depois, aos pós-modernos. Tal constatação remete às terceira e quarta teses. É possível conhecer essa direção e elevá-la à consciência de que, uma vez alcançada, pode agir como força decisiva na evolução histórica; no entanto, e isso nos parece fundamental, as forças motoras da sociedade são objetivamente independentes de toda consciência humana

---

[46] Relativo ao ensaio "El problema de la dirección intelectual y los 'trabajadores intelectuales'", cit., p. 37.

individual[47], ainda que só possam ser compreendidas a partir da consciência e da vontade humana, levando à imagem descrita por Marx em seu estudo sobre o fetichismo: fazem sem o saber[48].

Ora, essa é a base para uma compreensão muito sofisticada do processo de consciência, muito além da suposição kautskiana da consciência como derivada da posição de classe, que, aliás, esta sim, se aproxima mais da visão weberiana sobre o tema do que a de Marx. O dualismo da herança advinda da formação intelectual de Lukács e sua adesão à causa revolucionária socialista irá operar aqui de forma decisiva.

Uma vez que a consciência dos indivíduos se institui de maneira inconsciente ou, como mais tarde será denominado, como "falsa consciência", ou ainda nos termos utilizados à época, pelo fato de que as leis da evolução histórica e suas determinações "se refletem na consciência dos indivíduos de um modo geralmente encoberto e distorcido"[49], a função de se apropriar das determinações do movimento histórico e seu sentido remete ao trabalho da consciência sobre a consciência ou, se se preferir, cabe à teoria. Paradoxalmente essa aproximação remete o autor a uma constatação em si mesma correta e a uma conclusão problemática.

Lukács recuperará essa constatação em *História e consciência de classe* quando afirmará:

> Essa consciência [de classe] não é [...] nem a soma nem a média do que pensam, sentem etc. os indivíduos que formam a classe, tomados um por um. E, no entanto, a ação historicamente decisiva da classe como totalidade é determinada, em última análise, por essa consciência e não pelo pensamento etc. do indivíduo; esta ação só pode ser conhecida por esta consciência.[50]

As formas imediatas pelas quais os seres humanos pensam eles próprios, os outros e o mundo, não passariam de matéria-prima, ainda que muito importante[51], para a

---

[47] "Na produção social da vida os homens estabelecem certas relações sociais, necessárias e independentes de sua vontade"; Karl Marx, *Para a crítica da economia política*, em idem, Marx, v. 1 (trad. José Arthur Giannotti e Edgar Malagodi, São Paulo, Nova Cultural, 1987, coleção Os Pensadores), p. 29.

[48] Karl Marx, *O capital: crítica da economia política*, Livro I: *O processo de produção do capital* (trad. Rubens Enderle, São Paulo, Boitempo, 2011), p. 149.

[49] G. Lukács, *Táctica y ética*, cit., p. 37.

[50] Idem, *História e consciência de classe*, cit., p. 65.

[51] Ibidem, p. 64.

compreensão da consciência de classe. Nesse momento, o autor segue escrupulosamente as pistas de Marx e Engels em *A sagrada família*, quando estes afirmam que não se trata do que "este ou aquele proletário, ou até mesmo todo o proletariado inteiro pode *imaginar* de quando em vez como sua meta", mas "*do que* o proletariado *é* e do que ele será obrigado a fazer historicamente de acordo com o seu *ser*"[52].

Nesse ponto, a bagagem intelectual de Lukács é essencial para a qualidade de suas formulações e se relaciona diretamente com o eixo central das preocupações contidas no conjunto dos ensaios que compõem *Tática e ética*. A atuação dentro dos limites de uma ordem legal, sob condições históricas determinadas, que se expressa na prática política do universo das táticas da *Realpolitik*, conforma de igual maneira uma consciência que lhe é própria e que difere essencialmente da consciência de classe revolucionária que coloca para si o objetivo histórico do socialismo. Nos termos em que aparece o problema em *História e consciência de classe*, o proletariado, pela sua simples existência, se apresenta como crítica da ordem reificadora do capital, mas até que a crise do capitalismo tenha gerado os elementos objetivos que, uma vez apropriados pelo proletariado, permita-lhe não apenas compreender essa crise, mas elevar-se a "verdadeira consciência de classe"[53], ele não passaria de uma simples crítica, sendo incapaz de destacar-se além de uma simples negatividade de uma parte. Segundo Lukács, o proletariado, quando não ultrapassa a simples negação, "quando, pelo menos, não tende para a totalidade, então, não pode ultrapassar o que nega, como, por exemplo, nos mostra o caráter pequeno-burguês da maior parte dos sindicalistas"[54].

Considerada no conjunto, essa constatação não é apenas correta do ponto de vista teórico, sofisticada em seus pressupostos tanto materialistas quanto dialéticos, como se articula de forma coerente com a prática política na forma como o autor se insere no debate do campo comunista de então, isto é, contra a social-democracia e o oportunismo que reinava na Segunda Internacional.

Entretanto, ao mesmo tempo, abre espaço para uma conclusão que, nos limites do arcabouço teórico então disponível, leva-o à teoria da consciência adjudicada. Uma vez que a existência imediata do proletariado se expressa numa consciência "trade-unionista", que opera nos limites da ordem legal existente, e considerando

---

[52] Karl Marx e Friedrich Engels, *A sagrada família* (trad. Marcelo Backes, 1. ed. rev., São Paulo, Boitempo, 2011), p. 49.

[53] G. Lukács, *História e consciência de classe*, cit., p. 91.

[54] Ibidem, p. 91-2.

fundamental a perspectiva teórica da totalidade, Lukács só pode imaginar essa consciência como "vinda de fora" do proletariado, o que o leva a fetichizar e mistificar o papel do partido e considerar a passagem da consciência em si em direção à consciência para si um mero ato de apropriação intelectual.

O próprio Lukács afirmará em seu citado posfácio de 1967* que:

> Só consegui chegar à formulação da consciência "adjudicada". O que eu pretendia com isso era o que Lênin caracterizava em *O que fazer?* ao dizer que, por oposição à consciência espontaneamente *trade-unionista*, a consciência de classe socialista é trazida aos trabalhadores "do exterior [...], isto é, de fora da luta econômica, de fora da esfera das relações entre operários e patrões". Portanto, o que em mim existia como intenção subjetiva e existia em Lênin como resultado da análise autenticamente marxista, de um movimento prático no interior da totalidade da sociedade, tornou-se na minha exposição um resultado puramente intelectual, donde algo de essencialmente contemplativo. A inversão da consciência "adjudicada" em práxis revolucionária aparece aqui objetivamente como puro milagre.[55]

Ainda que justificada, a autocrítica lukacsiana incorre em um certo exagero. De fato, o que aponta como porta para um subjetivismo messiânico como ato puramente intelectual na passagem em direção à consciência de classe revolucionária revela, em verdade, uma forte reminiscência de sua antiga oposição entre vida empírica e Vida essencial. Também é verdade que na esfera da ação política Lênin não confundiu a constatação segundo a qual a teoria revolucionária se desenvolve em outras camadas que não as proletárias com uma ação política que prescinda do proletariado, como fica evidente em sua teoria da organização e da prática política. No entanto, daí concluir que, em Lênin, no que tange à questão da consciência, apresenta-se uma análise "autenticamente marxista" e, em Lukács, um desvio intelectual contemplativo, é um equívoco.

Lênin foi um dos revolucionários e pensadores marxistas no qual, de forma mais coerente, se fundiram a teoria e a prática política, mas utilizar as afirmações leninianas como critério de validação de um suposto "marxismo autêntico" é algo que levaria a distorções muito mais profundas e com consequências muito mais danosas ao movimento comunista do que os desvios do "professor" Lukács.

---

* Vale esclarecer mais uma vez que a edição portuguesa da obra maior de Lukács, citada como fonte neste artigo, designa o texto de 1967 como posfácio, ao contrário da edição brasileira, que o apresenta como prefácio. (N. E.)

[55] Ibidem, p. 359.

Aqui, mais uma vez, a herança própria da formação de Lukács é uma unidade dialética. Lukács, que estudou com Weber e se inspirou em Hegel, apresenta desvios idealistas; já Lênin, um autêntico marxista, tem uma visão correta sobre a questão da consciência. Acredito que, nesse aspecto, essa afirmação não se sustenta. A concepção de Lênin sobre a consciência, nesse momento, se aproxima muito mais da concepção de Kautsky, como fica evidente em *O que fazer?*. A bagagem hegeliana de Lukács, que inspirará positivamente Lênin em seu exílio em Berna, como demonstram seus *Cadernos filosóficos**, incide no autor húngaro de maneira a produzir uma formulação que, ainda que não sem desvios e imprecisões, se aproxima mais da compreensão de Marx do que aquela tangencialmente apresentada por Lênin em 1902.

Em Lukács, assim como na mesma época em Korsch, a dialética é resgatada como elemento essencial do método marxiano, em contraposição à positivação do marxismo que viria a se impor no período subsequente. Essa aproximação no jovem autor húngaro o fará compreender que Marx, ao tomar da filosofia alemã seu método, fez com que em seu pensamento os conceitos não tivessem se transformado em "esquemas rígidos que, uma vez determinados, não voltam a mudar seu sentido", mas são, nas palavras de Lukács, "realidades vivas"[56].

Contrariamente, em relação a essa visão dinâmica da teoria, os empiristas e neopositivistas de toda ordem engessam os conceitos, ossificam os argumentos e esterilizam suas conclusões. A respeito desses senhores, declara Lukács:

> Os simplificadores do marxismo e, à frente de todos eles, Bernstein, sob a máscara da ciência, quiseram expulsar a dialética do pensamento marxista. A fundamentação por eles apresentada era que a dialética é uma antiquada herança da filosofia hegeliana, e que não é apta para ocupar um lugar dentro da ciência moderna, que só há de ser construída a partir de "fatos" e da "realidade". Reprovam, inclusive no próprio Marx, o fato de haver violentado os fatos e a realidade para adaptá-los ao seu método, e demandam um método científico "sem preconceitos". No entanto, a grandeza e a força revolucionária da teoria marxiana resultam arruinadas com a exclusão da dialética de seu método. Pois nenhuma mera investigação dos fatos – isto é, a mera acumulação de fatos – seria capaz de tornar inteligível ou admissível o caráter inevitável da revolução,

---

* Vladímir I. Lênin, *Cadernos filosóficos* (trad. José Paulo Netto, São Paulo, Boitempo, 2018). (N. E.)

[56] G. Lukács, *Táctica y ética*, cit., p. 41-2. Essa passagem pertence ao ensaio "O que é o marxismo ortodoxo?", que está presente tanto na edição do citado livro de 1919 como, com modificações substantivas, na *História e consciência de classe* de 1923.

a necessidade da ação revolucionária, além da qualidade transitória de um momento dado. Só a dialética é capaz disso.[57]

Atacando os desvios do passado, próprios da Segunda Internacional, Lukács acerta em cheio os desvios da futura forma que viria a assumir o movimento comunista internacional sob o stalinismo. Geralmente, na relação entre as pessoas, aquilo que nos incomoda no outro são traços de nossa própria personalidade que projetamos nele, de maneira que, quando nos incomodamos com o autoritarismo do outro, por exemplo, via de regra é por que lidamos muito mal com o nosso próprio autoritarismo. É interessante que muitos daqueles que acusam Lukács de uma bagagem problematicamente herdada do universo científico e filosófico burguês expressam em si mesmos de maneira muito mais evidente tal herança mal digerida que acaba por se expressar em empirismos, principismos idealistas e oportunismo político. Lukács, nesse caso, é mais que um pensador polêmico, sua singularidade o faz incômodo.

As forças contrárias que marcam a época na qual Lukács viveu sua própria transição de uma classe para outra, forças que estraçalham a alma velha para sintetizá-la em nova consciência, são históricas, não respeitam nem o tempo nem as formas dos indivíduos capturados em seu redemoinho. Se a clara consciência teórica no plano da história e das determinações das leis que regem as mudanças sociais consiste numa eficiente bússola nesses tempos de crise, por ser o instrumento de uma possível ação na direção que escolhemos, ela é ao mesmo tempo um fardo.

Toda a herança intelectual de Lukács e o dualismo que daí deriva, como procuramos argumentar, produzem uma visão política e teórica dinâmica, sofisticada e polêmica. A marca eminentemente ética na ação política leva, sem dúvida, a um messianismo e a uma visão marcada por um certo subjetivismo. Mas há uma coerência nessa dualidade contraditória. O divórcio entre o indivíduo e a sociedade, a vida cotidiana e a Vida essencial, a certeza subjetiva e a consciência da responsabilidade, a tática nos limites da ordem legal existente e o fim último além da ordem, a consciência econômica imediata e a consciência revolucionária, são todas e cada uma elementos particulares de um processo que leva o jovem revolucionário húngaro até o marxismo e a causa socialista, e leva-o para ficar.

Brecht dizia que, ao falar das fraquezas daqueles que nos antecederam, devemos sempre lembrar dos tempos obscuros dos quais escapamos. São muitos

---

[57] G. Lukács, *Táctica y ética*, cit., p. 42.

os fatores e vertentes de um tempo histórico tão complexo como aquele que marca as lutas revolucionárias do século XX e qualquer síntese apressada seria precária. Há, no entanto, um elemento na bagagem intelectual de Lukács que, se não explica, nos ajuda a compreender sua trajetória e as posições que viria a assumir em sua jornada.

O marxista húngaro, com sua formação na sociologia alemã, estava convencido, nesse momento, de que a ciência e o conhecimento só podem nos mostrar "possibilidades" e afirma que "uma ação moral, carregada de responsabilidade, uma verdadeira ação humana, se encontra somente no campo do possível", mas acredita necessário acrescentar que, "para aquele que capta essa possibilidade, não existe, se é um socialista, nenhuma opção nem vacilação"[58]. Não por acreditar que a definição de qualquer ética possa encontrar "receitas" capazes de "suavizar ou negar os conflitos insuperáveis e trágicos do destino humano", mas por estar convicto de que a adesão a um fim último justo, para o qual, como ele próprio disse, uma pessoa faria qualquer coisa, pode colocar o indivíduo diante de alternativas que o levariam igualmente à culpabilidade. Para Lukács, numa situação dessas, uma situação em suas palavras "trágica", o indivíduo, tendo de escolher entre duas culpabilidades, encontra o caminho correto quando "sacrifica seu eu interior no altar das ideias mais elevadas"[59]. Portanto, para ele, o verdadeiro parâmetro é o "sacrifício".

Como já foi dito insistentemente e não cabe aqui reiterar, há uma linha teórica que marca coerentemente a trajetória intelectual de Lukács, desde uma "matriz original que [...] penetra todas as etapas de sua reflexão" e pode ser definida pela "apropriação da dinâmica histórico-social pelo homem enquanto ator social concreto"[60]. Afirmamos aqui que a singularidade do pensamento de Lukács é, em grande medida, inexplicável sem esse compromisso ético-moral que o leva a viver em si mesmo o compromisso que espera de sua classe, de maneira trágica e, por vezes, por seu próprio sacrifício diante do "altar de ideias mais elevadas", como, de fato, foi obrigado a fazer por mais de uma vez.

---

[58] Ibidem, p. 33.

[59] Idem. Logo após, no mesmo texto, o autor cita um romance no qual um terrorista se vê diante do dilema de decidir por uma ação que não "pode", mas "deve" ser executada e conclui que só o crime realizado por uma pessoa que sabe que o assassinato não é justificado em nenhuma circunstância, pode ser "– tragicamente – um ato de natureza moral" (ibidem, p. 34).

[60] José Paulo Netto, "Lukács: tempo e modo", em *Lukács: sociologia* (São Paulo, Ática, 1981), p. 40.

Portanto, só podemos concluir, por tudo que dissemos, que sua singularidade como pensador marxista não se dá *apesar* de sua herança intelectual, mas exatamente *por causa* dela. É verdade, como dizia Hegel, que um homem não pode saltar por cima de sua época, mas como o próprio filósofo alemão nos lembra: "Empenha-te, tenta mais que hoje e que ontem, e desse modo não serás melhor que sua época, mas sim o melhor de sua época"[61]. Cremos que esse é o caso de Lukács.

Referências bibliográficas

ANTUNES, Ricardo; RÊGO, Walquíria Leão (orgs.). *Lukács*: um Galileu no século XX. São Paulo, Boitempo, 1996.

BRECHT, Bertolt. *Poemas, 1913-1956*. Trad. Paulo Cesar Souza, São Paulo, Brasiliense, 1987.

FREDERICO, Celso. *Lukács*: um clássico do século XX. São Paulo, Moderna, 1997.

IASI, Mauro Luis. *As metamorfoses da consciência de classe*: o PT entre a negação e o consentimento. São Paulo, Expressão Popular, 2006.

_____. *O dilema de Hamlet*: o ser e o não ser da consciência. São Paulo, Viramundo, 2002.

INFRANCA, Antonino; VEDDA, Miguel. Introducción. In: LUKÁCS, G., *Táctica y ética*. Buenos Aires, El Cielo por Asalto, 2005.

KORSCH, Karl. *Marxismo e filosofia*. Trad. António Sousa Ribeiro, Porto, Afrontamento, 1977.

LENIN, Vladímir I. *Que hacer?* Obras escogidas, t. 2: *1902-1905*. Moscou, Progresso, 1975. [Ed. bras.: *O que fazer?*. Trad. Paula Vaz de Almeida e Avante!, São Paulo, Boitempo, 2020.]

LUKÁCS, G. *A teoria do romance*: um ensaio histórico-filosófico sobre as formas da grande épica. Trad. José Marcos Mariani de Macedo, São Paulo, Duas Cidades/Editora 34, 2000.

_____. *História e consciência de classe*: estudos de dialética marxista. Trad. Telma Costa, Porto, Escorpião, 1974.

_____. *Introdução a uma estética marxista*: sobre a categoria da particularidade. Trad. Carlos Nelson Coutinho e Leandro Konder, Rio de Janeiro, Civilização Brasileira, 1978.

_____. *L'Âme et les formes*. Paris, Gallimard, 1974. [Ed. bras.: *A alma e as formas*. Trad. Rainer Patriota, Belo Horizonte, Autêntica, 2015.]

_____. *Táctica y ética*: escritos tempranos (1919-1929). Buenos Aires, El Cielo por Asalto, 2005.

_____. O bolchevismo como problema moral. In: LÖWY, Michael. *A evolução política de Lukács*: 1909-1929. Trad. Heloísa Helena A. Mello, Agostinho Ferreira Martins e Gildo Marçal Brandão, São Paulo, Cortez, 1998.

MARX, Karl. *Contribuição à crítica da economia política*. Trad. Florestan Fernandes, São Paulo, Expressão Popular, 2007.

_____. *Crítica da filosofia do direito de Hegel*. Trad. Rubens Enderle e Leonardo de Deus, São Paulo, Boitempo, 2005.

_____. *O capital*, v. I, livro 1. Rio de Janeiro, Civilização Brasileira, s.d.

---

[61] G. Lukács, "Moses Hess y el problema de la dialéctica idealista", cit., p. 183.

MARX, Karl; ENGELS, Friedrich. *A sagrada família*. Trad. Marcelo Backes, 1. ed. rev., São Paulo, Boitempo, 2011.

NETTO, José Paulo. Lukács e o marxismo ocidental. In: ANTUNES, Ricardo; RÊGO, Walquíria Leão (orgs.). *Lukács*: um Galileu no século XX. São Paulo, Boitempo, 1996.

_____. Lukács: tempo e modo. In: _____. *Georg Lukács*: sociologia. São Paulo, Ática, 1981.

PINASSI, Maria Orlanda; LESSA, Sérgio (orgs.). *Lukács e a atualidade do marxismo*. São Paulo, Boitempo, 2002.

TERTULIAN, Nicolas. *Georg Lukács*: etapas de seu pensamento estético. Trad. Renilda Lisboa de Moura Lima, São Paulo, Editora Unesp, 2008.

WEBER, Max. *Ensaios de sociologia*. Trad. Waltensir Dutra, Rio de Janeiro, Zahar, 1979.

O começo de uma filosofia necessária
György Lukács, a história e a consciência*

Eduardo Sartelli

Introdução

O "caso" Lukács é provavelmente um dos mais polêmicos da "cultura" marxista. De fato, o cosmo organizado em torno da figura e da saga de Karl Marx divide-se fartamente entre os defensores e os detratores do filósofo húngaro. Para alguns, trata-se de um dos poucos intelectuais comunistas que conseguiram salvar, relativamente incólume, seu pensamento do "stalinismo", sem a necessidade de grandes gestos "pró-ocidentais", não só mantendo um notável prestígio intelectual, como se firmando como fonte de alternativas políticas de superação. Para outros, é impossível deixar em um piedoso segundo plano suas repetidas reverências ao regime, sua reconhecida hostilidade ao trotskismo, seu silêncio diante dos expurgos stalinistas e suas recorrentes apologias ao Pai dos Povos. O autor de obras que marcaram época (*História e consciência de classe*** e *A destruição da razão****) e que um dia voltarão a marcar (*Ontologia do ser social*****) esteve sempre no centro das polêmicas, suscitando sentimentos contraditórios: ortodoxo demais para os

---

* O texto é o prefácio de Eduardo Sartelli à sua tradução para o espanhol da obra *História e consciência de classe*, publicada em 2009 por Ediciones RYR, Buenos Aires. Traduzido para o português por Daniel Fabre. (N. E.)

** G. Lukács, *História e consciência de classe: estudos sobre a dialética marxista* (trad. Rodnei Nascimento, 2. ed., São Paulo, WMF Martins Fontes, 2016). (N. E.)

*** Idem, *A destruição da razão* (trad. Bernard Herman Hess, Rainer Patriota e Ronaldo Vielmi Fortes, São Paulo, Instituto Lukács, 2020). (N. E.)

**** *Para uma ontologia do ser social*, v. 1 e 2 (trad. Carlos Nelson Coutinho, Mario Duayer e Nélio Schneider, São Paulo, Boitempo, 2012-2013). (N. E.)

antistalinistas, heterodoxo demais para os próprios stalinistas, Lukács tem defensores radicais, assim como detratores igualmente inflamados. A pedra de toque da discussão, até certo ponto falsa, foi e é sua relação com a burocracia soviética. Dizemos "até certo ponto falsa" porque, para além de suas escolhas políticas, estende-se uma obra que, em geral, costuma ficar em segundo plano na hora da análise. Parece que o fantasma de Stálin está permanentemente interposto, permitindo uma crítica fácil e obstruindo uma leitura desprovida de preconceitos[1].

De fato, com o declínio da União Soviética, a acusação de "stalinista", que significou uma demarcação política essencial no debate revolucionário do segundo pós-guerra, tornou-se rapidamente, sobretudo nos círculos trotskistas, uma forma de liquidar qualquer debate sem a necessidade de apresentar qualquer prova. Nos anos 1990, o "argumento" se generalizou e hoje em dia qualquer discussão em que um dos adversários defenda a existência da realidade, o conceito de verdade, a regularidade (expressa em leis) da ordem social, a importância da pesquisa científica ou a necessidade de organização partidária, a relação inescapável entre arte e política, costuma terminar com o adjetivo mais temido por todo simpatizante de esquerda: "stalinista". O antistalinismo se torna, então, um obstáculo ao conhecimento, de modo que certos temas e posições atingem o *status* de "tabu" e são impossíveis de abordar com a mente aberta. Esse câncer do pensamento revolucionário, o uso fácil e onidesqualificador do antistalinismo, não deixou de afetar Lukács, havendo quem tome toda a sua obra como expressão do demônio do Cáucaso e outros que acreditam na necessidade de defendê-lo contra tal acusação.

Lukács carrega, então, uma dupla determinação: expressão de um marxismo renovado, valentemente resguardado da barbárie stalinista, por um lado; subordinação trágica de uma perspectiva lúcida e criativa a um regime execrável, por outro. Assim, formaram-se dois bandos cuja natureza examinaremos mais adiante. Basta dizer, por ora, que todo juízo sobre o autor do livro que aqui apresentamos deveria estar subordinado ao exame da validade de sua aposta filosófica: desenvolver uma das tarefas que Marx e Engels deixaram pendentes: a de reconstruir as bases mais gerais do pensamento revolucionário. Com efeito, uma vez descobertas essas bases (a famosa inversão hegeliana), ambos se dedicaram a utilizar o instrumento sem deixar um plano preciso de sua arquitetura básica. Dito de outra maneira,

---

[1] Um testemunho dessa polêmica permanente e do lugar do stalinismo nela é a compilação publicada pela editora Jorge Álvarez nos anos 1970, com textos de George Steiner, Kostas Axelos, István Mészáros, Lucien Goldmann, Rocco Musolino, Jean Hyppolite, Victor Zitta e Harold Rosemberg, *Lukács* (Buenos Aires, Jorge Álvarez, 1969).

utilizaram a dialética materialista sem ter explicitado seu desdobramento teórico. Provavelmente o mesmo poderia ser dito de Trótski e Lênin: usam de modo brilhante uma ferramenta cujo "manual" está implícito e disperso em suas intervenções práticas. A aposta lukacsiana é facilmente inteligível: superar Hegel como Marx superou Ricardo, completando assim a tarefa pendente. Se nos atentarmos para Antonino Infranca, a *Ontologia do ser social* poderia ser considerada a culminância desse projeto que já estaria enunciado como fenomenologia em *História e consciência de classe* (doravante *HCC*). Se a obra de Lukács tem algum valor hoje, não é apenas nos permitir julgar até onde o filósofo chegou em sua carreira, mas também a importância de tal aposta.

Da ética à revolução e depois

Filho de um diretor de banco, um nobre de título comprado, György Lukács nasceu em 1885, em Budapeste, então parte do Império Austro-Húngaro[2]. Intelectual extremamente precoce, voltou-se rapidamente para a arte (em particular a literatura e o teatro) e a filosofia. A Wilhelm Dilthey e Georg Simmel, suas primeiras influências, que estarão com ele até *HCC*, logo virá se somar Max Weber. Sua primeira "ideologia" é a de um "romantismo anticapitalista", entusiasta de um teatro de teses de forte cunho social: Máximo Górki, Henrik Ibsen, August Strindberg, Anton Tchecov e Gerhart Hauptmann são representados no Teatro Thalia, fundado por ele e Sándor Hevesi. Escreve muito e, sob a influência de seu "professor", Simmel, dá à luz a sua primeira obra importante, a *História da evolução do drama moderno*, em 1911, embora sua feitura seja de alguns anos antes. Na mesma época, ele lança um livro que vai lhe dar uma primeira fama europeia, *A alma e as formas**. Ainda sob essa influência simmeliana, participa do "Círculo dos Domingos", no qual se reúne com futuros intelectuais de renome, como József Révai, Béla Fogarasi, Karl Mannheim e Arnold Hauser. Vincula-se também, enquanto aluno, a Heinrich Rickert e Wilhelm Windelband.

---

[2] Todos os dados desta pequena biografia foram retirados de diferentes referências do próprio Lukács e também de George Lichtheim, *Lukács* (México, Grijalbo, 1973) [ed. bras.: *As ideias de Lukács*, trad. Jamir Martins, São Paulo, Cultrix, 1973]; Arpad Kadarkay, "The Demonic Self: Max Weber and Georg Lukács", *Hungarian Studies*, n. 9, 1994; Andrew Arato, "Georg Lukács: la búsqueda de un sujeto para la revolución", em Andrew Arato et al., *El triunfo ruso y la revolución proletaria* (Buenos Aires, Paidós, 1974). É útil, como guia, a cronologia elaborada por Antonino Infranca e Miguel Vedda em *György Lukács: ética, estética y ontología* (Buenos Aires, Colihue, 2007).

* G. Lukács, *A alma e as formas* (trad. Rainer Patriota, Belo Horizonte, Autêntica, 2015). (N. E.)

Sua atração pelo marxismo começa cedo. Já em 1908 está lendo *O capital**, embora com um interesse meramente acadêmico, se assim se pode dizer, na medida em que quer simplesmente dar um fundamento sociológico ao seu trabalho sobre o drama moderno. Para o futuro filósofo marxista, Marx era antes de qualquer coisa um sociólogo em algum grau relacionado com seus professores. Lukács continuará lendo Marx lateralmente, influenciado por Hegel e pelo sindicalismo revolucionário, em particular pela filosofia de Georges Sorel e pela atividade política de Ervin Szabó, dirigente da oposição de esquerda da social-democracia húngara. A essa mistura, que Lukács retrata com a imagem faustiana de duas almas morando em um mesmo peito, podemos agregar seu passado kierkegaardiano e o descobrimento de Rosa Luxemburgo. Assim, o filósofo oscila durante toda a Primeira Guerra Mundial entre o marxismo e a política, por um lado, e o idealismo ético, por outro.

A guerra o encontra casado com uma terrorista russa e publicando outro livro importante de sua etapa pré-marxista: *A teoria do romance***. Nessa época, começa uma reflexão mais séria sobre a literatura marxista, atitude que coincidirá com uma amizade recentemente feita: Ernest Bloch. A contenda bélica acelera seu desenvolvimento político e ideológico, processo este que termina com a Revolução Russa: em 1918, Lukács ingressa no Partido Comunista Húngaro, sob a influência política de Rosa Luxemburgo.

É nesse momento que se inicia a redação de vários dos textos que culminarão em *HCC* e serão marcados por sua estreia na política prática. Importante membro do comunismo húngaro, a ponto de ser redator da revista teórica do partido, *Internationale*, Lukács chegará ao cargo de ministro da Educação na República dos Conselhos, criada em 1919. Será também comissário político no Exército, na 5ª Divisão Vermelha. Sofrerá perseguições após a queda do governo de Béla Kun, das quais escapará graças, entre outras coisas, à influência de seu pai e de uma campanha internacional, que consegue tirá-lo da prisão no fim do mesmo ano.

Durante toda a década de 1920, Lukács militará na reorganização e na luta programática dentro do Partido Húngaro e na Terceira Internacional. Na Hungria, fez parte da fração Landler, oposta à de Béla Kun, que Lukács acusaria de sectarismo,

---

* Karl Marx, *O capital: crítica da economia política*, Livro I: *O processo de produção do capital* (trad. Rubens Enderle, São Paulo, Boitempo, 2011). (N. E.)

** G. Lukács, *A teoria do romance: um ensaio histórico-filosófico sobre as formas da grande épica* (trad. José Marcos Mariani de Macedo, São Paulo, Duas Cidades/Editora 34, 2000). (N. E.)

enquanto na Internacional será uma das principais vozes da fração dos comunistas de esquerda, aqueles a quem Lênin insultaria como "infantilismo de extrema esquerda". *HCC* nasce nesse contexto e provoca grandes debates em ambos os grupos: é muito atacado em particular no V Congresso da Internacional por Zinoviev. Depois dessas críticas, sempre com sua posição "extrema", Lukács iniciou sua "reconciliação com a realidade", um período em que se alinha a Stálin na política interna (aceita o socialismo em um só país), enquanto internacionalmente se transforma em um defensor da frente popular contra a linha da "classe contra classe".

Precisamente por essa linha adotada, Lukács abandonará a política ativa no início da década de 1930, após ter de se retratar perante o Partido Comunista Húngaro por suas "Teses de Blum"*, nas quais expunha, em 1928-1929, uma linha de frente popular que rejeitava a possibilidade de uma nova república de conselhos para a Hungria e recomendava a ditadura democrática de trabalhadores e camponeses. Exilado em Moscou, começa uma vida dedicada ao trabalho intelectual com David Riazanov e Mikhail Lifschitz. Durante os anos 1930, faz parte da Academia de Ciências de Moscou, realizando trabalhos de publicação. Não se salva de contradições com o stalinismo, apesar de avalizar os processos contra os "traidores", sobretudo quando a polêmica sobre o realismo surge em torno de suas posições (1939-1940)[3].

Depois da guerra, Lukács volta para uma Hungria agora comunista como professor de literatura na Universidade de Budapeste, onde não tarda em realizar uma nova autocrítica, acusado de revisionista, em 1949. A autocrítica lhe rendeu o reconhecimento do regime, já que até a morte de Stálin será membro do parlamento húngaro, da presidência da Academia Húngara de Ciências, do Conselho Nacional da Frente Popular Patriótica e de outras instâncias de mesmo estilo. Nessa época, mantém uma intensa polêmica com Sartre a respeito do existencialismo e algumas de suas obras importantes começam a ser publicadas: *Goethe e seu tempo***, *A destruição da razão*, *O jovem Hegel****. Várias delas tiveram um longo

---

* Idem, "Teses de Blum: 'A ditadura democrática'", *Temas de Ciências Humanas*, n. 7, 1979. (N. E.)

[3] Para acrescentar mais um texto à selva emaranhada das relações contraditórias entre Lukács e o stalinismo, ao menos no que diz respeito à "política estética", ver Helga Gallas, *Teoría marxista de la literatura* (Buenos Aires, Siglo XXI, 1973).

** G. Lukács, *Goethe e seu tempo* (trad. Nélio Schneider e Ronaldo Vielmi Fortes, São Paulo, Boitempo, 2021). (N. E.)

*** Idem, *O jovem Hegel: e os problemas da sociedade capitalista* (trad. Nélio Schneider, São Paulo, Boitempo, 2018). (N. E.)

processo de gestação ou aguardavam dormentes havia décadas. Essa crescente presença internacional será simultaneamente freada e catapultada por um evento crucial em sua carreira intelectual. É que, com a Revolução Húngara, Lukács voltou à vida política em 1956, como ministro da Educação Popular do governo de Imre Nagy, e foi salvo da pena de morte, após a queda do regime, graças à sua fama e por ter votado contra a separação do Pacto de Varsóvia. Isso não o eximiu, entretanto, de passar um ano exilado na Romênia.

Dizíamos que sua presença intelectual internacional foi freada por sua prisão, mas ao mesmo tempo foi catapultada: se Lukács não tivesse participado do governo Nagy, provavelmente teria entrado para a história como um stalinista inteligente que teve sua febre juvenil e nada mais. Mas 1956 solda de alguma forma *HCC* com o antistalinismo e realça sua figura como a de um exilado interno, como aquele que resistiu entre as próprias mandíbulas da besta. Como veremos, nem tanto assim.

A fama crescente do filósofo conhecerá então um novo vigor. Ao longo dos anos 1960, serão publicadas suas obras completas, enquanto se produz o "renascimento" de um texto que lhe dava urticária e incômodo, a ponto de compará-lo com sua produção pré-marxista: uma reedição francesa de *HCC*, em 1960, obriga-o a um distanciamento público de seu livro mais famoso, dando origem a uma autocrítica na revista *Arguments*. Essa condenação será reiterada, ainda mais enfaticamente, quando for publicada como parte de suas obras completas, em 1967. Como o leitor poderá observar, o "Prefácio à presente edição" é particularmente devastador. Ele contrapõe, a esse excesso inaugural, uma obra que terá o caráter de monumento póstumo e escassamente valorizada até hoje: a *Ontologia do ser social*.

Lukács passa seus últimos anos como figura de consulta internacional para parte da nova geração de revolucionários, entre os quais se encontram, para sua desgraça, não poucos admiradores de sua obra de juventude. O regime o reincorpora ao Partido Socialista Operário Húngaro e o homenageia, em particular, com a Ordem da Bandeira Vermelha nos cinquenta anos da República dos Conselhos de 1919. Lukács morre em 1971, deixando inconcluso seu último livro, que soma, no entanto, cerca de 1.600 páginas. Também entrega um derradeiro documento sobre sua perspectiva política, o chamado *Testamento político*, no qual desacredita das possibilidades reformistas do regime húngaro, ainda que não da reforma do sistema comunista[4].

---

[4] Ver G. Lukács, *Testamento político y otros escritos sobre política y filosofía* (orgs. Antonino Infranca e Miguel Vedda, Buenos Aires, Herramienta, 2004).

O começo de uma filosofia necessária | 193

Essa exposição necessariamente brevíssima da trajetória político-intelectual de Lukács nos permite, ainda assim, traçar a silhueta do personagem. A evolução de Lukács mostra a capacidade de atração do proletariado revolucionário, posto que já era um intelectual reconhecido quando se incorporou ao marxismo. A evolução desse mesmo proletariado explica também a natureza de suas opções políticas. Dito de outra maneira, é possível arguir motivos psicológicos ou de outro tipo para suas atitudes volúveis[5], mas essas opções só são compreendidas no quadro do processo da luta de classes mundial e das forças políticas que disputam esse campo. Ou seja, a evolução política e intelectual de Lukács não pode ser compreendida se não examinarmos a experiência que marcou várias gerações, inclusive a sua: a Revolução Russa.

Lukács e a Revolução Russa

Como já dissemos, na literatura já um tanto copiosa que discute a relação entre Lukács e o stalinismo foi produzida uma oscilação permanente entre a condenação e a reivindicação. Como veremos ao final, o problema não é a relação Lukács--Stálin, mas as opções que se abrem com o surgimento da União Soviética e a estagnação da revolução mundial. Examinemos primeiro as posições em torno do filósofo húngaro para logo voltarmos a essas perspectivas.

Os polos dessa dualidade crítica poderiam ser sintetizados em dois autores que reúnem o conjunto das posições indicadas: Nicolas Tertulian, do lado "hagiográfico", e George Lichtheim, do lado "crítico"[6]. Comecemos por este último.

---

[5] Exemplos dessa abordagem psicológica podem ser encontrados em Kadarkay e Lichtheim. Não muito longe deles encontra-se Agnes Heller, "Lukács y la Sagrada Familia", em Ferenc Fehér et al., *Dialéctica de las formas: el pensamiento estético de la Escuela de Budapest* (Barcelona, Península, 1987).

[6] Do lado crítico, podemos situar os já citados Kadarkay e Lichtheim, assim como David Pike, Leszek Kołakowsky e Alain Brossat. Talvez quem melhor represente essa linha, pela forma extrema com que a coloca, seja Edison Salles, que simplesmente descarta Lukács por não ter sido trotskista (Edison Salles, "Notas sobre Lukács y el stalinismo", *Estrategia Internacional*, n. 25, 2008). Em posições decididamente hagiográficas, podem ser elencados Michael Löwy, "El marxismo de la subjetividad revolucionaria de Lukács", *Herramienta*, n. 34, 1937, e Nicolas Tertulian, "Lukács e o stalinismo", *Verinotio*, ano 4, n. 7, 2007, disponível *on-line*. A posição mais extrema é representada aqui pelos compiladores de um dos livros comentados por Edison Salles cujo título fala por si próprio: *Lukács, um Galileu no século XX*, de Ricardo Antunes e Walquiria Leão Rego (São Paulo, Boitempo, 1996). Também nesse excesso, Néstor Kohan, "La filosofía y el fuego: Lukács ante Lênin", prefácio a G. Lukács, *Lenin, la coherencia de su pensamiento* (Madri, Biblioteca Nueva, 2016) [ed. bras.: *Lênin: um estudo sobre a unidade de seu pensamento*, trad. Rubens Enderle, São Paulo, Boitempo, 2017]. Em posições mais moderadas,

Como fato geral, Lichtheim tende a menosprezar a autonomia do pensamento lukacsiano com relação às suas opções políticas, invertendo o pressuposto de que partem seus defensores: para estes, Lukács pensa assim, logo age assim; para seus opositores, Lukács age assim, logo pensa assim. O resultado é que a filosofia e a crítica literária do autor de *HCC* são, do ponto de vista lichtheimiano, a conclusão lógica de suas contorções políticas. Ele pretende se colocar em um lugar "objetivo", mas a sensação que se tem após a leitura do livro é que Lukács não passou de um malabarista, brilhante, mas muito distante da originalidade de um gênio criador de ideias potentes. Assim, por exemplo, enquanto diz se negar a acreditar em afirmações demasiado hostis ao nosso filósofo, subscreve ao menos lateralmente a opinião de Victor Zitta, que acusa Lukács de ser um fracasso como dramaturgo e poeta e buscar fama fácil como crítico. É certo que Lichtheim reconhece o valor de suas obras de juventude, embora ao preço de considerá-las pouco marxistas. Essa originalidade, que foi coroada com *HCC*, acabou rapidamente: o *Lenin* constituiria sua primeira "retratação". Obviamente, a segunda é aquela que corresponde às "Teses de Blum", mas Lichtheim acompanhará de perto cada um desses momentos, quase se poderia dizer, com prazer. Apesar de afirmar sua "compreensão" para com aquele que teve de atuar sob "um dos regimes mais duros e opressores que o mundo já conheceu", que "mal lhe permitia manter a cabeça fora da água", não deixa de citar seus elogios excessivos a Stálin, sobretudo na questão da teoria da linguagem. A posição de Lichtheim pode ser resumida no seguinte parágrafo: "Lukács usou muitas máscaras durante sua vida e levou a cabo atos de desengano calculado, acomodação e humilhação, alguns até mesmo muito notáveis para os níveis médios do ambiente que ele mesmo escolheu".

Isso não significa que Lichtheim não veja nenhum valor em Lukács, mas certamente o coloca bem abaixo do que aceitariam aqueles que defendem a tese oposta:

> Se – ao contrário do que acreditam seus admiradores – ele não se tornou o "Marx da estética", é forçoso reconhecer, por outro lado, que ele fez por seu tema favorito o que Dilthey fez por Kant e Hegel: sistematizar um corpo de ideias que já foram

---

embora reivindicativas, Manuel Sacristán, "Sobre el 'marxismo ortodoxo' de György Lukács", *Realitat*, n. 24, 1972 (Sacristán será um tradutor estudioso e também responsável pela divulgação de Lukács em língua espanhola. Ver Carlos Lema Añón, "Manuel Sacristán y la recepción española de György Lukács", *Universitas*, n. 7, 2008), e Antonino Infranca, *Trabajo, individuo, historia: el concepto de trabajo en Lukács* (Buenos Aires, Herramienta, 2005) [ed. bras.: *Trabalho, indivíduo, história: o conceito de trabalho em Lukács*, São Paulo, Boitempo, 2014]. Este último é o trabalho mais interessante sobre a filosofia de Lukács e seu autor é um notável conhecedor da obra lukacsiana.

novas e revolucionárias, colocando-as assim à disposição do consumo acadêmico. O que certamente não é um resultado desdenhável, sobretudo se levarmos em conta que em épocas críticas ou obscuras é preciso uma formação escolar especial para elevar os recém-chegados a um nível em que seja possível dar sentido à cultura que herdaram. Se ao fim Lukács tivesse conseguido salvar alguns resquícios da civilização que desmoronou na esteira de 1914, seus pecados de omissão e comissão seriam, sem dúvida, julgados com indulgência pelos historiadores.[7]

Digamos que os defensores de Lukács esperavam mais do que um especialista em estética. Esperava-se que ele construísse as bases filosóficas do marxismo, ou seja, que fosse seu Hegel. Mas, para Lichtheim, esse é o maior elogio de que ele é capaz: o "Dilthey de Marx". Poderíamos continuar examinando seu texto, mas depararíamos com mais exemplos desse tipo: juízos superficiais sem um maior suporte empírico. Como muitos dos citados na nota mencionada, eles não fazem muito mais do que repetir o juízo de Adorno:

> Mais tarde, no período correspondente aos vinte e tantos anos do autor, o objetivismo começou a se curvar à doutrina comunista oficial, ainda que a princípio não sem conflitos, e Lukács renegou, como é costume no bloco oriental, aqueles escritos de juventude, usando de um modo abusivo argumentos hegelianos para justificar a forma como tornou suas as objeções de caráter mais superficial e acessório utilizadas com esmero pela hierarquia do partido e jogou-as contra si próprio, esforçando-se depois, durante décadas, em livros e conferências para reduzir seu pensamento ao nível desmoralizante do pseudopensamento soviético, que havia rebaixado a filosofia, degradando-a ao ofício de um simples instrumento de poder.[8]

Os defensores de Lukács tendem a cair no ponto de vista oposto: justificam todos e cada um de seus atos, negando sua filiação "stalinista", mesmo quando ela é mais do que evidente. É o caso de Nicolas Tertulian. Ele distingue duas variantes da oposição aos regimes do Leste: a dos dissidentes emigrados (Sakharov, Havel, Kołakowsky ou Soljenítsin) e a "contestação interna" (Brecht, Bloch e Lukács). Lukács teria sido o mais consequente dos antistalinistas, na teoria e na prática:

---

[7]   George Lichtheim, *Lukács*, cit., p. 157.

[8]   Theodor W. Adorno, "Lukács y el equívoco del realismo", em G. Lukács et al., *Realismo: ¿mito, doctrina o tendencia histórica?* (Buenos Aires, Tiempo Contemporáneo, 1969), p. 39. Para uma análise da relação entre Lukács e Adorno, ver Miguel Vedda, "Vivencia trágica o plenitud épica: un capítulo del debate Lukács-Adorno", em idem, *La sugestión de lo concreto: estudios sobre teoría literaria marxista* (Buenos Aires, Gorla, 2006).

Seria arriscado afirmar que o desmoronamento do mundo comunista havia surpreendido Lukács. O autor de *Ontologia do ser social* considerava que os regimes do Leste Europeu, imobilizados em seu triunfalismo e afetados por uma indigência estrutural, estariam condenados ao fim, e que se precisaria proceder com urgência à sua reforma em profundidade para salvar a opção de um futuro socialista. É o mesmo sentido do combate conduzido durante os quinze últimos anos de sua vida pelo filósofo que permaneceu fiel ao engajamento tomado em sua juventude. Por isso, era preciso cortar o mal pela raiz, em outros termos: dedicar-se ao descobrimento de um ideal de liberdade, emancipação e justiça para os regimes que pretendiam servi-lo. Nutrindo a convicção em um sentido premonitório de que essa perversão do marxismo que é o stalinismo representa um perigo mortal para a causa do socialismo, o filósofo dedicou-se apaixonadamente a denunciar o abismo que separa a teoria e a prática de Stálin do espírito marxiano. [...] Nem Ernest Bloch, nem Henri Lefebvre, nem Louis Althusser, dentre os filósofos marxistas contemporâneos, inevitavelmente obcecados pelo fantasma do stalinismo, desenvolveram uma reflexão tão aprofundada sobre a natureza do problema.[9]

Tertulian se esforça para demonstrar a existência de um antistalinismo "críptico", mesmo nos textos da década de 1930. Examinando o episódio mais ridículo das pretensões intelectuais de Stálin, o congresso de filosofia organizado por ele em Moscou, Tertulian se surpreende com a simpatia demonstrada por Lukács, que chegou até a considerá-lo um evento que teve boa repercussão para sua própria obra. Surpreso, seu defensor se pergunta: "Desconcertante, de fato, a posição de Lukács. Sua satisfação diante de certas orientações imprimidas pelo ditador à filosofia soviética no início dos anos 1930 implica a aprovação do stalinismo enquanto doutrina e prática política?". E responde:

> Com o distanciamento histórico, podemos seguramente lhe reprovar o fato de ter subestimado as consequências sobre as atividades do espírito dessa vitória manipulada. Porém, ainda com o mesmo distanciamento histórico, não se pode evitar observar que as conclusões do debate iam no sentido de seu próprio caminho. A rejeição da "ortodoxia plekhanoviana", o fato de conservar o marxismo como uma filosofia radicalmente nova, de vocação universal, valorizar a contribuição de Lênin, pareciam opiniões comuns ao "homem de Estado" e ao filósofo, o que autorizava este último a se declarar satisfeito; a realidade vai demonstrar que eles não haviam optado pela mesma coisa.

---

9 Nicolas Tertulian, "Lukács e o stalinismo", cit. Edison Salles ("Notas sobre Lukács y el stalinismo", cit.) também destaca essas contradições na defesa de Tertulian.

O filósofo e o "homem de Estado" concordavam, ao menos filosoficamente:

> Lukács considerava que Plekhanov superestimava a influência de Feuerbach sobre o jovem Marx, forjando sua própria filosofia. Defender a interpretação de Lênin contra aquela de Plekhanov seria, para Stálin, uma maneira de manifestar sua "ortodoxia"; para Lukács, seria uma maneira de recuperar a herança hegeliana, sublinhar a importância do grande filósofo (ocultado por um excesso de "feuerbachianismo") na gênese do marxismo (hoje o enfoque antimecanicista dessa posição não escapa a ninguém).

Tertulian conclui que o marxismo antimecanicista que brota da superação de Plekhanov e que se tornará o cerne de suas obras maduras (*Estética* e *Ontologia do ser social*) já está presente aqui, embora ele não ouse reconhecer a consequência lógica de seu argumento: portanto, Stálin é o "pai" da renovação marxista, ao menos por sua influência "positiva" sobre Lukács. Poderíamos continuar examinando o texto de Tertulian para encontrar formas cada vez mais imaginativas de extirpar o inevitável tumor stalinista do itinerário lukacsiano. É verdade que sua crítica aos inimigos do filósofo húngaro (Kadarkay, Adorno, Kołakowsky) é convincente; tão certa quanto frágil é a sua defesa do "antistalinismo" de Lukács. O que falta a quem defendeu o pacto Hitler-Stálin, os processos de Moscou, a política da Frente Popular e se pronunciou apologeticamente em mais de uma ocasião para ser considerado um stalinista? Um stalinista crítico, mas afinal um stalinista. Um stalinista inteligente, mas afinal um stalinista. Não é por acaso, então, que Lukács só criticou Stálin após a sua morte.

É óbvio que uma alternativa como a escolhida pelo autor de *HCC* pode ser criticada em particular ou em geral. Mas não há dúvidas de que seu stalinismo é considerado um problema difícil de lidar até mesmo por seus mais fervorosos defensores. Mesmo um discípulo particularmente respeitável de Lukács como István Mészáros questiona (embora não se refira a ele diretamente) essa afirmação em palavras que cabem perfeitamente bem ao seu mestre:

> Não é possível levar a sério a hipótese apresentada como autojustificativa segundo a qual o poder político do Estado pós-revolucionário apenas se manteria – e até mesmo se fortaleceria – assumindo uma função internacional, no sentido de que a repressão seria necessária em virtude do "cerco"; segundo a mesma hipótese, esse seria o único meio de defender concretamente as conquistas revolucionárias contra a agressão externa e sua retaguarda, a subversão interna. A história fala em termos claros: esse "inimigo interno ou externo" que serve para justificar a natureza do poder político na sociedade pós-revolucionária nada mais é do que uma perigosa

doutrina que toma a parte pelo todo para transformar uma determinação parcial em justificativa *a priori* do injustificável: a violação institucionalizada dos direitos e valores socialistas mais elementares.[10]

Certamente o próprio Mészáros reconhece no mesmo texto que Lukács se antecipou ao problema com uma profunda reflexão e, já em 1919, estava muito consciente das consequências para o futuro. Ele cita ainda um parágrafo que é muito difícil ignorar, apesar de seu tamanho:

> É claro que os fenômenos mais opressores do poder operário – escassez de bens de consumo, preços elevados, cujas consequências imediatas cada proletário conhece perfeitamente – são a consequência direta de uma diminuição da disciplina do trabalho e de uma queda importante na produção. Os remédios e a melhora que deles resultará para o padrão de vida do indivíduo poderão ser administrados quando as causas desses fenômenos forem eliminadas. O que pode ser feito em duas modalidades. Ou os indivíduos que constituem o proletariado se *dão conta* de que só podem ajudar a si mesmos procedendo a um reforço voluntário de disciplina de trabalho, aumentando assim a produção; ou, não sendo capazes disso, *criam instituições capazes de fazer nascer esse estado de coisas*. Nesse último caso, criam um sistema legal por meio do qual o proletariado *obriga* seus próprios membros individuais, os proletários, a agir de uma forma que corresponda aos interesses de sua classe: *o proletariado vira a ditadura contra si mesmo*. Essa medida é necessária para a sobrevivência do proletariado quando não existe o justo reconhecimento dos interesses de classe e a ação voluntária em seu favor. Mas não dissimulemos o fato de que esse método contém em si *grandes perigos para o futuro*. Quando é o próprio proletariado que cria a disciplina do trabalho, quando o sistema de trabalho do Estado proletário é regulado sobre uma base *moral*, a pressão externa representada pela lei cessa *automaticamente* com a abolição da divisão em classes – quer dizer, o Estado desaparece gradualmente – e essa liquidação da divisão em classes sociais é geradora de uma verdadeira história da humanidade, que Marx profetizava e esperava. Mas se o proletariado segue outro caminho, deve ser criado um sistema legal que não possa ser abolido automaticamente pelo desenvolvimento histórico. Esse desenvolvimento passa então para as mãos de uma direção que põe em risco o aparecimento e a radicalização do objetivo final. Porque o sistema legal que o proletariado é obrigado a criar dessa maneira deve ser revertido e quem sabe que

---

[10] István Mészáros, "La cuestión del poder político y la teoría marxista", em K. S. Karol et al., *Poder y oposición en las sociedades postrevolucionarias* (Barcelona, Laia, 1980), p. 126 [texto em português: "Poder político e dissidência nas sociedades pós-revolucionárias", *Ensaio 14*, São Paulo, Ensaio, 1985, p. 34].

convulsões, que feridas causará uma transmissão que levará por esse caminho do reino da necessidade ao da liberdade?[11]

O artigo lukacsiano, que leva o sugestivo título de "A moral na produção comunista", antecipa não só o futuro desenvolvimento da União Soviética, mas também a problemática do "homem novo" de Che Guevara. É a prova de que Lukács assumiu essa aposta com plena consciência dos perigos que ela implicava. Também mostra que a opção que ele escolheu durante a década de 1920 corresponde a uma série de problemas sobre os quais ele vinha refletindo desde muito antes da ascensão de Stálin e que, portanto, correspondem ao seu próprio amadurecimento intelectual.

O stalinismo de Lukács (como o de quase todos os stalinistas) não é uma simples manobra de acomodação, tampouco o resultado do "terror". Consiste na aceitação das consequências lógicas de uma aposta histórica: o socialismo em um só país. Uma lamentável deformação da consciência histórica tende a conceber o stalinismo como a expressão de um punhado de assassinos brutais e incapazes. Que esse punhado de bestas ignorantes transformaria a União Soviética na segunda potência mundial, que colocaria o primeiro ser humano em órbita, que deixaria para trás a maior safra de cientistas conhecida e que chegaria não apenas a vencer o fascismo, mas até mesmo a dominar mais de um terço do mundo, é algo que deve nos colocar em guarda na hora de pesar sua função e potência históricas. Com efeito, não avançaremos nada na compreensão da história e do lugar de personagens como Lukács se partirmos do preconceito de que nada do que teve contato com o stalinismo pode ser certo, útil ou verdadeiro. Dito de outra maneira: Lukács podia ser um perfeito stalinista e, no entanto, ser um filósofo notável e um crítico literário brilhante; Lukács podia ser um stalinista perfeito e, mesmo assim, deixar para a posteridade revolucionária obras-primas como *A destruição da razão* ou *Ontologia do ser social*. Como veremos, ele estava longe de ser um "perfeito" stalinista, tanto quanto de deixar de sê-lo por completo.

Para compreender o problema, é necessário rejeitar a opção que mencionamos acima: não negar a relação óbvia entre política e filosofia, mas não entendê-la sob a forma idealista iluminista (*faça o que pensa*) nem sob a postura maquiavélica (*pense o que faz*), mas com um olhar mais próximo ao que Michael Löwy chama

---

[11] Ibidem, p. 134. Os itálicos são de Mészáros. Uma tradução melhor, com o texto completo ("El papel de la moral en la producción comunista"), pode ser encontrada em G. Lukács, *Táctica y ética* (Buenos Aires, El Cielo por Asalto, 2005), p. 66-7.

de "afinidade eletiva"[12]: há algo em comum entre Lukács e o stalinismo que, apesar de suas diferenças, os mantém unidos. Devemos retroceder, então, ao momento em que essa aliança se produziu, o momento do "grande debate".

Isaac Deutscher descreve bem o clima em que vai se dar a polêmica sobre o futuro soviético:

> Por baixo dessa atitude psicológica, que estava limitada aos governantes, havia uma corrente oculta muito mais ampla: o partido e as classes trabalhadoras tinham se cansado de esperar a revolução internacional que havia sido o pão de cada dia do bolchevismo. Essa expectativa havia sido frustrada em 1917, 1918 e 1920. Voltou a ser encorajada em 1923, pela agitação na Alemanha. Dessa vez, o adiamento da esperança arrancou o coração do partido. "A classe trabalhadora europeia está nos abandonando; ouça seus dirigentes social-democratas e trema diante do prato do capitalismo": tal era, mais ou menos, o comentário de mais de um trabalhador politizado ao saber o que se passava no Ocidente. A ideia de que, apesar de tudo, a sorte do comunismo russo devia ser considerada, em última instância, dependente da vitória ou da derrota do comunismo no estrangeiro, era uma ideia irritante e inseparável da "revolução permanente" de Trótski. [...] A característica verdadeiramente trágica da sociedade russa na década de 1920 era seu anseio por estabilidade, bastante natural depois de suas experiências recentes. O futuro não parecia trazer muita estabilidade para nenhum país, mas para a Rússia menos do que para qualquer outro. No entanto, o desejo de pelo menos um prolongado respiro em empreendimentos arriscados veio a ser a motivação dominante da política russa. O socialismo em um só país, tal como foi interpretado praticamente até os últimos anos da década de 1920, oferecia uma promessa de estabilidade.[13]

Todo mundo estava consciente dessa situação, o que não significava que tivessem a mesma solução em mente. Que Lukács é mais consciente do que o próprio Stálin sobre as consequências dessa decisão é demonstrado por suas "Teses de Blum", que não são mais do que a antecipação da Frente Popular, a estratégia "defensista" mais adequada para a Revolução de Outubro sob o ângulo do stalinismo. Com essa definição de ponto de partida, as atitudes de Lukács em relação aos processos de Moscou ou ao pacto Hitler-Stálin são perfeitamente coerentes. Suas atitudes "dissidentes", inclusive as mais enigmáticas, também são compreensíveis

---

[12] Ver Michael Löwy, *Redención y utopía* (Buenos Aires, El Cielo por Asalto, 1997) [ed. bras.: *Redenção e utopia*, trad. Paulo Neves, São Paulo, Perspectiva, 2020].

[13] Isaac Deutscher, *Stalin* (México, Era, 1965), p. 273-2 [ed. bras.: *Stálin: uma biografia política*, trad. Luiz Sérgio Henriques, Rio de Janeiro, Civilização Brasileira, 2006].

nesse quadro: Lukács "acredita" na revolução e em suas conquistas, de modo que não vê como necessária nenhuma "revolução política", mas sim uma reforma. Não vê um perigo contrarrevolucionário no stalinismo e em seu triunfo. No pior dos casos, o stalinismo lhe parece mais um conservadorismo. No prefácio de 1967, Lukács considera o stalinismo um "sectarismo" conservador e burocrático, cuja função é impedir qualquer reforma, qualquer reforma de um sistema "reformável", mas não destruidor de um processo cujo resultado não podia mais ser considerado "conservável".

Deutscher aponta, em sua biografia de Trótski, que a analogia com a Revolução Francesa estava na ordem do dia na década de 1920, sobretudo em seus momentos culminantes: Stálin era a continuidade do momento jacobino, ou melhor, o representante do Termidor? Lukács assume o primeiro; Trótski o segundo. Isso diferencia suas atitudes. Obviamente, a consideração correta depende da opção escolhida entre a revolução permanente e o socialismo em um só país. Lukács aceita esta última como uma possibilidade, porque não vê como o ciclo revolucionário possa ressurgir em breve ou que a União Soviética possa fazer algo para mudar essa situação. Em outras palavras, Lukács não vê, como faz Trótski, o papel ativo do stalinismo no processo de estagnação da revolução mundial. O stalinismo é, na visão de Trótski, o resultado da derrota da Revolução de Outubro, não em um plano imediatamente material, mas no da consciência. O que diferencia Trótski do stalinismo (para além de outras questões menores sobre esse ponto) é sua avaliação diferente da potência da revolução. Trótski não é cego ao progressivo isolamento mundial e ao crescimento do fascismo. Muito pelo contrário: a crítica à política de classe contra classe o leva a formular a Frente Única. O que caracteriza a posição de Trótski é que, mesmo em um contexto de refluxo, a União Soviética pode desempenhar um papel ativo na mudança das circunstâncias internacionais, até mesmo adotando uma estratégia "defensista". Lukács tem, a esse respeito, a mesma concepção antidialética do stalinismo, para o qual a defesa é a defesa e o ataque é o ataque[14].

Lukács critica Stálin pela estratégia de classe contra classe. Mas, em vez de optar pela Frente Única, as "Teses de Blum" vão no sentido da Frente Popular: ditadura democrática dos trabalhadores e camponeses. Ele saltou do extremo esquerdismo

---

[14] Ver sobre esse ponto Léon Trotsky, *Stalin, el gran organizador de derrotas* (Buenos Aires, El Yunque, 1974) [ed. bras.: *Stálin, o grande organizador de derrotas*, trad. Fernando Bustamante e Paula Vaz de Almeida, São Paulo, Iskra, 2020].

para o reformismo entreguista. Demonstra ser mais coerente que Stálin, ao preço de ser pior. Por que a Hungria não podia desenvolver uma "república de conselhos"? Por sua estrutura interna, declara o autor de *HCC*. Porém, com a existência da União Soviética, não há nenhuma razão para que algo assim não possa acontecer. A revolução permanente e a dialética do desenvolvimento desigual e combinado lhe escapam por completo. Sua famosa aceitação hegeliana da realidade é isto: a revolução veio até aqui, uma ideia que continuará a repetir até o fim de seus dias[15]. A reconciliação "hegeliana" é algo como "é o que temos para hoje", conclusão que o elimina da vida política e só lhe permite intervir nos momentos em que parece haver uma ruptura, como nas "Teses de Blum" ou em 1956, após a morte de Stálin e a Revolução Húngara. Essa avaliação estratégica é mais importante para compreender Lukács do que a indignação que o crítico possa mostrar com sua resignação diante dos processos de Moscou. É *a* aposta do período, o que se deve compreender. Essa escolha é o que está por trás da passagem do idealismo de *HCC* para o materialismo de *Ontologia*, que é paralela à passagem da crítica da social-democracia (Kautsky et al.) à crítica do anarco-mao-guevarismo dos anos 1970 que é expresso no prefácio de 1967.

Esse reconhecimento do stalinismo lukacsiano não elimina, como querem seus inimigos, o valor de sua obra. Paradoxalmente, essa trajetória vital não só não é alheia à sua trajetória filosófica, mas permitiu que ele resumisse em sua vida e em sua filosofia uma posição mais madura (quer dizer, mais marxista): *HCC* e a *Ontologia do ser social*. Nesse sentido é verdadeiramente valiosa a atitude de lukacsianos como Antonino Infranca, que aposta na leitura do livro que aqui apresentamos como um momento de um processo maior, apenas inteligível à luz da *Ontologia*. É por isso que se *HCC* é um passo filosoficamente imprescindível, o melhor Lukács filósofo é o da *Ontologia*, afirmação que seus defensores negam, mas que ele mesmo expunha claramente a quem quisesse ouvi-lo:

> Nos anos vinte, Korsch, Gramsci e eu tentamos, cada um à sua maneira, lidar com o problema da necessidade social e sua interpretação mecanicista, o legado da Segunda Internacional. Nós herdamos o problema, mas nenhum de nós – nem mesmo Gramsci, que era, talvez, o melhor dentre nós – conseguiu resolvê-la. Nós estávamos errados e seria um erro hoje nos alçar a reviver os trabalhos daquela época como se

---

[15] Ver Hans Holz, Leo Kofler e Wolfgang Abendroth, *Conversaciones con Lukács* (Madri, Alianza, 1971) [ed. bras.: *Conversando com Lukács*, trad. Giseh Viann Konder, Rio de Janeiro, Paz e Terra, 1969].

fossem válidos hoje. No Ocidente existe uma tendência a erigir uma "heresia clássica", mas nós não precisamos disso hoje. Os anos vinte são uma era pretérita; o que nos concerne são os problemas dos anos sessenta. Eu estou trabalhando em uma ontologia do ser social que, eu espero, resolverá o problema que eu enfrentei de maneira errada no meu trabalho preliminar, especialmente em *História e consciência de classe*. Meu novo trabalho foca na relação entre liberdade e necessidade, ou, como eu me expresso, entre causalidade e teleologia.[16]

Essa é a razão pela qual o "velho" Lukács ainda está vivo no fim dos anos de 1960 como uma força questionadora do passado e do presente dos processos revolucionários, mesmo que nunca deixe de ser um stalinista. Diferentemente do antistalinista passivo, que se recolhe em uma espera mística, como Adorno, o Lukács de *HCC* volta a ser uma inspiração renovada para a nova geração revolucionária. Entretanto, e ao mesmo tempo, como vemos no prefácio de 1967, Lukács tenta recordar a essa geração que a necessidade também existe no mundo. Não é estranho, então, que para essa geração dos anos 1970 o Lukács do novo prefácio seja decepcionantemente conservador. No entanto, o que reside aí é uma simples advertência: essa nova geração precisa do seu Lênin.

História e consciência de classe segundo seus críticos

A revisão de todas as posições críticas em torno de *HCC* seria uma tarefa excessiva para esta introdução. Iremos nos limitar a comentar brevemente alguns traços marcantes daquelas que foram o ponto de partida de um debate ainda vivo. Interessam-nos três intervenções em particular, porque resumem muitas das que viriam e porque procedem de fontes pouco frequentadas pela crítica posterior. Referimo-nos às de László Rudas, Abram Deborin e Siegfried Marck[17].

O surgimento de *HCC* deu origem a um intenso debate, enquadrado na luta contra o "ultraesquerdismo" no seio da Internacional Comunista. Recordemos que Lukács foi um dos principais expoentes dessa corrente e que, juntamente com ela,

---

[16] Perry Anderson, "Entrevista com György Lukács", *LavraPalavra*, 19 maio 2016. Disponível *on-line*. Publicado originalmente em *New Left Review*, n. 68, 1971.

[17] É evidente que o debate em torno de *HCC* é quase infinito e os textos que mencionamos aqui limitam-se aos mais acessíveis. Uma bibliografia mais extensa e abrangente pode ser encontrada na já mencionada compilação de Miguel Vedda e Antonino Infranca, "Bibliografía básica en castellano", em *György Lukács*, cit., e em Martin Jay, *Marxism & Totality* (Los Angeles, University of California, 1984), cap. 2. Também é interessante a discussão apresentada por John Rees, *The Algebra of Revolution* (Londres, Routledge, 1998), em especial o cap. 5.

havia sido atacado de forma violenta por Lênin em *Esquerdismo, doença infantil do comunismo*[18]. Lukács é mencionado explicitamente em outro texto de Lênin, que tem o mesmo tema polêmico, publicado na revista da Internacional Comunista em junho de 1920, dedicado a comentar um número da revista *Kommunismus*. Na única citação do revolucionário russo sobre nosso filósofo, lê-se:

> O artigo de G. L. é muito esquerdista e muito ruim. Seu marxismo é puramente verbal; a diferença entre as táticas "defensiva" e "ofensiva" é imaginária; carece da análise concreta de situações históricas bem definidas; o essencial (a necessidade de conquistar e aprender a conquistar todas as esferas do trabalho e todas as instituições onde a burguesia exerce sua influência sobre as massas etc.) não se leva em conta.[19]

Com esse anátema por trás, não é estranho que um livro que era destinado a defender o bolchevismo e a Revolução Russa, inclusive contra Rosa Luxemburgo, fosse atacado como uma nova manifestação de idealismo aventureiro.

Entre seus primeiros críticos encontram-se futuros ultrastalinistas, como László Rudas[20]. O ataque de Rudas se dirige, sobretudo, contra a crítica de Engels e à rejeição da dialética da natureza por Lukács. Rudas vai questionar a oposição entre o Engels de *Anti-Dühring** e Marx (digamos de passagem que a diferença entre os fundadores do materialismo histórico apresentada por Lukács é uma estratégia que fez história e consiste em transformar o primeiro no mais antigo dos traidores do segundo). Como aponta Rudas, é difícil acreditar que um texto engelsiano publicado durante a vida de Marx não tivesse seu conhecimento e concordância. Engels, segundo Rudas, não equipara a dialética da natureza à dialética social, mas considera esta última um caso particular. Lukács, ao eliminar a dialética da natureza, faz do processo histórico a consequência exclusiva da determinação que surge da interação entre sujeito e objeto. Em resumo, "a teoria torna a revolução

---

[18] Vladímir I. Lenin, "El 'izquierdismo', enfermedad infantil del comunismo", em *Obras completas*, v. 23 (Buenos Aires, Cartago, 1971) [ed. bras.: *Esquerdismo: doença infantil do comunismo*, São Paulo, Expressão Popular, 2014]. Uma aproximação do clima político em que foram produzidas essas polêmicas e surgem as diferentes tendências "ultraesquerdistas" pode ser vista em Giacomo Marramao, "Teoría del derrumbe y capitalismo organizado en las discusiones del 'extremismo histórico'", em Karl Korsch, Anton Pannekoek e Paul Mattick (orgs.), *¿Derrumbe del capitalismo o sujeto revolucionario?* (México, Pasado y Presente, 1978).

[19] Vladímir I. Lenin, "Comunismo", em *Obras completas*, v. 23, cit., p. 259.

[20] Seguimos, a partir daqui o resumo de Federica Basaglia, *Coscienza di classe e storia in György Lukács: il dibattito*, disponível na internet. Todos os parágrafos citados correspondentes a László Rudas, Abram Deborin e Siegfried Marck foram retirados do texto citado e traduzidos por mim.

* Friedrich Engels, *Anti-Dühring* (trad. Nélio Schneider, São Paulo, Boitempo, 2015). (N. E.)

possível". Em outra crítica, Rudas questiona a afirmação lukacsiana de que o experimento científico e a indústria não são, como queria Engels, uma práxis material que revela o absurdo da coisa em si kantiana, mas sim puro idealismo. Rudas mostra que Lukács perde o cerne do problema e não vê a substância do argumento de Engels. Ele termina sua crítica da seguinte forma:

> Embora o livro contenha muitos pontos profundos, inteligentes e de vasta cultura, e sejam imediatamente brilhantes e sedutores, ele sempre permanece como a obra de um idealista, de um agnóstico e de um místico, não de um "marxista ortodoxo". Seria extremamente necessário que o companheiro Lukács registrasse em sua memória o ditado que diz "não se julga um indivíduo pelo que ele acredita de si mesmo", e se, depois de uma severa autocrítica, fizesse as contas com sua consciência filosófica atual, submeteria sua cosmovisão filosófica a uma revisão radical no sentido materialista e a modificaria o mais rápido possível.

À luz do prefácio de 1967, parece que Lukács o ouviu. Também parece possível encontrar em sua autocrítica um reconhecimento implícito do questionamento de Rudas à consciência atribuída, que ele dota de características mitológicas:

> [...] quando "o sentido da situação histórica de classe" "se torna consciente", transformando-se em uma consciência particular, peculiar, diferente da consciência dos indivíduos e troveja sobre suas cabeças. Mas agora estamos diante de um deus camuflado [...] No melhor dos casos (ou no pior), a consciência "atribuída" do companheiro Lukács é uma consciência hipostasiada – muito semelhante a uma consciência divina.

O próprio criticado reconhecerá a verdade dessa profunda objeção ao admitir, no prefácio de 1967, que a conversão da consciência atribuída em prática revolucionária é, em *HCC*, um verdadeiro milagre.

Outro de seus debatedores imediatos, Abram Deborin, começa por considerá-lo o chefe da "extrema esquerda" na Internacional, juntamente com Korsch, Fogarasi e Révai, razão pela qual inscreve sua crítica na linha da intervenção de Lênin. Um ponto se destaca em sua proposta: concorda com Lukács sobre a importância do método, mas não acredita que os resultados obtidos sejam de importância secundária. Um método correto não pode levar a resultados incorretos, porque sua utilidade é confirmada nos resultados. Mas também porque as categorias que formam o conteúdo de um método não têm uma existência autônoma, mas são resultado de uma mesma investigação. Deborin conclui que, para Lukács, "a teoria, o método possuem um significado absoluto e se a realidade não se deixa subordinar, pior para ela". Ao mesmo tempo, questiona a identidade entre objeto e sujeito, cuja interação só pode ser verificada como um processo de trabalho: ao modificar a natureza de acordo com seu próprio fim consciente, o homem determina o caráter de suas próprias ações, modificando ao mesmo tempo também sua própria natureza. Outra vez, como se pode observar no prefácio autocrítico, não se pode dizer que Lukács tenha permanecido surdo a essas objeções.

Em seu momento, Lukács teve seus defensores, como Ernest Bloch ou József Révai, que os "ortodoxos" da Internacional incluíam na "linha" supostamente liderada pelo filósofo húngaro. Obviamente, o que eles reivindicam, em particular Révai, é o que os "ortodoxos" criticam. Mas é curioso que seja um social-democrata, Siegfried Marck, quem destaca o que nem os acusadores nem os defensores imediatos parecem ver: a consciência de classe, como tipo ideal weberiano, é a melhor justificativa para a "ditadura" da Internacional:

> Com isso é possível justificar teoricamente a ditadura da "vanguarda". Quem decide na prática a atribuição do comportamento dos trabalhadores à autêntica consciência de classe? Nós sabemos que a central comunista se sente como o governador na terra da metafísica potência-proletariado.

É óbvio que uma justificativa lukacsiana do stalinismo pode facilmente se esgueirar por trás dessa crítica. Mas o mais interessante é a existência de coincidências entre a última autocrítica de Lukács e as primeiras críticas de *HCC*. Seria muito fácil concluir que um velho Lukács stalinizado tivesse de terminar concordando com a crítica stalinista. Porém, como vimos mais acima, a substância dessas críticas pertencia ao próprio Lênin e Lukács não estava travando uma batalha contra um Stálin ainda em segundo plano, mas contra a linha encarnada pelo principal líder da Revolução de Outubro. Certamente o problema é complexo e este não é o lugar para chegar ao fundo da questão, mas está claro que *HCC* está no centro de um conjunto de problemas que tanto o marxismo quanto o movimento revolucionário têm ainda de resolver. O próprio Lukács ocupou o resto de sua vida política e filosófica tentando compreendê-los.

História e consciência de classe segundo História e consciência de classe

Como dissemos anteriormente, os críticos "stalinistas" de Lukács apontaram problemas que o autor de *HCC* levará em conta na hora de realizar sua "autocrítica" no prefácio de 1967. Diga-se de passagem, não foi a primeira vez que Lukács revisou suas posições sobre esse livro[21]. Já na década de 1930 ele reconhece o caráter idealista de *HCC* e o atribui às suas influências intelectuais (Weber, Kant, Simmel) e políticas (Sorel, Szabó). O prefácio de 1967 observa que *HCC* pertence aos "anos de aprendizado propriamente dito do marxismo". E esclarece que "aquela época" abrange o período de 1918 a 1930. É uma "época de transição e crise interna". Segundo sua própria opinião, portanto, esses ensaios (e outros, como *Lênin* e *Moses Hess*), pertencem a um pensamento que está se formando, têm um caráter "tateante". Mais explicitamente:

> *História e consciência de classe* é, portanto, do ponto de vista literário, o resumo conclusivo do meu período de evolução intelectual desde os últimos anos da guerra. Conclusão esta que, certamente, já continha, pelo menos em parte, tendências de um estágio de transição para uma maior clareza, ainda que essas tendências ainda não pudessem se desenvolver plenamente.

Lukács se queixa de que *HCC* sempre foi lido como "contrário à ontologia do marxismo", ou seja, apenas como uma sociologia, "ignorando ou rejeitando a atitude que possui em relação à natureza", desde Adler e Lunacharsky até o existencialismo francês. Ele resume, na seguinte passagem, essa negação da dialética da natureza:

> Ocorre, por um lado, que a concepção materialista da natureza determina precisamente a verdadeira ruptura radical da concepção socialista de mundo com a burguesa, de modo que evitar esse complexo de problemas enfraquece a luta filosófica, impedindo, por exemplo, uma clara elaboração do conceito marxista de prática. Por outro lado, essa aparente elevação metodológica das categorias sociais tem consequências desfavoráveis para as suas autênticas funções cognitivas; também se enfraquece assim sua peculiaridade marxista específica e, com frequência, se anula inconscientemente sua real superação do pensamento burguês.

Os críticos "stalinistas" de Lukács apontarão isso em seu momento e os seus defensores "voluntaristas" desqualificarão tais argumentos como "sendo de quem vêm", ignorando que outra vaca sagrada do marxismo o acusou do mesmo:

> É preciso estudar a posição do professor Lukács sobre o materialismo histórico. Creio que Lukács (conheço suas teorias muito vagamente) afirma que só se pode

---

[21] Também é verdade que ele se defendeu dos ataques, nomeadamente em *Chvostismus und Dialectik* [ed. bras.: *Reboquismo e dialética, uma resposta aos críticos de* História e consciencia de classe, trad. Nélio Schneider, São Paulo, Boitempo, 2015), texto que enviou à revista da Internacional e nunca foi publicado.

falar de dialética para a história dos homens e não para a natureza. Pode ter se equivocado ou ter razão. Se sua afirmação pressupõe um dualismo entre o homem e a natureza, equivocou-se porque cai em uma concepção da natureza própria da religião e também do idealismo que realmente não consegue unificar e relacionar o homem e a natureza mais do que verbalmente. Mas se a história humana é também a história da natureza, através da história da ciência, como a dialética pode ser eliminada da natureza? Penso que Lukács, insatisfeito com as teorias do *Ensaio Popular* caiu no erro oposto: qualquer conversão e identificação do materialismo histórico com o materialismo vulgar só pode levar ao erro oposto, a conversão do materialismo histórico em idealismo ou diretamente em religião.[22]

Essa consequência decorre logicamente da ausência de fundamentação "econômica" das teses de *HCC*, em particular sobre o conceito de trabalho. Se tivesse colocado o trabalho na base da reflexão, ele teria sido levado a superar essas conclusões idealistas, na medida em que teria sido obrigado a refletir sobre sua função de "mediador da troca da sociedade com a natureza", incorporando esta última como suporte filosófico. Esse erro será corrigido na *Ontologia*. Dito de outro modo, ao ignorar a natureza, Lukács ignora o papel substantivo do capitalismo no desenvolvimento das forças produtivas, única base sobre a qual se pode esperar uma sociedade de indivíduos livres e sobre a qual se deve pensar a "constituição revolucionária do proletariado".

Levado à crítica contra a Segunda Internacional e seus teóricos, Lukács quer enfatizar a novidade da práxis marxista como remédio contra a atitude "contemplativa" do pensamento burguês que caracterizava Bernstein, Kautsky e a Segunda Internacional. Porém, sem levar em conta o caráter central do trabalho, termina em um messianismo da práxis que não pode entender a consciência real efetivamente atuante nas massas, limitando-se a uma enunciação abstrata da consciência "atribuída". Como ocorre a passagem de um para o outro, diz Lukács, é um mistério que *HCC* não resolve nem considera. A base desses erros, dirá Lukács, é a não superação do idealismo hegeliano.

No prefácio de 1967 Lukács se preocupa em diluir a "mensagem" de *HCC*. Nessa tarefa de "esfriar" as conclusões de seu livro, Lukács aponta que o valor que pode

---

[22] Antonio Gramsci, *Quaderni del carcere*, v. 1 (Turim, Einaudi, 2007), p. 469 [ed. bras.: *Cadernos do cárcere*, trad. Carlos Nelson Coutinho, 5. ed., Rio de Janeiro, Civilização Brasileira, 2010]. Gramsci faz alusão ao manual de Bukharin, *Tratado do materialismo histórico* (Rio de Janeiro, Laemmert, 1970), cuja crítica pode ser vista na coletânea de Lukács *Táctica y ética*, já citada.

ter hoje (1967) é antes uma exemplificação de um processo geral na evolução do marxismo. Ele não diz, mas é facilmente interpretado: aqueles erros seus não devem ser cometidos novamente. Lukács quer inocular isso nas jovens gerações, em luta contra o ultraesquerdismo, que ele reconhece em sua própria "adolescência" marxista. Outra vez, seria simples deduzir disso que um Lukács "stalinizado" refaz seu próprio passado para adequá-lo à fidelidade do Grande Irmão que ainda o vigia quase duas décadas depois de morto. Mas o abandono das teses de *HCC* ocorre antes que Stálin chegue ao poder de forma plena e onipresente. Lukács reconhece que as duas forças que determinam a transição do messianismo sobrevivente para um realismo político sóbrio são a crítica de Lênin e sua atuação concreta na Revolução Húngara. Ambas liquidarão a atitude ambivalente de nosso filósofo. Em outras palavras: a práxis revolucionária direta (Hungria) e indireta (Lênin) determinam essa passagem. Esse Lukács é um filósofo que amadurece para o marxismo.

Isso não significa que suas opções políticas, mesmo tendo melhorado, sejam as corretas. Devemos nos lembrar de que *HCC* implica um afastamento do ultraesquerdismo do *Kommunismus*. Lukács se afasta nesse ponto das tendências que seriam representadas na futura história do marxismo por outros autores (Pannekoek, Bloch, Korsch). Os apologistas de *HCC* lamentam essa deserção lukacsiana porque, para eles, linhas como a "conselhista" eram corretas, isto é, corretas porque eram antileninistas. A crítica de *HCC* aproxima o filósofo húngaro de Lênin, o que não quer dizer que ele o tenha herdado realmente. Dito de outra maneira: que suas posições filosóficas representem um progresso não quer dizer que esse progresso seja imediatamente expresso na ação política adequada. Por assim ter sido, ele poderia ter concluído que o stalinismo não era a melhor forma de defender a União Soviética e, muito menos, a revolução mundial.

Essa constatação óbvia, a saber, que o filósofo e o político não são a mesma coisa, é o que pode ajudar a entender a relação Lukács-Stálin: o filósofo maduro abandona o "infantilismo revolucionário" e dá um passo à frente; o político incapaz não pode superar o horizonte imediato que o novo "homem forte" da revolução acaba de enclausurar. Lukács não é um stalinista no sentido da fidelidade estrita a uma política, a um sistema e a uma pessoa (caso contrário, não teria tido os problemas que teve com o stalinismo e as "autocríticas" não teriam sido necessárias), mas não pode superar seu horizonte geral. Esse avanço desigual da filosofia e da política é o que devemos reter na hora de avaliar o que realmente importa no autor de *HCC*: não as posições adequadas às situações concretas da luta de classes, mas a possibilidade de reconstruir a ferramenta filosófica que a práxis revolucionária demanda.

História e consciência de classe ontem

História e consciência de classe não é apenas uma reivindicação do que é hegeliano em Marx, mas também do que é marxista em Hegel. Assim, Lukács reivindica como conquista de sua obra o enfrentamento ao "neo-hegelianismo" de direita, irracionalista, que começava a dominar o meio burguês na década de 1920. No entanto, sua reivindicação das raízes hegelianas do marxismo tinha como objetivo destruir as teorias etapistas e evolucionistas do neokantismo da Segunda Internacional. Desse modo, enfatiza o elemento ativo da dialética, a transformação da quantidade em qualidade, a possibilidade do salto. Não é por acaso que *HCC* começa pela definição mais importante da batalha que se inicia: o método.

O capítulo "O que é o marxismo ortodoxo?" – ou, talvez melhor, o que é ortodoxia no marxismo? – tem a função de abrir a discussão apresentada pelo prefácio da primeira edição: recuperar o método que tornou possível a revolução. Dito de outra maneira: para Lukács, a principal contribuição de Marx não é ter feito uma série de descobertas científicas específicas, que podem ser refutadas por resultados posteriores, mas ter descoberto o método correto de pensamento, a "álgebra da revolução", como apontou Herzen. Ou seja, mais que um economista, Marx é um filósofo. A verdadeira contribuição de Lênin também não é a político-prática (como se faz uma revolução), mas a teórico-filosófica: como se pensa a realidade da luta de classes? Outra vez, o Lênin filósofo, não pelo que escreveu em *Materialismo e empiriocriticismo**, mas pelo que desenvolveu na prática graças à leitura de Hegel. Assim como Marx, ambos descobriram o método (a dialética marxista) a partir do desenvolvimento da dialética hegeliana, mas esqueceram-se de sistematizá-la. Essa tarefa é a que Lukács assume.

Nesse quadro, o ensaio que abre *HCC* tem a função de endereçar o olhar do revolucionário nesse sentido: Hegel. Reivindicar a filiação hegeliana do marxismo é a primeira batalha. Uma batalha que é necessariamente travada não só contra aqueles que se "esqueceram" dessa "herança", mas também contra aqueles que, ao repudiá-la, por ação consciente ou por ignorância, se transformam em veículo da

---

* Vladímir I. Lênin, *Materialismo e empiriocriticismo* (trad. Maria Paula Duarte, 2. ed., Lisboa, Estampa, 1975). (N. E.)

ideologia burguesa no proletariado: a corrente revisionista da social-democracia da Segunda Internacional. Com efeito, os Adler e os Bernstein, em seu retrocesso ao kantismo, nada mais fazem senão retroceder à concepção coisificada da realidade própria da burguesia. Superar o revisionismo pressupõe, então, superar suas bases filosóficas. Nessa tarefa, a recuperação da totalidade como horizonte de pensamento é a tarefa básica: recuperar o ponto de vista da totalidade.

"Em questões do marxismo, a ortodoxia se refere exclusivamente ao método."* Uma afirmação forte, porque Lukács propõe que é possível, desde que o método seja resguardado, aceitar a caducidade de todas as teorias particulares. A expressão, como vimos acima, tem suas dificuldades: como pode ser correto um método que dá resultados completamente errados mesmo na pessoa de seu próprio descobridor? Lukács afirma que está de acordo, mesmo com esses resultados parciais, mas cabe perguntar o que resta do marxismo depois de entregar o conceito de exploração, a lei do valor ou a lei da queda da taxa de lucro. Por outro lado, o método é impossível de ser questionado pela pesquisa empírica e parece poder ser separado dos resultados. O risco é que o marxismo se torne uma metafísica vazia, relutante à análise concreta da realidade concreta. Observando o curso do marxismo "ocidental", essa frase, da qual Lukács nunca se retrata, parece ao menos uma concessão desnecessária à força do argumento pró-hegeliano. É certo que pode ser lida de outra maneira e que pode ser-lhe outorgado um valor libertador ante o próprio Marx, ao revalorizar novas pesquisas diante de resultados antigos, mas esse odor metafísico de que falamos não desaparece por isso.

Esse viés "metafísico" é reforçado quando, em sua luta contra o "cientificismo", ele critica a extensão do método das ciências naturais à sociedade. Por fim, a ciência é entregue ao positivismo e a força da dialética é limitada, ao excluí-la da natureza. Ainda assim, nesse quadro, a rejeição da dialética da natureza é um problema sério para uma ontologia marxista, mas não para o projeto de recuperação hegeliano e muito menos para a disputa com o "cientificismo" da Segunda Internacional. Veremos mais adiante que também não é o caso de *HCC* voltar a ter hoje um valor importante nos tempos que se avizinham.

Porém Lukács não luta apenas contra os Kautsky e os Bernstein. Ele também luta contra sua própria consciência filosófica, contra sua própria "tendência" de extrema esquerda. Esse aspecto não aparece com muita frequência entre os

---

*   G. Lukács, *História e consciência de classe*, cit. (N. E.)

comentaristas, sejam eles a favor ou contra. No entanto, o ponto parece claro no balanço da obra de Rosa Luxemburgo. É verdade que Lukács vai colocar a líder do comunismo alemão quase à altura de Lênin e propor sua figura como modelo de uso adequado do método. A totalidade é a chave do pensamento revolucionário. A totalidade é a realidade, portanto, enquanto tal ela nos liberta do efeito paralisante que *O capital* tem para a investigação científica quando lido religiosamente. Com efeito, dessa leitura depreende-se a conclusão de que tudo já foi dito e que não existe nenhum problema a se investigar. Que já temos tudo resolvido, quando, na realidade, a análise não fez mais do que começar. Dito de outra maneira: *O capital* é uma abstração do capitalismo histórico. Enquanto tal, não nos livra da investigação concreta da situação atual. É isso que Lukács vai reivindicar em Rosa Luxemburgo: sua análise da totalidade concreta e atual. Ou seja, vai reivindicar o *método* em Luxemburgo.

Esse método, próprio de Marx, torna-se mais evidente no modo pelo qual a crítica de Luxemburgo à social-democracia oportunista se projeta para além da "economia", em direção às bases filosófico-históricas de seus erros. A exposição se torna tanto uma crítica da economia como uma história das teorias econômicas. *A acumulação do capital** e a crítica póstuma aos oportunistas equivale à unidade entre *O capital* e as *Teorias da mais-valia***, cujo esboço se encontra em *Miséria da filosofia****.

Entretanto, essa reivindicação de Luxemburgo terá sua outra face no outro texto de *HCC* dedicado à sua figura, as "Observações críticas sobre *Crítica da Revolução Russa...*". A pedra de toque do ataque é o problema da organização e do espontaneísmo. Esse Lukács já está, ao menos parcialmente, de volta com suas próprias concepções expostas no *Kommunismus*. Norman Geras, um autor que dedica bastante espaço às críticas de Lukács a Luxemburgo, não pode deixar de se indignar com o que julga ser uma interpretação arbitrária da segunda pelo primeiro. Lukács, como muitos outros, parecia reproduzir uma atitude típica para com a revolucionária polonesa:

> Abstivemo-nos neste livro, e continuaremos a fazê-lo até o fim, de qualquer tentativa de julgar as concepções políticas e estratégicas globais de Rosa Luxemburgo mediante

---

* Rosa Luxemburgo, *A acumulação do capital* (trad. Luiz Alberto Moniz Bandeira, Rio de Janeiro, Civilização Brasileira, 2021). (N. E.)

** Karl Marx, *Teorias da mais-valia: história crítica do pensamento econômico* (trad. Reginaldo Sant'Anna, 2. ed., São Paulo, Bertrand Brasil, 1987). (N. E.)

*** Idem, *Miséria da filosofia* (trad. José Paulo Netto, São Paulo, Boitempo, 2017). (N. E.)

comparação sistemática com as de Lênin. [...] Ela é tratada como se toda a sua vida não tivesse sido mais do que um longo diálogo com Lênin, ou simplesmente uma longa tentativa de igualar o que ele produzia, de dar, ponto por ponto, algo equivalente, senão idêntico. Uma das piores variantes desse tratamento é aquela que, tomando Lênin como a verdadeira medida de todas as coisas, aprecia nas diferenças de Luxemburgo com ele apenas suas fraquezas e erros.[23]

Se dermos atenção a Geras (e seu argumento é plausível), mais do que uma crítica a Luxemburgo, trata-se de um posicionamento em torno de Lênin. Ou seja, já em *HCC* se observa o giro que logo vai ser completado. É estranho que essa parte de *HCC* não seja percebida por aqueles que preferem uma leitura "voluntarista": não é o Lukács "maduro" que critica o espontaneísmo ou o "romantismo", mas o suposto "ultraesquerdista".

A mesma leitura pode ser feita do resto dos artigos de *HCC*. Em "Consciência de classe", Lukács desenvolve a ideia de que algumas classes são progressistas e outras não, ou melhor, algumas são portadoras da história e outras não. As que sim são aquelas cuja consciência pode ser "atribuída". A consciência atribuída é a resposta objetivamente racional à situação em que se encontra uma classe, ou seja, a que permite resolver seus problemas históricos. As únicas classes, parece dizer Lukács, que podem realizar tal tarefa são a burguesia e o proletariado, ainda que a primeira seja também limitada. A situação dela é muito peculiar: enquanto todas as outras (com exceção do proletariado) não podem desenvolver uma consciência de classe, enquanto o proletariado pode desenvolvê-la até o fim, a burguesia fica no meio do caminho.

A chave da consciência de classe consiste no fato de que uma classe com um grau mais elevado de consciência tem uma força histórica maior, uma "superioridade subjetiva", como diria Gramsci. A importância da consciência se torna maior quanto mais próxima a classe estiver das batalhas decisivas. Lukács concorda aqui com Gramsci, Trótski e Lênin sobre a necessidade do partido e sua experiência revolucionária. Pareceria encontrar-se aqui, então, outra reivindicação da "subjetividade revolucionária" antistalinista, muito ao gosto "conselhista", mas Lukács enfatiza o papel do partido contra as tendências espontâneas. Enquanto tal, a classe trabalhadora deixada à sua própria sorte não pode se desenvolver para além do sindicalismo. Com toda a superioridade da consciência de classe do proletariado, existem

---

[23] Norman Geras, *Actualidad del pensamiento de Rosa Luxemburgo* (México, Era, 1976), p. 156-7 [ed. port.: *A atualidade de Rosa Luxemburgo*, trad. M. Resende, Lisboa, Antídoto, 1978].

obstáculos poderosos ao seu desenvolvimento, em particular contradições internas, como a contradição entre a luta econômica e a política. A consciência do proletariado deve ser permanentemente debatida entre a utopia e o empirismo vulgar.

É por isso que, quando Lukács enfatiza o papel consciente, o que ele defende é a construção do partido da revolução. A consciência de classe atribuída é o partido. É o motor da história. Essa ênfase no partido tem necessariamente um elemento idealista em relação à social-democracia, mas torna-se materialista em relação ao anarquismo e ao autonomismo. O texto mais importante do livro mostra novamente essa vacilação, que implica, porém, um grande passo adiante.

De fato, "A reificação e a consciência do proletariado" é talvez o capítulo mais idealista e ao mesmo tempo o mais materialista de *HCC*. Contra a social-democracia, desmonta-se o mecanismo de reificação e demonstra-se a estrutura inerentemente burguesa de seu pensamento. A reificação se encontra na própria estrutura do pensamento, fato que Lukács ilustra com as contradições do racionalismo moderno e seu desenvolvimento até a filosofia kantiana. Toda essa longa análise tem a função de resgatar Hegel e a dialética como única forma de superação da reificação. Precisamente, o marxismo, como desenvolvimento da dialética hegeliana, é o único chamado a superar a reificação filosófica e prática. Até agora pareceria que o intelectual (a "consciência") é o motor da história. Mas a consciência é o partido e o partido nada mais é que a classe consciente de si mesma. Dizer que a revolução é feita pela consciência é o mesmo que dizer que ela é feita pelo partido ou pela classe. De outro modo, *HCC* pode ser lido em uma chave subjetivista e até elitista, sempre e quando for amputado de seu real conteúdo, que, para além de suas contradições, é reconhecivelmente marxista.

A natureza do duplo combate que Lukács leva adiante também é observada em "A mudança de função do materialismo histórico". Embora o peso do artigo recaia sobre a social-democracia, não faltam críticas ao ultraesquerdismo. Lukács aproveita a ocasião para levar a luta ao interior da social-democracia, mostrando como o materialismo histórico pode servir para mais do que uma tarefa contemplativa, para a transformação da sociedade. Em particular, para refutar o próprio mecanismo dos revisionistas. A análise do fenômeno da violência e seu papel como "potência econômica" é particularmente ilustrativa a esse respeito. O mecanismo revisionista identificava as "leis da economia" à maneira burguesa, ou seja, como imutáveis. É próprio do pensamento burguês cair na antinomia paralisante ou no seu oposto, o milenarismo voluntarista: ou há leis (e não há nada a fazer) ou não há (e então se pode fazer tudo a qualquer momento). Na realidade, a dinâmica do capital prova que a história dissolve a antinomia em seu próprio desenvolvimento: enquanto o capital está em período "normal", as leis atuam; são essas mesmas leis que o levam à crise, momento em que elas se anulam e surge o momento "extraeconômico", ou seja, a violência como forma de reconstruir o sistema, fato possível se o proletariado não se transforma de objeto em sujeito.

Esse exemplo da violência não foi escolhido por acaso: é a defesa filosófica da estratégia bolchevique contra a social-democracia. Lukács busca com isso refutar e destruir teoricamente o gradualismo e justificar a necessidade do "salto". Precisamente essa defesa da "violência" como instrumento necessário torna-se o eixo de "Legalidade e ilegalidade". Aqui também há um combate em duas frentes: contra a social-democracia e contra o ultraesquerdismo. O artigo é uma exposição do caráter fetichista do pensamento burguês que impede o proletariado de fazer uso tático do Estado e da lei burguesa. É por isso que ele critica simultaneamente o parlamentarismo e o romanticismo ilegalista. Em ambos os casos, a legitimidade do governo da burguesia é permanentemente reafirmada. Lukács manterá essa dupla frente aberta durante toda a sua vida, tal como observado no prefácio de 1967.

História e consciência de classe hoje

Perry Anderson chamou atenção para o fato de que o marxismo ocidental é composto, quase exclusivamente, de filósofos[24]. Mas é duvidoso que esse conjunto de experiências tão diferentes (que inclui não apenas Korsch, Gramsci e Lukács, mas também Coletti, Althusser, Marcuse, Sartre, Adorno, Della Volpe, Lefebvre etc.) possa ser agrupado em alguma categoria que guarde um sentido unitário. Enquanto o segundo grupo tem outras preocupações políticas e outras experiências sobre as quais refletir, em particular a derrota da classe trabalhadora na Europa e nos Estados Unidos e a longa estabilidade política do capitalismo, os primeiros tentaram fazer um balanço de uma experiência histórica muito distinta, o da Revolução Russa. Essa é a razão pela qual hoje, quando provavelmente estamos no limiar de choques de alcance histórico, quando o capitalismo volta a mostrar suas tendências ao esgotamento, eles são muito mais interessantes.

---

[24] Perry Anderson, *Consideraciones sobre el marxismo occidental* (México, Siglo XXI, 1987), cap. 2 [ed. bras.: *Considerações sobre o marxismo ocidental*, trad. Isa Tavares, São Paulo, Boitempo, 2004].

Com efeito, por que voltar a publicar *HCC* se não for, precisamente, porque ele representa o aprendizado daquela experiência histórica? E isso, em sua dupla mensagem: contra o mecanicismo da social-democracia, hoje representado pelas correntes regulacionistas, filosófico-keynesianas, populistas e de centro-esquerda, quer dizer, contra a "esquerda" possibilista que hoje ocupa o governo de vários países latino-americanos; e contra o pós-modernismo globalifóbico autonomista, ao estilo de Toni Negri e John Holloway. Quanto aos primeiros, *HCC* lhes recorda a necessidade do salto, a ruptura e a violência; aos segundos, o partido e a organização. Contra essas tendências, *HCC* esgrime a reivindicação de uma tradição, de uma linhagem: Hegel, Marx, Lênin.

Hoje, a tarefa exigida no prefácio da primeira edição, a necessidade de compreender e dar vida ao método dialético, ainda está pendente. Enquanto esperamos a tradução espanhola de *Ontologia do ser social*[25], *HCC* pode ser lido com proveito como um estímulo necessário para recuperarmos a "álgebra da revolução", ou seja, podemos aproveitá-lo, para além de suas limitações, como o começo imprescindível de uma filosofia necessária.

---

[25] Por enquanto, a editora Herramienta publicou apenas um fragmento da obra. Ver G. Lukács, *Ontología del ser social: el trabajo* (Buenos Aires, Herramienta, 2004) [ed. bras.: *Ontologia do ser social: o trabalho*, trad. Carlos Nelson Coutinho e Leandro Konder, São Paulo, Boitempo, 2013].

Depois de Outubro
o Lukács protomarxista*
Guido Oldrini

A crise provocada pela guerra mundial coloca fim a uma época. Sociedade e cultura se encontram desorganizadas. Na sociedade, se abrem fraturas insanáveis entre ideologias de classe; na cultura, mudam de cima a baixo as coordenadas e os parâmetros de juízo. Para Lukács, termina aquela fase de seu aprendizado desenvolvida a reboque da cultura da Europa central da idade do imperialismo e começa um caminho inteiramente novo, destinado, com mil reviravoltas, a marcá-lo e a acompanhá-lo para o resto da vida. Acerca do variado conjunto intrincado de questões, de fato nada fácil de desembaraçar, que nesse momento o está conduzindo e que envolve toda a sua pessoa, vou me limitar, na sequência, a um quadro sintético dele, selecionando as questões desse meio apenas quando resultarem essenciais para o entendimento de como ele vive o precipitar da crise e como pessoalmente a enfrenta e a resolve. Infelizmente, escassa ajuda nesta empreitada vem da literatura crítica, em que, salvo exceções, repete-se *mutatis mutandis* a mesma postura de hipercelebração do novo curso ao longo do qual Lukács começa a experiência com o período anterior. Tomando como base as considerações elogiosas e as mais entusiásticas aprovações (com o reflexo deformante que logo veremos), é seu protomarxismo apresentado não como uma reviravolta, mas como uma etapa logicamente derivável das premissas dos

---

* Publicado originalmente em Guido Oldrini, *Gyorgy Lukàcs e i problemi del marxismo del Novecento* (Nápoles, Città del Sole, 2009), tradução do italiano de Ronaldo Vielmi Fortes. (Nota dos editores da tradução original em português, publicada em revista *Verinotio*, Belo Horizonte, n. 16, ano 8, out. 2013.)

Guido Oldrini

ensaios juvenis: o que dá lugar – podemos dizer com o próprio Lukács do *Vorwort* composto para a tardia reedição da *Teoria do romance* – a "uma situação um pouco grotesca", de todo análoga àquela que irá produzir-se mais tarde, por ocasião do debate sobre expressionismo dos anos 1930, quando Bloch se servirá propriamente da *Teoria do romance* para polemizar contra um Lukács convertido ao comunismo e já tornado completamente marxista.

A adesão/conversão de Lukács ao comunismo

"Conversão" é, na verdade, um termo capcioso, ambíguo, equívoco, na medida em que parece indicar um de repente, uma simples imediatidade. Na realidade, toda imediatidade aparece como tal apenas a quem observa de fora; seu interior se mostra, em vez disso, como o efeito mediado de um processo. Ora, o processo que prepara, torna possível e provoca, no caso, a conversão de Lukács deriva da longa crise interior gerada principalmente nele, húngaro, como cidadão de uma nação sem independência, depois explode por completo com a catástrofe da guerra – esse evento capital da história europeia, essa primeira grande cesura de seu aprendizado de homem e estudioso –, o faz compreender a natureza da incongruência e dos contrastes latentes na situação social. Enquanto quase todos os intelectuais alemães da época, de Simmel a Weber, como vimos, capitulam diante do chauvinismo bélico, o húngaro Lukács – na mesma trilha de Ady, do sindicalista Ervin Szabó e de poucos outros compatriotas – alinha-se rapidamente contra a guerra. Recordará em sua última autobiografia:

> Desde o primeiro instante, eu estava do lado dos que a negavam [...]. Minha pátria, a monarquia dos Habsburgos, aparecia-me – normalmente – como uma insensatez humana destinada à destruição. E agora devia-se empenhar a própria vida, participar do homicídio universal, para que esse obstáculo ao devir homem continuasse conservado pela ordem rigorosa, insipidamente rigorosa, do império alemão. Devíamos nos tornar individualmente assassinos, criminosos, vítimas etc. para, desse modo, preservar a existência disso.[1]

---

[1] G. Lukács, *Gelebtes Denken: eine Autobiographie im Dialog* (Frankfurt am Main, Ausgabe Suhrkamp, 1981), p. 255 [ed. bras.: G. Lukács, *Pensamento vivido: autobiografia em diálogo*, trad. Cristina Alberta Franco, São Paulo/Viçosa, Estudos e Edições Ad Hominem/Editora UFV, 1999, p. 157]. Muito significativo seu estudo contemporâneo, surgido na metade de 1915, mas não terminado, em torno do "entusiasmo" acrítico pela guerra por parte dos intelectuais alemães (idem, "Die deutschen Intellektuellen und der Krieg", Text + Kritik, n. 39-40, ed. fac. Georg Lukács, 1973, p. 65-9).

Não se trata, para ele, de fato, apenas de um genérico pacifismo, como aquele de 1916, iniciado na Hungria, que uniu uma série de intelectuais influentes, como Babits, Jászi etc., criando, assim, o núcleo de um movimento antibélico; aquilo que deles distingue Lukács é a escolha internacional do campo. Em outro texto tardio, o prefácio de 1967 à coletânea de ensaios *Művészet és társadalom* (*Arte e sociedade*), ele mesmo, fazendo eco à *Teoria do romance*, mas talvez também antecipando um pouco a concatenação efetiva das circunstâncias, relembra a situação com essas palavras:

> A minha posição, à diferença daquela da maioria dos pacifistas, era contrária tanto às democracias ocidentais quanto às potências centrais. Eu via, à época, na guerra mundial a crise de toda a cultura europeia; considerava o presente, para dizê-lo com palavras de Fichte, *Zeitalter der vollendeten Sündhaftigkeit* [a era da completa culpabilidade]; considerava-o uma crise da civilização, da qual só se poderia sair por uma via revolucionária. Decerto, a minha visão do mundo ainda tinha um fundamento puramente idealista e, consequentemente, "a revolução" seria puramente moral.*

Naturalmente, quem se interroga sobre a "conversão" de Lukács não pode deixar de observar com interesse aqueles aspectos de seu anticapitalismo romântico juvenil, que o vai conduzindo cada vez mais a uma grande tensão ética, capaz de induzir a transformação das impaciências e insatisfações do passado em aberta rebelião. A fórmula *Linke Ethik zusammen mit rechter Erkenntnistheorie* caracteriza do modo mais conveniente, segundo Lukács, sua própria posição à altura da *Teoria do romance*, em que a "ética de esquerda" comporta já uma implícita osmose da ética com a política, um ativismo no sentido daquele "idealismo ético", "dirigido à política" (propondo, assim, "a criação de tais instituições, que respondem o melhor possível ao ideal ético, e à eliminação de tais constituições, que contrastam a realização do 'ideal'"), que Lukács acena logo na sequência, discutindo uma intervenção de Fogarasi na Sociedade para a Ciência Social, com explícita referência a Fichte:

> (Fichte foi o primeiro a exprimir esta opinião, com uma perfeição até aqui inigualada.) [...] Sobre esse plano, a consequência prática do célebre *umso schlimmer für die Tatsachen* [tanto pior para os fatos] é uma exigência sem trégua com respeito às instituições para que elas não obstaculizem a exigência essencial da ética, a *Würdigkeit*

---

* Idem, *Művészet és társadalom: válogatott esztétikai tanulmányok* (Budapeste, Gondolat, 1969), p. 7 [ed. bras.: *Arte e sociedade: escritos estéticos – 1932-1967*, Rio de Janeiro, Editora UFRJ, 2009, p. 24]. (Nota dos editores da tradução original em português.)

de Kant e Fichte [...]. O idealismo ético é uma revolução permanente e, porque é revolução absoluta, é capaz de definir e de corrigir a orientação e a marcha do verdadeiro progresso, aquele que não alcança jamais um ponto de equilíbrio.[2]

Mas, por mais política que seja essa ética, por mais revolucionários que sejam os propósitos ("transformar o mundo"), permanece obviamente excluída do quadro uma profunda reflexão de seu fim, de fato tão antagônico em relação à teoria de Marx e ao marxismo. "Marxismo", entretanto, significa coisa muito diversa para uns e outros. Uma coisa é a sugestão de certas teses marxistas; outra, o marxismo como teoria. Aquele tipo de marxismo que chega indiretamente às mãos do Lukács pré-bélico é ou o reflexo de um genérico anticapitalismo romântico, não distinto daquele circulante em parte da cultura da Europa central da época, ou o marxismo já acuradamente depurado, por meio do impacto revisionista, de todos os seus traços revolucionários (crítica da ideologia, da luta de classe, da dialética etc.), e assim, por exemplo, tornado congruente com a investigação da sociologia contemporânea. Podemos falar no máximo de enunciados episódicos, que, também no melhor dos casos (quando se lhes sublinha a importância), mantêm sempre uma fechada hostilidade de princípio em relação ao marxismo como teoria, identificado com a teoria da velha metafísica. Em uma carta da segunda metade de novembro de 1910 a Babits, Lukács protesta contra a resenha de seu próprio livro sobre o drama moderno, publicada na revista húngara *Renascimento*, na qual sua posição em relação ao materialismo histórico ("muito complexa e difícil de descrever em termos compreensíveis", escreve) vem simplificada a ponto de fazê-lo

---

[2] Idem, "A konzervatív és progresszív idealismus vitája", em G. Márkus (org.), *Utam marxhoz: válogattot filozófiai tanulmányok* (Budapeste, Magvető Könyvkiadó, 1971), p. 181, 183-5. Na edição alemã: idem, *Karl Mannheim und der Sonntagskreis* (Frankfurt und M., Sendler, 1985), p. 250-3 [ed. bras.: *Para uma sociologia dos intelectuais revolucionários: a evolução política de Lukács* (1909-1929), trad. Heloísa H. A. Mello e Agostinho F. Martins, São Paulo, Lech – Livraria Editora Ciências Humanas, 1979, p. 301-2]. Torna-se oportuna, a propósito, uma consideração marginal. Nunca existiu um "fichtismo" em Lukács; as poucas, provisórias sugestões fichtianas por ele recebidas começam e findam aqui. Existem aqueles – sem fundamento – que pretenderam estender essa influência até *História e consciência de classe*, inclusive Kallscheuer (Otto Kallscheuer, *Marxismus und Erkenntnistheorie: eine politische Philosophiegeschichte*, Frankfurt/Nova York, Campus 1987, p. 588 e seg.), e aqueles que o fizeram de uma vez por todas o modelo do pensamento marxista de Lukács em geral, como Rockmore (Tom Rockmore, *Irrationalismus: Lukács and the Marxist View of Reason*, Filadélfia, Temple University, 1992; idem, "Fichte, Lask and Lukács' Hegelian Marxism", *Journal of the History of Philosophy*, v. 30, n. 4, out. 1992, p. 557-77; idem, "Fichte und Lukács's Hegel-Marxismys", *Hegel-Jahrbuch 1995*, Berlim, Akademie, 1996, p. 336-40), cujas fantasiosas excogitações desmontei e ridicularizei, ao mesmo tempo, sem cerimônias; Guido Oldrini, "Lukács fichtiano?", em *Giornale critico della filosofia italiana*, v. 72, n. 4, out. 1992, 1993.

"passar por um seguidor de Marx"[3]. Alguns anos depois, resenhando a edição alemã do volume de Benedetto Croce, *Teoria e história da historiografia*, com o qual em tantos pontos concorda, diz:

> O fato de que o materialismo histórico, o método sociológico até então mais significativo, seja quase sempre transformado em metafísica histórico-filosófica não deve fazer esquecer o valor, que faz época, do método sobre o qual esse se funda e de que, simplesmente, até hoje não ocorreu uma elaboração clara. Nisso que Marx chama o problema da ideologia está – naturalmente, espoliado da sua formação conceitual metafísica e metodologicamente retocado – o caminho que leva à solução do problema por mim aqui indicado: o conhecimento daquilo que realiza necessariamente em conteúdos concretos as posições, formalmente condicionadas, da própria axiomática, da ciência do espírito objetivo.[4]

Não vai além disso. Uma vez que, de fato, para um pensador imerso, como ele, até o pescoço na ciência do espírito, é claro, o marxismo *qua talis* não pode encontrar espaço algum, a não ser negativamente (crítica a seu caráter reducionista); nem o marxismo como teoria, nem – tudo que ele acredita – a metodologia marxista, a dialética, pode desempenhar algum papel. Se alguma influência indireta chegou realmente a ele no texto sobre o drama, por meio das sugestões sociológicas da *Filosofia do dinheiro* de Simmel, portanto incapaz de penetrar e desmascarar o fenômeno da reificação, o marxismo figura para ele, no máximo, como esse tipo de sociologia imperfeita. (Quando Lukács afirma incidentalmente nas autobiografias já ter se avizinhado de Marx antes da guerra, ainda que verdadeiro, não encontra reflexo efetivo em nenhum de seus trabalhos de então.) Apenas depois do *Outubro* soviético a questão do bolchevismo aparece também diante dele como uma luz, em unidade com aquela do marxismo como sua arma ideológica. Desde então, não se oferecem mais subterfúgios, rotas de fuga ou tergiversações vacilantes; os eventos históricos pressionam fortemente também na pátria (proclamação da República sob a égide de Mihály Károlyi, retorno dos prisioneiros de guerra

---

3   G. Lukács, *Briefwechsel 1902-1917* (orgs. Éva Karádi e Éva Fekete, Stuttgart, Metzler, 1982), p. 154-5; idem, *Epistolário 1902-1917* (trad. Alberto Scarponi, Roma, Editori Riuniti, 1986), p. 173.

4   Idem, "Filosofia della società e del diritto [1915]", *Rinascita*, 27 jul. 1975, supl. Contemporaneo, p. 25; idem, *Sulla povertà di spirito: scritti 1907-1918* (Bolonha, Cappelli, 1981), p. 149. A resenha aparece originariamente em Lukács (G. Lukács, "Resenha a *Teoria e história da historiografia* de Benedetto Croce", *Archiv für Sozialwissenschaft und Sozialpolitik*, v. 39, p. 84, 1915; na edição húngara: idem, *Ifjúkori müvek 1902-1918* (Budapeste, Magvető Kiadó, 1982), p. 632-3.

comunistas de Moscou, comandados por Béla Kun), urge, portanto, a escolha. A intelectualidade se acha como diante de uma encruzilhada, mas com o peso da alternativa quase obrigatória.

> Não se deve esquecer: tudo isso acontecia [...] em meio a uma guerra mundial que havia arruinado todo o mundo burguês, junto com seus ideais, a imaginária segurança precedente ao 1914, uma guerra que constrangia cada um a propor-se novamente o problema da sensatez ou da insensatez da própria vida privada [...]. Para cada um de nós, cuja história alcançara esta encruzilhada, a pergunta se fazia pessoal, íntima: qual posição assumir, se a minha própria existência deve ter um sentido, nos confrontos com esta alternativa.[5]

Assim, depois de alguma perplexidade inicial, Lukács resolve vencer o impasse, não ainda por obra de um convencimento meditado, mas pela onda da estringência dos tempos: com aquela que parece uma decisão "improvisada", tomada quase *malgré lui* e, no entanto, surpreendente para todos, tamanha a rapidez da transição (de "Saulo" a "Paulo", na formulação um pouco estúpida de Anna Lesznai). Esse seu cortar o nó górdio lembra uma anedota curiosa. Lukács teria ido, em companhia de Fogarasi, a um comício de propaganda comunista, realizado por László Rudas, e ambos teriam logo se afastado cheios de desgosto, para retornar depois, arrependidos, sobre os próprios passos, em virtude da seguinte argumentação: no momento em que a escolha do comunismo precisava ser feita, melhor fazê-la de uma vez[6]. Na metade de dezembro de 1918, Lukács entrou para o Partido Comunista húngaro, fundado menos de um mês antes.

É claro, porém, que essa superação prática *do impasse* deixa totalmente intocadas as questões teóricas. Os escritos de 1918-19[7] testemunham o quanto o

---

[5] Idem, "Der grosse Oktober 1917 und die heutige Literatur [1967]", em Ernesto Grassi, *Russische Revolution* (Reinbek bei Hamburg, Rowohtlt, 1969), p. 150-1; na edição italiana: idem, *Il marxismo nella coesistenza* (trad. M. Dallos e A. Scarponi, Roma, Editori Riuniti, 1968), p. 38-9.

[6] O episódio, narrado pelo próprio protagonista a Cases (Cesare Cases, "L'uomo buono", em Guido Oldrini (org.), *Il marxismo della maturità de Lukács*, Nápoles, Prismi, 1983, p. 17-8; incluído em idem, *Su Lukács: vicende di un'interpretazione*, Turim, Einaudi, 1985, p. 101), é referido por seu biógrafo (István Hermann, *Georg Lukács: sein Leben an Wirken*, Budapeste, Corvina, 1985, p. 78; Arpad Kadarkay, *Georg Lukács: Life, Thoughts and Politics*, Cambridge-Oxford, Blackwell, 1991, p. 201) sobre a base de um documento do Arquivo de PCU de Budapeste; por sua parte, Fogarasi explica "como me tornei comunista" (*Hogyan lettem 1918 november havában kommunist?*) em um manuscrito de seu *Nachlass* que se conserva, sempre em Budapeste, na Biblioteca da Academia Húngara de Ciência.

[7] A sua coleção completa, com inéditos, está em Lukács (G. Lukács, *Forradalomban Cikkek, tanulmányok, 1918-1919*, Budapeste, Magvető Kiadó, 1987). Comparada com a cultura do biênio fornecida por Kettler (David Kettler, *Marxismus und Kultur: Mannheim und Lukács*

Depois de Outubro | 223

biênio seria teoricamente um período de grande incerteza e confusão subjetiva para Lukács. Além do estado interior compreensível de desolação provocado pela escolha, além da ausência de uma adequada preparação ideológica, ele sente os efeitos da circunstância de que nele agiam conjuntamente tendências espirituais opostas, influxos ecléticos (do anarcossindicalismo de Szabó, da primeira estimulante leitura de Luxemburgo etc.) ou mal amalgamados, ou, pior ainda, justapostos sem coordenação; e até o último momento lhe restam dúvidas não esclarecidas sobre importantes problemas, como aqueles ético-políticos (*O bolchevismo como problema moral*, 1918) e aqueles político-organizativos (relação entre *Partido* e *classe*, 1919).

Na realidade, sob o plano teórico a "conversão" verdadeira de Lukács, sua conversão ideológica radical – a única dentre tantas que aqui interessam –, não intervém senão quando, em virtude do recurso à filosofia da história como "critério decisivo da tática socialista", ele encontra uma maneira de escapar do empréstimo da política por parte da ética. Do socialismo – argumenta em "Tática e ética", primeiro dos escritos acolhidos no volume homônimo de 1919 –, a filosofia da história indica como prospectiva o sentido:

> O verdadeiro critério pode ser *exclusivamente* o estabelecer se o *modo* do agir em um caso determinado *serve* para realizar esse objetivo, ou seja, o sentido do movimento socialista, e assim [...] devem ser declarados bons todos os meios mediante os quais esse processo de filosofia da história é despertado para a consciência e para realidade, e ruim ao contrário todos os meios que obscureçem essa consciência.[8]

---

in den Ungarischen Revolutionen 1918-19, Neuwied-Berlin, Luchterhand, 1967; depois revisto e atualizado pela edição americana, com o título *Culture and Revolution: Lukács in the Hungarian Revolutions of 1918-19*, 1971, p. 35-92) e Köpeczi (Béla Köpeczi, "Lukács in 1919", *The New Hungarian Quarterly*, v. 20, n. 75, p. 65-76, 1979, incluído em idem, *"Lukács in 1919"*, em L. Illés et al. (orgs.), *Hungarian Studies on György Lukács,* Budapeste, Akadémiai Kiadó, 1993, v. 1, p. 106-15). Estrutura e método da teoria política juvenil de Lukács a partir dessa fase são reconstruções tão detalhadas que, daqui em diante, não é necessário me estender em muitos particulares; lembro apenas Kammler (Jörg Kammler, *Politische Theorie von Georg Lukács: Struktur und historischer Praxisbezug bis 1929*, Darmstadt-Neuwied, Luchterhand, 1974, sobre o qual, como sobre outros textos, ver a resenha de Robert Steigerwald, "Aspekte der bundesdeutschen Lukács-Rezeption", em *Geschichtlichkeit und Aktualität: Beiträge zum Werk und Wirken von Georg Lukács*, Manfred Buhr e Jozsef Lukács (orgs.), Berlim, Akademie, 1987, p. 145-57).

8   "Taktika és Etica", em G. Lukács, *Forradalomban Cikkek, tanulmányok, 1918-1919,* cit., p. 127; na edição alemã: idem, *Schriften zur Ideologie und Politik* (org. Peter Ludz, Darmstadt-Neuwied, Luchterhand, 1973), p. 4; incluído em idem, *Frühschriften II, Werke*, Bd. 2 (Neuwied-Berlim,

Certamente, para que a luta de classe não ceda a esquemas de conveniência, não se enfraqueça em seus valores, não se deteriore ao nível de *Realpolitik*, deve manter sempre como modelo o "problema ético", aquilo que se tem de fazer, no indivíduo singular, "com a consciência moral e a consciência da responsabilidade". Mas não é verdadeiro que entre as duas coisas subsista oposição; ou, ao menos, não é verdadeiro que a estringência da ética torne a oposição insuperável.

> De fato [...], se a ação do singular, determinada por motivos exclusivamente éticos, transborda para o domínio da política, a sua justeza ou erronia objetiva (do ponto de vista da filosofia da história) não pode ser indiferente nem mesmo em nível ético.[9]

Agora, a superação das leis éticas ordinárias passa, para Lukács, por aquela teoria da "segunda ética", que – sabemos – ele amadureceu nesse meio-tempo, amadurecendo, assim, conjuntamente, critérios de comportamento em acordo com a justificação histórico-filosófica da revolução socialista. Sintomática desse momento-chave de seu desenvolvimento, a página com que o breve texto é concluído: "A autorreflexão ética", escreve o autor (com reenvios a teses formuladas no romance *Das Fable Roß*, de Boris Savinkov, chefe dos grupos terroristas durante a Revolução Russa de 1905), mostra-nos que "existem situações – trágicas situações – nas quais é impossível agir sem lançar sobre si uma culpa". Por exemplo, segundo Savinkov:

> matar não é permitido, é uma culpa incondicionada e imperdoável. Não é "permitido" fazê-lo, todavia, "deve" ser feito [...]. Para exprimir esse pensamento sobre a maior das tragédias humanas com a incomparável bela palavra da *Judith* de Hebbel: "E se Deus tivesse colocado o pecado entre mim e a ação que me foi imposta, quem sou eu para escapar a ela?"[10]

Luchterhand, 1968), p. 48; na edição italiana: em idem, *Scritti politici giovanili 1919-1928* (trad. Paolo Manganaro e Nicolao Merker, Bari, Laterza, 1972), p. 7.

[9] G. Lukács, *Forradalomban Cikkek, tanulmányok, 1918-1919*, cit., p. 129; edição alemã em idem, *Schriften zur Ideologie und Politik*, cit., p. 7; rest. idem, *Frühschriften II*, cit., p. 49; na edição italiana: em idem, *Scritti politici giovanili 1919-1928*, cit., p. 10.

[10] Idem, *Forradalomban Cikkek, tanulmányok, 1918-1919*, cit., p. 132; edição alemã em idem, *Schriften zur Ideologie und Politik*, cit., p. 10-1; rest. idem, *Frühschriften II, Werke*, cit., p. 52-3; na edição italiana: em idem, *Scritti politici giovanili 1919-1928*, cit., p. 14. O primeiro aparecimento do "problema Hebbel" se faz em Lukács com a carta a Paul Ernst, de Heidelberg, em 4 de maio de 1915, não por acaso perto do projeto Dostoiévski, e em que – embora ainda apenas de maneira abstrata – se dedica a questões de dever do homem político, do revolucionário: "Aqui – para salvar a alma – deve ser sacrificada propriamente a alma: se deve tornar-se, movendo-se por uma ética mística, crua *Realpolitik*, e violar o preceito absoluto, que não é uma obrigação para a estruturação, o 'não matar'. Mas no seu núcleo essencial último é um problema muito velho, que a *Giuditta* de Hebbel exprime nos termos mais precisos" (idem, *Briefwechsel 1902-1917*, cit.,

Só se entende justamente a "conversão" de Lukács dentro desse quadro problemático. São as consequências da crise revolucionária verdadeira, da reviravolta produzida pela Revolução de Outubro (não pela revolução "ética" da *Teoria do romance*), que transforma *d'emblée* as cartas na mesa. Ao jovem Lukács antibelicista convicto, defensor das formas da "democracia ocidental" que "não estava preparado em absoluto – lembra em *Gelebtes Denken* [*Pensamento vivido*] – para aceitar o parlamentarismo inglês como solução ideal" e, todavia, ainda incapaz de ver uma alternativa ao estado de coisas existente, o Outubro soviético aparece como um raio de luz, como uma revelação (que se vincula, retrospectivamente, sobre os temas da formação anterior: ética subversiva, Dostoiévski etc.). Cito as próprias palavras da autobiografia:

> [...] a revolução de 1917 foi uma experiência muito significativa, pois lá de repente aparecia no horizonte que as coisas também poderiam ser diferentes. Qualquer que fosse a atitude que se tivesse em relação a esse "diferente", esse "diferente" modificou a vida de todos nós, a vida de uma parte considerável da minha geração.[11]

Propriamente nele, no plano pessoal, a revolução demarca um ponto sem retorno. "A evolução para o comunismo – reconfirma a autobiografia – é a maior viragem, o maior resultado evolutivo de minha vida"[12]. Nasce nesse momento um novo homem. Nas escolhas, nas ideias, nos comportamentos, nos fatos: tudo nele se transforma. Transformam-se, também, as relações pessoais com amigos e companheiros de vida. Para citar apenas dois exemplos: as relações com Balázs têm praticamente termo logo após a coletânea dos escritos no volume que, em 1918, Lukács publica em seu apoio[13]. Ativam-se e estreitam-se, ao contrário, por algum tempo, as relações com Jozséf Révai, um dos jovens adeptos do partido que, ao

---

p. 352; idem, *Epistolário 1902-1917*, cit., p. 360). Ver também Karádi (Éva Karádi, "Lukács' Dostojewski-Projekt: Zur Wirkungsgeschichte eines ungeschriebenen Werkes", *Lukács-Jahrbuch*, Bd. 2, 1997, p. 130-1).

[11] G. Lukács, *Gelebtes Denken*, cit., p. 69-70; p. 72 [ed. bras.: *Pensamento vivido*, cit., p. 46].

[12] Idem, *Gelebtes Denken*, cit., p. 262; p. 212 [ed. bras.: *Pensamento vivido*, cit., p. 161].

[13] Idem, *Baldas Béla és akiknek nem kell* (Gyoma, Kner, 1918), p. 121. Amplas motivações tanto de sua afinidade naquele momento – plenamente reconhecidas também por Lukács no prefácio de seu livro – como de seu posterior distanciamento são oferecidas por Féher (Ferenc Féher, "Das Bundnis von Georg Lukács und Béla Balázs bis zur ungarischen Revolution 1918", em *Die Seele und das Leben: Studien zum frühen Lukács*, Frankfurt, Suhrkamp, 1977, p. 131-76); Lenkei (Julia Lenkei, *Balázs Béla levelei Lukács Györgyhöz: egy szövetség dokumentumai*, Budapeste, MTA Filozófiai Intézet, 1982, p. 66-86); Zsuffa (Joseph Zsuffa, *Béla Balázs: The Man and the Artist*, Berkeley/Los Angeles/Londres, University of California, 1987, p. 33 e seg.; 63-4; 67-8; 100; 141; 162; 285 e seg. e passim).

lado de Lukács, vem se cristalizando. Os eventos imediatamente sucessivos aumentam ainda mais as ocasiões de comprometimento no novo estado de coisas. Passados apenas alguns meses de seu ingresso no partido, e como efeito a distância da Revolução de Outubro, a revolução húngara de 21 de março de 1919 instaura a República dos Conselhos, destinada a durar pouco mais de quatro meses e meio, até o 1º de agosto. E de tal importante experiência (um intervalo certamente de breve duração, cortado pela raiz pela reação internacional, mas não por isso menos significativo), Lukács toma rapidamente parte muito ativa: é aceito no Comitê Central do Partido, nomeado membro do comitê de redação de seu órgão, o *Vörös Újság* (Jornal Vermelho) e sobretudo desempenha a função de vice-comissário no Comissariado para a Educação Pública[14], uma função da qual dependem, substancialmente, todas as decisões institucionais sobre a vida artística e cultural húngara. Grande parte da direção permanece, assim, na prática, nas mãos de Lukács.

Que ele ocupe posições de relevo durante o evento da República dos Conselhos demonstra bem o fato de que ele se põe de imediato a trabalhar e lança, por parte do organismo do qual é o preposto, um vasto plano de reforma, segundo as seguintes diretivas: 1) valer-se de todas as formas mais bem dispostas para lutar pela renovação em sentido progressista da vida cultural do país; 2) ater-se firmemente, em todo campo, do setor da escola àquele das bibliotecas, da literatura à música, a critérios rigorosos de competência.

Lukács mostra extraordinária capacidade de mobilização das forças intelectuais progressistas ali presentes. O seu é, dentre todos os comissariados, o único renovado de cima a baixo. Vêm, então, a fazer parte ou a colaborar com ele, a partir do exterior, notáveis personalidades progressistas da cultura e da arte, em primeira linha os membros do Círculo dos Domingos. Assim, Fogarasi, filósofo, torna-se o responsável pela seção para a escola superior; a direção da instrução elementar e secundária é assumida por professores já anteriormente destacados no movimento de luta para a reforma sindical; o grupo de trabalho reunido em torno do recém-falecido Szabó (homem de grande cultura, experimentado bibliófilo, diretor em 1911 da Biblioteca Central de Budapeste) provê com vantagem o setor de bibliotecas; enquanto no campo das artes colaboram com os comunistas,

---

[14] Ver a "Autobiographie inédite" de Lukács, no apêndice de sua coletânea de artigos *Littérature, philosophie, marxisme, 1922-1923* (G. Lukács, "Autobiographie inédite" [1941?], em Michael Löwy (org.), *Littérature, philosophie, marxisme 1922-1923*, Paris, Presses Universitaires de France, 1978, p. 149-50) (infelizmente não publicada, como todas as outras intervenções em língua não alemã, no volume da *Werke* que acolhe seus *Autobiographische Texte*).

Depois de Outubro | 227

mesmo quando pessoalmente não o são, os melhores homens, como o poeta e editor Andor Gábor, Balázs, Antal, Kernstok e seus simpatizantes. Clamoroso revezamento há no setor da música, em que, com Ernó Dohnányi, encontram-se os nomes de maestros do calibre de Béla Bartók e Zoltán Kodály, e também no da literatura, no qual a participação se estende de colaboradores de *Nyugat* até os jovens Lajos Kassák e Tibor Déry. Obtém, em suma, esse grande resultado no qual, prescindindo da observância, ou menos, em alguns, da fé comunista, o melhor da cultura húngara em absoluto se põe a serviço da política cultural da República, da proclamada "ditadura do proletariado". A liderança dela naturalmente se preserva – de maneira distinta ao desenho e à vontade de Lênin – de dar crisma "oficial" a qualquer corrente de pensamento ou a qualquer movimento artístico-cultural; até mesmo o próprio jeito pessoal de Lukács, ao contrário do de Lênin, o faz calar ou o reprime, como acontece no caso do espaço por ele deixado à atividade do grupo Kassák e a seu periódico, *Mas* [Hoje], de orientação filoexpressionista:

O Comissariado para a Educação Pública – destaca ele, certa vez, em reação aos ataques sectários movidos contra sua política cultural – não pretende sustentar oficialmente a literatura de qualquer escola ou de qualquer partido que seja. O programa cultural, comunica, distingue apenas entre a boa e a má literatura, e não está disposto a colocar à parte um Shakespeare ou um Goethe porque não são escritores socialistas. Mas não é, no entanto, pretendido deixar via livre ao diletantismo artístico sob o pretexto de que se trataria de arte socialista. A política cultural comunista consiste em fornecer ao proletariado a melhor arte e a mais pura, não permitindo que seu gosto seja corroído pela política de vértice, reduzida a ser nada mais que um instrumento político. A política é apenas o meio, a cultura, o fim.[15]

---

[15] G. Lukács, "Felvilágositásul" ("Especificações") (1919, republicado em 1987), p. 105-6, que aqui traduzo da citação que faz B. Köpeczi, "Lukács in 1919", em L. Illés et al. (orgs.), *Hungarian Studies on György Lukács*, cit.; e na versão francesa do volume *La République des Conseils*, com prefácio de J. Gaucheron (*La République des Conseils: Budapest 1919*, Paris, Éditeurs Français Réunis, 1979, p. 155-6). Esta é reportada com outra intervenção propagandística de Lukács, "La Prise de possession effective de la culture", por *Fáklya*, de 20 de abril de 1919. Sobre o tema específico "Cultura e República dos Conselhos", ver também, de Lukács, as duas entrevistas de 1969 ao periódico *Társadalmi Szemle* (maio) e à televisão húngara, registrada por Kovács (depois em *Kritika*, 1972, n. 5), traduzida respectivamente em G. Lukács, *Cultura e potere*, Editori Riuniti, 1970), p. 105-12, e em idem, *L'uomo e la rivoluzione* (Roma, Editori Riuniti, 1973), p. 67. Não falta, naturalmente, nem nessa circunstância, quem tenha a impertinência de passar por uma linha de política cultural para "uso do terror na literatura e nas artes"; Rudolf Tökes, *Béla Kun and the Hungarian Soviet Republic: The Origins and Role of the Communist Party of Hungary in the Revolutions of 1918-1919* (Nova York/Washington/Londres, Praeger/Paul Mall, 1967), p. 179.

Não é, certamente, por acaso que Lênin saúda, de imediato, com entusiasmo a formação da República dos Conselhos na Hungria e fica subitamente impressionado com as medidas lá adotadas, chegando mesmo a admitir que, "no campo da organização, o proletariado húngaro [...] já ultrapassou" e "deu ao mundo um exemplo ainda melhor que aquele da Rússia soviética". Quanto a Lukács, não existe dúvida: o novo homem, o intelectual "convertido", fornece ótima prova de si também como homem de governo. (Erros o governo os comete, sem mais, no campo das diretivas de política agrária, viciadas por um sectarismo um tanto quanto irrazoável e irrealista.) Mas, em espaços de tempo bem restritos, a ditadura do proletariado não possui modos para consolidar-se; antes mesmo que se vejam os efeitos, a reação a arrasta e a sufoca, instaurando o terror branco. Com outros compatriotas militantes da revolução, Lukács encontra refúgio em Viena.

O exílio em Viena: o marxismo de *História e consciência de classe*

Viena não é Heidelberg. Lukács não respira a mesma atmosfera, não experimenta a mesma vitalidade, ainda que figuras de prestígio transitem por ali (entre 1923 e 1924, ali também se aloja, por alguns meses, Gramsci). Prescindindo da divergência de fundo, do tecido da cultura, das relações de vida, o exilado vive como exilado, em um ambiente hostil, como perseguido, correndo o risco a todo momento de ser expulso ou preso – quando, ao fim de novembro de 1919, por solicitação de autoridades húngaras, é preso e ameaçado de repatriação (o que seria equivalente a uma sentença de morte), por sua liberação se levantam altas as vozes de Thomas Mann, Beer-Hofmann e outros intelectuais. Enfim, era totalmente estrangeiro e também clandestino na Hungria de Horthy, na década de 1921 a agosto de 1931, esmagada sob a pressão do governo ultrarreacionário de conde István Bethlen; mas frágil, incerta, fonte mais de desorientação que de sustentação, ao menos até a metade daquele decênio, era sua relação com o grupo de outros exilados em Viena, não obstante alguma aparência, com o Círculo dos Domingos que ali se reconstituía nos últimos meses de 1920.

Os anos de Viena têm importância para o aproveitamento formativo e operativo de Lukács, para suas vastas leituras, para o aprofundamento paulatino mais sério do marxismo, para suas variadas colaborações a revistas de língua alemã ou húngaras (como *Kommunismus, Die Rote Fahne, Proletár, Új Március, 100%* etc.) e, sobretudo, para a construção do livro que lhe daria fama, *História e consciência de classe*[16]: uma operatividade política e culturalmente embebida de princípios utópico-extremistas, em um primeiro momento – por exemplo, nos artigos de *Kommunismus* –, em larga medida ainda sucumbida a formulações próprias de um marxismo sumário, se não de pesados resíduos de seu precedente "anticapitalismo romântico".

"Construção" é um termo descritivo justo da gênese de *História e consciência de classe*. Preparado e publicado em 1922-3, o livro deriva, de fato, não de um projeto estruturalmente unitário, mas do encorpamento de uma série de ensaios compostos entre 1919 e 1922, com o acréscimo para a ocasião de dois outros ensaios mais elaborados, "A reificação e a consciência do proletariado" e "Considerações metodológicas sobre a questão da organização". Saltam, de imediato, aos olhos aquelas que são as qualidades de destaque. Esse é o excepcional – apesar de imaturo – produto de circunstâncias excepcionais, irrepetíveis (para a expectativa, típica do comunismo de esquerda de agora, de um "grande salto revolucionário" sob escala mundial), sem mitificar, todavia, como *unicum* descolado de outras *tentamina* marxistas do gênero: pense-se, de imediato, em *Einführung in die Marxsche Philosophie* de Fogarasi (1922)[17], também colaborador de *Kommunismus*, nesse meio-tempo redator-chefe da *Rote Fahne*, e sem dúvida influenciado por trocas de opiniões pessoais em Viena com Lukács e, logo na sequência, mas dessa vez sem qualquer relação de influência com Lukács, em *Marxismo e filosofia*, de Karl Korsch[18], para o

---

16 G. Lukács, *Geschichte und Klassenbewusstsein: Studien über marxistische Dialektik* (Berlim, Malik, 1923); idem, *History and Class Consciousness* (Londres, Red Star, 1977); agora em idem, *Frühschriften II, Werke*, cit., p. 161 e seg.; ed. it.: idem, *Storia e coscienza di classe* (trad. G. Piana, Milão, Sugar, 1967) [ed. bras.: idem, *História e consciência de classe: estudos sobre a dialética marxista*, trad. Rodnei Nascimento, São Paulo, Martins Fontes, 2003].

17 Béla Fogarasi, *Bevezetés a marxi filozófiába* (Viena, Europa, 1922). Ver as observações, a propósito, de Karádi, "Vorwort" à sua edição de Béla Fogarasi, *Parallele und Divergenz: Ausgewählte Schriften* (Budapeste, MTA Filozófiai Intézet, 1988), p. 22; de Joseph Gabel, *Mannheim et le marxisme hongrois* (Paris, Méridiens Klincksieck, 1987), p. 34 (segundo o qual, frequentando ambos "os mesmos meios", permanece "difícil o estabelecimento de prioridades intelectuais"); e de Lee Congdon, "Acknowledging his Debit to Lukács, Fogarasi Presented a Clearly-Stated of the Soon to be Published *History and Class Consciousnes*", em idem, *Exile and Social Thought: Hungarian Intellectuals in Germany and Austria* (Princeton, Princeton University, 1991), p. 56-7.

18 Karl Korsch, *Marxismus und Philosophie* (Leipzig, Hirschfeld, 1923); reedição: idem, *Marxismus und Philosophie* (trad. G. Backhauss, Frankfurt-Wien, Europa Verlag, 1966) [ed. bras.: trad. José Paulo Netto, *Marxismo e filosofia*, Rio de Janeiro, Editora UFRJ, 2008]. Por uma entrevista da mulher Hedda (Hedda Korsch, "Memories of Karl Korsch", *New Left Review*, n. 76, p. 40-1, 1972), sabemos que Korsch descobre apenas posteriormente, em *História e consciência de classe*, ideias similares às suas; e que, durante o curso do marxismo por ele ministrado em Berlim, os dois tiveram também formas de discutir muitas vezes juntos.

qual o próprio Fogarasi escreve uma resenha favorável[19]. Enquanto, por exemplo, o Troeltsch de então, na fundação das matrizes de seu historicismo irracionalista (herança de uma afinidade nunca cancelada com as "ciências do espírito"), alinha-se a tantos do marxismo se destacando como a "última forma da teoria da história sócio-positivista praticamente relevante"[20], aqueles ali descobrem, ao contrário, uma teoria da sociedade e da história contestadora em germe, com sua racionalidade desdobrada, de toda forma possível de positivismo. Precisamos, no entanto, revelar as diferenças entre eles. Nessa operação de renovação do marxismo, da recuperação de suas potencialidades ainda inexploradas, Lukács está muito acima dos outros dois novatos marxistas que estão a seu lado. É uma diferença da capacidade de penetração nos problemas da teoria. É paradigmático nele, em primeiro lugar, o papel socialmente progressivo assinalado pela filosofia de Hegel. Já alguns de seus ensaios de *Kommunismus* deixam transparecer um Hegel por conotações e prospectivas bem diversas em relação àquelas encontradas em seu Hegel de Heidelberg. Recordo apenas o parágrafo conclusivo de seu mais notável dentre esses ensaios, "Alte Kultur und neue Kultur".

> A ideia do homem como fim em si – ideia fundamental da nova *Kultur* – é de fato a herança do idealismo clássico do século XIX. A verdadeira contribuição da época capitalista à construção do futuro constitui em haver criado a possibilidade da própria ruína e da construção do futuro a partir de seus escombros. Como o capitalismo gera por si os pressupostos econômicos da sua destruição, como por si cria as armas espirituais da crítica que, através do proletariado, o destruirá (a relação Marx-Ricardo), analogamente na filosofia de Kant até Hegel nasce a ideia da nova sociedade, chamada por necessidade a produzir a sua aniquilação.[21]

---

[19] A resenha, surgida em *Die Internationale* (Béla Fogarasi, "Resenha a *Marxismo e filosofia*", *Die Internationale*, n. 7, 1924, p. 414-6), é reeditada em idem, *Parallele und Divergenz*, cit., p. 118-22.

[20] Ernst Troeltsch, *Der Historismus und seine Probleme* (Tubinga, J. C. B. Mohr, 1922, Gesammelte Schriften, Bd. 3, I), p. 149; idem, *Lo storicismo e i suoi problemi*, v. 1 (trad. Giuseppe Cantillo e Fulvio Tessitore, Nápoles, Guida, 1985-93), p. 182. No longo § 4 do capítulo 3, sobre "dialética marxista", é explicado, pois, em detalhes, como em Marx a dialética vem deformada, isto é, "naturalizada" e "economicizada" (idem, *Der Historismus und seine Probleme*, cit., p. 314 e seg.; idem, *Lo storicismo e i suoi problemi*, v. 2, cit., p. 101 e seg.).

[21] G. Lukács, "Alte Kultur und neue Kultur", *Kommunismus*, v. 1, p. 1.549, 1920; incluída em idem, *Politische Aufsätze*, (org. Jörg Kammler e Frank Benseler, Darmstadt-Neuwied, Luchterhand, 1975-9, v. 1), p. 150; ed. it.: idem, *Cultura e rivoluzione: saggi 1919-1921* (Roma, Newton Compton, 1975), p. 171.

História e consciência de classe vai além dessa prospectiva em dúplice direção. Por um lado porque, com suas repetidas críticas do kantismo e do neokantismo, até a Lask, inclusive, separa nitidamente Kant de Hegel, idealismo subjetivo do objetivo, assumindo, por isso mesmo, para Lukács, o sentido de uma autocrítica, de um acerto de contas com seu passado pré-marxista; por outro lado, porque do recurso idealista-objetivo do hegelianismo se serve como ponto de polêmica direta contra os atrasos filopositivistas do marxismo, que, assim empobrecido, achatado, vulgarizado, vinha perdendo havia décadas sua força de teoria. Agora, propriamente, a teoria, ou melhor, a centralidade que deve ter a "estrutura conceitual interna" de *O capital* para a teoria no marxismo, modelo de todo conhecimento acerca da "totalidade concreta", anima de um lado a outro a investigação do livro.

Daí sua famosa novidade em relação à tradição marxista dominante na Segunda Internacional. Contra o marxismo passivo, fatalístico e determinista daquela tradição, aqui o acento recai propriamente sobre traços opostos, sobre a consciência, sobre a subjetividade, sobre a práxis, cuja finalidade é não aceitar, mas revolucionar o mundo. Correlativamente, a dialética se encontra já de todo operante no livro. Reivindicadas com energia, *versus* toda forma de sociologismo vulgar (herança última da Segunda Internacional) e toda forma de revisionismo do tipo de Bernstein, ambos antidialéticos, ali estão as categorias hegelianas de "totalidade" e "mediação", agora com exatidão na acepção especificamente marxiana de "totalidade concreta"[22]. Em todo lugar, são reconhecíveis e fecundos os traços próprios da dialética (influência exercida pela mediação sobre a imagem do mundo, identidade entre processo dialético e desenvolvimento histórico). Sua função é precípua, aquela de extrair o fenômeno da reificação (tema já posto no centro dos *Manuscritos econômico-filosóficos* de Marx, não ainda tornados públicos quando Lukács deles se ocupa), ou seja, a essência da estrutura de mercadorias das relações entre os homens na organização capitalista da sociedade. O motivo pelo qual *História e consciência de classe* deixa, sem dúvida alguma, uma marca não indiferente na história do marxismo é que a partir dessa obra começa um modo diverso de ver o marxismo como filosofia. Já as afirmações dos primeiros dois capítulos, "O que é o marxismo ortodoxo" e "Rosa Luxemburgo

---

[22] Ver István Mészáros, *Lukács Concept of Dialectic* (Londres, The Merlin, 1972), p. 61 e seg. Esse ensaio foi originariamente editado em George Henry Parkinson (org.), *Georg Lukács: The Man, his Work and his Ideas* (Nova York, Vintage, 1970), p. 64 e seg.; e parcialmente traduzido na antologia de ensaios por mim organizada: Guido Oldrini (org.), *Lukács* (Milão, Isedi-Mondadori, 1979), p. 141 e seg.

marxista", por meio de sua novidade, criou escândalos. O início do ensaio sobre Luxemburgo merece ser referido por si mesmo:

> Não é o predomínio de motivos econômicos na explicação da história que distingue de maneira decisiva o marxismo da ciência burguesa, mas o ponto de vista da totalidade. A categoria da totalidade, o domínio universal e determinante do todo sobre as partes constituem a essência do método que Marx recebeu de Hegel e transformou de maneira original no fundamento de uma ciência inteiramente nova. A separação capitalista entre o produtor e o processo global da produção, a fragmentação do processo de trabalho em partes que deixam de lado o caráter humano do trabalhador, a atomização da sociedade em indivíduos que produzem irrefletidamente, sem planejamento nem coerência, tudo isso devia ter também uma influência profunda sobre o pensamento, a ciência e a filosofia do capitalismo. A ciência proletária é revolucionária não somente pelo fato de contrapor à sociedade burguesa conteúdos revolucionários, mas, em primeiro lugar, devido à essência revolucionária de seu método.

Essa passagem é encerrada por uma frase acrescentada para exaltar a relevância: "*o domínio da categoria da totalidade é o portador do princípio revolucionário na ciência*"[23]. Ora, o fato de que a prioridade no marxismo seja dada à metodologia mostra como e o quanto pesa a herança hegeliana sobre os ombros de Lukács, a tradição que no hegelianismo deriva já da frase resgatada da *Fenomenologia do espírito*, "o verdadeiro é inteiro". Se, em verdade, a realidade é uma totalidade, então o ponto central fundante torna-se ver, saber e estudar quais relações com a totalidade têm as classes sociais. Proletariado e burguesia são ambos partes do todo, mas não têm com o todo as mesmas relações: pois, enquanto a parte burguesa permanece parte, com interesses de parte, o proletariado é aquela classe cuja natureza o autoriza a aspirar ao todo. Núcleo nevrálgico de exposição do problema para Lukács, remontando a Hegel, é o conceito de proletariado como sujeito-objeto idêntico. Todos sabem que, na filosofia de Hegel, o espírito opera como motor do inteiro desenvolvimento da realidade, como aquela força que se move, dá a si mesmo as próprias determinações, objetiva-se na exterioridade (seja natural, seja social), e que depois, ao fim do processo, retorna a si mesmo, fazendo resultar que as determinações aparentemente objetivas do espírito são, ao

---

[23] G. Lukács, *Geschichte und Klassenbewusstsein*, cit., p. 39; idem, *History and Class Consciousness*, cit., p. 199; idem, *Storia e coscienza di classe*, cit., p. 35-6 [ed. bras.: *História e consciência de classe: estudos sobre a dialética marxista*, trad. Rodnei Nascimento, São Paulo, Martins Fontes, 2003, p. 105-6].

contrário, idênticas a seu próprio eu, com sua subjetividade. É nesse sentido que, para Hegel, o espírito é um sujeito-objeto idêntico.

Sob o perfil do método, Lukács mantém o tronco nevrálgico das argumentações de Hegel. Apenas, em lugar de pôr como fundamento o processo do sujeito fantástico do espírito, isto é, um mito, uma teologia travestida, ele põe como fundamento a concretude real e histórica do proletariado como classe. Por um lado, o proletariado é objeto, pois, na medida em que o operário trabalha, seu trabalho, conforme a teoria do valor-trabalho de Marx, entra como elemento constitutivo do valor com todos os outros elementos da mercadoria; por outro, a mercadoria que ele é se trata de uma mercadoria *sui generis*, dotada também de vontade e de consciência, incluindo a consciência de classe. Em torno desse complexo problemático, Lukács escreve os capítulos mais notáveis e apaixonantes do livro, como os dois centrais, "Consciência de classe" (1920) e "A reificação e a consciência do proletariado" (1922), nos quais mostra saber trazer à luz, de forma autônoma em relação à doutrina de Marx (em especial, as páginas do livro I de *O capital*, sobre o fetichismo da mercadoria), toda a problemática da alienação presente nos *Manuscritos de 1844*.

> A essência da estrutura da mercadoria já foi ressaltada várias vezes. Ela se baseia no fato de uma relação entre pessoas tomar o caráter de uma coisa e, dessa maneira, o de uma "objetividade fantasmagórica" que, em sua legalidade própria, rigorosa, aparentemente racional e inteiramente fechada, oculta todo traço de sua essência fundamental: a relação entre os homens.[24]

Dúplice a consequência que provoca tal economia mercificada:

> Objetivamente, quando surge um mundo de coisas acabadas e de relações entre coisas (o mundo das mercadorias e de sua circulação no mercado), cujas leis, embora se tornem gradualmente conhecidas pelos homens, mesmo nesse caso se lhes opõem como poderes intransponíveis, que se exercem a partir de si mesmos.[25]

De outra parte, com o trabalho, reifica-se subjetivamente a imagem que do real molda a consciência dos trabalhadores:

---

[24] Idem, *Geschichte und Klassenbewusstsein*, cit., p. 94; idem, *History and Class Consciousness*, cit., p. 257; idem, *Storia e coscienza di classe*, cit., p. 108 [ed. bras.: *História e consciência de classe*, cit., p. 194].

[25] Idem, *Geschichte und Klassenbewusstsein*, cit., p. 28; idem, *History and Class Consciousness*, cit., p. 261; idem, *Storia e coscienza di classe*, cit., p. 112 [ed. bras.: *História e consciência de classe*, cit., p. 199].

O caráter mercantil da mercadoria, o modo quantitativo e abstrato da calculabilidade aparecem aqui sob sua forma mais pura. Sendo assim para a consciência reificada, esta se torna, necessariamente, a forma de manifestação do seu próprio imediatismo, que ela, enquanto consciência reificada, não tenta superar. Ao contrário, tal forma tenta estabelecer e eternizar esse imediatismo por meio de um "aprofundamento científico" dos sistemas e de leis apreensíveis. Do mesmo modo que o sistema capitalista produz e reproduz a si mesmo econômica e incessantemente num nível mais elevado, a estrutura da reificação, no curso do desenvolvimento capitalista, penetra na consciência dos homens de maneira cada vez mais profunda, fatal e definitiva.[26]

Obviamente, a reificação da qual Lukács se ocupa aqui não tem nada a ver com a dimensão metafísica desta, a *Tragik der Kultur*, elaborada pela *Lebensphilosophie* do pré-guerra sobre o pressuposto da alteridade de princípio, como tal insuperável – entre "espírito" e "vida". Mas, se a tragédia se dá, como na situação em causa, sob forma histórica concreta de reificação capitalista, de que modo, todavia, superá-la? De que modo reagir a ela socialmente? A totalidade do social impede que uma consciência de classe venha dada e seja descoberta empiricamente, como consciência do indivíduo empírico. Seu conceito comporta, em sentido marxista, qualquer coisa a mais e de diverso, definível somente com base na "categoria da possibilidade objetiva": da consciência que os homens possuiriam de uma situação, se fossem capazes de colher plenamente todas as componentes, os interesses que estas fazem emergir etc. Apenas graças a essa potencialidade "atribuída de direito" aparece, junto ao justo senso de consciência de classe, o papel histórico da classe destinada ao poder, nesse caso o proletariado: já que "a vocação de uma classe para a dominação significa que é possível, a partir de seus interesses e da sua consciência de classe, organizar o conjunto da sociedade conforme esses interesses"[27]. Por outro lado, quanto mais o proletariado toma consciência da própria atividade produtiva, tanto mais o objeto que era tende a fazer-se sujeito, a reconhecer na objetividade produzida o próprio produto e, portanto, em si mesmo, classe produtiva, a classe explorada. Aquela que em Hegel era a dialética interna do espírito torna-se aqui a dialética

---

[26] Idem, *Geschichte und Klassenbewusstsein*, cit., p. 105; idem, *History and Class Consciousness*, cit., p. 268; idem, *Storia e coscienza di classe*, cit., p. 121 [ed. bras.: *História e consciência de classe*, cit., p. 211].

[27] Idem, *Geschichte und Klassenbewusstsein*, cit., p. 61-4; idem, *History and Class Consciousness*, cit., p. 223-5; idem, *Storia e coscienza di classe*, cit., p. 65-8 [ed. bras.: *História e consciência de classe*, cit., p. 140-4].

objetiva do proletariado; seu ponto de chegada último, a realização de uma práxis revolucionária. Sobre a "praticidade como princípio da filosofia", oposto à contemplação, Lukács bate com força inusual. Ele diz:

> Porém, o autoconhecimento do trabalhador como mercadoria já existe como conhecimento prático. Ou seja, *este conhecimento realiza uma modificação objetiva e estrutural no objeto do seu conhecimento.* O caráter especial e objetivo do trabalho como mercadoria, seu "valor de uso" (sua capacidade de fornecer um produto excedente), que como todo valor de uso submerge sem deixar rastros nas categorias quantitativas de troca, desperta nessa consciência e por meio dela *para a realidade social.*[28]

Assim, ao proletariado como classe cumpre a transformação de sua consciência em práxis: "o seu objetivo prático", Lukács diz, é uma "transformação fundamental do conjunto da sociedade"[29].

Ora, o marxismo vulgar constantemente negligenciou esse lado da autoconsciência, substituindo por questões mesquinhas de *Realpolitik* o reconhecimento daquilo que forma a "superioridade do proletariado frente à burguesia": uma superioridade ligada precisamente à circunstância "de ser capaz de considerar a sociedade, a partir do centro, como um todo coerente e, por isso, agir de maneira centralizada, modificando a realidade, no fato de que, para a sua consciência de classe, teoria e práxis coincidem".

> Quando os marxistas vulgares rompem essa unidade, cortam o nervo que liga a teoria proletária à ação proletária numa unidade. Reduzem a teoria ao tratamento "científico" dos sintomas do desenvolvimento social e fazem da práxis uma engrenagem fixa e sem objetivo dos acontecimentos de um processo que renunciam dominar metodicamente pelo pensamento.[30]

Para Lukács, esse domínio metodológico do pensamento vale, ao contrário, como uma prioridade não renunciável, como o fator catalisador de todo o processo,

---

[28] Idem, *Geschichte und Klassenbewusstsein*, cit., p. 185-6; idem, *History and Class Consciousness*, cit., p. 353; idem, *Storia e coscienza di classe*, cit., p. 223 [ed. bras.: *História e consciência de classe*, cit., p. 342].

[29] Idem, *Geschichte und Klassenbewusstsein*, cit., p. 179; idem, *History and Class Consciousness*, cit., p. 347; idem, *Storia e coscienza di classe*, cit., p. 215 [ed. bras.: *História e consciência de classe*, cit., p. 332].

[30] Idem, *Geschichte und Klassenbewusstsein*, cit., p. 80-1; idem, *History and Class Consciousness*, cit., p. 283-4; idem, *Storia e coscienza di classe*, cit., p. 89-90 [ed. bras.: *História e consciência de classe*, cit., p. 172].

em vista da realização de seu êxito. Certamente, "a transformação socialista é uma questão de poder (*Machtfrage*)", mas a violência por si somente a alcança em aparência.

> Pois a violência não é e nunca pode ser um princípio autônomo. E essa violência é apenas a vontade conscientizada do proletariado de anular a si mesmo e, simultaneamente, o domínio escravizador das relações reificadas sobre o homem, o domínio da economia sobre a sociedade.[31]

O surgimento de um texto como *História e consciência de classe* e o impacto social de tal gênero de reflexão não são fenômenos que permanecem sem consequências. Eles sacodem a atmosfera cultural dominante, alteram relações intelectuais estabelecidas, criam discrepâncias entre rodas e grupos de estudiosos ou, ainda, entre expoentes internos a grupos singulares. Rupturas inevitáveis se perfilam: não apenas Lukács com o inteiro círculo acadêmico alemão, dos neokantianos a Weber, mas dos marxistas ou filomarxistas com o marxista Lukács: basta citar os casos – separados nos anos subsequentes – de Balázs, Bloch, Korsch, Kracauer. Balázs, que, como sabemos, a partir desse momento não recupera mais com Lukács a concordância que os havia acompanhado por tanto tempo; Korsch e Kracauer andaram por estradas muito divergentes, seja entre eles, seja daquela assumida por Lukács; ao Bloch de *Thomaz Münzer* (1921), propenso a procurar no "vínculo da esfera religiosa com um elemento revolucionário do ponto de vista econômico-social [...] uma via para o aprofundamento do materialismo histórico 'puramente econômico'", Lukács retruca sem reservas, argumentando que:

> Ao conceber o elemento econômico igualmente como coisa objetiva, à qual deve se contrapor o anímico, a interioridade etc., esquece que justamente a verdadeira revolução social só pode ser a remodelação da vida concreta e real do homem e que aquilo que se costuma chamar de economia não é outra coisa senão o sistema das formas de objetivação dessa vida real.[32]

Caberia aqui acrescentar qualquer coisa a mais a propósito da confusa controvérsia acerca do legado weberiano, tão insistente, exagerado, fora de lugar na

---

[31] Idem, *Geschichte und Klassenbewusstsein*, cit., p. 258; idem, *History and Class Consciousness*, cit., p. 429; idem, *Storia e coscienza di classe*, cit., p. 313 [ed. bras.: *História e consciência de classe*, cit., p. 460].

[32] Idem, *Geschichte und Klassenbewusstsein*, cit., p. 211; idem, *History and Class Consciousness*, cit., p. 379-80; idem, *Storia e coscienza di classe*, cit., p. 253-4 [ed. bras.: *História e consciência de classe*, cit., p. 383].

historiografia[33]. Mas também aqui as discrepâncias são categóricas, de longe mais decisivas que as presumidas afinidades doutrinais ou os episódicos ecos e empréstimos terminológicos. Já que o fundo cultural de Weber faz com que ele, como sociólogo, ainda que crítico do formalismo kantiano, opere desde logo insistindo sobre a autonomia da "esfera dos valores", isto é, separando, disciplina por disciplina, teoria da prática, gnosiologia da ética, em contraste com o universalismo hegeliano e marxiano tanto enfatizado por Lukács, a ruptura com Weber se consuma de fato já presente, e entre eles só são possíveis simples analogias formais. Doutrinariamente, Lukács se limita ao uso de certos elementos críticos weberianos (por exemplo, o "cálculo" como movente primário da ideologia capitalista ou a crítica da burocracia moderna) para um mais adequado esclarecimento do conceito de reificação; sobre as consonâncias de ordem terminológica, estas, em primeiro lugar, mantêm-se quase exclusivamente no âmbito da tipologia, da teoria dos *Idealtypen* (por exemplo, a categoria de "possibilidade objetiva"), e, em segundo lugar, não se investem, mesmo por esse âmbito limitado, senão de pontos à margem dos complexos problemáticos em discussão, sem nunca incidir sobre seu aparato conceitual, tanto menos para condicionar-lhe a impostação.

A conjuntura da "estabilização relativa"

É uma contradição singularmente indicativa do patamar de nível teórico ali alcançado por Lukács que *História e consciência de classe*, seu livro sem dúvida mais rico de emoções, surja mesmo quando tais emoções aparecem mal dispostas, quando já são, por um lado, politicamente inaceitáveis e, por outro, historicamente anacrônicas. O ato de seu aparecimento, de fato, não se dá no mundo daquela ordem do proletariado que a teoria do livro requer, um proletariado

---

[33] Vai refutada radicalmente, em todo caso, a pretensão de ver em *História e consciência de classe* "uma explícita *Auseinandersetzung* com a sociologia compreensiva de Max Weber" (Kurt Beiersdörfer, *Max Weber und Georg Lukács: über die Beziehungen von Verstehender Soziologie und Westlichen Marxismus*, Frankfurt/Nova York, Campus, 1986, p. 135 e seg.), ou, em seu autor, acima de tudo "um aluno de Weber" (K. Maretzky, "Georg Lukács als Schuler Max Webers in *Geschichte und Klassenbewusstsein*", em Georg Ahrweiler (org.), *Lukács: Dialektik zwischen Idealismus und Proletariat*, Köhn, Pahl-Rugenstein, 1978, p. 164-89). Sobre a questão faltam repertórios bibliográficos completos dos textos em referência. Uma bibliografia dos textos em língua inglesa é fornecida por Kadarkay (Arpad Kadarkay, "The Demonic Self: Max Weber and Georg Lukács", *Hungarian Studies*, v. 9, n. 1-2, 1994, p. 90), em que, entretanto, de *História e consciência de classe* não se escreve sequer uma palavra.

mundialmente vencedor ou que se apressa a vencer; o único proletariado vencedor, o soviético, venceu somente em seu país, enquanto no resto da Europa se anuncia mais uma fase de estagnação revolucionária.

Duas gravíssimas circunstâncias constituem obstáculo para que o desenho esboçado no livro vingue, tome corpo e tenha seus efeitos desdobrados. Acima de tudo, a péssima acolhida a ele dispensada pela Internacional Comunista. Durante o debate realizado em várias sedes em 1923-4, no *Rote Fahne*, no *Pravda*, no *Pod znamenen marksizma*, no vienense *Arbeiter-Literatur* e em outras publicações, libera-se por parte de intelectuais alinhados ao marxismo oficial (Deborin, Rudas) um áspero ataque contra as "tendências idealistas" de *História e consciência de classe*, seguido logo depois por sua proibição provocada pela condenação de Zinoviev no V Congresso da Internacional Comunista (junho-julho de 1924): "Não podemos tolerar impunemente tal revisionismo teórico na nossa Internacional Comunista"[34]. Em segundo lugar, prejudica a eficácia do livro a mudança que logo interveio nos equilíbrios da situação histórica em seu conjunto. Porque o Outubro soviético não teve vitoriosa repercussão no exterior, a estrutura dominante do capitalismo em escala mundial não sai manchada, não é destituída de suas posições, em que, de fato, entre uma crise e outra, esta tende – relativamente – a estabilizar-se. A crítica da economia política vislumbra exatamente no quinquênio 1924-9 a fase em que, não obstante transtornos, inconveniências e reviravoltas de seu sistema econômico, o capitalismo goza de uma "estabilização relativa"[35], incompatível seja

---

[34] Ver o *Protokoll* das intervenções no Congresso, editado em *Geschichte und Klassenbewusstsein heute* (Protokoll V Congresso da Internacional Comunista, *Geschichte und Klassenbewusstsein heute: Diskussion und Dokumentation*, Amsterdã, Munter, 1971, p. 64-6). Para o debate de seu livro, sua condenação e os ulteriores desenvolvimentos da controvérsia nos anos 1920 existe, além das documentações ali recolhidas, Laura Boella (org.), *Intellettuali e coscienza di classe: il dibattito su Lukács 1923-24* (Milão, Feltrinelli, 1977); Tamás Krausz e Miklós Mesterházi (orgs.), "A 'Történelem és osztálytudat' a 20-as évek vitáiban", em *Filozófiai figyelö* (Budapeste, Gondolat, 1981), e idem, *Müs és történelem: Viták Lukács György müveiröl a húszas években* (Budapeste, Gondolat, 1985); e "Lukács 'History and Class Consciousness' in the Debats of the 1920s", em L. Illés et al. (orgs.), *Hungarian Studies on G. Lukács*, cit., p. 139-66; além dos parágrafos que são dedicados ao debate e à condenação: Tibor Hanak, *Lukács war anders* (Meisenheim am Glan, Anton Hain, 1973), p. 46-51; L. Sochor, "Lukács e Korsch: la discussione filosofica degli anni venti", em *Storia del marxismo*, v. 3, t. 1 (Turim, Einaudi, 1978-82), p. 738-41; e Lee Congdon, "Acknowledging his Debit to Lukács, Fogarasi Presented a Clearly-stated of the Soon to be Published *History and Class Conscioussnes*", cit., p. 62-8.

[35] Ver Maurice Dobb, *Studies in the Development of Capitalism* (Londres, Routledge, 1946), p. 320-1; Jürgen Kuczynski, *Studien zur Geschichte des Kapitalismus* (Berlim, Akademie, 1957), p. 177 e seg.

com todas as hipóteses de ruína, seja com toda instância utópica de derrubada violenta. No Lukács exilado em Viena, a consciência dessa incompatibilidade amadurece apenas lentamente. Nos pilares de seu protomarxismo, com toda a bagagem de ilusões revolucionárias que comporta, ele se apoia até a fadiga. Durante a primeira metade dos anos 1920, ele trabalha permanecendo fundamentalmente dentro do horizonte ideológico de *História e consciência de classe*, de sua atmosfera, de sua messiânica filosofia da história[36], como provam bem os escritos que aparecem logo em seguida: o opúsculo sobre *Lenin*[37], texto lançado em poucas semanas, por ocasião comemorativa, conforme incumbência do editor, relevante, sobretudo, para o conhecimento ali expresso da necessidade de extrair da figura e do pensamento de Lênin, de seu "realismo antiascético", as linhas inspiradoras guias do movimento operário revolucionário; o conjunto da atividade editorial que por alguns anos o envolve como revisor de revistas como *Die Internationale*, *Archiv für die Geschichte des Sozialismus und der Arbeiterbewegung*, o soviético *Archiv K. Marksa i F. Engels*; e aquela obstinada réplica aos ataques de Rudas e Deborin contra *História e consciência de classe,* que é a autodefesa – permanecida incompleta e inédita até nossos dias – do título *Chvostismus und Dialektik*[38]. Um estudo profundo, mais circunstanciado, de Lênin e do núcleo da economia marxista, como uma tomada mais séria em

---

[36] Ver Miklós Mesterházi, *A messianizmus történetfilozófusa: Lukács György munkássága a húszas években* (Budapeste, MTA Filozófiai Intézet/Lukács Archívum, 1987), p. 81 e seg.

[37] G. Lukács, *Lenin: Studie über den Zusammenhang seiner Gedanken* (Berlim, Malik, 1924); idem, *Frühschriften II*, cit., p. 519 e seg.; mas incluído também em idem, *Marx és Lenin* (Budapeste, Kossuth, 1985), p. 181-285, e idem, "Blick zurück auf Lenin", em Detlev Claussen (org.), *Georg Lukács, die Oktoberrevolution und Perestroika* (Frankfurt, Luchterhand, 1990), p. 43-154; ed. it.: idem, *Lenin: unità e coerenza del suo pensiero* (trad. G. D. Neri, Turim, Einaudi, 1970) [ed. bras.: idem, *Lênin: um estudo sobre a unidade de seu pensamento*, São Paulo, Boitempo, 2012). Além do "Nachwort" acrescentado na edição de 1967, para a justa compreensão do espírito que anima o opúsculo, são importantes o "Vorwort" escrito por Lukács ao já citado *Frühschriften* (G. Lukács, *Frühschriften II*, cit., p. 34 e seg.), a sua intervenção de 1969 *Su Lenin e il contenuto attuale del concetto di rivoluzione* (idem, *L'uomo e la rivoluzione*, cit., p. 49-51) e aquela iugoslava de 1970, *Nach Hegel nichts Neues*, agora em G. Lukács, *Autobiographische Texte* (idem, *Frühschriften II*, cit., p. 436-7).

[38] Idem, *Chvostismus und Dialektik* [1925] (Budapeste, Áron, 1996); reed. parcial em idem, "Chvostismus und Dialektik", *Lukács-Jahrbuch*, Bd. 3, 1998-9, p. 119-59 [ed. bras.: *Reboquismo e dialética, uma resposta aos críticos de* História e consciência de classe, trad. Nélio Schneider, São Paulo, Boitempo, 2015]. Existem também versões em inglês (e em francês); edição italiana: idem, *Coscienza di classe e storia: codismo e dialettica* (trad. M. Maurizi, Roma, Alegre, 2007). Para sua datação em 1925, ver Michael Löwy, "Lukács' Marxism of Revolutionary Subjectivity", *Lukács-Jahrbuch*, Bd. 9, 2005, p. 193.

Guido Oldrini

consideração aos estudos de Engels sobre dialética, começam apenas em seguida, não antes do biênio 1926-27[39].

Mas já com os escritos posteriores a *História e consciência de classe* alguma coisa vai progressivamente mudando. Muda ao menos isto: todo o extremismo messiânico lá tão audacioso agora figura muito atenuado. Pouco a pouco, na medida em que historicamente se consolida a prospectiva da "estabilização relativa", Lukács deve render-se à ideia da impropriedade do núcleo conceitual do livro, nascido – sabemos – sob o ímpeto da esperança de que se estivesse às vésperas de uma agitação revolucionária e de uma crise irreversível do capitalismo. *História e consciência de classe* é livro não apenas fundado, mas totalmente centrado sobre tais princípios. Ora, a rigidez de seu desenho, a audácia de seu tom, a agitada estringência de suas deduções dialéticas, a desenvoltura com que a teoria ali se entrega mais a atribuições "de direito" que ao encontro e à sondagem das circunstâncias de fato, tudo isso, tão logo os fatos não prevaleçam sobre o direito, coloca em questão sua legitimidade e prejudica sua eficácia. Aquelas mesmas exigências históricas, que na URSS, por ocasião dos compromissos da NEP, constringem a direção soviética pós-leniniana a encontrar um ponto de conexão ou uma combinação entre política de "*front* único" e "estabilização relativa"[40], constringem da mesma forma, por sua vez, Lukács a rejeitar panoramicamente, depois a abandonar definitivamente, suas prospectivas escatológicas, apoiando-se não mais sobre um desenho estratégico abstrato, sobre um ativismo e uma práxis dedutível apenas de princípios, mas sim sobre o realismo pouco a pouco obtido da objetividade das circunstâncias históricas.

Correlativamente a esse trabalho de erosão dos aspectos mais sectários e utópicos de *História e consciência de classe*, cresce nele, como traço agora ideologicamente dominante, a concretude antiespeculativa da investigação. Refiro-me, acima de tudo, a seus três maiores escritos filosóficos do período: a refutação ao *Manual* de Bukharin, já objeto de análise por parte de Fogarasi em *Rote Fahne* (19 de novembro de 1922)[41] e a edição da correspondência de Lassalle – ambas aparecem em 1925 –, além do *Moses Hess* do ano sucessivo[42], mas também, e de modo especial, às chamadas

---

[39] São as datas sugeridas pelo próprio interessado na breve "Autobiographie inédite", cit., p. 151.

[40] Ver Milos Hájek, *Storia dell'Internazionale Comunista (1921-1935): la politica del fronte unico* (Roma, Editori Riuniti, 1969), p. 142.

[41] Béla Fogarasi, *Parallele und Divergenz*, cit., p. 115-7.

[42] G. Lukács, *Moses Hess und die Probleme der Idealistischen Dialektik* (Leipzig, Hirschfel, 1926), incluído em idem, *Frühschriften II*, cit., p. 641-86, onde estão também as recensões a Bukharin e Lassalle, p. 598-608 e 612-39; ed. it.: idem, *Scritti politici giovanili 1919-1928*, cit., p. 187-310.

"Teses de Blum"[43], compostas em vista do relatório para o II Congresso do Partido Comunista húngaro, ilegal até o fim de 1928. Não é, por certo, sem significado que, contra a retórica do "socialismo alemão", esses escritos façam mais remissões a Marx e Engels como modelo metodológico que aos princípios dialéticos de Hegel, ou, em segunda instância, mais ao atento senso histórico-realista do próprio Hegel que à arrogância filosófica dos jovens hegelianos erguidos como seus críticos. O realismo avança sempre com maior força em detrimento da utopia. Já no *Lenin*, de resto, o "utopismo dos revolucionários" vem condenado sem apelo, dado que

> O realismo de Lênin, sua *Realpolitik*, é, portanto, a liquidação decisiva de todo e qualquer utopismo, a realização concreta do conteúdo do programa de Marx: uma teoria que se tornou prática, uma teoria da práxis.[44]

Se na "teoria da práxis" elaborada em *História e consciência de classe*, lá contraposta ao caráter meramente contemplativo tanto do pensamento burguês como do pseudomarxismo oportunista da Segunda Internacional, faltava ainda, em sua marca prática real, a indicação de sua base real no trabalho, agora Lukács parece atentar pelo menos para três coisas. Em primeiro lugar, que nem toda práxis comporta em si uma superação da contemplação, que nem todo ativismo atua por si mesmo para levar à garantia de um processo revolucionário. Criticando Lassalle, Lukács aproveita para criticar nos jovens hegelianos radicais aquele radicalismo ativista que existira pouco antes do seu próprio, mas que, de fato, implicava um retrocesso da dialética de Hegel a Fichte. Apenas em aparência a "menção a Fichte", como *escamotage* que assegura "à filosofia da história um acento revolucionário, envolto pela ação"[45], vai

---

[43] Também os esboços das "Blum-Thesen" – do manuscrito já armazenado no Instituto de História do Partido Comunista de Budapeste – se lê em G. Lukács, *Frühschriften II*, cit., p. 697-722; trad. parcial para o it. em idem, *Scritti politici giovanili 1919-1928*, cit., p. 311-27). Diretamente referentes ao manuscrito os atentos estudos de M. Lackó, entre os quais "A Bluem-Tézisek és Lukács György kultúra felfogása", em István Szerdahelyi (org.), *Lukács György és a magyar kultúra* (Budapeste, Kossuth, 1982), p. 92-101 (depois "The 'Blum Theses' and György Lukács Conception of Culture and Literature", em L. Illés et al. (org.), *Hungarian Studies on G. Lukács*, v. 1, cit., p. 167-87); outras notícias e reenvios bibliográficos de primeira mão, com elogio a Lackó ("one of the most detailed analyses of 'Blum Theses'") em Miklos Molnár, *From Béla Kun to János Kádár* (Londres, Berg Publishers, 1992), p. 237-8; e em Lee Congdon, "Lukács Realism: From *Geschichte und Klassenbewusstsein* to the 'Blum Theses'", em Gvozden Flego e Wolfdietrich Schmied-Kowarzik (orgs.), *G. Lukács: ersehnte Totalität* (Bochum, Germinal, 1986), p. 136-7.

[44] G. Lukács, *Lenin* (Neuwied-Berlim, Luchterhand, 1967); idem, *Geschichte und Klassenbewusstsein*, cit., p. 71; idem, *History and Class Consciousness*, cit., p. 575; idem, *Storia e coscienza di classe*, cit., p. 91 [ed. bras.: na edição de idem, *Lênin,* cit., p. 89].

[45] Idem, *Frühschriften II*, cit., p. 616; idem, *Scritti politici giovanili 1919-1928*, cit., p. 210.

além do *impasse* da "conciliação" com o real, que por fim conduz também a dialética hegeliana a se render. Sobre os motivos de seu juízo, Lukács argumenta como segue:

> Porquanto [...] a *intenção* de Fichte fosse mais revolucionária que a de Hegel, permanece todavia na intenção puramente utópica, enquanto Hegel é capaz de acolher no seu sistema das categorias a estrutura social interna do presente (aí compreendidas as tendências que vão para além dessa). Isso quer dizer que as categorias hegelianas, na sua sucessão lógico-metodológica, dependem muito mais do evolver histórico do desenvolvimento real do que dependem aquelas fichtianas.
>
> Acontece, então, o inverso do suposto e aspirado pelo radicalismo jovem-hegeliano: que assim os jovens hegelianos radicais e revolucionários [...], agarrando-se a Fichte na tentativa de superar os elementos conceituais conservadores da escola hegeliana, retrocedem, pois, necessariamente se comparados a Hegel, quando afrouxam a conexão metodológica entre categoria e história em vez de ancorar a categoria à história e fazê-la surgir da realidade histórica.[46]

Em segundo lugar, Lukács percebe que a via para a superação da contemplação não passa nem pode passar através de atalhos como: por um lado, as vulgarizações sociológicas do marxismo em geral, como aquela posta em ato por Bukharin (em certos aspectos mais atrasada, mais próxima do materialismo burguês que do próprio marxismo da Segunda Internacional); por outro, a reinterpretação de Hegel segundo os esquemas do "verdadeiro socialismo" à la Hess, também essa, pelos mesmos motivos (por ser voltada "em direção a Fichte", por seu utopismo), uma falida "tentativa de superar o aspecto contemplativo da filosofia hegeliana, de tornar prática a dialética"[47], que na realidade de um similar praticismo vem "ideologizada" muito mais do que havia feito o próprio Hegel:

> Por isso – conclui Lukács – todo utopismo abstrato, propriamente lá onde é abstratamente utópico, deve necessariamente fazer à empiria superficial concessões maiores do que aquelas feitas por um efetivo realismo dialético: deve, em suma, absolutizar as formas transitórias do presente, ancorar a evolução a este momento do presente, tornar-se reacionária.[48]

Terceiro ponto, enfim, e são as "Teses de Blum", ganha força o princípio de que não é de nenhum modo possível, nas específicas condições húngaras (tanto menos

---

[46] Idem, *Frühschriften II*, cit., p. 617; idem, *Scritti politici giovanili 1919-1928*, cit., p. 211-2.

[47] Idem, *Frühschriften II*, cit., p. 647; idem, *Scritti politici giovanili 1919-1928*, cit., p. 252.

[48] Idem, *Frühschriften II*, cit., p. 649-51; idem, *Scritti politici giovanili 1919-1928*, cit., p. 256-8.

para a Europa em geral), identificar com o proletariado como classe em si aquilo que uma frase do Lukács do ensaio sobre *Moses Hess* havia definido como o "sujeito da práxis destituidora". Para orientar de maneira realista o pensamento político de Lukács, contribui a circunstância, que exerceu não pouco influxo sobre essa orientação, de sua adesão, com Révai, à fração Landler do Partido, em contínuo e sempre mais tenso combate com o sectarismo do líder Béla Kun. Assim como a filosofia, a política deve também deixar para trás qualquer pretensão sectária. O *slogan* hasteado pelas "Teses", "ditadura democrática do proletariado e dos cidadãos", uma adaptação da palavra de ordem de Lênin de 1905, soa ao mesmo tempo combativa e antissectária. Pois "ditadura democrática" significa "completa realização da democracia burguesa", a ditadura assim entendida

> é, no sentido rigoroso do termo, um campo de batalha, um campo de batalha totalmente decisivo entre burguesia e proletariado. Obviamente esse é também, ao mesmo tempo, o mais importante instrumento de luta, uma possibilidade de fazer apelo às mais grandes massas, levantá-las e guiá-las à ação revolucionária espontânea, como também de afastar as formas organizativas e ideológicas com cujos auxílios a burguesia, em circunstâncias normais, desorganiza as grandes massas do povo trabalhador; a ditadura democrática é uma possibilidade de criar aquelas formas organizativas mediante as quais as grandes massas dos operários fazem valer os próprios interesses contra a burguesia.[49]

Em face de tudo isso fica evidente como, tomada no conjunto e colocada em confronto com *História e consciência de classe* e com *Chvostismus und Dialektik*, a produção lukacsiana da segunda metade dos anos 1920 deixa transparecer sobre seu autor os efeitos dos problemas da "estabilização relativa". Nesse momento, ocorre em Lukács a tendência, muito mais decisiva que no passado, de vincular-se à dinâmica das circunstâncias concretas, de fundamentar a teoria, a crítica da sociedade, não em elucubrações subjetivas e esperanças imaginárias, mas, ao contrário, em nexos objetivamente escavados, seja da história, seja da dialética, entre os fatores constitutivos do complexo social. Nesse sentido, a importância do momento de passagem assinalado pelas "Teses de Blum", embora elas não se relacionem de perto com o campo teórico, nunca deve ser negligenciada. Se Lukács com razão considera concluídos com esse escrito seus anos de aprendizado do

---

[49] Idem, *Frühschriften II*, cit., p. 701-2; idem, *Scritti politici giovanili 1919-1928*, cit., p. 314. Passagem referida também por Peter Ludz, "Der Begriff der 'demokratischen Diktatur' in der politischen Philosophie von Georg Lukács", em Frank Benseler (org.), *Festschrift zum achtzigsten Geburtstag von Georg Lukács* (Neuwied-Berlim, Luchterhand, 1965), p. 63.

marxismo, isso se dá por conta do fato de que em sua base se encontra implícita, ainda que inadequadamente expressa, uma *Grundeinstellung* (um comportamento de fundo, uma assunção de princípios) próxima a se tornar o "fio condutor" de sua "sucessiva atividade tanto prática como teórica"[50], o núcleo de uma concepção da cultura em que – como é bem revelado[51] – em primeiro plano vêm os elos entre cultura e tradições democrático-nacionais. Para Lukács, lá estão já postas as premissas para a liquidação definitiva das suas ilusões de um tempo, dos seus preconceitos idealistas, do seu modo – idealisticamente distorcido – de observar a sociedade; precisamente naquela fase de aprendizado de seu desenvolvimento intelectual de marxista, que por brevidade se usa designar – e eu mesmo aqui o designo – sob a fórmula de seu "protomarxismo". Um término todavia insatisfatório, por demais indeterminado, acima de tudo pelo fato de que – como se pôde ver – significa, ao mesmo tempo, coisas bastante diversas entre si: que se trata do primeiro confronto direto de Lukács com o marxismo; que é primeiro também no sentido, para ele, de tentativa inicial, primitiva, aproximativa, filosoficamente ainda não bem fundada; e, enfim, que é anterior em relação a um segundo e mais fundado marxismo, aquele marxismo que fará dele, do Lukács maduro, o mais eminente pensador marxista do *Novecento* depois de Lênin. Um similar protomarxismo de agora em diante não interessará mais, a não ser como elemento de confronto com o marxismo que Lukács irá desenvolvendo na sequência.

Referências bibliográficas

BEIERSDÖRFER, K. *Max Weber und Georg Lukács*: über die Beziehungen von Verstehender Soziologie und Westlichen Marxismus. Frankfurt/Nova York, Campus, 1986.

BOELLA, L. (org.). *Intellettuali e coscienza di classe*: il dibattito su Lukács 1923-24. Milão, Feltrinelli, 1977.

CASES, C. "L'uomo buono". In: OLDRINI, G. (org.). *Il marxismo della maturità de Lukács*. Nápoles, Prismi, 1983.

_____. *Su Lukács:* vicende di un'interpretazione. Turim, Einaudi, 1985.

CLAUSSEN, D. (org.). *Blick zurück auf Lenin*: Georg Lukács, die Oktoberrevolution und Perestroika. Frankfurt, Luchterhand, 1990.

CONGDON, L. Lukács Realism: From *Geschichte und Klassenbewusstsein* to "Blum Theses". In: FLEGO, G.; SCHMIED-KOWARZIK, W. (orgs.). *Georg Lukács*: ersehnte Totalität. Bochum, Germinal, 1986.

---

[50] Idem, "Vorwort", *Frühschriften II*, cit., p. 32 e 34; e idem, "Prefazione" a *Storia e coscienza di classe*, cit., p. XXXII e XXXV.

[51] Lackó, "The 'Blum Theses'", em Miklos Molnár, *From Béla Kun to János Kádár*, cit., p. 183-5.

Depois de Outubro | 245

_____. "Acknowledging his Debit to Lukács, Fogarasi Presented a Clearly-stated of the Soon to be Published *History and Class Consciousness*". In: _____. *Exile and Social Thought:* Hungarian Intellectuals in Germany and Austria. Princeton, Princeton University, 1991.

DOBB, M. *Studies in the Development of Capitalism.* Londres, Routledge, 1946.

FÉHER, F. "Das Bündnis von Georg Lukács und Béla Balázs bis zur ungarischen Revolution 1918". In: *Die Seele und das Leben*: Studien zum frühen Lukács. Frankfurt am Main, Suhrkamp, 1977.

FOGARASI, B. *Bevezetés a marxi filozófiába.* Viena, Europa, 1922.

_____. Resenha a *Marxismo e filosofia. Die Internationale*, n. 7, 1924, p. 414-6.

_____. *Parallele und Divergenz*: Aussgewählte Schriften. Budapeste, MTA Filozófiai Intézet, 1988.

GABEL, J. *Mannheim et le marxisme hongrois.* Paris, Méridiens Klincksieck, 1987.

GAUCHERON, J. (apres.). *La République des Conseils*: Budapest 1919. Paris, Éditeurs Français Réunis, 1979.

HÁJEK, M. *Storia dell'Internazionale Comunista (1921-1935)*: la politica del fronte unico. Roma, Editori Riuniti, 1969.

HANAK, T. *Lukács war anders.* Meisenheim am Glan, Anton Hain, 1973.

HERMANN, I. *Georg Lukács*: sein Leben an Wirken. Budapeste, Corvina, 1985.

ILLÉS, L. et al. (orgs.). *Hungarian Studies on G. Lukács.* Budapeste, Akadémiai Kiadó, 1993.

KADARKAY, A. *Georg Lukács*: Life, Thoughts and Politics. Cambridge-Oxford, Blackwell, 1991.

_____. "The Demonic Self: Max Weber and Georg Lukács". *Hungarian Studies*, v. 9, n. 1-2, 1994, p. 77-102.

KALLSCHEUER, O. *Marxismus und Erkenntnistheorie*: eine politische Philosophiegeschichte. Frankfurt/Nova York, Campus, 1987.

KAMMLER, J. *Politische Theorie von Georg Lukács*: Struktur und historischer Praxisbezug bis 1929. Darmstadt-Neuwied, Luchterhand, 1974.

KARÁDI, É. Der Auffassung von Lukács am nächsten stand Fogarasi in den Wiener Emigrationsjahre 1920/21. In: FOGARASI, B. *Parallele und Divergenz* (Aussgewählte Schriften). Budapeste, MTA Filozófiai Intézet, 1988.

_____. Lukács' Dostojewski-Projekt: Zur Wirkungsgeschichte eines ungeschriebenen Werkes. *Lukács-Jahrbuch*, Bd. 2, 1997.

KETTLER, D. *Marxismus und Kultur*: Mannheim und Lukács in den Ungarischen Revolutionen 1918-19. Neuwied-Berlim, Luchterhand, 1967.

KETTLER, D. Culture and Revolution: Lukács in the Hungarian Revolutions of 1918-19. *Telos*, n. 10, 1971.

KÖPECZI, B. Lukács in 1919. *The New Hungarian Quarterly*, v. 20, n. 75, 1979.

_____. "Lukács in 1919". In: ILLÉS, L. et al. (orgs.). *Hungarian Studies on György Lukács.* Budapeste, Akadémiai Kiadó, 1993, I.

KORSCH, H. "Memories of Karl Korsch". *New Left Review*, n. 76, 1972.

KORSCH, K. *Marxismo e filosofia.* Apresentação e tradução de José Paulo Netto, Rio de Janeiro, Editora UFRJ, 2008.

_____. *Marxismus und Philosophie.* Leipzig, Hirschfeld, 1923.

_____. *Marxismus und Philosophie.* Trad. de G. Backhauss. Frankfurt-Wien, Europa, 1966.

KRAUSZ, T.; MESTERHÁZI, M. (orgs.). A "Történelem és osztálytudat" a 20-as évek vitáiban. In: *Filozófiai figyelö.* Budapeste, Gondolat, 1981.

_____. *Müs és történelem*: Viták Lukács György műveiről a húszas években. Budapeste, Gondolat, 1985.

KUCZYNSKI, J. *Studien zur Geschichte des Kapitalismus*. Berlim, Akademie, 1957.

LACKÓ. The "Blum Theses". In: MOLNÁR, M. *From Béla Kun to János Kádár*. Londres, Berg Publishers, 1992.

LENIN, V. I. "Saluto agli Operai Ungheresi" (29 de maio de 1919). In: *Opere complete*, v. 29. Roma, Rinascita/Editori Riuniti, 1954-70, XXIX.

LENKEI, J. (org.). *Balázs Béla levelei Lukács Györgyhöz*: egy szövetség dokumentumai. Budapeste, MTA Filozófiai Intézet, 1982.

_____. Béla Balázs and György Lukács: Their Contacts in Youth. In: ILLÉS, L. et al. (orgs.). *Hungarian Studies on G. Lukács*. Budapeste, Akadémiai Kiadó, 1993.

LÖWY, M. *Para uma sociologia dos intelectuais revolucionários*. São Paulo, Ciências Humanas, 1979.

_____. Lukács' Marxism of Revolutionary Subjectivity. *Lukács-Jahrbuch*, Bd. 9, 2005.

LUDZ, P. Der Begriff der "demokratischen Diktatur" in der politischen Philosophie von Georg Lukács. In: BENSELER, F. (org.). *Festschrift zum achtzigsten Geburtstag von Georg Lukács*. Neuwied-Berlim, Luchterhand, 1965.

LUKÁCS, G. Resenha a *Teoria e história da historiografia* de Benedetto Croce. *Archiv für Sozialwissenschaft und Sozialpolitik*, v. 39, 1915, p. 878-85.

_____. *Baldas Béla és akiknek nem kell*. Gyoma, Kner, 1918.

_____. Alte Kultur und neue Kultur. *Kommunismus* I, 1920.

_____. *Geschichte und Klassenbewusstsein*: Studien über marxistische Dialektik. Berlim, Malik, 1923.

_____. *Lenin*: Studie über den Zusammenhang seiner Gedanken. Berlim, Malik, 1924.

_____. *Moses Hess und die Probleme der Idealistischen Dialektik*. Leipzig, Hirschfel, 1926.

_____. *Lenin*. Neuwied-Berlim, Luchterhand, 1967.

_____. *Storia e coscienza di classe*. Trad. G. Piana, Milão, Sugar, 1967.

_____. *Frühschriften II, Werke*, Bd. 2. Neuwied-Berlim, Luchterhand, 1968.

_____. *Il marxismo nella coesistenza*. Trad. M. Dallos e A. Scarponi, Roma, Editori Riuniti, 1968.

_____. Der grosse Oktober 1917 und die heutige Literatur [1967]. In: GRASSI, E. *Russische Revolution*. Reinbek bei Hamburg, Rowohtlt, 1969.

_____. *Művészet és társadalom*: válogatott esztétikai tanulmányok. Budapeste, Gondolat, 1969.

_____. *Cultura e potere*. Org. C. Benedetti. Roma, Editori Reuniti, 1970.

_____. *Lenin*: unità e coerenza del suo pensiero. Trad. G. D. Neri, Turim, Einaudi, 1970.

_____. A konzervativ és progressziv idealismus vitája. In: MÁRKUS, G. (org.). *Utam marxhoz*: válogattot filozófiai tanulmányok. Budapeste, Magvető Könyvkiadó, 1971.

_____. *Scritti politici giovanili 1919-1928*. Trad. P. Manganaro/N. Merker, Bari, Laterza, 1972.

_____. Die deutschen Intellektuellen und der Krieg. *Text + Kritik*, n. 39-40, ed. fac. Georg Lukács, 1973.

_____. *L'uomo e la rivoluzione*. Roma, Editori Riuniti, 1973.

_____. *Schriften zur Ideologie und Politik*. Org. P. Ludz, Darmstadt-Neuwied, Luchterhand, 1973.

_____. *Cultura e rivoluzione*: saggi 1919-1921. Roma, Newton Compton, *Rinascita*, 27 jul. 1975, supl. Contemporaneo, p. 25.

_____. Filosofia della società e del diritto [1915]. "Contemporaneo", suplemento de *Rinascita*, 27 jul. 1975.

_____. *Politische Aufsätze*. V. 1, org. J. Kammler; F. Benseler, Darmstadt-Neuwied, Luchterhand, 1975-9.

_____. *History and Class Consciousness*. Londres, Red Star, 1977.

_____. "Autobiographie inédite" [1941?]. In: LÖWY, M. (org.). *Littérature, philosophie, marxisme 1922-1923*. Paris, Presses Universitaires de France, 1978.

_____. *Gelebtes Denken*: eine Autobiographie im Dialog. Frankfurt, Suhrkamp, 1981.

_____. *Sulla povertà di spirito*: scritti 1907-1918. Bolonha, Cappelli, 1981.

_____. *Ifjúkori müvek 1902-1918*. Budapeste, Magvető Kiadó, 1982.

_____. *Karl Mannheim und der Sonntagskreis*. Frankfurt und M., Sendler, 1985.

_____. *Marx és Lenin*. Budapeste, Kossuth, 1985.

_____. *Epistolário 1902-1917*. Trad. A. Scarponi. Roma, Editori Riuniti, 1986.

_____. *Forradalomban Cikkek, tanulmányok, 1918-1919*. Budapeste, Magvető Kiadó, 1987.

_____. Blick zurück auf Lenin. In: CLAUSSEN, D. (org.). *Georg Lukács, die Oktoberrevolution und Perestroika*. Frankfurt, Luchterhand, 1990.

_____. *Chvostismus und Dialektik* [1925]. Budapeste, Áron, 1996.

_____. Chvostismus und Dialektik. *Lukács-Jahrbuch*, Bd. 3, p. 119-59, 1998-9.

_____. *Pensamento vivido:* autobiografia em diálogo. Trad. Cristina Alberta Franco. São Paulo/Viçosa, Ad Hominem/Editora UFV, 1999.

_____. *Coscienza di classe e storia*: codismo e dialettica. Trad. M. Maurizi. Roma, Alegre, 2007.

_____. *Arte e sociedade*: escritos estéticos – 1932-1967. Rio de Janeiro, Editora UFRJ, 2009.

_____. *Lênin:* um estudo sobre a unidade de seu pensamento. São Paulo, Boitempo, 2012.

MARETZKY, K. "Georg Lukács als Schuler Max Webers in *Geschichte und Klassenbewusstsein*". In: AHRWEILER, G. (org.). *Lukács*: Dialektik zwischen Idealismus und Proletariat. Köhn, Pahl-Rugenstein, 1978.

MESTERHÁZI, M. *A messianizmus történetfilosófusa*: Lukács György munkássága a húszas években. Budapeste, MTA Filozófiai Intézet/Lukács Archívum, 1987.

MÉSZÁROS, I. Lukács Concept of Dialectic. In: PARKINSON, G. H. R. (org.). *Georg Lukács*: The Man, his Work and his Ideas. Nova York, Vintage, 1970.

_____. *Lukács Concept of Dialectic*. Londres, The Merlin, 1972.

_____. Lukács fichtiano?. *Giornale critico della filosofia italiana*, v. 72, 1993.

_____. *György Lukács e il problemi del marxismo nel novecent*o. Nápoles, Città del Sole, 2009.

MOLNÁR, M. *From Béla Kun to János Kádár*. Londres, Berg Publishers, 1992.

OLDRINI, Guido (org.). *Lukács*. Milão, Isedi-Mondadori, 1979.

_____. Lukács fichtiano? *Giornale critico della filosofia italiana*, v. 72, 1993.

_____. György Lukács e il Problemi del Marxismo nel Novecento. Nápoles, Città del Sole, 2009.

PROTOKOLL V Congresso da Internacional Comunista. *Geschichte und Klassenbewusstsein heute*: Diskussion und Dokumentation. Amsterdá, Munter, 1971.

ROCKMORE, T. Fichte, Lask and Lukács's Hegelian Marxism. *Journal of the History of Philosophy*, v. 30, 1922.

_____. *Irrationalismus:* Lukács and the Marxist View of Reason. Filadélfia, Temple University, 1992.

_____. Fichte und Lukács's Hegel-Marxismys. *Hegel-Jahrbuch 1995*. Berlim, Akademie, 1996.

SOCHOR, L. Lukács e Korsch: la discussione filosofica degli anni venti. In: *Storia del marxismo*, v. 3, t. 1. Turim, Einaudi, 1978-82.

STEIGERWALD, R. Aspekte der bundesdeutschen Lukács-Rezeption. In: BUHR, M.; LUKÁCS, J. (orgs.). *Geschichtlichkeit und Aktualität*: Beitrage zum Werk und Wirken von Georg Lukács. Berlim, Akademie, 1987.

SZERDAHELYI, I. (org.). *Lukács György és a magyar kultúra*. Budapeste, Kossuth, 1982.

TÖKES, R. L. *Béla Kun and the Hungarian Soviet Republic*: The Origins and Role of the Communist Party of Hungary in the Revolutions of 1918-1919. Nova York/Washington/Londres, Praeger/Paul Mall, 1967.

TROELTSCH, Ernst. *Der Historismus und seine Probleme*. Tubinga, J. C. B. Mohr, 1922, Gesammelte Schriften, Bd. 3, I.

_____. *Lo storicismo e i suoi problemi* I. Trad. G. Cantillo/F. Tessitore, Nápoles, Guida, 1985-93.

ZSUFFA, J. *Béla Balázs*: The Man and the Artist. Berkeley/Los Angeles/Londres, University of California, 1987.

A fenomenologia do trabalho
*História e consciência de classe**
Antonino Infranca

Da *Ontologia do ser social* à *História e consciência de classe*

Como vimos até aqui, na produção filosófica do último Lukács, sobretudo na *Ontologia do ser social*, o trabalho é categoria fundante do ser social, enquanto fica menos evidente o fato de que já em *História e consciência de classe* o trabalho foi concebido em termos análogos. A diferença das análises lukacsianas sobre o problema do trabalho reflete a diferença de perspectiva entre as duas obras maiores do Lukács marxista. Julgo, porém, que tal diferença não deve ser entendida necessariamente em termos de incompatibilidade e de recíproca contradição, mas que pode ser interpretada em termos de consecução sistemática, ou seja, de duas obras que fazem parte de um mesmo desenvolvimento intelectual e de um único sistema filosófico. É preciso levar em conta, antes de tudo, que em *História e consciência de classe* o problema que Lukács se coloca é o de reconstruir a gênese da consciência do proletariado por meio da descrição da gênese e da estrutura do processo de trabalho estranhante, que torna o operário semelhante ao objeto produzido e, portanto, dominado, por sua vez, pelo fetiche da mercadoria, pois a força-trabalho é vendida como mercadoria por seu próprio proprietário, o trabalhador. A consciência do operário é, nesse ponto, a consciência mesma do objeto e é a superação desse mesmo estado de coisas ao abrir para o proletariado a perspectiva de uma derrubada da sociedade capitalista; o itinerário de Lukács para

---

* Texto adaptado do capítulo 5 da obra de Antonino Infranca, *Trabalho, indivíduo e história* (trad. Christianne Basilio e Silvia De Bernardinis, São Paulo, Boitempo, 2014). (N. E.)

a prefiguração de uma consciência-de-si não estranhada parece repetir, em vários aspectos, o método da hegeliana *ciência da experiência da consciência*. A perspectiva de *História e consciência de classe* é *fenomenológica* e, como a fenomenologia hegeliana, a perspectiva de Lukács pressupõe a emergência de uma dimensão estreitamente ontológica, embora movendose do imediato ser-precisamente-assim histórico do processo de trabalho. O arcano da forma de mercadoria é então o horizonte fenomênico que deixa emergir, por meio da interna relação dialética, a verdadeira e originária essência do processo produtivo.

Esse quadro conceitual ainda está presente para o Lukács da *Ontologia do ser social*, mas enquanto rigorosamente pressuposto; está tão pressuposto a ponto de a teoria social poder já identificar no trabalho, sem ulteriores reconstruções, o ponto de partida adequado para uma exposição ontológica de seu objeto.

Essa hipótese que estabelece uma relação entre as duas obras não quer, obviamente, ignorar as divergências detectáveis, em alguns aspectos substanciais, entre as duas fases do pensamento lukacsiano. Em particular, não é lícito ignorar a explícita posição tomada por Lukács no "Prefácio" de 1967 a *História e consciência de classe;* ele indica o erro específico dessa obra, ou seja, a ausência de distinção entre objetivação, como categoria do domínio do homem sobre a realidade, e estranhamento como forma – historicamente caraterizada – da objetivação. Há, portanto, uma diferença substancial de avaliação, que deve ser enfrentada, doutro lado, como fruto de uma transformação igualmente importante da posição de Lukács em relação a Hegel e Marx. Nem se deve entender essa diferença como uma contraposição drástica entre matriz hegeliana e matriz marxiana do pensamento de Lukács. Ao contrário, assim como é correto dizer que o Lukács de 1923 se aproxima da avaliação dada por Marx sobre o trabalho em *O capital* e em *Teorias da mais-valia*, sempre mantendo dialeticamente a relação com Hegel, por outro lado também é correto dizer que o Lukács da *Ontologia* não apenas usa a dialética hegeliana como recupera, junto com as categorias hegelianas, as marxianas, e, por meio delas, as da filosofia clássica (refiro-me, sobretudo, a Aristóteles).

Acredito, todavia, não ser lícito retomar a autocrítica de Lukács de forma literal. Na realidade, a posição de Lukács é tipicamente marxista, mesmo existindo uma confusão de contribuições hegelianas em algumas categorias cruciais de *História e consciência de classe*. O mesmo Lukács com certeza não ignorava a diferença entre o conceito de alienação em Hegel e em Marx. Mesmo levando em conta a autocrítica lukacsiana, isto é, a falta de conhecimento, na época da redação de

História e consciência de classe dos *Manuscritos econômico-filosóficos de 1844* de Marx, é necessário ressaltar o fato de que na análise do estranhamento não é ausente uma rigorosa leitura do Marx maduro, exatamente do Marx tão pouco humanista e tão eficientemente orientado à análise científica do modo de produção capitalista. Por isso, acredito que a polêmica da autocrítica de Lukács deveria ser atenuada, inclusive à luz do esforço desse autor em encontrar em *O capital* e em *Teorias da mais-valia* a crítica marxiana do estranhamento, e que tem o efeito de antecipar grande parte do debate travado sobre esse problema com a publicação dos *Manuscritos econômico-filosóficos de 1844*. Na realidade, também o último Lukács tende a identificar em Marx a origem hegeliana e em alguns aspectos continua a ignorar Marx referindo-se diretamente a Hegel, acabando dessa maneira por tornar-se uma espécie de "colega de escola" ideal do próprio Marx.

Como vimos, um momento importante dessa reconstrução é *O jovem Hegel*, obra em que Lukács faz culminar todo o desenvolvimento juvenil de Hegel nas categorias da alienação e do trabalho. Marx retomou essas categorias em termos de uma assunção "virada pelo avesso"[1]. O sentido de *O jovem Hegel* é justamente demonstrar a absoluta ortodoxia, em termos hegelianos, do método dialético marxiano exatamente porque se pode aplicar às mesmas categorias por meio das quais originariamente foi desenvolvido. Marx assumiria as categorias hegelianas da maneira que lhe é própria, isto é, dialeticamente. Veremos em seguida que Lukács assume esse método quando em *História e consciência de classe* tenta definir uma *fenomenologia da consciência operária*.

Na autocrítica lukacsiana, resulta mais significativa outra observação, a que detecta o limite essencial de *História e consciência de classe* na falta de uma análise ontológico-genética do trabalho, que permitiria fundar, não apenas por meio da dimensão subjetiva, a análise do fenômeno do estranhamento, e que permitiria explicar a inteira totalidade social em todos os seus aspectos fundamentais. Essa carência é causada pelo caráter idealista da obra de 1923, como afirma o próprio Lukács:

> É verdade que tenta-se tornar inteligíveis todos os fenômenos ideológicos a partir de sua base econômica, mas o âmbito da economia, todavia, é reduzido quando desprovi-

---

[1] Na *Estética,* também Lukács usa as categorias hegelianas de forma e conteúdo, de qualidade e quantidade, pelo avesso em comparação à ordem hegeliana. Ver G. Lukács, *Estetica* (Turim, Einaudi, 1970), cap. 5, § 2, p. 351. O mesmo acontece com a relação entre particularidade e universalidade, em ibidem, cap. 12. [Vale registrar que o primeiro volume dessa obra será lançado pela Boitempo em meados deste ano de 2023 (N. E.)]

do de sua categoria marxista fundamental: o trabalho como mediador da troca orgânica da sociedade com a natureza. Isso representa, contudo, a natural consequência de uma postura metodológica fundamental. Consequentemente, os pilares mais importantes e reais da visão marxista de mundo desaparecem, e a tentativa de tirar, com extrema radicalidade, as últimas revolucionárias consequências do marxismo, fica, necessariamente, sem uma fundamentação econômica autêntica. É evidente também que a interação que existe entre o trabalho, considerado quase em sentido automaticamente materialista, e evolução dos homens que trabalham necessariamente se dissolve.[2]

O sentido dessa crítica torna-se mais claro se consideramos que é feita pelo Lukács que está escrevendo a *Ontologia* e que se trata, portanto, de uma crítica provinda da perspectiva ontológica, já inteiramente definida. E se for verdadeiro o fato de que a carência lamentada por Lukács determina, como ele sustenta, o caráter idealista da obra, será verdadeiro também que, para eliminar tal "idealismo", Lukács teve de explicitar ulteriormente sua relação com Aristóteles e Hegel, rediscutindo também tudo o que as problemáticas marxianas haviam herdado desses dois filósofos. Por fim, é necessário considerar, no que diz respeito ao juízo crítico do velho Lukács sobre *História e consciência de classe*, que esse juízo é fortemente condicionado pela consciência, em muitos aspectos até desconcertante, do papel que uma obra como *História e consciência de classe* assumiu não apenas na perspectiva marxista, mas também no âmbito do assim chamado pensamento burguês. De qualquer maneira, justamente nos últimos anos de vida do filósofo húngaro, esse juízo parece ter sido modificado. O próprio Lukács é consciente do fato de que os equívocos ligados à fortuna histórica de *História e consciência de classe* não lhe tiravam o mérito de ter aberto ao marxismo o horizonte da problemática da alienação e de ter criado, assim, como lhe replicavam os alunos da Escola de Budapeste, uma "situação" filosófica[3]; em especial porque tal situação filosófica determina também uma situação histórica. Não é indiferente à mesma história do desenvolvimento do marxismo, inclusive a direção teorizada em *História e consciência de classe*, o fato de que justamente essa obra tenha permitido a dezenas de intelectuais aderir ao marxismo, e tenha sido um claro ponto de referência para a teoria crítica da Escola de Frankfurt.

---

[2] G. Lukács, "Prefazione", em idem, *Storia e coscienza di classe* (trad. G. Piana, Milão, Sugar, 1967) [ed. bras.: idem, "Prefácio", em *História e consciência de classe: estudos sobre a dialética marxista*, trad. Rodnei Nascimento, São Paulo, Martins Fontes, 2003].

[3] Ferenc Fehér et al., "Premessa alle 'Annotazioni per l'*Ontologia* per il compagno Lukács" [Introdução aos apontamentos para a *Ontologia* do camarada Lukács], *Aut Aut*, n. 157-58, 1977, p. 11.

A relação de Lukács com Hegel e Marx e a análise da alienação, do estranhamento e do trabalho constituem os termos com base nos quais é possível examinar uma hipótese de continuidade entre *História e consciência de classe* e a *Ontologia* e, assim, inverter o que até agora sustentaram os alunos da Escola de Budapeste.

Antes de entrar no mérito da questão, queria ainda abrir um breve parêntese acerca da relação alienação-estranhamento. Na *Ontologia,* Lukács esclarece, inclusive no plano terminológico, a distinção entre os dois conceitos. Por *alienação* (*Entaüsserung*), ele entende qualquer ato extrínseco do homem. Por *estranhamento* (*Entfremdung*), entende o processo de estranhamento que o objeto produzido determina no sujeito agente, típico do modo de produção capitalista. Para evitar equívocos, seguirei essa distinção também ao me referir às temáticas de *História e consciência de classe.*

O jovem Hegel encerra-se exatamente com a análise da alienação como categoria central da *Fenomenologia do espírito.* Nos apontamentos lukacsianos, atualmente inéditos[4], extraídos da *Fenomenologia,* é possível identificar acenos explícitos à alienação. Esses apontamentos, porém, parecem confirmar que Lukács começa a usar trabalho e alienação como conceitos complementares capazes de explicar a inteira estrutura da *Fenomenologia.* Sua hipótese pode parecer correta na medida em que se entenda o trabalho como o processo pelo qual se determina a alienação do sujeito, mas esta já é, naturalmente, uma interpretação. O trabalho se torna uma categoria pré-constituída à alienação, uma espécie de "modelo" de alienação, uma estrutura originária sua. Essa forma de relação entre trabalho e alienação já aparece em *História e consciência de classe* e, ao mesmo tempo, antecipa a relação categorial entre trabalho, reprodução e estranhamento, assim como é desenvolvida na *Ontologia.*

Antecipo aqui alguns temas, que serão tratados mais amplamente adiante, para reconstruir a relação entre *História e consciência de classe* e a *Ontologia.* Como é conhecido, em *História e consciência de classe* Lukács compreende o fetiche da mercadoria como momento determinante da totalidade mesma do ser social e, desse ponto de vista, a reificação lhe parece a categoria universal que informa o modo de ser da sociedade e da postura dos homens para com ela. O ser social aparece esmagado em sua essência pela forma de fetiche da mercadoria, que aliena a estrutura originária. A forma de fetiche da mercadoria não apenas tem

---

[4] Ver nota 233, cap. 3.

transformado o sujeito em coisa, mas também tem distorcido o processo de civilização que, surgido como domínio sobre a natureza, assistia, até a chegada do capitalismo, ao predomínio das relações naturais na troca orgânica com a natureza e nas suas formas de ser social. A reificação, engendrada no mesmo processo de trabalho dominado pelo caráter de fetiche da mercadoria, acaba justamente esmagando, por sua vez, a inteira totalidade da sociedade burguesa. Esta governa a aparência fenomênica imediata do mundo e da consciência. Lukács elabora um modelo de análise que deve, ele mesmo, proceder pela assunção do caráter originário dessa forma de fetiche da mercadoria que, por meio da reificação imposta ao centro do processo de trabalho e ao próprio trabalhador, envolve o inteiro social como forma fenomênica da sociedade capitalista.

A totalidade social é inteiramente fragmentada, e o sujeito não consegue mais interagir com o todo social, apenas com a parte com a qual se depara. O sentido da totalidade é perdido e a interação sujeito-objeto não acontece diretamente, mas mediada pelo caráter de fetiche da mercadoria. Os esquemas usados no processo de produção industrial acabam se estendendo ao inteiro social. O elemento dominante no processo de trabalho não é mais a relação sujeito-objeto, que foi fragmentada em particulares atos parciais, mas é exatamente a fragmentação de tal relação. O sujeito não interage mais com o objeto, mas com o processo produtivo fragmentado, imposto pelo caráter reificante do fetiche da mercadoria. A fragmentação torna-se um modo de vida, e não apenas de produção do próprio ser social. Como é instaurada no processo de trabalho com o objetivo de aumentar a produção e produzir, por consequência, mais mercadorias, é o mesmo caráter de fetiche da mercadoria que se torna não apenas elemento dominante da produção, mas o elemento com que o sujeito interage. Assim, o caráter de fetiche da mercadoria tornou-se elemento dominante na sociedade capitalista, porque toda a sociedade sofre o domínio esmagador constituído pela economia. A totalidade social aparece ao sujeito/trabalhador sob a roupagem do fetiche da mercadoria.

Mesmo sem aprofundar ulteriormente os particulares nós problemáticos de *História e consciência de classe* e evidenciando a fundamentação geral do discurso sobre a totalidade da sociedade capitalista, parece-me claro, a este ponto, o porquê das muitas perplexidades suscitadas pela afirmação de que uma marcada distinção entre *objetivação* – concebida em termos marxianos como *forma natural e eterna* do processo de trabalho – e *estranhamento* – concebido como modo de ser específico do trabalho na sociedade capitalista – seria imputável a um *erro* de Lukács. O erro subsistiria, sem dúvida, se o objetivo de *História e consciência de classe* fosse já uma análise ontológica do trabalho e, consequentemente, das categorias do ser social. Mas a análise de *História e consciência de classe* parte, com plena ciência, do fato constituído da modificação historicamente feita sobre a estrutura do processo de trabalho pela forma de produção capitalista; e como o processo de trabalho, embora se saiba dessa condição, age, já na perspectiva lukacsiana, como categoria que funda as formas de existência e de compreensão do ser social, a estrutura do trabalho estranhado não pode constituir o ponto de partida não apenas *material*, mas também *formal* da inteira análise lukacsiana. Com base nesse significado ontológico da relação entre trabalho e ser social, o ponto de partida da inteira perspectiva de análise de *História e consciência de classe* está marcado pelo surgimento da forma estranhada do trabalho. A distinção entre objetivação e estranhamento e, portanto, do aparecer da alternativa com relação àquela forma estranhada de trabalho, não pode então constituir um ponto de partida preliminar, mas o ponto de chegada a que se dirige o movimento dialético de *História e consciência de classe*, que, no momento em que a consideramos a partir da *Ontologia*, torna-se uma espécie de introdução ao sistema filosófico do Lukács maduro.

O hegelianismo de Lukács, em seguida, aprecia-se não somente na aplicação metodológica da dialética hegeliana, que Lukács aplica a fim de explicar de uma perspectiva interna o vir-a-ser da totalidade da sociedade capitalista, mas também no resultado segundo o qual, entre a perspectiva de *História e consciência de classe* e a *Ontologia*, parece constituir-se, de fato, se não na consciência do próprio autor, uma relação análoga à que intercorre no sistema hegeliano entre *Fenomenologia* e *Lógica*.

Afirmar que a perspectiva de *História e consciência de classe* seja fenomenológica é um apontamento certamente insólito para os estudos lukacsianos. Efetivamente se considerarmos o fato de que o último Lukács realmente elaborou um sistema filosófico que interpreta a sociedade humana com uma estética, uma ontologia e uma ética, então se tornava necessário ter uma introdução fenomenológica ao próprio sistema, à maneira do sistema hegeliano. E como a *Lógica* de Hegel é na realidade uma ontologia idealista, a *Ontologia* de Lukács é uma lógica pelo avesso, isto é, uma concepção materialista do ser social.

Mas, se for válida essa consideração, não é difícil ver que a relação entre *História e consciência de classe* e a *Ontologia* pode ser lida em termos de *mudança de perspectiva*, sem que essa passagem implique a negação e a contradição da validade de uma análise teórica que, como em *História e consciência de classe*, pode ser superada apenas porque já tem sido inteiramente integrada em uma análise mais profunda e fundante. Por sua vez, a análise fenomenológica de *História e consciência de classe* supõe profundamente a vigência da perspectiva ontológica, exatamente no ato em que identifica no fetiche da mercadoria o princípio da sociedade capitalista; princípio que, como já disse, abrange a inteira totalidade social, até envolver o próprio modo de existência individual dos que estão inseridos nessa sociedade. Pressupõe a perspectiva ontológica ainda ao entender o proletariado – enquanto dominado e em certo sentido resultado desse processo de produção reificado – como o próprio objeto desse processo reificante.

É claro que essa análise parte sempre do dado fenomenológico do qual deriva a gênese da consciência. Mas, ao mesmo tempo, o que emerge em seus termos próprios é a dimensão ontológica, possível para além, mas não independentemente do plano fenomenológico da relação entre consciência e consciência-de-si de seu objeto.

É o caso de retornar aos termos da autocrítica lukacsiana, segundo a qual as formas estranhadas e fetichizadas dominam a essência humana segundo a função que a sociedade lhe atribui. E o reconhecimento desse estranhamento de origem exclusivamente social faltaria em *História e consciência de classe*. Tal carência deve-se à ausência de uma análise ontológica que definisse as relações entre o ser social e a genericidade humana; apenas à luz desse pertencer ao gênero humano seria possível reconhecer a origem social do estranhamento, mas, por sua vez, a ausência de tal análise ontológica não pode ser considerada um defeito. Em *História e consciência de classe,* Lukács está necessariamente empenhado na compreensão do plano fenomenológico das relações entre sujeito e objeto do processo de trabalho, tal como são determinadas no interior da sociedade capitalista. A este ponto, apenas a *Ontologia* pode explicar esse nexo entre ser social e essência humana que emerge claramente na análise ontológica do trabalho.

Mas ao mesmo tempo também as críticas endereçadas ao último Lukács pelos que sustentam a maior relevância teórica de *História e consciência de classe* em comparação com a *Ontologia* perdem eficácia no momento em que se lê a relação entre as duas obras segundo uma forma para a qual a perspectiva imediatamente ontológica do último Lukács pressupõe na realidade a análise fenomenológica contida em *História e consciência de classe*. Assim, não se trata de privilegiar um ou outro Lukács, mas de ler o necessário trânsito evolutivo, certamente não casual, de Lukács.

E se na *Ontologia* a categoria fundamental não é mais o estranhamento – como em *História e consciência de classe* –, mas o trabalho, o estranhamento está também presente sob o ponto de vista da manipulação das consciências. Esta é realizada pelos meios de comunicação de massas, que cada vez mais tendem a se tornar meios de inter-relação entre o sujeito e o inteiro social. Como no caso da fragmentação, a manipulação das consciências impulsiona o sujeito a interagir com aspectos particulares da sociedade, e não com a totalidade social. A diferença de panorama de análise é notável, mas, para marcar determinadas linhas de continuidade no pensamento de Lukács, lembro que já em *História e consciência de classe* ele havia enfrentado o problema da manipulação das consciências nas páginas dedicadas à análise do estranhamento causado pelo trabalho assalariado. Nessas páginas, Lukács ressaltava o fato de que os empregados, ainda que submetidos a um trabalho alienante, não passavam a formas de contestação ativa, provavelmente porque sobre eles agia de maneira preponderante um fenômeno de manipulação das consciências.

A diferença que de novo se apresenta nessa dupla visão de Lukács entre estranhamento – que se origina pelo processo produtivo capitalista – e manipulação das consciências operada pelos meios de comunicação – concebida como fenômeno que envolve a inteira totalidade social – reflete em certo sentido o vínculo de diferença e continuidade existente entre os diversos momentos do pensamento do Lukács marxista. Com certeza, a diferença aparece em primeiro plano, justamente porque o próprio Lukács com frequência procurou acentuá-la; porém, isso não significa que o vínculo de continuidade não seja o produto de uma teoria, mas sim o êxito do próprio esforço filosófico de Lukács. Não é casual, então, que isso se torne visível apenas após Lukács ter terminado seu trabalho de definição de uma ontologia marxista. É exatamente com base na perspectiva da *Ontologia* que procurei sintetizar em minha pesquisa as sugestões de uma interpretação adequada dos elementos de originalidade de *História e consciência de classe,* os quais a meu ver não se recuperam *contra,* mas *mediante* a *Ontologia.*

O fenômeno da reificação

O problema do trabalho foi enfrentado por Lukács desde sua primeira obra marxista: *História e consciência de classe.* A distinção entre as duas obras marxistas de Lukács que dizem respeito ao tratamento da categoria trabalho não é mera distinção cronológica entre as obras do período juvenil e aquelas da maturidade, mas corresponde a uma efetiva diferença entre o Lukács de 1923 e o da *Ontologia.* Muda, sobretudo, a fundamentação: ontológica nas obras da maturidade e fenomenológica em *História e consciência de classe.* Esta se torna o ponto de vista com base no qual se colocam as diferenças. Em *História e consciência de classe*, o trabalho é interpretado pelas consequências que aporta ao sujeito (alienação, estranhamento, reificação); na *Ontologia*, ao contrário, analisam-se também os valores positivos do trabalho (troca orgânica com a natureza, pôr teleológico, humanização do homem pelo trabalho). Há, assim, uma diferença substancial de avaliação que deve ser enfrentada como o fruto de uma igualmente importante diferença de posição da relação com Hegel e Marx.

O Lukács de 1923 se aproxima da avaliação do trabalho dada por Marx em suas obras juvenis, em *O capital* e em *Teorias da mais-valia*, enquanto o Lukács da *Ontologia* dispõe da inteira produção marxiana e também da quase inteira produção hegeliana, à qual se refere de maneira ampla. Mostrei precedentemente que a avaliação lukacsiana do trabalho oscila entre o juízo dado em *História e consciência de classe* – que evidencia sobretudo as características negativas e as consequências que o trabalho acarreta à subjetividade – e o juízo presente na *Ontologia* – que evidencia o caráter extrínseco da essência humana, típico da categoria hegeliana do trabalho, pondo em segundo plano, por outro lado, o caráter alienante do trabalho. Essa oscilação pode ser reconduzida à diferença de perspectiva que existe entre as duas maiores obras hegelianas, a *Fenomenologia* e a *Lógica*. De outro lado, o próprio Marx, por sua vez, ressaltou a diferença entre sua concepção da alienação e a de Hegel, e Lukács reconhece em seguida essa diferença entre as duas concepções em Hegel e em Marx, como explicitamente admitido no "Prefácio" de 1967[5]. Se por um lado é correto considerar o trabalho como categoria fundamental do marxismo de Lukács, não se pode, todavia, prescindir da observação da fundamental diferença que essa categoria assumiu no pensamento do Lukács marxista.

Em *História e consciência de classe*, Lukács evidenciou as características de alienação e reificação do trabalho produzidas no sujeito agente e abriu um novo e importante campo de aplicação do marxismo, até então transcurado pelos mesmos fundadores do marxismo: a subjetividade. A abertura a esse campo de problemas foi a mais importante inovação com que Lukács contribuiu para o marxismo, após sua adesão a ele. Algumas das teses expostas em *História e consciência de classe* devem ser colocadas no novo horizonte da redescoberta da subjetividade, e isso não significa querer transformar o livro no manifesto do existencialismo marxista, como demasiadamente foi feito. Voltando à questão do marxismo de Lukács em *História e consciência de classe*, questão que se liga à reavaliação da subjetividade

---

[5] Ver G. Lukács, "Prefazione", cit., p. xl.

A fenomenologia do trabalho | 259

dentro do próprio marxismo, este foi interpretado por Lukács em termos onto-lógicos, antecipando alguns momentos da crítica de Marx à economia política que, como vimos, em 1923 Lukács não poderia conhecer. Em linhas gerais e do ponto de vista da reificação, Lukács retoma o discurso de Marx, embora o faça de um ângulo diferente, porque, assim como a referências marxistas e hegelianas, a obra *História e consciência de classe* não está isenta de presenças neokantianas, historicistas, weberianas, incrustações da formação ideológica lukacsiana anterior.

Na economia capitalista, o produto da atividade humana, a mercadoria, contra-põe-se ao próprio produtor. Na essência da estrutura de mercadoria está conti-da uma relação entre seres humanos que é coisificada e provida de uma própria legalidade autônoma. Essa legalidade esconde, porém, a verdadeira essência da mercadoria, isto é, uma relação entre seres humanos, homens que produziram a mercadoria e que querem usufruir dela. A mercadoria enquanto produto da produção capitalista é o fundamento da sociedade burguesa, mas na realidade a mercadoria é apenas uma forma fenomênica que tanto o trabalho como a rela-ção entre seres sociais assumem na sociedade burguesa. A mercadoria é um fetiche que se torna o aspecto fundamental e caracterizante da totalidade da própria so-ciedade. De forma fenomênica, o fetiche da mercadoria transforma-se em essên-cia da sociedade burguesa. Em consequência, a mercadoria é a categoria universal do ser social total[6]: apenas sob essa aparência fenomênica a reificação torna-se categoria determinante da sociedade e da postura dos seres sociais para com ela. O ser social aparece esmagado sob o fetiche da mercadoria, que é transformação em coisa e dissolução de sua essência humana que se exprime no trabalho. O fetiche da mercadoria transformou radicalmente o processo de civilização e socialização que, surgido como domínio sobre a natureza, assistia, até a afirmação do capita-lismo, ao predomínio das relações naturais na troca orgânica com a natureza e nas formas do ser social. Tudo isso foi cancelado pelo caráter de fetiche da mercado-ria, que impõe o domínio das formas sociais capitalistas nas relações entre seres humanos, até nos aspectos mais recônditos da vida cotidiana.

A mercadoria possui uma legalidade que lhe é própria, que se mostra indepen-dente da atividade dos homens e que, aliás, determina sua atividade. Tanto a troca

---

[6]   Ver idem, "La reificazione e la coscienza del proletariato" [A reificação e a consciência do pro-letariado], em *Storia e coscienza di classe*, cit., p. 111. Hans Jürgen Krahl vislumbrou um cará-ter transcendental da mercadoria representado pelo trabalho que está ocultado nela; ver Furio Cerutti et al. (orgs.), *Storia e coscienza di classe oggi. Con scritti inediti di Lukács (1918-1920)* (Florença, La Nuova Italia, 1977), p. 59.

como a mercadoria pressupõem dois extremos contrapostos e equivalentes: dois possuidores de mercadorias. Essa legalidade é fundada sobre o valor de troca, o único princípio que junta e põe em confronto diferentes produtos do trabalho humano. O valor de troca é destinado a tornar-se essência do trabalho humano abstrato e, ao mesmo tempo, o princípio real do efetivo processo de produção das mercadorias. Assim, "o trabalho abstrato [...] surge contemporaneamente como resultado e como pressuposto da produção capitalista apenas no curso do seu desenvolvimento"[7]. O trabalho, ou melhor, o valor de troca, influi sobre os sujeitos sociais e sobre os objetos da sociedade, que, mesmo que dominada por essa categoria, sempre é um produto da atividade humana. O trabalho abstrato é o princípio/fundamento do modo de produção capitalista e da sociedade burguesa que se origina dele.

A imediata consequência do fenômeno da reificação é a quantificação e especialização do trabalho; ambas fazem perder o contato com o inteiro social. A herança weberiana dessa concepção é clara[8]. A fragmentação do tempo de trabalho socialmente necessário e o fracionamento do processo de trabalho é outra importante consequência. Esses dois fenômenos têm em sua base a tendência excessiva à racionalização do processo de trabalho, que objetiva as capacidades psicológicas do trabalhador. A racionalização envolve a mensurabilidade e a calculabilidade de cada fração do inteiro processo de trabalho. A calculabilidade, por sua vez, resulta na perda de contato com a totalidade do produto, totalidade esta que aparece sob uma forma irracional enquanto determinada no processo de trabalho apenas de forma quantitativa. Assim, a racionalidade do processo de trabalho se transforma em irracionalidade da relação entre sujeito que trabalha e objeto produto do trabalho. Com efeito, a calculabilidade envolve a decomposição do processo de trabalho nos elementos que o compõem, de modo que se acresce a racionalização do processo e sua incessante especialização. A unidade do processo de trabalho é constituída pela união objetiva, porque calculada, de sistemas racionalizados e parciais, que se apresentam em uma relação recíproca acidental. Nessa transformação, perde-se o valor de uso do produto, substituído pela relação que o produto tem com os vários graus da produção, isto é, o processo de trabalho.

A fragmentação da atividade laboral só é possível desde que a ciência intervenha amplamente nela. A mensurabilidade e a calculabilidade da atividade de trabalho,

---

[7] Ibidem, p. 113.

[8] Ver Laura Boella, *Il giovane Lukács* (Bari, De Donato, 1977), p. 190.

do particular ato de trabalho, são viáveis desde que se conheça não apenas o inteiro processo de produção, mas também a natureza humana nele envolvida. Assim, ciências não diretamente produtivas, como psicologia, antropologia, sociologia, mas também matemática, estatística, geometria, são integradas ao processo produtivo. O aparelho produtivo integra-as em forma de técnica ou diretamente de tecnologia; pensemos no uso do cronômetro, utilizado em um primeiro momento na prática esportiva, na medição e no cálculo do processo de produção. Lukács critica o uso da ciência para fins produtivos, rejeitando, em geral, a inteira fundamentação científica gerada por uma realidade reificada e, por sua vez, reificante. De modo que repropõe a crítica hegeliana do intelecto abstrato e antecipa a crítica marxiana do *General Intellect* formulada nos *Grundrisse*. Provavelmente, Lukács e Marx extraíram sua crítica de Hegel, que por sua vez se referia ao intelecto ativo de Aristóteles.

Ao separar-se do processo produtivo do objeto em momentos parciais, segue a separação do sujeito em iguais momentos parciais. Cai-se no excesso, segundo o qual a qualidade e a peculiaridade humanas do trabalhador tornam-se elementos de distúrbio perante o desenvolvimento do processo de trabalho racionalizado e calculado e suas parciais leis exatas. O homem é obrigado a se tornar uma parte mecanizada do processo de trabalho, um autômato – um "gorila adestrado", dizia Taylor – dentro de um processo mecanizado que funciona independentemente de sua vontade. A ausência de vontade por parte do trabalhador no processo de trabalho é acentuada pela transformação da atividade de trabalho em atividade de contemplação. A postura contemplativa acaba transformando as categorias fundamentais do sujeito em relação com o mundo: o tempo é reduzido a espaço, porque se percebe com base no movimento ou à produção de objetos físicos: em uma hora produzem-se x objetos, ou em y segundos deve-se cumprir tal ato de trabalho. Mais uma vez, o sujeito sofre um processo de fracionamento racionalizado: de um lado, o trabalho parcial mecanizado torna-se realidade cotidiana do trabalhador, de outro, desaparecem todas as formas de comunidade entre os trabalhadores. O trabalhador é transformado em um autômato isolado, suas leis de movimento e de atividade estão determinadas pelo mecanismo em que está inserido.

A contraditoriedade desse processo de exploração consiste no fato de que o trabalhador é livre, pode ceder ou alienar sua força-trabalho como mercadoria. Nesse sentido, o caráter de mercadoria se universaliza e engloba a inteira sociedade, o fetiche da mercadoria torna-se a categoria dominante, fazendo com que o destino do trabalhador se torne o da inteira sociedade. Na sociedade capitalista, as formas originárias do trabalho são gradativamente substituídas por formas racionalizadas e reificadas. Os objetos usados para a satisfação das necessidades não diferem em nada dos outros objetos de gênero diferente; se os observamos do ponto de vista do valor de troca do trabalho abstrato, tornam-se equivalentes gerais das mercadorias, isto é, o dinheiro. O movimento das mercadorias no mercado implica a necessária presença de tal equivalente geral, tornando-se assim possível o cálculo de cada operação de troca e a consequente imposição de uma rigorosa legalidade a todos os eventos do mercado. A lei geral da troca das mercadorias aplica-se a todos os sujeitos, e a todos os objetos, presentes na sociedade. Não há nada que não se possa transformar em mercadoria e que não se possa trocar com o dinheiro. A condição *sine qua non* é que objetos e sujeitos se apresentem no mercado enquanto átomos individuais, desprovidos de uma relação recíproca e, portanto, presentes na única relação possível, a relação com o dinheiro, ou melhor, com o capital, que pode, assim, estabelecer sua medida, sua qualidade e sua quantidade de valor. Essa atomização do indivíduo é o reflexo, na consciência, do fato de que as leis da produção capitalista abrangeram toda manifestação da sociedade. É a primeira vez na história da humanidade que um modo de produção envolve a totalidade da sociedade, da vida cotidiana e das relações humanas.

O confronto prático e intelectual do indivíduo com a sociedade pode desenvolver-se na forma de ações racionais e isoladas de troca entre os possuidores de mercadorias. O trabalhador, que se apresenta como possuidor de mercadoria, sua força-trabalho, representa o caráter completamente desumanizante da produção capitalista. O caráter de valor de uso dos objetos é perdido a favor do valor de troca; com isso, os objetos perdem seu caráter coisal e recebem uma nova objetividade. Contudo, os sujeitos também recebem uma nova objetividade, a reificação, porque eles assumem um valor de uso, enquanto vendem seu valor de troca como mercadorias. O trabalho pode ser usado para quem o adquiriu, mas por sua natureza o trabalho vivo não pode ser separado do corpo de quem o possui, portanto, o sujeito, já que dotado de uma qualidade especial, a capacidade de trabalho (*Arbeitsvermögen*), é transformado em objeto de propriedade do comprador, o capitalista. Esse processo de reificação se acentua com o aumento das mediações das relações do homem com os objetos de seu processo vital. Contudo, também as relações entre homens, as relações sociais, são relações de mercadorias[9].

---

[9] Merleau-Ponty detém-se exatamente sobre essas relações interpessoais que, fundamentalmente, são uma relação entre coisas; ver Maurice Merleau-Ponty, *Le avventure della dialettica* (Milão, Sugar, 1965), p. 253 [ed. bras.: *As aventuras da dialética*, São Paulo, WMF Martins Fontes,

O segundo momento da reificação é constituído pela separação dos fenômenos reificados de sua base econômica, de modo que podem abraçar as formas fenomênicas da vida social (Estado, direito, política etc.) que, por sua vez, assumem a aparência de autonomia da totalidade da sociedade. Lukács foi o primeiro a abrir um novo campo de análise do fenômeno da reificação, até então não tocado pela problemática marxiana, aliás, considerado negativamente e bastante negligenciado pelo próprio Marx: o trabalho burocrático. Lukács foi o primeiro a apontar a presença da reificação também no trabalho intelectual, empregatício e salarial que encontrou importantes correspondências na pesquisa psicológica, sociológica e antropológica. Desta maneira, Lukács abriu novas possibilidades de agregação política de novas camadas à luta do proletariado, impondo uma definição do "proletariado" enquanto "assalariado". O interesse do marxismo deveria voltar-se a todos os assalariados, mas esta linha política não teve um imediato séquito, sobretudo porque a Internacional comunista, e consequentemente os partidos filiados, preferiram condenar *História e consciência de classe* como "idealista". Salvaguardava-se a centralidade da classe operária, mas impedia-se ao mesmo tempo uma aliança com as camadas sociais médias ou contratadas, que se preferia considerar partes integrantes da burguesia, enquanto na realidade tratava-se de igual maneira de explorados e reificados, como o proletariado industrial.

Na burocracia moderna também se encontra a adaptação do trabalho aos pressupostos econômico-sociais da economia capitalista. A redução do trabalho e, portanto, do trabalhador intelectual, a entidade reificada, tem consequências iguais às desencadeadas na consciência do trabalhador manual; em todo o processo de trabalho repete-se a divisão do trabalho típica da indústria, consequentemente, existe procura de leis racionais e formais dos sistemas parciais de trabalho. É a racionalidade formalista e "a separação crescente da estrutura material das coisas a que a burocracia se refere"[10]. Aqui, porém as faculdades espirituais são separadas do sujeito e postas contra ele para violentá-lo; temos a demonstração disso na diligência e no apego ao trabalho, proverbiais das camadas médias ou contratadas [*ceti impiegatizi*]. A reificação penetrou também na consciência do indivíduo, para usar o léxico do jovem Lukács, penetrou em sua alma. A análise do Lukács de 1923 pode ser considerada válida, talvez sobretudo com respeito à burocratização do trabalho

---

2006, coleção Tópicos]. Ver também J. M. Bernstein, "Lukács' Wake: Praxis, Presence and Metaphysics", em Tom Rockmore (org.), *Lukács Today. Essays in Marxist Philosophy* (Dordrecht, Reidel, 1988), p. 180.

[10] G. Lukács, "La reificazione e la coscienza del proletariato", cit., p. 128.

típica do modo de produção no stalinismo. Assim, *História e consciência de classe* pode ser considerada uma obra antistalinista *ante litteram*.

A racionalização do mundo, consequência por sua vez da racionalização do processo produtivo, encontra seus limites no caráter formal da própria racionalidade. As leis geradas pela racionalização dos elementos isolados da vida vão formando um sistema de complexos, que não se baseia em uma coerência interna, mas no fato de que as relações entre complexos aparecem em qualidade de aparência e acidentalidade, sendo que a recíproca autonomia entre os vários complexos cria uma profunda incoerência. Essa incoerência manifesta-se em tempos de crise, tempos em que a continuidade dos momentos de transição é partida e a recíproca independência entre complexos é imposta aos homens[11]. A crise, e a consequente ruptura da coesão do complexo de leis naturais, é possível porque o caráter de acidentalidade dos vínculos dos complexos da vida cotidiana na sociedade burguesa sempre permanece presente, também em seu normal funcionamento. A estrutura social burguesa se manifesta, portanto, nos complexos formais, independentes e racionalizados de leis, conexos entre eles formal e acidentalmente. A mesma estrutura se repete na produção econômica capitalista, que se apoia na interação de uma necessidade conforme a lei e numa relativa irracionalidade do processo global. A valorização do produto do ponto de vista do valor de troca acontece racionalmente segundo o princípio da calculabilidade, mas não existe uma lei que possa organizar a realização do ponto de vista efetivamente racional – mesmo que não se exclua a possibilidade de uma legalidade dominar o inteiro complexo produtivo, mas somente como produto inconsciente da atividade dos produtores, que eles não percebem. A reificação é representada por Lukács como um fenômeno que envolve toda a estrutura da sociedade capitalista. Essa estrutura é fundada sobre a produção e sobre as formas do processo produtivo, não apenas sobre a troca. Somente no momento em que o tecido social adquire coerência interna, que lhe é dada pelo modo de produção, o fetiche da mercadoria passa a envolver a totalidade social.

A irracionalidade do inteiro complexo social é um resultado da divisão do trabalho capitalista. A excessiva racionalização das funções parciais tem como consequência o fato de tornar cada uma delas autônoma das outras, tendendo a desenvolver sua especialização em crescente independência das outras funções da sociedade. Essa tendência aumenta com a divisão do trabalho e sua racionalização. A crescente especialização faz com que os sujeitos percam toda imagem do inteiro complexo

---

[11] Ibidem, p. 131.

social a que pertencem. Nasce, assim, a impressão de que a ciência dilacera a totalidade, perdendo o inteiro complexo da realidade social nos diversos campos de especialização. Acontece que, à medida que uma ciência se especializa, perde o contato com os nexos de sua esfera, mesmo ganhando no campo da clareza metodológica. Ciências como a matemática e a geometria apresentam uma relação débil com a evasiva camada concreta da realidade. A metodologia científica mostra uma estreita relação com o ser social que a produziu; assim, segundo Lukács, existem ciências "burguesas" e ciências "proletárias"[12]. Além dessa dicotomia, a crítica de Lukács à ciência quer mostrar os limites evidentes das ciências nascidas na sociedade burguesa e funcionais para ela. Essas ciências não conseguem explicar, por exemplo, os períodos de crise econômica, porque não são capazes de agarrar a totalidade do processo econômico e não possuem os instrumentos adequados para tal fim. De qualquer forma, a totalidade concebida como totalidade econômica permite compreender o fato de que esta seja produzida pelo homem e por sua práxis.

Na prática, a posse de determinadas metodologias – no caso de Marx, segundo Lukács, tratar-se-ia sobretudo da dialética hegeliana – permite entender e compreender os momentos superados, ainda que do único ponto de vista teórico, da sociedade em que se vive. Foi o que Marx soube fazer, e o que os economistas clássicos que não estavam "nas costas dos gigantes" não souberam fazer. Assim, o problema da dialética é um problema metodológico. A identidade hegeliana de lógica e história, herança que Lukács traz consigo, põe a questão da historicidade da sociedade capitalista e, por conseguinte, de seu conhecimento relativizado[13]. Lukács universaliza demasiadamente sua análise da reificação capitalista, reconstruindo uma gradação hierárquica evolutiva que vai desde as formas sociais pré-capitalistas até o capitalismo, sem porém sustentar essa reconstrução com uma crítica da economia política. Tal embasamento é ausente não somente em Lukács, mas em Gramsci, em Bloch, na escola de Frankfurt inteira, em Rosa Luxemburgo, e assim por diante. O maior limite de Lukács e do assim chamado marxismo ocidental é de acompanhar em paralelo o desenvolvimento das obras juvenis de Marx[14], quando ainda o filósofo alemão não tinha desenvolvido uma crítica da economia política. No caso de Lukács – mas não apenas dele –, seria um paralelismo inconsciente,

---

[12] Coloca-se, assim, uma estéril dicotomia que não ajuda no progresso das ciências ou da filosofia, e que pode causar distorções, como a do Diamat soviético. Estamos diante de uma crítica ideológica, e não científica.

[13] Ver Laura Boella, *Il giovane Lukács*, cit., p. 194.

[14] Ver idem.

pois que em 1923 ele não tinha como conhecer as obras do jovem Marx, que poderia justificar a acusação de "idealismo" dada à obra pelos ideólogos da Terceira Internacional. Mas na realidade a simples motivação dessas acusações estava no fato de que esses ideólogos não haviam compreendido a complexa problemática de Lukács, de outro lado eles mesmos não conheciam as obras juvenis de Marx.

Na realidade, a posição "idealista" de Lukács poderia dizer respeito a um problema mais substancial: o de uma relação mais especificamente hegeliana tanto de Lukács como de Marx. A herança hegeliana, na tentativa de universalizar as categorias econômicas capitalistas da reificação e de torná-las chave da história, colocaria Lukács na situação de "colega de escola" do jovem Marx na "escola" hegeliana comum. Encontramos, na concepção lukacsiana de totalidade, a identidade sujeito-objeto; portanto, essa categoria se apresenta como totalizante e solucionadora em si de todos os momentos da realidade, criando uma ligação interna entre eles. Quando se fala em totalidade, no Lukács de 1923, sempre se tem presente a referência a uma totalidade social, com uma legalidade própria. A totalidade apresenta duas instâncias: uma de conhecimento, enquanto conjunto de tais momentos, a outra avaliativa, mais funcionalista e voltada ao agir prático e, consequentemente, a um problema de consciência. Os dois elementos dessa distinção, como foi notado, frequentemente tendem a se sobrepor. A totalidade concreta na interação dialética, que resulta na transformação das formas de objetualidade*, permite a compreensão da realidade enquanto processo social e a funcionalidade da objetualidade da realidade no âmbito de tal processo, e nisso está a exigência de apreender a totalidade.

A tomada de consciência da totalidade dos complexos sociais, gerados pelas relações humanas, deve ser o primeiro passo para a superação da reificação. O segundo e necessário passo deve continuar sendo a práxis, a tradução na realidade daquilo que foi percebido pela consciência. Apreendendo enquanto vir-a-ser o ser coisal dos objetos e o ser social dos homens, por meio da análise do acontecer dialético dos complexos, a consciência poderá chegar a sua essência. Se não se leva em conta a consciência, a contradição é produzida com acrescida intensidade. O próprio Hegel afirmava que o vir-a-ser é a verdade do ser[15] e Lukács se liga explicitamente à fundamentação hegeliana do problema, a tal ponto que pode afirmar

---

* No original, "forme di *oggettualità*". (N. R. T.)

[15] G. Hegel, *Scienza della logica* (Bari, Laterza, 1974), p. 104, livro 1, cap. 2 [ed. bras.: *Ciência da lógica*, livro 1: *A doutrina do ser*, trad. Christian G. Iber, Marloren L. Miranda e Federico Orsini, Petrópolis, Vozes, 2016].

que se o vir-a-ser não for concebido enquanto verdadeira essência da realidade social e histórica, então foge à compreensão do "domínio do passado sobre o presente, [do] domínio do capital sobre o trabalho"[16]. Do vir-a-ser resulta a constante tendência à modificação das formas sociais, pois este mesmo é um processo de contínua e incessante transformação. A dialética da reificação é mediada pela dialética das formas imediatas de produção; nessa relação, aumenta o contraste entre o ser imediato e a realidade social. O ser imediato é o homem, que se torna "medida de todas as coisas (sociais)"[17], segundo uma formulação que possui reminiscências do humanismo de Protágoras. Assim, pela relação que se cria entre o homem e a base econômica da sociedade, o grau de clareza da consciência é dado pela estrutura e pela hierarquia que as formas econômicas instauram no homem. Ao mesmo tempo, a história se manifesta como um ato contínuo de subverter as formas de objetualidade (estruturas econômicas) que condicionam a vida do homem, e suas conexões dependem das funções e posições dentro da totalidade social. A história se torna história das formas de objetualidade que constituem o mundo social que o homem procura dominar com o pensamento, com a práxis e com a arte. Entre essas formas de objetualidade está também a natureza, sobre a qual, porém, Lukács rejeita uma colocação dialética, preferindo atribuir à sociedade o verdadeiro caráter do vir-a-ser histórico-dialético. Como a realidade objetiva se apresenta composta de coisas rígidas e não modificáveis, Lukács é obrigado a reconsiderar o juízo que havia afirmado pouco antes: "O homem nunca poderá tornar-se medida para todas as coisas"[18].

A crítica da filosofia burguesa

Segundo Lukács, paralelamente ao desenvolvimento da reificação no processo de trabalho se confirma o caráter idealista da filosofia burguesa. A este ponto é absurdo esperar que a totalidade possa ser recomposta pela filosofia, que deveria funcionar como uma espécie de metaciência. Essa posição será revertida na *Ontologia*, quando é atribuído à filosofia o papel de indicar o caminho para as outras ciências. Também essa viragem será recusada e criticada pelos alunos da Escola de Budapeste e pelos fiéis leitores de *História e consciência de classe* – os quais, contudo, não levam em conta o que se afirma no próprio livro, em

---

[16] G. Lukács, "La reificazione e la coscienza del proletariato", cit., p. 239.

[17] Ibidem, p. 244.

[18] Ibidem, p. 254.

que Lukács fixa os critérios para uma transformação da filosofia em metaciência. Nesse sentido, a filosofia poderia absorver essa tarefa rompendo as barreiras do estreito formalismo em que as ciências estão fechadas, colocando os problemas de maneira radicalmente diferente, ou seja, direcionando-se para a totalidade concreta e material do objeto a ser conhecido e produzido. Esse é justamente o programa da *Ontologia*, em que se apresenta uma situação nova a Lukács, que conseguiu, adotando o método ontológico-genérico, remontar ao princípio/fundamento da totalidade social – isto é, o trabalho. Esse retorno ao princípio não pode ser percorrido pela filosofia burguesa, porque ela é separada de seu substrato material, não percebe o fenômeno da reificação, que está na base do formalismo e, consequentemente, o mundo reificado torna-se o único mundo possível. Isso se deve ao fato de que a filosofia na época do domínio da burguesia surgiu da estrutura reificada da consciência.

O racionalismo se apresenta como descobridor do princípio de conexão de todos os fenômenos da natureza e da realidade que se contrapõem ao homem. Com efeito, ele permanece um sistema parcial incapaz de apreender os problemas últimos da existência humana, que – como acontece em *A alma e as formas* – continuam sendo inalcançáveis ao moderno indivíduo burguês. A instância fundamental do racionalismo consiste em considerar a possibilidade de cada particular momento do sistema ser gerado pelo seu princípio fundamental e ser previsível e calculável com base neste. As categorias filosóficas burguesas constituem o fruto das formas do específico ser social da burguesia. Para Lukács, o reconhecimento desse fato conduz à recusa de toda metafísica[19]. O processo de abstração reificante alcançou as ciências que, abandonado o substrato material a que geralmente estão voltadas, agem em um mundo fechado em si mesmo, metodologicamente puro, determinado absolutamente em sentido racionalista. O irracional fica no substrato material, que já está distante da especulação científica[20].

A filosofia clássica alemã gerou a exigência de considerar a unidade de sujeito e objeto por meio da qual se pode trazer à tona o sujeito do ato, partindo da identidade com o objeto[21]. A dualidade, que Lukács define intransponível, entre a forma que se gera por si só e a realidade, manifesta-se mais na consciência ética que na consciência contemplativa do sujeito que conhece. De modo que a consciência prática

---

[19] Ver ibidem, p. 157.

[20] Trata-se de temas retomados por Husserl em *Crise das ciências europeias*.

[21] Ver G. Lukács, "La reificazione e la coscienza del proletariato", cit., p. 162.

tem uma superioridade de conhecimento em comparação com o conhecimento contemplativo, porque se dá no plano do real, no mundo cotidiano. Esse é um problema de ordem ética, e o problema da ética está presente em todo o desenvolvimento intelectual de Lukács. Com efeito, este afirmava que o papel revolucionário tinha de passar por uma definição ética, que revela um limite da consciência de classe. O domínio teórico sobre o objeto leva à extrapolação dos elementos formais, liberado de todos os aspectos conteudísticos. Contudo, quando chega à consciência o vínculo indissolúvel entre o comportamento objetivo contemplativo e o caráter formal puro do objeto que se quer conhecer, o problema da irracionalidade se torna irresolúvel se não se dirige à práxis[22]. De qualquer maneira, na história da filosofia se apresenta pela primeira vez e de modo direto o problema concreto da práxis.

A contradição existente nos sistemas formais racionalistas modernos entre subjetividade e objetividade é mais uma vez o espelhamento, no campo lógico-metodológico, das contradições da sociedade burguesa. Tais contradições impelem as relações humanas no plano das leis de natureza, tornando esta última, ao mesmo tempo, uma categoria social. Assim, aplicam-se ao homem as categorias das ciências naturais. Foi Hegel quem estruturou o problema da contradição entre subjetividade e objetividade, introduzindo o ser-para-nós que não está em contradição com o ser-em-si, constituindo apenas uma correlação necessária. A contraditoriedade se reapresenta mediante a introdução do ser-para-si e, portanto, da consciência de si que um objeto pode alcançar. Hegel ergueu as bases para o conhecimento dos fenômenos, fixando os limites estruturais do conhecimento. Tudo isso é impossível na filosofia kantiana, a qual não resolve as antinomias do pensamento. Na sociedade capitalista a contradição está entre o ser social e a realidade social que ele mesmo criou, e que se coloca para ele como uma essência estranha. O homem está à mercê das leis dessa realidade à qual estranha, e a atividade humana pode consistir no uso delas. De qualquer maneira, porém, o homem continua objeto do acontecer da realidade, portanto o vir-a-ser histórico-social é uma categoria fundamental da dialética social. O conceito de natureza como sistema de leis do acontecer em intrínseca união com o conceito de natureza enquanto valor, contém em si, estreitamente, a tendência à superação da problematicidade da existência reificada. Apenas a manifestação dessas tendências permite à natureza tornar-se o que ela é: a verdadeira essência do homem, desprendida das forças econômicas

---

[22] Ver ibidem, p. 166.

da sociedade, mesmo permanecendo uma categoria social. Com efeito, segundo Lukács, a relação homem-natureza, o sentido da natureza, de suas formas e de seus conteúdos, extensiva e objetivamente, sempre é socialmente condicionado[23]. Somente o materialismo histórico pode responder à questão sobre a existência ou não de uma sociedade em relação imediata com a natureza. Não se trata, todavia, de relações quantificáveis com a natureza, as quais subsistem somente na sociedade capitalista. O capitalismo fez com que se perdessem dois conceitos fundamentais da natureza: a natureza como conjunto de leis naturais e como modelo do homem corrompido pela sociedade. Essa situação de socialização permitiu ao ser social se conhecer como tal. O homem deve conseguir recuperar a totalidade em si realizada ou superar a estrutura com a unidade de teoria e práxis; somente então poderá chegar à unidade de liberdade e necessidade, necessidade esta representada pelo processo de produção e de trabalho.

O problema da reificação, que se apresentou no âmbito filosófico, permaneceu encerrado em uma visão racionalista. De qualquer maneira, continua em primeiro plano a tentativa de superar a laceração reificada do sujeito e sua rigidez e impenetrabilidade. A salvação do homem só pode vir da superação da laceração e da fragmentação do sujeito em ações parciais. As formas de fragmentação representam as etapas necessárias para a regeneração da totalidade do homem, uma vez que estas se dissolvem no nada de sua não essencialidade tão logo entram em contato com a totalidade, revelando assim toda a sua dialeticidade negativa. A solução do problema, portanto, deve passar por um uso do método dialético. Mais uma vez Lukács concebe a dialética hegeliana como método dialético. O racionalismo, com efeito, mesmo tendo posto o problema da superação da reificação, não poderia resolvê-lo por causa de sua própria estrutura teórica, pois, uma vez que tende à calculabilidade dos conteúdos abstratos da forma, deve considerá-los intransponíveis, negando-se a possibilidade de apreender o novo por eles produzido e a essência do vir-a-ser neles contida, ao passo que o vir-a-ser histórico permite suprimir a autonomia dos momentos, apreendendo, portanto, sua unidade. Tal postura leva a representar os momentos racionais da coisa-em-si, a concretude e a totalidade orientadas para sua unidade, transformando a relação entre teoria e práxis, entre liberdade e necessidade. Concluindo, a filosofia mostra seus próprios limites e sua incapacidade de resolver as antinomias inerentes à estrutura social que constituem seu fundamento e, portanto, deve deixar o

---

[23] Ver G. Lukács, "Il mutamento di funzione del materialismo storico" [A mudança de função do materialismo histórico], em *Storia e coscienza di classe*, cit., p. 291.

campo ao materialismo histórico, o único capaz de apreender a totalidade em vir-a-ser da sociedade e do ser social e de chegar à unidade incindível de teoria e práxis, de liberdade e necessidade.

O materialismo histórico apreende as formações sociais no processo de seu vir-a-ser histórico e, assim, a teoria se transforma em história dessas formações. Uma das maiores descobertas de Marx foi trazer de volta a coisidade externa ao homem à sua gênese das relações entre homem e homem e de analisar, segundo essa gênese, sua legalidade e sua objetividade internas, sua heteronímia independente da vontade humana. Objetividade e legalidade surgem apenas em um determinado ponto de desenvolvimento da sociedade, possuindo valor tão somente no mundo histórico e social que as produziu e que, por sua vez, por elas está determinado. Não estamos perante modelos universais. Os fatos econômicos, que são produzidos por uma sociedade e que a determinam dialeticamente, se espelham na consciência, criando uma falsa, que deve ser investigada como momento dialético da totalidade concreta que a produziu. Apenas considerando a sociedade como um todo poderíamos apreender nessa relação a consciência em todas as suas determinações essenciais. A relação entre teoria e práxis se estrutura segundo um plano de intencionalidade voltada à totalidade. O problema do conhecimento se desloca para o conhecimento da direção tomada pelo complexo do todo social em suas tendências de desenvolvimento[24]. Tal consciência se apresenta como falsa consciência, impotente em apreender a essência do processo social, ou como fracasso dos escopos, mera submissão do social aos escopos objetivos. A relação entre consciência falsa e verdadeira será retomada por Heidegger na contraposição entre vida autêntica e vida inautêntica[25]. A relação com a totalidade social permite entender a teoria da possibilidade objetiva, ou seja, as ideias que os homens poderiam ter tido em uma determinada situação da vida social e cotidiana se tivessem tido uma completa compreensão de sua totalidade social[26].

A consciência de classe – que se apresenta como uma inconsciência classisticamente determinada – é resultado da falsa consciência e constitui sua consequência no plano da práxis social e política. É importante apreender o grau de consciência de classe de uma classe social – isto é, se ela consegue apreender a totalidade do

---

[24] Ver Laura Boella, *Il giovane italiano*, cit., p. 212.

[25] Ver Lucio Colletti, *Il marxismo e Hegel* (Bari, Laterza, 1976), p. 337.

[26] Ver G. Lukács, "Coscienza di classe", em *Storia e coscienza di classe*, cit., p. 65.

processo social ou não. Para conhecer o grau de consciência de classe e, portanto, a fim de determinar a passagem de classe em si para classe para si, é preciso investigar qual momento da produção influencia negativamente tal passagem categorial. As classes sociais, baseadas nas consequências desse momento produtivo sobre sua estrutura, devem conseguir ultrapassar a imediatez de seus interesses de classe. A teoria do conhecimento de classe se desenvolve paralelamente à teoria do proletariado enquanto sujeito-objeto idêntico. Historicamente, nas sociedades pré-capitalistas a consciência de classe estava embebida de elementos extraeconômicos, ao passo que tal situação desaparece na sociedade capitalista, quando emerge a estratificação em classes. Apenas na sociedade capitalista a economia consegue permitir sua passagem de ser-em-si para ser-para-si, e então, no capitalismo, os momentos capitalistas estão presentes e determinam a própria consciência. Na situação capitalista, o indivíduo se encontra dialeticamente contraposto ao desenvolvimento das forças produtivas e sofre todas as consequências desse desenvolvimento, não podendo chegar à unidade de teoria e práxis. Somente a unidade incindível de teoria e práxis permite compreender a essência da sociedade capitalista e fornecer os meios para sua transformação, a fim de sair da existência reificada a que o proletariado está condenado.

Sem ser direcionada pela teoria, a práxis fica relegada em um horizonte com fim em si mesmo, pois apenas mediante a unidade que forma com a teoria é capaz de superar as fronteiras da simples "astúcia da razão". O problema da unidade de teoria e práxis, de pensamento e ser, acentua a cientificidade do marxismo. Lukács coloca a questão tentando demonstrar que tal cientificidade reside no método dialético; de qualquer maneira, esse nexo continua sendo o ponto mais tipicamente marxista do Lukács de 1923. Podemos definir a consciência de classe: "O senso, tornado consciente, da situação histórica de classe"[27]. Sem o conhecimento profundo das formas do capitalismo, elas podem parecer autênticas representantes da vida social e, consequentemente, o caráter mercadológico da mercadoria torna-se forma fenomênica da autêntica imediaticidade da consciência reificada. Assim, a reificação penetra, enquanto elemento constitutivo, na própria consciência dos homens, constituindo uma estrutura única de consciência. Desse modo, toda faculdade psíquica e física do homem está submetida à transformação em coisa, com uma objetualidade espectral, pela relação de mercadoria. Com essa perspectiva estamos muito distantes do conceito de coisa como satisfação das necessidades.

---

[27] Ibidem, p. 96.

A superação da reificação

Após ter analisado o desenvolvimento da reificação e de suas consequências no pensamento filosófico, constatando que não se pode chegar à sua superação unicamente pela atividade teórica, Lukács coloca a questão da superação concreta da reificação. O ser social da burguesia e o ser social do proletariado constituem o mesmo em sua imediaticidade; o que muda são as formas de mediação, que permitem apreender e levar à consciência a imediaticidade da realidade social. Portanto, a possibilidade de discernimento deve ser buscada no modo como o ser social de uma e de outro se põem diante da realidade social e de como volta à consciência a relação de conhecimento instaurado com a realidade.

Para compreender a essência dos objetos reais que se opõem a ele, o ser social deve ir além da rígida separação entre si e os objetos, ou pôr no mesmo plano suas relações recíprocas e, depois, a interação entre essas relações e os próprios objetos. Portanto, torna-se necessária a visão global do sistema formado, sempre considerando que o sistema assim obtido e conhecido possa representar a totalidade dos fatos empíricos e que não contenha uma ulterior concreção dos objetos. Torna-se necessário, nesse ponto, o conhecimento da gênese dos objetos e de seu sistema de mediações, que deve ser, ao contrário, tendência geral à modificação dos objetos. Pode-se afirmar, então, que a gênese histórica e a gênese conceitual do objeto coincidem. Na *Ontologia*, ao contrário, o conhecimento da gênese histórica e da conceitual está limitado ao simples conhecimento do ser-para-nós dos objetos, por conta da heterogeneidade e heteronomia dos complexos reais. O escopo precípuo da mediação é evidenciar o ponto em que a objetividade assume a forma da imediaticidade e, portanto, em que a imediaticidade se revela falsa, afastando a consciência do objeto. Com esse fim, Lukács usa a dialética hegeliana de aparência e essência com dois claros objetivos: relativizar e historicizar as categorias da filosofia burguesa e usar a lógica da essência levando em conta o conhecimento e a transformação da realidade. A dialética de aparência e essência deve apreender o verdadeiro processo de produção dos objetos sociais. É necessário, porém, compreender que a superação da imediaticidade não implica o abandono da imanência do ser social; ao contrário, deve-se conceber a mediação como instrumento que permite o revelar-se da estrutura objetual dos objetos reais. Portanto, a mediação seria impensável se a existência empírica dos objetos fosse já uma existência mediada.

O correto entendimento dos complexos sociais reais elimina as falsas conexões dos objetos. Essa retificação se liga diretamente ao ser da classe correspondente. Isso significa que, mesmo se o ser social da burguesia e o do proletariado forem idênticos, ainda assim o ser social do proletariado não pode compreender o processo dialético da história, porque é o verdadeiro protagonista dela, pelo fato de ter uma relação direta com os objetos[28]. O ser social do proletariado é representado como sujeito-objeto do processo social, em perfeita chave hegeliana. A relação de identidade entre sujeito e objeto no proletariado põe o problema de uma relação com a realidade voltada para a produção de valores de uso, de verdadeiro trabalho concreto e não mais de trabalho abstrato. A presença hegeliana vai além da de sujeito--objeto idêntico e diz respeito ao papel da consciência na superação da realidade reificada do capitalismo. À consciência é dada uma força real e, ao mesmo tempo, puramente lógica, contraposta ou superior à exterioridade dos objetos.

Contra essa tendência do proletariado encontra-se o caráter reificado e reificante do trabalho na sociedade capitalista, que força o trabalhador a um papel contemplativo e o priva do valor essencial de sua intervenção na práxis de trabalho. A quantificação, que é a verdadeira categoria do processo de trabalho, é a geradora da reificação e do esvaziamento da essência do objeto. A dialética de aparência e essência pode se reportar à dialética quantidade e qualidade. Além disso, o fato de o trabalhador ser obrigado a vender sua força-trabalho enquanto mercadoria acaba por reduzi-lo ao papel de coisa, como se ele fosse um dos objetos da produção. Na cisão de subjetividade e objetividade, esta situação pode vir à consciência e, para as leis dialéticas da sociedade capitalista, a consciência do operário é a consciência-de-si da mercadoria[29]. Não obstante, tal consciência descobre a verdadeira essência da mercadoria e seu caráter de fetiche.

Assim, cada momento da totalidade deve se apresentar inteiro, no momento em que a totalidade é apreendida pela ciência e somente quando o momento se refere à totalidade, segundo a tese hegeliana de que cada momento é o inteiro movimento do pensar[30]. A superação da reificação assume a forma de uma tendência de rompimento com a estrutura reificada da existência, entrando em relação direta com as contradições concretas, que por sua vez resultam do desenvolvimento capitalista global mediante uma tomada de consciência de sua conexão com a totalidade do processo de desenvolvimento. O ato é desenvolvido como um fator subjetivo dependente da maneira como a consciência social apreende a forma de objetualidade dos objetos.

---

[28] G. Lukács, "La reificazione e la coscienza del proletariato", cit., p. 217.

[29] Ver idem.

[30] G. W. F. Hegel, *Scienza della logica,* cit., p. 104.

A consciência do proletariado torna-se consciência do processo. Lukács afirma que a ação do proletariado, inserido no vir-a-ser do processo de desenvolvimento social, representa a execução prática do próprio desenvolvimento. O ato da totalidade do processo de desenvolvimento deve ser inserido na totalidade conteudística. Todo juízo de valor sobre o ato do proletariado deve estar em função da relação com o desenvolvimento social e com a possibilidade de modificá-lo. O ato do proletariado, segundo Lukács, coloca um nó de problemas gnosiológicos e práticos, isto é, de que maneira o objeto do pensamento se transforma em algo estranho ao sujeito, e se este concorda com o objeto em si. Essa discrepância tende a crescer na relação entre forma subjetiva do pensamento e forma objetiva do existente. Não se trata de um problema secundário, mas primário, para a transformação da realidade reificada. Com efeito, sobre qual realidade devem se inscrever o pensamento e a práxis transformadora, se o pensamento não consegue apreender os nexos concretos de tal realidade? Ou se as representações do pensamento não correspondem aos nexos reais? Foi Marx quem sugeriu a solução, que se encontra justamente no agir prático. Somente a práxis pode oferecer um parâmetro de juízo acerca da validade do pensamento que a dirigiu. Pela inserção do pensamento no vir-a-ser social, por meio da práxis, emergirá o novo, que já existe refletido na consciência do proletariado e é resultado da contradição dialética do processo de desenvolvimento, enquanto consequência de sua totalidade.

A alienação na *ontologia*

Se passarmos do ensaio de 1923 para a *Ontologia*, percebemos que as problemáticas da alienação e da reificação foram radicalmente reelaboradas, resultando, em alguns aspectos, completamente diferentes da que havia sido dada em *História e consciência de classe*. Na *Ontologia*, o juízo de Lukács sobre a alienação é mais complexo, "pois objetivação e alienação são formas sociais elementares de vida, sem as quais nem o trabalho nem a linguagem seriam possíveis, sendo, portanto, a tendência para certa generalização igualmente um modo de expressão elementar de todos os homens que vivem em sociedade"[31].

Mas Lukács esclarece ainda mais sua posição mais próxima à de Marx quando reafirma que a crítica deste último à alienação hegeliana permite descobrir o papel determinante da objetivação, ou seja, da realização de atos e objetos segundo um

---

[31] Idem, *Ontologia dell'essere sociale* (Roma, Editori Riuniti, 1978-1981), t. 2, cap. 3, § 3, p. 500 [ed. bras.: *Para uma ontologia do ser social*, v. 2, trad. Carlos Nelson Coutinho, Mario Duayer e Nélio Schneider, São Paulo, Boitempo, 2013, p. 520].

plano teleológico em que a essência genérica do homem pode transformar o mundo externo segundo escopos cientes. O ser-em-si da natureza, sua objetividade, é continuamente transformado no processo de trabalho em ser-para-nós, mediante um processo de alienação da essência genérica, das capacidades humanas de trabalhar e, portanto, de transformar o mundo externo. O para-nós torna-se uma qualidade existente do objeto objetivado. A objetivação e a alienação não somente constroem o mundo externo do homem, como também o mundo interior, e permitem a formação da comunidade por meio de relações recíprocas entre seus membros. Alienação e objetivação constituem nexos incindíveis do ser social, que constituem o *individuum* como relação incindível entre singularidade e comunidade.

A alienação, porém, tende a desaparecer com o aumento do processo de desantropomorfização, porque o homem aumenta a compreensão e a transformação objetiva do mundo externo segundo a objetividade dele e não segundo uma mera compreensão subjetiva. No trabalho também aparece uma compreensão objetiva da realidade, mas a alienação apresenta um grau de maior sociabilidade em relação com a objetivação no trabalho, porque a alienação se relaciona com a totalidade do homem, enquanto o trabalho se relaciona com comportamentos individuais. Com efeito, o caráter deformador de algumas objetivações aparece mais claramente dependente do grau de divisão social do trabalho. A alienação, portanto, põe o problema da humanização do homem, do surgir nele de uma interiorização espiritual, oferecendo-se duas possibilidades: um gênero humano em-si e um gênero humano para-si. A passagem da genericidade em-si à genericidade para-si é o segundo grande salto que o ser humano realiza, após ter "saltado" da animalidade à humanidade. O problema da alienação, para permitir a passagem à genericidade para-si, consiste no fato de que esta deve superar a posição do singular e participar do desenvolvimento social global – somente assim poderá ser fator decisivo do desenvolvimento do indivíduo. Essa passagem da singularidade à comunidade é possível porque na alienação sempre existe um mínimo de sociabilidade do indivíduo particular, e tal presença é o fator decisivo, eu diria o *übergreifendes Moment* [momento predominante], e também permanência do desenvolvimento humano. Trata-se de temáticas já presentes em *História e consciência de classe*, mas somente na *Ontologia* alcançam um grau de complexidade e de clareza maior.

Com o avanço do progresso social, os objetos produzidos na objetivação e na alienação começam a assumir uma independência própria e uma vida autônoma do sujeito que neles tem alienado a própria genericidade para-si. As objetivações do indivíduo entram em relação com as objetivações de outros produtores individuais. Gera-se assim um complexo unido a outros complexos, em que os pores teleológicos generalizáveis que estão na origem da objetivação e da alienação do indivíduo se entrelaçam com pores teleológicos generalizáveis de outros indivíduos. Manifesta-se, dessa maneira, o caráter social da objetivação e o individual da alienação. Por sua vez, em cada alienação podem se exprimir as necessidades vitais, ou o ato do ser social individual se mostra como uma realização de um dever-ser social – nesse último caso o grau de genericidade para-si é superior à intenção particular do indivíduo. Essa superação é na realidade um aprofundamento da personalidade do indivíduo para com a realização da genericidade em-si do ser humano.

O estranhamento é para Lukács "um fenômeno exclusivamente histórico-social, que emerge em certos picos do desenvolvimento em curso, assumindo a partir daí formas historicamente sempre diferentes, cada vez mais marcantes"[32]. O estranhamento é uma forma histórica, que se pode superar no curso do desenvolvimento histórico, não sendo mais somente um problema econômico, mas também um problema espiritual. O estranhamento tem um fundamento na categoria do *ter*. Lukács afirma que o 'ter' constitui o ponto de partida de qualquer troca orgânica com a natureza, por isso podem surgir dessa categoria algumas particulares formas de estranhamento.

Esse processo envolve também qualidade e quantidade da vida cotidiana, porque mediante um ter quantitativo surge uma vida qualitativamente melhor; e se esse grau de desenvolvimento se perder, pode-se perceber um retrocesso, um estranhamento, um grau de vida animalesco, que não é animalesco, mas que é percebido como tal pelo sujeito submetido a esse processo. A categoria do ter não é facilmente superável no modo de produção capitalista, mas poderá alcançar uma completa superação apenas no comunismo.

Substancialmente, o estranhamento nasce da separação reificante da particularidade de um indivíduo, que se vê cair num estágio animalesco, com respeito ao homem inteiro. Apenas quando o homem pode se reunir com a genericidade para-si do ser-homem, o estranhamento é definitivamente superado. As primeiras formas de superação se mostram por meio do descontentamento que o indivíduo percebe para com a genericidade em-si, para com uma humanidade não realizada. Para Lukács, o descontentamento manifesta-se nos explorados, nas vítimas do sistema, num tempo os escravos, hoje nas mulheres e nos excluídos[33], nos que percebem seu

---

[32] G. Lukács, *Ontologia dell'essere sociale*, cit., t. 2, cap. IV, § 1, p. 559 [ed. bras.: *Para uma ontologia do ser social*, v. 2, cit., p. 577].

[33] Ver ibidem, p. 577 e seg. [ed. bras.: p. 595 e seg.].

ser alheio ao sistema dominante. Apenas um reconhecimento comum da condição de exclusão ou de exploração pode permitir uma luta eficiente contra a condição animalesca, porque quanto mais individual for a luta para a própria libertação, tanto mais ela será impotente. Se o indivíduo ficar impotente diante do estranhamento, acabará por confundi-lo como uma característica condição do ser, a ponto de incluí-lo na própria genericidade em-si. A arte é uma forma de luta contra o estranhamento já que o trabalho em si é indiferente ao estranhamento, aliás, formas altíssimas de estranhamento podem gerar produtos de grande utilidade social. A arte, ao contrário, como consciência-de-si da humanidade, permite apreender claramente o grau de estranhamento. Fundamentalmente, uma arte estranhada não é possível, porque a arte, fruto do ato consciente do artista, denuncia o estranhamento. Lukács propõe sua concepção ideológica do artista, que pode se colocar politicamente à direita, enquanto sua produção artística é de esquerda. O estranhamento, porém, pelo fato de estar presente na produção de trabalho ou na economia, é um dos possíveis fenômenos da socialização. Lukács foge da identificação hegeliana de estranhamento e objetivação.

O fordismo produz uma nova forma de consciência que é orgânica à nova forma de estranhamento. A superação da particularidade se realiza no interior da consciência de cada indivíduo singular, ainda que dentro de um quadro que sempre é social. A consciência do indivíduo sempre aparece como um instrumento para dar respostas a impulsos externos a partir do modelo da resposta do ser social à natureza externa, isto é, o trabalho. Aliás, quanto "mais um tipo de práxis humana for distante de sua origem e de seu modelo, o trabalho, maiores modificações revelará a realidade da práxis com respeito ao modelo"[34].

A reificação é uma forma de estranhamento, ou seja, o reduzir um processo, uma consciência, um ser social a coisa; tal redução acontece no contínuo uso deles, na redução de seu ser-para-nós a coisa. A reificação é tão comum que pode ser confundida, como acontece com o estranhamento, como uma situação natural, por exemplo, o valor de troca: "A nova forma 'espectral' da objetividade do valor de troca cria aqui – se em grau sempre crescente com o desenvolvimento da economia – reificações sempre mais impelidas, universais, que aos máximos degraus, no capitalismo, transmudam-se diretamente em estranhamentos, em autoestranhamentos"[35]. É assim reconhecido o papel fundamental desenvolvido

---

[34] Idem.

[35] Ibidem, p. 647.

pelo valor de troca, mesmo que sinalizando sua imanência em relação com o processo produtivo. Trata-se agora de libertar o indivíduo da manipulação das consciências, ou seja, do uso que desde o externo se opera sobre a consciência de cada indivíduo particular, de modo que sua ação se torne instrumento para realização de fins estranhos a ele, mais que do estranhamento que vem do próprio processo de trabalho.

Então o problema da exploração se deslocou da mais-valia absoluta para a mais-valia relativa. Mas aqui também o indivíduo deve conseguir transformar a relação social que tem consigo mesmo[36]. Não é uma citação textual, porém esse sentido pode se encontrar implícito na reflexão de Lukács, ou seja, controlar o tempo de lazer de que se dispõe, caso contrário se acaba por entrar na produção das mercadorias inclusive no tempo de lazer. Essa transformação implica escolhas novas e diferentes de reação à nova forma de estranhamento com respeito ao que acontecia no velho mundo do trabalho, fundado sobre a reificação; nascem novas ciências como a psicologia do trabalho, usada para conformar o trabalhador com as formas de exploração a que está submetido[37].

A nova forma do fenômeno de estranhamento provocou também novas formas de filosofia. De maneira semelhante, o juízo de Lukács mudou em relação aos novos adversários filosóficos com os quais ele se deparou. Lukács vê no neopositivismo a nova ideologia da manipulação das consciências[38]. Justamente a manipulação das consciências torna a alienação um fenômeno da cotidianidade[39]. O neopositivismo, com sua recusa a qualquer ontologia, representa uma espécie de proclamação da superioridade da manipulação sobre a tentativa de agarrar a realidade como tal[40]. O neopositivismo substitui o princípio ontológico da causalidade pelo da dependência funcional deixando aparecer cada forma de ser enquanto imediata, de modo a separar a vida espiritual do homem da vida material, a ponto de fragmentar a individualidade.

---

[36] Ver G. Lukács, *Ontologia dell'essere sociale*, cit., t. 2, cap. IV, § 2, p. 703.

[37] Ver G. Lukács, *Conversazioni* (Bari, De Donato, 1973), p. 69.

[38] Sobre a crítica lukacsiana ao neopositivismo, ver Jörg Schreiter, "Lukács' Kritik des Neopositivismus als 'höchste Stufe der Durchführung des Bellarminischen Programms'", em *Geschichklichkeit und Aktualität. Beiträge zum Werk und Wirken von Georg Lukács* (Berlim, Akademie, 1987), p. 138-44.

[39] G. Lukács, *Ontologia dell'essere sociale*, cit., t. I, cap. I, § 1, p. 26.

[40] Ibidem, p. 37.

O problema da superação da manipulação contém em si o problema da superação da divisão do trabalho e, ao menos nesse ponto de vista, entre *História e consciência de classe* e a *Ontologia do ser social* existe uma linha de continuidade. Na *Ontologia*, porém, a divisão social do trabalho é concebida em uma acepção muito mais ampla que em *História e consciência de classe*, assim emergem também aspectos positivos da divisão do trabalho, como o aumento da produção econômica e a superação da singularidade pela comunidade.

Por meio da divisão do trabalho, o trabalho necessário à reprodução de um indivíduo singular é cada vez menor, enquanto cresce o trabalho global que o indivíduo realiza ao mesmo tempo que também aumenta a quantidade de riqueza produzida por cada trabalhador individual. O estranhamento não se origina diretamente da divisão do trabalho que, aliás, pode permitir a um indivíduo singular pôr seu trabalho a serviço de outros indivíduos, mas da estrutura classista da sociedade. É essa estrutura que embrutece o trabalho humano e Lukács recoloca o problema do embrutecimento das qualidades humanas por parte da divisão capitalista do trabalho e pela alienação por esta provocada.

Reapresenta-se, portanto, o problema da superação do estranhamento por meio de uma tomada de consciência que ligue de início o homem à sua essência genérica e, depois, permita encontrar o caminho para a superação do estranhamento. Naturalmente, o estranhamento poderá ser superado a partir do ato do indivíduo singular. Não há subjetividade universal ou coletiva que possa travar uma luta de libertação, não há partido que se transforme em sujeito da história; a libertação de todos será o resultado do ato de libertação de cada indivíduo.

A alienação no jovem Lukács
*História e consciência de classe e a crítica à reificação**
Henrique Wellen

Em 1923, György Lukács, com base na reunião de textos reelaborados e de alguns inéditos, publicou uma obra filosófica que, para alguns pesquisadores, foi a mais influente do século XX dentro dos campos da teoria social e da filosofia. *História e consciência de classe*[1] (doravante citada como *HCC*) conseguiu influenciar diversos pensadores, desde Lucien Goldmann a Maurice Merleau-Ponty, e serviu de base para distintas correntes teóricas, como o existencialismo francês e a Escola de Frankfurt[2].

Além de representar um marco do percurso do autor húngaro dentro da tradição marxista, essa obra trata de forma sistematizada um tema que, gradativamente, tornar-se-ia um objeto de exames bastante variados, especialmente no interior da tradição marxista: a categoria da alienação (*Entfremdung*). Foi a partir dessa categoria e baseado na sua idiossincrática incursão no pensamento marxista, com

---

* Originalmente publicado no *Anuário Lukács 2016* (São Paulo, Instituto Lukács, 2016). O texto foi revisto pelo autor especialmente para a presente edição. (N. E.)

[1] Publicação original: *Geschichte und Klassenbewußtsein: Studien über marxistische Dialektik* (Berlim, Malik, 1923). Usamos como base para o nosso ensaio a edição brasileira traduzida por Rodnei Nascimento e revisada por Karina Jannini: *História e consciência de classe: estudos sobre a dialética marxista* (São Paulo, Martins Fontes, 2003, coleção Tópicos).

[2] Por outro lado, Lukács (*História e consciência de classe*, cit., p. 23), contrariando algumas análises autorais sobre sua obra (como a de Lucien Goldmann, *Lukács and Heidegger: Towards a New Philosophy*, Nova York, Taylor & Francis, 2010), desautoriza a afirmação de que a obra *Ser e tempo*, do filósofo alemão Martin Heidegger (trad. Marcia Sá Cavalcante Schuback, 5. ed., Petrópolis/Bragança Paulista, Vozes/Universitária São Francisco, 2006, coleção Pensamento Humano), poderia ser uma resposta implícita à sua análise sobre a reificação.

destaque para a peculiar leitura da analítica marxiana sobre a mercadoria e sobre o valor de troca como determinações centrais da ordem social burguesa, que Lukács estruturou sua análise crítica a respeito do fenômeno da reificação.

Para o filósofo húngaro, com o desenvolvimento do capitalismo, a mercadoria, que representa o elemento de mediação nuclear desse sistema, passou por uma expansão gradativa, abarcando todas as esferas da vida social. Assim, aquilo que era determinação lateral nas sociedades anteriores tornou-se, a partir da intensificação das relações capitalistas, um "problema central e estrutural" presente "em todas as suas manifestações vitais"[3].

Nesse sentido, a seu ver, a maturação do desenvolvimento do capitalismo, expressa pela presença da mercadoria em todos os espaços e momentos da vida, alcançou um patamar tão elevado que aquilo que Marx havia, no final do século XIX, apontado como tendência teria se efetivado de maneira avassaladora.

Na análise de Lukács[4], o movimento da mercadoria no capitalismo, que, segundo Marx[5], demarcava-se pela dinâmica de seu fetichismo, teria se tornado, especialmente a partir da vigência do capital monopolista, uma constante em toda a totalidade da ordem societária vigente. Dessa forma, ao tornar-se uma "categoria universal de todo o ser social", a "mercadoria pode ser compreendida em sua essência autêntica"[6] e, assim, "pode-se descobrir na estrutura da relação mercantil o protótipo de todas as formas de objetividade e de todas as suas formas correspondentes de subjetividade na sociedade burguesa"[7].

Por esse prisma, se, sob a égide do fetichismo da mercadoria, o trabalho humano apareceria, principalmente nas relações de compra e venda dos produtos, encoberto pelas manifestações do valor de troca, com o desenvolvimento mundial desse sistema, todas as objetivações humanas receberiam essa carga de determinação. Se, nessa espiral capitalista, num primeiro momento, homens seriam transmutados em mercadorias e mercadorias apareceriam, no mercado, como portadoras

---

[3] G. Lukács, *História e consciência de classe*, cit., p. 193.

[4] Idem.

[5] Karl Marx, *O capital: crítica da economia política*, v. 1, t. 1: *O processo de produção capitalista* (trad. Regis Barbosa e Flávio R. Kothe, 2. ed., São Paulo, Nova Cultural, 1985, coleção Os Economistas).

[6] Ibidem, p. 198.

[7] Ibidem, p. 193.

A alienação no jovem Lukács | 283

independentes de qualidades humanas, seu desfecho seguinte seria a ampliação desse escopo para todas as relações sociais: *do útero à cova*[8].

Assim, estando a sociabilidade nucleada por essa mediação, a vida imediata de todas as pessoas dentro da sociedade dominada pelo modo de produção capitalista teria se consubstanciado pelo processo de *reificação*. A medida das relações sociais se daria, portanto, pela transformação de homens e de suas relações em coisas, análogas às mercadorias[9].

Para o autor de *HCC*, consubstanciados pelas determinações capitalistas monopólicas, as objetivações sociais teriam um caráter progressivo de mecanização e de instrumentalidade, apontando o cálculo racional como a medida de todas as suas esferas. Dentro dessas mediações, o trabalho receberia uma carga tamanha que seus executores, conduzidos pela fragmentação e pela especialização, caminhariam, gradativamente, para uma situação de passividade não apenas frente aos desafios e obstáculos sociais, como também perante suas práticas mais imediatas.

Envolvido pelas relações reificadas, não apenas o processo de trabalho seria "progressivamente racionalizado e mecanizado", como a "falta de vontade" seria "reforçada pelo fato de a atividade do trabalhador perder cada vez mais seu caráter ativo para tornar-se uma atitude *contemplativa*"[10]. Para Lukács, a qualidade de passividade do trabalhador perante seu processo produtivo, demarcando a

---

[8] Conforme escreveu um famoso lukacsiano brasileiro: "Na idade avançada do monopólio, a organização capitalista da vida social preenche todos os espaços e permeia todos os interstícios da existência individual: a manipulação desborda a esfera da produção, domina a circulação e o consumo e articula uma indução comportamental que penetra a totalidade da existência dos agentes sociais particulares – é o inteiro cotidiano dos indivíduos que se torna *administrado*, um difuso terrorismo psicossocial se destila de todos os poros da vida e se instila em todas as manifestações anímicas e todas as instâncias que outrora o indivíduo podia reservar-se como áreas de autonomia (a constelação familiar, a organização doméstica, a fruição estética, o erotismo, a criação de imaginários, a gratuidade do ócio etc.) convertem-se em limbos programáveis. [...] Tais processos não envolvem apenas os produtores diretos: penetram e conformam a totalidade das relações de produção social e *das relações que viabilizam a sua reprodução*. Sob o salariato não se encontra apenas a classe operária, mas a esmagadora maioria dos homens: a rígida e extrema divisão social do trabalho subordina todas as atividades, 'produtivas' e 'improdutivas'; a disciplina burocrática transcende o domínio do trabalho para regular a vida inteira de quase todos os homens, do útero à cova"; José Paulo Netto, *Capitalismo e reificação* (São Paulo, Ciências Humanas, 1981), p. 81-2; grifos no original.

[9] A categoria reificação acompanha, assim, a etimologia latina, que remete ao processo de *coisificação*.

[10] G. Lukács, *História e consciência de classe*, cit., p. 204.

prerrogativa da sua *atitude contemplativa*, seria, então, uma das principais marcas do desenvolvimento do capitalismo e, consequentemente, da reificação:

> Com esse discernimento, podemos ver claramente que a oposição entre o artesanato tradicionalmente empírico e a fábrica cientificamente racional se repete em outro domínio: a técnica da produção moderna em transformação ininterrupta confronta-se em cada etapa particular de seu funcionamento, como sistema fixo e acabado, com cada produtor, enquanto a produção artesanal tradicional, relativamente estável de um ponto de vista objetivo, preserva na consciência de cada indivíduo que o exerce um caráter fluido, continuamente renovador e produzido pelos produtores. Isso nos permite constatar com evidência o caráter contemplativo da atitude capitalista do sujeito.[11]

Não obstante, como o reino da mercadoria não se circunscreve ao espaço interno das empresas capitalistas e se o fenômeno da reificação haveria se espraiado por todas as esferas da vida social, o devir de toda a humanidade seria remetido ao destino dos sujeitos que realizam essa objetivação, isto é, o trabalho. Para o filósofo húngaro essa também seria, ao lado da indicação anterior, uma importante determinação ocasionada a partir do desenvolvimento do capitalismo: que, diferentemente das sociedades anteriores, na sociedade dominada pela mediação da mercadoria, o destino da classe explorada passou a centralizar o destino de toda a humanidade.

Nas suas palavras: "[...] com a universalidade da categoria mercantil, essa relação [em que o destino da classe explorada não aparecia para as outras pessoas como o destino de toda a humanidade] muda radical e qualitativamente. O destino do operário torna-se o destino de toda a sociedade, visto que a generalização desse destino é a condição necessária para que o processo de trabalho nas empresas se modele segundo essa norma"[12].

O desfecho do futuro da humanidade estaria, dessa forma, lastreado pelo papel a ser realizado pelo proletariado. Contudo, nesse processo, surgem algumas questões a serem resolvidas: como o proletariado poderia atuar ativamente e intervir no processo histórico se, além de estar envolvido por esse manancial reificador, também se encontra no cerne dessa dinâmica? Essa situação não tornaria a classe trabalhadora "duplamente" impossibilitada de transformar radicalmente o modo de produção regido pelas mercadorias?

---

[11] Ibidem, p. 218.

[12] Ibidem, p. 206-7.

Foi com base nessas questões fundamentais que Lukács apresentou a complementação da sua analítica acerca da reificação, apreendendo os limites e as possibilidades da consciência de classe do proletariado[13].

Se, de um lado, o desenvolvimento da produção capitalista apontou para a máxima fragmentação e especialização do trabalho e, assim, a sua imagem da totalidade se evanesceu[14], as contradições imanentes a esse processo apontaram, naqueles que a vivenciam de forma mais direta (ou seja, objetivando-as imediatamente), uma nova determinação. O dilema inerente à reificação, ao ser perpassado pela esfera da consciência, determinaria dois movimentos contraditórios e complementares.

De um lado, a especialização do trabalho impõe a perda da visão de totalidade ao trabalhador. Por outro, sua prática material remete ao inverso desse fenômeno. Por mais reificada que esteja, a consciência ativa do trabalhador sobre a esfera produtiva não poderia nunca, no entendimento de Lukács[15], ser totalmente negada por causa da sua ligação com a prática realizada. E essa seria, nas suas relações antagônicas de classes sociais, uma qualidade central que determinaria as distinções dos processos de consciências.

Ainda que estivessem lastreados pelo mesmo fenômeno da reificação, os processos de consciências se distinguiriam radicalmente nas suas relações de classes, entre seus dois campos centrais: burguesia x proletariado. Enquanto naquele ocorreria uma determinação – estruturada pela sua localização no processo produtivo – que apontava para o fortalecimento da reificação a partir de uma condição de imediatismo; no campo do proletariado, a necessidade objetiva de romper com essa forma de exploração e de transformação da sua força de trabalho em mercadoria se refletiria na sua consciência por meio de um processo dialético e totalizante.

Essa seria, conforme aponta Lukács[16] na obra analisada, "a tese da qual partimos" de que, ainda "que na sociedade capitalista o ser social" seja, imediatamente, "o mesmo para a burguesia e para o proletariado", por causa "do motor dos interesses de classe, esse mesmo ser mantém presa a burguesia nesse imediatismo, enquanto impele o proletariado para além dele"[17].

---

[13] Como fica explícito no título do ensaio mais amplo e importante da sua obra analisada: "A reificação e a consciência do proletariado".

[14] G. Lukács, *História e consciência de classe*, cit., p. 228.

[15] Idem.

[16] Ibidem, p. 334.

[17] Idem.

As condições objetivas derivadas das suas práticas, situadas nas suas relações imanentes com a classe social que integram, se manifestariam, nas consciências dos proletários, com base em um pensamento crítico que se direcionaria em busca da perspectiva da totalidade. Por isso que, no caso do "ser social do proletariado, revela-se imperiosamente o caráter dialético do processo histórico e, por conseguinte, o caráter mediado de cada fator, que obtém sua verdade, sua autêntica objetividade somente na totalidade mediada"[18].

Assim, como a reificação teria abarcado todo o universo social, de trabalhadores a capitalistas (totalidade inédita na história), e essa se pronunciasse, na esfera da consciência, com base na racionalização, na fragmentação e na especialização (típicas de uma elevada divisão social do trabalho), a capacidade de afastamento desse imediatismo, em busca de uma perspectiva da totalidade dialética, operaria não apenas como um fundamento crítico, mas revolucionário.

No caso do proletariado, a ligação com a totalidade seria uma ferramenta essencial para que a consciência do trabalhador alcançasse uma análise sobre suas próprias objetivações e, daí, apontasse para seu papel revolucionário. Mas se a prática e a consciência de classe proletárias não podem ser dissociadas, resta outro dilema: como é possível que essas duas esferas não apenas estejam em sintonia, como se consubstanciem num mesmo complexo[19]?

O parâmetro para essa análise, a ser empregado na apreensão dessas dinâmicas imanentes e nas suas respectivas relações com as classes sociais, seria, segundo Lukács, a mediação dialética entre sujeito e objeto:

> Isso repousa – como mostramos – sobre o fato de que, para a burguesia, sujeito e objeto do processo histórico e do ser social aparecem sempre em figura duplicada: o indivíduo particular confronta-se conscientemente como sujeito cognoscente com a enorme necessidade objetiva de evolução social, compreensível apenas em pequenos recortes, enquanto na realidade justamente o agir consciente do indivíduo alcança o lado de objeto de um processo, cujo sujeito (a classe), que não pode ser chamado à consciência, deve sempre permanecer transcendente à consciência do sujeito – aparente – do indivíduo. Sujeito e objeto do processo social já se encontram aqui, portanto, numa relação de ação recíproca e dialética. Porém, ao aparecerem sempre rigidamente

---

[18] Idem.

[19] Conforme veremos mais à frente, é a partir desse movimento que o filósofo húngaro, nesse momento da sua formação teórica e política, se enreda com a identidade entre sujeito e objeto de seu antigo mestre Hegel.

duplicados e de maneira exterior um em relação ao outro, essa dialética permanece inconsciente, e os objetos conservam sua dualidade e, portanto, seu forte caráter.[20]

E, para o crítico da reificação, se, nas delimitações da classe burguesa, essa relação entre sujeito e objeto permaneceria *rigidamente duplicada*, numa forma de *dialética inconsciente*, tal relação, vislumbrada a partir da situação de classe do proletariado, dar-se-ia em um caráter inverso, não somente pela conscientização dessa dinâmica, como pela inexistência dessa duplicação: "para o proletariado, essa figura duplicada do ser social não existe"[21]. A consciência de classe do proletariado apareceria, nesse patamar, como um antípoda dos processos reificadores.

Além disso, no momento em que se conjugassem as práticas de ruptura da ordem com uma consciência das contradições (lastreada pela perspectiva da totalidade social), o proletariado conseguiria romper com a reificação e encaminhar um processo revolucionário. Essa seria, portanto, a definição mais precisa do fenômeno da reificação apresentada na obra analisada:

> A reificação é, portanto, a realidade imediata e necessária para todo o homem que vive no capitalismo, e só pode ser superada por um *esforço constante e sempre renovado para romper na prática a estrutura reificada da existência, mediante uma referência concreta às contradições que se manifestam concretamente no desenvolvimento global, e com a conscientização do sentido imanente dessas contradições para a totalidade do desenvolvimento.*[22]

Contudo, apesar desse grande esforço teórico destinado ao combate dos pilares do capitalismo, assim como de suas variadas representações teóricas, Lukács posteriormente admitiu que seu exame não alcançou, nessa obra, o estatuto ontológico necessário para desmistificar as bases dessa realidade. O próprio autor, décadas depois, expôs várias críticas à sua análise realizada em *HCC*, destacando que essa obra impossibilitava a correta apreensão do fenômeno da reificação, pois, ausente de fundamentos ontológicos indispensáveis, deixava de lado importantes mediações da práxis social.

No seu famoso e polêmico prefácio de 1967[23], ficam explícitas as advertências acerca do caráter idealista desse livro. Apontando equívocos como a rejeição da

---

[20] G. Lukács, *História e consciência de classe*, cit., p. 334-5.

[21] Ibidem, p. 335.

[22] Ibidem, p. 391.

[23] Ressalta-se que, na versão original publicada (e autorizada pelo autor) daquela que seria, depois de tantos anos, a "segunda edição" de *História e consciência de classe*, as suas análises autocríticas

posição materialista sobre a natureza, ou a apreensão da totalidade social sem considerar a primazia da economia, Lukács alertou contra a então problemática compreensão sobre a categoria do trabalho que, envolvida por elementos idealistas, era apresentada a partir da identidade sujeito-objeto.

Para ele, sem considerar o trabalho na sua mediação entre o ser social e a natureza, não apenas o processo de cognição ficaria subsumido a uma visão subjetivista, como, neste, a práxis social apareceria estruturada pelo idealismo. Dessa forma, a história compareceria, sob os auspícios de *HCC*, envolta pela fenomenologia, para fomentar seja a consciência de classe, seja os processos de reificação.

Procuramos, a seguir, destacar algumas das análises centrais sobre a categoria da reificação presentes em *HCC*, tendo por base o referido "prefácio" crítico do autor, publicado em 1967[24]. O fio condutor aqui adotado refere-se a uma dessas admoestações realizadas: que, estando nucleado pela analítica idealista-objetiva do autor da *Fenomenologia do espírito*, existe a presença constante da identidade entre sujeito e objeto nessa obra de Lukács.

Hegel, Lukács e a identidade sujeito-objeto

Na obra em que desenvolve o caminho de autoformação e de autorreconhecimento do ser enquanto consubstanciado em consciência-de-si, tendo como mediação necessária o mundo dos objetos e, na etapa seguinte, o mundo social, Hegel parte metodologicamente do singular para alcançar o universal. Nessa dinâmica, a primeira forma de conhecimento, a "consciência-de-si singular", ainda não consegue captar o que é a essência do objeto, apenas figurando-o como aparentemente

---

constam na parte final do texto, configurando-se, mais precisamente, como um "posfácio". O referido posfácio foi escrito em 1967 e essa "segunda edição" de HCC fez parte do segundo volume dos "escritos juvenis" (*Frühschriften*) das obras de Lukács, publicado em 1968; ver G. Lukács, *Geschichte und Klassenbewusstsein*, em G. Lukács. *Werke*, Bd. 2 (Berlim, Luchterhand, 1968).

[24] Nesse texto, Lukács (*História e consciência de classe*, cit., p. 2) adverte, como forma de preservar a sua integridade intelectual, que, diferentemente do que alegam alguns dos seus analistas, essa obra possui um caráter experimental e, dessa forma, só pode servir como critério para a análise de sua posição filosófica, ao ser confrontado com textos vindouros: "Ao publicar os documentos mais importantes dessa época (1918-1930), minha intenção é justamente enfatizar seu caráter experimental, e de modo algum conferir-lhes um significado atual na disputa presente em torno do autêntico marxismo. Pois, diante da grande incerteza que reina hoje quanto à compreensão do seu conteúdo essencial e duradouro e do seu método permanente, essa clara delimitação é um mandamento da integridade intelectual".

externo a ela e produtora do seu desejo. Nessa etapa, sem ultrapassar a imediaticidade objetal, a consciência não processa que o objeto de mediação extrapola uma derivação do seu próprio ser, pois é "autônoma só na aparência, mas de fato é nada: a consciência-de-si desejante"[25]. Mesmo perpassada por processos de objetivação social, em que o ser social se realiza e se desenvolve com base em atos práticos, a medida dessa ascese, por ser lastreada pela fenomenologia, tem por fonte a própria consciência, sendo, por isso, que esta representa, para o filósofo alemão, a "terra pátria da verdade"[26].

Ao expor essa dinâmica, Hegel aponta para um sentido correto ao indicar a importância da consciência para a cognição do mundo, pois, ainda que derive a verdade da consciência, ele tem méritos em identificar o que para alguns filósofos não era claramente assegurado: que a essência dos objetos pode – e na verdade só pode – ser captada pela consciência. Não existe cognição por parte da natureza, nem que esta possa ser desenvolvida por seres metafísicos. É a partir da etapa mais primária dessa qualidade social, em que se encontra, justamente, a capacidade que o ser humano possui de reconhecer a existência de seres externos a si mesmo, que se principia toda forma de desenvolvimento e conhecimento[27]. Ou, em uma palavra sintética hegeliana: toda forma de reconhecimento.

Observando de perto esse pressuposto, já se percebe que existe, ainda que implicitamente, na relação dialética entre sujeito e objeto apresentada pelo filósofo idealista alemão, uma categoria que norteará também toda a segunda etapa do caminho da consciência-de-si, que pressupõe sua qualidade enquanto ente universal. Aqui se encontra o papel ativo (e embrionariamente objetivado socialmente) do ser, enquanto capacitado para compreender o mundo e até, dentro da dialética hegeliana, de transformar a natureza por meio do trabalho. O ser é

---

[25] Georg Wilhelm Friedrich Hegel, *Enciclopédia das ciências filosóficas em compêndio*, v. 3 [1830] (trad. Paulo Meneses e José Machado, São Paulo, Loyola, 1997), p. 197.

[26] Idem, *Fenomenologia do espírito* (trad. Paulo Meneses, Karl-Heinz Efken e José Nogueira Machado, 2. ed., Petrópolis/Bragança Paulista, Vozes/Universitária São Francisco, 1992), p. 119.

[27] Por exemplo, pode-se visualizar, nessa segunda mediação, dentro da esfera social que dará suporte à constituição do Estado, uma certa analogia com o pensamento de Aristóteles (*A política*, trad. Roberto Leal Ferreira, 3. ed., São Paulo, Martins Fontes, 2006, p. 5) quando este sentencia que "aquele que não precisa dos outros homens, ou não pode resolver-se a ficar com eles, ou é um deus, ou um bruto". Da mesma forma, tal condição social de existência humana fica explícita já em obras "juvenis" de Marx, segundo elucida Lukács (*Para uma ontologia do ser social*, v. 2, trad. Carlos Nelson Coutinho, Mario Duayer e Nélio Schneider, São Paulo, Boitempo, 2013, p. 578-9).

descrito como pensante e prático. É um ser objetivo. E foi tal abertura que lhe permitiu, mesmo estando circunscrito, a uma perspectiva idealista, pensar o ser como um ente objetivo[28].

O problema, todavia, é que, dentro dessa matriz idealista, ainda que se paute a faculdade objetiva do homem, a verdade apresentada não é uma determinação da realidade, que, no lastro da mediação entre sociedade e natureza, é processada pela consciência por meio das práticas humanas. Em distinção ao materialismo histórico, essa teoria não se expressa pela representação mental das qualidades existentes no objeto e, dessa forma, a prática humana não é vislumbrada, por exemplo, a partir da eterna dependência com a natureza. A condição de adaptação do ser social perante as causalidades naturais é substituída, mesmo que de forma bastante mediada e teoricamente sofisticada, por uma premissa que idealmente inverte essas grandezas. Salienta-se, assim, uma considerável distância de Hegel perante a concepção materialista[29], pois trata da verdade não como um radical presente na mediação entre a prática humana e os objetos sociais e naturais, mas como uma possibilidade intrínseca à capacidade de reconhecimento estabelecida no interior da consciência humana.

Não se trata, pois, de apreender no mundo um conhecimento que, mediado pelo processo histórico, pode ser refletido mentalmente pelo ser humano, mas de reconhecer no mundo a verdade endógena e universal que se encontra latente dentro das consciências individuais. Nesse sentido, ainda que o pensamento hegeliano permaneça dentro do campo da dialética e do trânsito entre a aparência e a essência, avista-se uma aproximação à teoria platônica que reduz o escopo dos sentidos a um falso-verdadeiro da realidade inteligível do espírito.

O objeto, nessa perspectiva idealista, não tem a função de exercer uma determinação perante a vida do sujeito como uma condição externa que lhe impõe causalidades, demonstrando que este, por mais distante que esteja, sempre

---

[28] Por isso que, em distinção ao pensamento de Kant, Hegel é classificado filosoficamente como um pensador "idealista objetivo". Esse amálgama constitui, para Lukács, em *Ontologia do ser social: a falsa e a verdadeira ontologia de Hegel* (trad. Carlos Nelson Coutinho, São Paulo, Ciências Humanas, 1979), a base para a existência de uma contradição filosófica presente no interior do pensamento de Hegel: uma verdadeira ontologia, de cunho objetivo-histórico, contraposta a uma falsa ontologia, relativa ao seu lado metafísico-idealista.

[29] Aqui a relação com Aristóteles (*Metafísica*, trad. Vincenzo Cocco, São Paulo, Abril Cultural, 1984, coleção Os Pensadores, p. 31) é inversa à aventada na nota anterior, visto que, para o pensador grego, "a verdade é dar o nome adequado à coisa".

estará materialmente dependente daquele. A dependência que se apresenta é, então, de outra natureza. Sendo idealista, não apenas o objeto é, no fundo, uma expressão (idêntica) da consciência e, nesse sentido, uma derivação daquela, mas sua condição essencial é a de tornar conhecido (ainda que, nesse momento inicial da fenomenologia de Hegel esteja em grau limitado pelo impulso) uma necessidade ou desejo do próprio sujeito, que passou a ser reconhecida a partir da mediação com o objeto.

No limite, o que ocorre é que, estando dadas *a priori* na consciência, não se produzem nem novas necessidades nem novas capacidades humanas, ocorrendo apenas seu reconhecimento e refinamento. Ainda que aporte um grau de fidelidade com a essência da humanidade, demonstrando a potência, ao mesmo tempo universal e singular, presente em todos os seres humanos, essa qualidade é fraturada perante a história, que limita o seu vir-a-ser a termos preconcebidos imanentes à consciência.

A necessidade, ainda que na sua condição de latência, já encontrava sua anterioridade na consciência, mas só se tornou reconhecida a partir da mediação com o objeto. Por isso, o objeto representa uma carência para o sujeito (e radicada nele), ampliando uma sensação de necessidade, antes desconhecida. Sua função é direcionada para a cognição, de tornar consciente aquilo que é fruto da consciência e, assim, idêntica e não contraditória: "o sujeito consciente-de-si sabe-se como *em si idêntico* ao objeto exterior – sabe que este contém a *possibilidade* da satisfação do desejo e que o objeto é assim *conforme* ao desejo e que, justamente por isso, o desejo pode ser estimulado pelo objeto"[30].

Mesmo no contato com a natureza (transformada ou não), a consciência acerca da verdade das coisas não aparece como uma representação mental aproximativa aos objetos, sendo estes possuidores de uma condição independente ao sujeito que os observa, ou mesmo que os produz; mas como uma derivação da consciência, que operaria como sua própria fonte refletora. A consciência reflete a própria verdade e, assim, todo o processo de conhecimento se expressa na busca de reconhecer a sua própria verdade; centra-se na busca pelo reconhecimento de si mesmo; centra-se, pois, na busca pelo reconhecimento da consciência-de-si.

Ainda que não desfrute dos mesmos elementos, existe na obra de Lukács aqui analisada (*HCC*) uma dialética de reconhecimento do proletariado como sujeito

---

[30] Georg Wilhelm Friedrich Hegel, *Enciclopédia das ciências filosóficas em compêndio*, cit., p. 198.

e objeto de si mesmo. Além disso, ainda que, na referida obra, essa tendência seja essencial para afastar o determinismo que obscurece a historicidade das faculdades humanas, fica ausente de destaque que a história não se faz sem causalidades.

Seguindo as indicações do estudo doutoral do professor Wolfgang Leo Maar[31], Bruno Mendes afirma que "em *HCC*, teoria e prática estão vinculadas na medida em que são constituintes do mesmo processo de produção da realidade" e, dessa forma, a teoria não representa apenas "uma reflexão externa à realidade, mas constitui de modo imanente a própria realidade, é expressão pensada do próprio processo da realidade"[32]. Tal assertiva aponta, de forma sintética, para as determinações (e contradições) teóricas apresentadas nas palavras de Lukács que consubstanciam um elemento de bastante relevo na sua analítica sobre o proletariado:

> O conhecimento da história do proletariado começa com o conhecimento do presente, com o conhecimento da sua própria situação social, com a revelação de sua necessidade (no sentido de gênese). Gênese e história só podem coincidir ou, dito mais exatamente, constituir aspectos do mesmo processo quando, por um lado, todas as categorias nas quais se edifica a existência humana aparecerem como determinações dessa própria existência (e não simplesmente da possibilidade de compreendê-la) e, por outro, sua sucessão, sua ligação e sua conexão se mostrarem como aspectos do processo histórico, como características estruturais do presente.[33]

Objetivando desmistificar as ideologias (especialmente aquelas limitadas pelo empirismo) que, de forma direta ou não, pautavam-se pela passividade dos seres humanos (e em especial do proletariado) perante a dinâmica histórica, Lukács se voltou, na obra analisada, contraditoriamente, para um caminho de mistificação da própria análise sobre a história. Isso porque, mesmo que esteja expressa de forma muito sutil, observa-se a premissa da "coincidência" entre gênese e história, entre a imanência da realidade, consubstanciada pelas suas determinações passadas sobre o presente, e o processo de intervenção humana atual na sua dinâmica. E, dessa forma, causalidades sociais e históricas poderiam, a partir do conhecimento das suas leis e necessidades imanentes, tornar-se "coincidentes" com a atuação presente do proletariado.

---

[31] Wolfgang Leo Maar, *A formação da teoria em* História e consciência de classe, *de G. Lukács* (tese de doutorado, São Paulo, Departamento de Filosofia da FFLCH-USP, 1988).

[32] Bruno Moretti Falcão Mendes, "O problema da reificação em *História e consciência de classe*, de G. Lukács", em VII Seminário de Pós-Graduação em Filosofia da UFSCar, *Anais...*, p. 95.

[33] G. Lukács, *História e consciência de classe*, cit., p. 325.

Utilizando termos adotados em obras ulteriores de Lukács (presentes nos seus escritos ontológicos), percebe-se que, sob essa premissa relacional da filosofia da história com o papel atuante do proletariado, existe, mesmo que de forma embrionária, a visualização de um horizonte que aponta para um processo que, efetivado pela relação entre objetivação e exteriorização, marcaria a identidade sujeito-objeto. Diferentemente dessas premissas empregadas em *HCC*, conforme indicou Lukács[34], a exteriorização pode ser positiva ou não e, acompanhando Marx[35], da mesma forma que a objetivação não se fundamenta por uma valoração determinada de forma apriorística, esta é resultante de uma prática social perpassada por causalidades.

As mediações sociais constituem os parâmetros que marcarão o sentido das objetivações e exteriorizações, como refletoras do sujeito que as praticou ou impondo obstáculos reflexivos para essa relação dialética. No entanto, mesmo no primeiro quadrante, em que existe uma reciprocidade refletida entre sujeito e objeto, é qualidade central da ontologia materialista a não existência de identidade entre essas duas esferas.

Para se vislumbrar o ser social com as mesmas determinações que consubstanciam o objeto, seria preciso imaginar a realidade como sendo derivada e controlada pela consciência, sem possibilidade de se pensar em causalidade e, assim, ocorreria a apresentação de uma natureza predeterminada pela consciência. Sob essa manifestação, a consciência apareceria como estabelecedora do mundo, cabendo simplesmente ao ser social o esforço de se reconhecer nela[36]. A partir das análises desenvolvidas na ontologia de Lukács, podemos afirmar que, nesse caso, não se trata de uma simples identidade, mas de uma representação que minoraria a causalidade perante a teleologia, situando esta como portadora mística de forças superiores àquela[37].

---

[34] G. Lukács, *Para uma ontologia do ser social*, v. 2, cit.

[35] Karl Marx, *O capital: crítica da economia política*, cit.

[36] Ainda que ponha a dialética a partir das condições materiais, Lukács, na obra analisada, termina por acompanhar Hegel, realizando uma analogia à identidade entre objetivação e alienação (ou, no caso do filósofo húngaro, e exteriorização), vale salientar que, para o pensador alemão, tal condição, nucleada pelo idealismo, demarcava o trabalho como uma atividade abstrata e até mesmo tendo por epicentro o mundo mental.

[37] Nas palavras do último Lukács (*Para uma ontologia do ser social*, v. 2, cit., p. 48): "Vale dizer que, enquanto a causalidade é um princípio de automovimento que repousa sobre si próprio e mantém esse caráter mesmo quando uma cadeia causal tenha o seu ponto de partida num ato de consciência, a teleologia, em sua essência, é uma categoria posta: todo processo teleológico

Nesse sentido, ainda que a analítica filosófica de Hegel se estabeleça a partir de um vir-a-ser, esta parece fragmentada, pois ausente de apreensão destacada de causalidades (sejam estas dadas ou postas, da natureza intocada pelo homem ou da natureza transformada pelo homem), assim como das suas relações sociais. Só com base nessas determinações desconsideradas (da dependência das teleologias perante as causalidades), pode-se pensar no homem como um *ser que dá respostas* (seguindo a máxima do "último" Lukács) e não um ser que já possui as respostas, faltando apenas reconhecer-se nelas.

Apreendidos pela ausência de causalidades, os atos humanos aparecem idealmente hipostasiados e se separam do circuito histórico, Como tal, não podem ser apreendidos como práxis realmente efetiva. Ainda que tais medidas possam ser imaginadas pela consciência, é mister ressaltar sua qualidade sempre aproximativa com a realidade e com as práticas inerentes ao ser social. Isso serve não somente para a relação dos homens com a natureza, mas também para a relação dos homens entre si. As causalidades não são apenas determinações da natureza, mas também dos atos e acontecimentos sociais.

Certa vez, ao analisar os fatos que incorreram na realização da guerra entre a França e a Rússia, em 1812, o famoso escritor russo Leon Tolstói afirmou que, para tal acontecimento ter sido produzido, foi necessária a conjugação de bilhões de causas que, ao se entrelaçarem, determinaram a especificidade de tal evento histórico. Por isso, a compreensão sobre esse fato nunca pode ser premeditada, pois se trata da determinação de um montante de causas específicas que, inter-relacionadas, produziram uma dinâmica inédita e, portanto, impossível de ser antevista.

Dessa forma, a compreensão acerca do acontecido aparece, *a posteriori,* como uma necessidade histórica: "e por consequência, nada foi a causa exclusiva do acontecimento, e um acontecimento tem de ocorrer apenas porque tem de ocorrer"[38]. Não obstante, o grande escritor russo apresentou, por meio de indicações

---

implica o pôr de um fim e, portanto, numa consciência que põe fins". Por isso que, conforme veremos, desconsiderando esse fato, Lukács defendeu em *HCC* não somente a supremacia da totalidade sem a economia, mas que essa seria a condição central para superar a reificação.

[38] Liev Tolstói, *Guerra e paz*, v. 1 (trad. Rubens Figueiredo, São Paulo, Cosac Naify, 2011), p. 1.275. É importante ressaltar que, dentro da totalidade da literatura tolstoiana, se verifica a presença, ao lado dessa matriz filosófica realista, de uma concepção mística e religiosa dos atos humanos. Sobre isso, ver Henrique Wellen, "Realismo e irracionalismo nas obras de Liev Tolstói: contradições estéticas, filosóficas e políticas", *Revista Eletrônica Espaço Acadêmico* (*on-line*), 2018, p. 99-109.

A alienação no jovem Lukács | 295

metodológicas e estéticas, formas de captar as qualidades desse pensamento para a vida cotidiana, perpassada por atos individuais:

> Todo homem vive para si, emprega a liberdade para alcançar seus objetivos pessoais e sente, com todo o seu ser, que agora pode ou não pode executar determinada ação; porém, assim que ele a executa, aquela ação, realizada num dado momento do tempo, se torna irreversível e passa a ser propriedade da história, na qual ela não tem nenhum significado livre, mas predeterminado.[39]

Para além da natureza, a causalidade, mesmo estruturada por uma legalidade distinta, encontra-se também no meio social, visto que as práticas individuais, aparentemente conhecidas pelo ser que as opera, ao se relacionarem entre si, produzem uma direção desconhecida e até inconsciente: "A pessoa vive para si de forma consciente, mas serve de instrumento inconsciente para a realização dos objetivos históricos. Um ato executado é irreversível, e sua ação, coincidindo no tempo com milhões de ações de outras pessoas, recebe um significado histórico"[40].

Mesmo ressaltando-se a inexistência de homogeneidade entre as causalidades presentes na natureza daquelas derivadas de objetivações sociais, não se pode desconsiderar que se trata, em ambos os casos, de causalidades[41]. Constata-se, portanto, uma determinação ontológica entre a prática singular e as relações sociais que existem entre as práticas humanas, que se substanciam em acontecimentos inéditos. Tal evento impede o conhecimento antecipado dos atos sociais e de quais impactos eles produzirão. Não existe uma teleologia na história. Precisar esse fato, em vez de estabelecer ingredientes para um pensamento mistificador, serve para apreender a dinâmica real da história, pela mediação entre causalidades e teleologias.

Todavia, na ânsia de medir esforços contra os posicionamentos políticos e teóricos que apresentavam o ser social nucleados pela sua contemplação com o mundo e que, assim, desqualificavam uma teleologia política revolucionária, Lukács, em

---

[39] Ibidem, p. 1.276.

[40] Idem.

[41] No livro analisado, Lukács (G. Lukács, *História e consciência de classe*, p. 69) crítica Engels, afirmando que este, no *Anti-Dühring*, seguindo "o mau exemplo de Hegel", teria igualado as formas de análise da natureza e da sociedade, ao estender "o método dialético também para o conhecimento da natureza". De forma ainda mais severa, Lukács (1999), ao final da sua vida, exacerbou essa crítica, apresentando-a como uma deformação metodológica que teria servido de base para o stalinismo. Mesmo com exageros analíticos, os superlativos críticos que Lukács apresenta à obra de Engels possuem indicações importantes. Por seu turno, isso também deveria servir, em movimento inverso, de recurso analítico sobre a sua obra de 1923.

HCC, extrapolou a mediação ontológica ao hiperdimensionar a práxis humana. Nesse sentido, ao exagerar a capacidade humana para além dos muros causais da história, o pensador húngaro acabou se desviando teoricamente do real lastro da existência humana que, precisando necessariamente passar pela relação entre natureza e ser social, tem o trabalho como a sua protoforma:

> Minha polêmica era dirigida com acerto relativamente grande contra o exagero e a sobrevalorização da contemplação. A crítica de Marx a Feuerbach reforçava ainda mais minha atitude. Só que eu não percebia que, sem uma base na práxis efetiva, no trabalho como sua protoforma e seu modelo, o caráter exagerado do conceito de práxis acabaria se convertendo num conceito de contemplação idealista.[42]

Para buscar a crítica das perspectivas que anulariam a práxis humana como elemento fundamental da história, Lukács almejou uma analítica que aprofundasse a formação humana e que, assim, permitisse visualizar a história sem os obstáculos que impedissem que os seres humanos, pela sua tomada de consciência, se enxergassem como demiurgos da dinâmica social. Ao parafrasear Karl Marx, na sua *Crítica da filosofia do direito de Hegel**, Lukács já apresentava *in nuce* o núcleo problemático de sua obra. Quando cita a passagem de Marx: "Ser radical é agarrar as coisas pela raiz. Mas, para o homem, a raiz é o próprio homem", Lukács não adverte que, para o pensador alemão, a história não é um processo antropológico, e que ser radical não é apenas ter o homem como raiz, mas o homem a partir das suas condições de existência e, para tanto, a categoria do trabalho e a relação do ser social com a natureza não podem ser subsumidas[43].

---

[42] G. Lukács, *História e consciência de classe*, cit., p. 17.

* Karl Marx, *Crítica da filosofia do direito de Hegel* (trad. Rubens Enderle e Leonardo de Deus, 3. ed., São Paulo, Boitempo, 2016). (N. E.)

[43] Vale ressaltar a polêmica existente na análise sobre a formação do pensamento de Marx que, conforme equivocadamente pode ser apresentada, dualizá-lo-ia entre um jovem e um velho pensador. Contudo, mesmo distante dessa opção fragmentária, é preciso demarcar, na evolução da concepção materialista histórica de Marx, a presença e a superação de elementos antropológicos ou, com mais precisão, de abordagens antropomorfizadoras. Sobre isso ver, dentre outros, Ernest Mandel, *A formação do pensamento econômico de Karl Marx: de 1843 até a redação de* O capital (trad. Carlos Henrique de Escobar, Rio de Janeiro, Zahar, 1968), p. 158-87; e Celso Frederico, *O jovem Marx: 1843-44 – as origens da ontologia do ser social* (São Paulo, Cortez, 1995), p. 163--93. A título de exemplo, podemos confrontar a frase escrita em 1843 ("Ser radical é agarrar as coisas pela raiz. Mas, para o homem, a raiz é o próprio homem"), com outra, de temática similar de análise, escrita aproximadamente três lustros depois: "O último é manifestadamente o método cientificamente correto. O concreto é concreto porque é a síntese de múltiplas determinações, portanto, unidade da diversidade. Por essa razão, o concreto aparece no pen-

Diante dessas determinações, utilizando palavras do Lukács maduro, a radicalidade analítica se encontra na consubstanciação entre teleologia e causalidade. Assim, faz-se analogia à afirmação de Marx de que "os homens fazem a sua história, mas não a fazem como querem; não a fazem sob circunstâncias de sua escolha, e sim sob aquelas com que se defrontam diretamente, legadas e transmitidas pelo passado"[44].

Natureza, trabalho e reificação

Na sua autocrítica de 1967, Lukács indicou que a deficiência presente em *HCC* relacionava-se com a insuficiência ou, até mesmo, com a ausência das mediações humanas imanentes à relação de objetivação social com a natureza. Dessa maneira, "a natureza é considerada como uma categoria social, e a concepção geral consiste no fato de que somente o conhecimento da sociedade e dos homens que vivem nela é filosoficamente relevante"[45].

A partir desse subterfúgio, o crítico da reificação terminou estabelecendo uma análise sobre a história como uma teoria social que deprecia a existência de causalidades:

> O que se nota, sobretudo, é que *História e consciência de classe* representa objetivamente – contra as intenções subjetivas do seu autor – uma tendência no interior da história do marxismo que, embora revele fortes diferenças tanto no que diz respeito à fundamentação filosófica quanto nas consequências políticas, volta-se, voluntária ou involuntariamente, contra os fundamentos da ontologia do marxismo. Tenho em vista aquelas tendências que compreendem o marxismo exclusivamente como teoria social ou como filosofia social e rejeitam ou ignoram a tomada de posição nele contida sobre a natureza.[46]

Foi com base na autocrítica anteriormente citada que o pensador ontológico materialista se propôs a superar os resquícios da identidade entre sujeito e objeto, aportados pelo idealismo objetivo de Hegel. Ressalva-se, todavia, como já

---

samento como processo de síntese, como resultado, não como ponto de partida, não obstante seja o ponto de partida efetivo e, em consequência, também o ponto de partida da intuição e da representação"; Karl Marx, "O método da economia política (Introdução)", em Karl Marx, *Grundrisse* (trad. Mario Duayer e Nélio Schneider, São Paulo, Boitempo, 2011), p. 54.

[44] Karl Marx, *O 18 brumário e cartas a Kugelmann* (trad. Leandro Konder e Renato Guimarães, 6. ed., Rio de Janeiro, Paz e Terra, 1997), p. 21.

[45] G. Lukács, *História e consciência de classe*, cit., p. 14.

[46] Idem.

advertido anteriormente, que a argumentação idealista de Hegel não apenas estabelece a identidade entre sujeito e objeto, como aponta para a perspectiva de existência autônoma daquele perante este. A comprovação dessa assertiva é que, caso o objeto desaparecesse, este continuaria presente na consciência do sujeito e, por isso, esta se valida sem a necessidade imediata daquele. A consciência, nesses termos, não apenas se processa para além dos objetos, mas também possui uma determinação que a torna imanente.

Sob essa perspectiva, como o mundo dos objetos seria conhecido, ou melhor, reconhecido, como intrínseco à consciência (em sentido absoluto ou universal), esta, ao passo que apresenta e qualifica o mundo, independe dele porque permanece e se desenvolve a partir de sua própria transformação. A transformação do mundo e, em especial da natureza, representaria, nesse sentido idealista, uma conquista suprema da capacidade espiritual da humanidade, assim, de reconhecimento das qualidades inatas do ser humano que já estariam presentes desde o início do processo.

Ainda que pudesse expressar alterações no meio ambiente (geográficas, ambientais, sociais...), essa dinâmica seria, como indica o próprio termo, apenas um meio para refinar as qualidades e necessidades humanas. O silogismo expresso é que, para que as capacidades e necessidades pudessem se efetivar, elas já deveriam estar contidas plenamente dentro da consciência. Mesmo com termos mais sofisticados, podemos observar a proximidade com a alegoria de Platão, em que o ser precisa sair da caverna para descobrir as ideias verdadeiras que repousam na sua alma[47].

Em obras maduras de Lukács observa-se algo bastante distinto. Nestas, destaca-se que é a partir da apreensão das causalidades e, especialmente, das determinações que envolvem as objetivações primárias do ser social (nas suas relações de transformação da natureza), que se poderia efetivamente desmistificar os poderes metafísicos atribuídos à consciência. Com isso, vislumbra-se que o limite presente na teoria fenomenológica de Hegel é que a transformação que ocorre no mundo externo (e que, como corretamente asseverou o autor, só pode ser medida pelos processos de consciência) não só não produz transformações novas na essência do ser, como aquelas determinações existentes servem para que o ser humano tenha o conhecimento derivado de sua verdade e não a relação contida na natureza.

---

[47] Platão, *A República (ou da justiça)* (trad. Edson Bini, Bauru, Edipro, 2006, coleção Clássicos Edipro).

Ainda que não se possa equiparar a natureza a um simulacro de representações humanas (recurso tão valorizado por posições pós-modernas), essa esfera não é apresentada na sua forma básica e necessária para a constituição de todos os seres, do inorgânico ao social. Sem a relação de dependência material com a natureza, toda a vida seria impossível, inclusive a vida humana.

Como afirmou com acuidade Paulo Fraga, para Marx o problema do idealismo é exatamente recusar idealmente as causalidades da natureza nas relações sociais:

> [...] em Marx, o ser social não é uma categoria que exclui ou anula o ser natural do homem. Este é, para ele, aliás, o defeito do idealismo. Não só não o exclui, como o requer, pois, sem ser natural, não há ser social. Para saber disso, basta retomar a reciprocidade marxiana necessidades-capacidades: sem o trabalho, não há necessidades hominizadas; mas sem elas o trabalho não tem objeto constitutivo movente.[48]

Conforme indica o autor citado, o próprio Lukács também apresentou essa perspectiva que, contudo, aparecia mistificada dentro dos limites de *HCC*. Se o marxista húngaro se referia a esse processo nos anos 1920 a partir da desconsideração da primazia da transformação da natureza, algumas décadas depois iria asseverar a relação necessária com a natureza:

> Tão somente o carecimento material, enquanto motor do processo de reprodução individual ou social, põe efetivamente em movimento o complexo do trabalho; e todas as mediações existem ontologicamente apenas em função da sua satisfação. O que não desmente o fato de que tal satisfação só possa ter lugar com a ajuda de uma cadeia de mediações, as quais transformam ininterruptamente tanto a natureza que circunda a sociedade quanto os homens que nela atuam, as suas relações recíprocas etc.[49]

Não obstante, na sua autocrítica de 1967, o filósofo húngaro foi mais além e, baseado na análise que pressupõe a relação entre práxis e natureza como lastro para a constituição da sociedade, demarcou a separação não apenas entre idealismo e materialismo, mas entre a perspectiva socialista e a visão de mundo típica da ordem social burguesa:

> Isso demonstra, por um lado, que é precisamente a concepção materialista da natureza a separar de maneira radical a visão socialista do mundo da visão burguesa; que se

---

[48] Paulo Denisar Vasconcelos Fraga, *A teoria das necessidades em Marx: da dialética do reconhecimento à analítica do ser social* (dissertação de mestrado em Filosofia, IFC-Unicamp, Campinas, 2006), p. 175.

[49] G. Lukács, "As bases ontológicas do pensamento e da atividade do homem", *Revista Temas de Ciências Humanas*, n. 4, 1978, p. 5.

esquivar desse complexo mitiga a discussão filosófica e impede, por exemplo, a elaboração precisa do conceito marxista de práxis. Por outro lado, essa aparente elevação metodológica das categorias sociais atua desfavoravelmente às suas autênticas funções cognitivas; sua característica especificamente marxista é enfraquecida, e, muitas vezes, seu real avanço para além do pensamento é inconscientemente anulado.[50]

Diferentemente, algumas décadas antes dessa afirmação, Lukács, com o afinco de apresentar uma crítica demolidora da sociedade burguesa que, mediada pelo valor de troca e pela mercadoria, tendia para a universalidade da reificação da vida social, indicava que, a partir da adoção da perspectiva da totalidade, os seres sociais poderiam se conceber e se enxergar como reais produtores da história[51]. Para tanto, Lukács, ingressando na seara teórico-metodológica, advertiu contra os perigos de concepções e autores que não superam o imediatismo do real e, por isso, passam a naturalizá-lo.

Nesse sentido, ele, ao destacar a necessária relação entre a perspectiva da totalidade com a transformação social, também situou essas duas grandezas num amálgama de imanência do real com a capacidade de sua cognição pelo ser social:

> Ir além da empiria só pode significar, ao contrário [de eternizar o imediatismo], que os objetos da própria empiria são apreendidos e compreendidos como aspectos da totalidade, isto é, como aspectos de toda a sociedade em transformação histórica. A categoria da mediação como alavanca metódica para superar o simples imediatismo

---

[50] Idem, *História e consciência de classe*, cit., p. 15. Fica claro também que, em *HCC*, o filósofo húngaro não conseguia apreender com segurança a distinção entre objetivação primária e objetivação secundária ou, nos termos utilizados posteriormente, entre trabalho e ideologia. Seguindo os passos de Hegel, o autor, naquela obra, tendia a tratar o trabalho analogamente a uma ideologia e, dessa forma, no trato dado à natureza, esta aparece como uma categoria da relação entre consciências (teleologias) humanas, típica do espaço ideológico. Tal equívoco não se repetiu nas suas últimas obras, conforme se observa na seguinte afirmação: "Mais importante, porém, é deixar claro o que distingue o trabalho nesse sentido das formas mais desenvolvidas da práxis social. Nesse sentido originário e mais restrito, o trabalho é um processo entre atividade humana e natureza: seus atos são orientados para a transformação de objetos naturais em valores de uso. Nas formas ulteriores e mais desenvolvidas de práxis social, destaca-se em primeiro plano a ação sobre outros homens, cujo objetivo é, em última instância – mas somente em última instância –, uma mediação para a produção de valores de uso. Também nesse caso o fundamento ontológico-estrutural é constituído pelos pores teleológicos e pelas cadeias causais que eles põem em movimento. No entanto, o conteúdo essencial do pôr teleológico nesse momento – falando em termos inteiramente gerais e abstratos – é a tentativa de induzir outra pessoa (ou grupo de pessoas) a realizar, por sua parte, pores teleológicos concretos" (G. Lukács, *Para uma ontologia do ser social*, cit., p. 83).

[51] Ver G. Lukács, *História e consciência de classe*, cit., p. 227.

da empiria não é, portanto, algo trazido de fora (subjetivamente) para os objetos, não é um juízo de valor ou um dever confrontado com o ser, *mas é a manifestação de sua própria estrutura objetiva.*[52]

Desenvolvendo essa análise, o autor afirmou que, para efetivar tal condição, seria necessária não apenas uma visão crítica sobre a estrutura da sociedade, mas também uma situação concreta que conduzisse as pessoas a essa finalidade. Tais sujeitos, pela sua relação produtiva baseada na contradição entre a produção de riquezas e a sua exploração, seriam os portadores dessa potência desfetichizadora da realidade. Tal seria a qualidade filosófica principal do proletariado que, conseguindo relacionar sua existência com a sua consciência, alcançaria a identidade histórica entre sujeito e objeto.

O autor de *HCC* consegue, com esse recurso, se equiparar a seu antigo mestre Hegel a partir de uma contraditória e idiossincrática concepção materialista que tem a consciência como prerrogativa da história[53]. Vejamos, respectivamente, a partir de suas palavras, como ele apresentou esse argumento na obra original de 1923 e como expôs um posicionamento crítico sobre isso em 1967:

> Desse modo, porém, o problema da realidade efetiva mostra-se sob uma luz completamente nova. Para falar à maneira de Hegel, o vir-a-ser aparece então como a verdade do ser, o processo como a verdade das coisas, e isso significa que às tendências de desenvolvimento da história cabe uma realidade superior à dos "fatos" da mera empiria.[54]

Portanto, o proletariado como sujeito-objeto idêntico da verdadeira história da humanidade não é uma realização materialista que supera as construções de pensamento idealistas, mas muito mais um hegelianismo exacerbado, uma construção que tem a

---

[52] Ibidem, p. 330-1; grifos no original. Foi nesse caminho que o autor apresentou qual seria a principal diferença entre a dialética marxista e a dialética hegeliana: "a dialética não é levada para dentro da história ou explicada com o auxílio dela (como muito frequentemente ocorre em Hegel), mas antes *interpretada* e tornada consciente a partir da própria história como sua forma necessária de manifestação nessa etapa determinada do desenvolvimento" (ibidem, p. 356; grifos no original).

[53] Ibidem, p. 25. A partir das indicações de Lukács no prefácio de 1967, pode-se inferir que a concepção revolucionária presente em *HCC* ora se aproximava de um anticapitalismo romântico, próximo ao idealismo ético de Hegel (ver ibidem, p. 5), ora dava vazão a um sectarismo messiânico que vislumbrava uma vanguarda que alcançaria uma ruptura total com o mundo burguês (ibidem, p. 10). Na década seguinte, essa posição foi revista por Lukács e acabou tendo uma grande importância nos seus posicionamentos sobre a estética, como foi o caso do seu expressivo debate com Bertold Brecht.

[54] Ibidem, p. 362-63.

intenção de ultrapassar objetivamente o próprio mestre, elevando-se acima de toda realidade de maneira audaciosa.[55]

Foi essa concepção que norteou a análise crítica de Lukács, em *HCC*, sobre a reificação. A nosso ver, o destaque problemático desta obra encontra-se nos limites presentes na análise apresentada sobre a reificação, que se baseou numa contradição: ao passo que ela se centra no exame sobre o mercado capitalista e na sua máxima difusão do valor de troca como craveira social e, consequentemente, na mercadoria como mediação nuclear, por outro lado o autor não atentou para o cuidado de lastrear essa condição a partir da sua necessária base ontológica, ou seja, a partir do trabalho e da produção de valor de uso.

Se tivesse investigado essas categorias de forma mais precisa, especialmente diante das análises apresentadas e revisadas por Marx[56] no primeiro capítulo de *O capital*, ele poderia ter destacado a necessária distinção entre as categorias valor e valor de troca. Dessa ausência, decorre que Lukács terminou por analisar uma manifestação e impô-la retroativamente.

Em outros termos, subsumindo o valor de uso às determinações mercadológicas típicas da fase monopolista do capitalismo, o autor analisou a centralidade do valor de troca como elemento fundante da sua base social material e, dessa maneira, relegou o fato de que, mesmo envolvida por qualidades fetichistas, a relação entre a mercadoria e as necessidades humanas não é linear, visto que também é mediada pelo valor de uso. Dialeticamente, o crítico da reificação terminou também por subestimar o valor como resultado do trabalho humano, atribuindo-lhe, na sua quase totalidade, apenas sua qualidade mercantil e fetichista: o valor de troca[57].

---

[55] Ibidem, p. 25.

[56] Karl Marx. *O capital: crítica da economia política*, v. 1, t. 1, cit.

[57] A essência dessa análise, ainda que pronunciada em termos econômicos mais desenvolvidos, possui eco em palavras bem posteriores de Lukács, como se observa na entrevista que ele concedeu, em 1969, a Leandro Konder: "O desenvolvimento da manipulação e o controle capitalista das condições de consumo talvez tenham conseguido afastar o fantasma da crise. Essa *conquista*, entretanto, terá implicado um preço muito alto, pois as contradições imanentes se agravaram e se estenderam a planos da existência humana que até bem pouco tempo eram relativamente pouco afetados por elas. A autorregulamentação da vida no mundo criado pelo capitalismo provoca, atualmente, um sentido cada vez mais generalizado de mal-estar e é cada vez maior o número de pessoas que se dispõem a contestar os princípios da sociedade capitalista" (G. Lukács, "A autocrítica do marxismo (entrevista concedida a Leandro Konder)", *Revista Temas de Ciências Humanas*, v. 4, 1978, p. 23; grifos no original). Uma importante indicação acerca do limite da assimilação da crítica da economia política no *órganon lukacsiano* pode ser encontrada em Celso Frederico, *O jovem Marx*, cit., p. 19.

Se num momento, o autor afirma que, a partir do desenvolvimento do capitalismo, "a unidade do produto como mercadoria não coincide mais com sua unidade como valor de uso"[58], em seguida, tal assertiva se torna mais categórica:

> Essa objetivação racional encobre sobretudo o caráter imediato concreto, qualitativo e material de todas as coisas. Quando os valores de uso aparecem, sem exceção, como mercadorias, eles adquirem uma nova objetividade, uma nova substancialidade que não tinham na época da troca meramente ocasional, em que sua substancialidade originária e própria é destruída, desaparece.[59]

Nesse sentido, e analisando de forma geral, as causalidades imanentes ao processo de produção capitalista receberiam, *a priori*, uma carga valorativa e, assim, deixariam de ser apreendidas como causalidades. Nessa imputação valorativa, destitui-se, mentalmente, a infinidade de sentidos e usos que lhe são possíveis, e os limites determinados pela totalidade social que as envolvem são trocados por condicionamentos categóricos de cunho moral[60].

Sob esse prisma, a distância desse ponto para a atribuição categorial da racionalidade instrumental como núcleo do fenômeno do fetichismo não é tão longa. Por isso que, nesse sentido preciso, revelam-se aproximações entre a obra de 1923 do filósofo húngaro com a análise realizada por Max Weber sobre a formação do capitalismo moderno. Ainda que Lukács demarque limites com relação ao sociólogo compreensivo, resguardando-se contra a elevação da racionalidade à *causa sui* da reificação, ele executou analogias com a organização racionalizadora da vida humana e com a primazia do cálculo e da razão instrumental como fonte central de dominação social.

Em algumas passagens de *HCC* salta aos olhos a vinculação direta da reificação com a racionalização ou instrumentalização da vida, como sendo derivada da especialização do trabalho[61], ou como sendo proveniente da fragmentação do objeto que incide na fragmentação do sujeito[62]. Da mesma forma, Lukács[63] subscreve as análises

---

[58] G. Lukács, *História e consciência de classe*, cit., p. 203.

[59] Ibidem, p. 209.

[60] Crítica inversa à nossa está contida, *in nuce*, na análise, centralizada pela categoria do fetichismo da mercadoria, que Moishe Postone ("O sujeito e a teoria social: Marx e Lukács sobre Hegel", *Margem Esquerda*, n. 23, 2014) realiza sobre essa obra de Lukács. É nesse sentido que o autor canadense relega a centralidade do trabalho (por estar determinado, na sua essência ontológica, pelo fetichismo da mercadoria) na constituição de sua análise ontológica.

[61] Ver G. Lukács, *História e consciência de classe*, cit., p. 201-2.

[62] Ibidem, p. 203-5.

[63] Idem, p. 214-6.

de Weber sobre a relação entre o Estado e a racionalização empresarial. Dito isso, não se torna tarefa fácil precisar de qual desses autores advêm as seguintes palavras:

> Se perseguimos o caminho percorrido pelo desenvolvimento do processo de trabalho desde o artesanato, passando pela cooperação e pela manufatura, até a indústria mecânica, descobriremos uma racionalização continuamente crescente, uma eliminação cada vez maior das propriedades qualitativas, humanas e individuais do trabalhador.[64]

Mesmo exagerando um pouco na dose da sua crítica, István Mészáros destaca a utilização desse recurso na obra de seu antigo mestre, apontando para o fato de que o uso referenciado de conceitos weberianos em *HCC* promoveu uma distorção idealista da sua apreensão do conceito marxista de consciência de classe. Na opinião do seu ex-aluno, Lukács, nessa obra, terminou por apresentar o conceito de consciência de classe como consciência "atribuída" ou "adjudicada", "a ponto de substituir as manifestações históricas reais da consciência de classe por uma matriz de imperativos idealizada, minimizando assim a importância das primeiras por suas alegadas contaminações 'psicológica' e 'empírica'"[65].

Nesse sentido, questiona-se se, em HCC, Lukács guia-se pela possibilidade de desconsiderar o campo ontológico e histórico do vir-a-ser em virtude de uma valoração antecipada, relativa a uma concepção mistificadora de *dever-ser*. Conforme o autor posteriormente assumiu, a sua obra estava marcada por uma inversão de complexidades causais, pois baseou sua crítica à reificação a partir de esferas de maior complexidade social em detrimento das de menor complexidade que, no entanto, lhes servem de suporte material e que lhes determinam o seu grau de dependência material.

Como assume, Lukács desenvolveu sua crítica na mercantilização da sociedade, sem passar pela mediação do trabalho:

> Tais imprecisões filosóficas servem de punição para a *História e consciência de classe* que, ao analisar os fenômenos econômicos, busca seu ponto de partida não no trabalho, mas simplesmente em estruturas complexas da economia mercantil desenvolvida. Com isso, perde-se de antemão a perspectiva de um salto filosófico em direção a questões decisivas, como a da relação entre teoria e prática, ou sujeito e objeto.[66]

---

[64] G. Lukács, *História e consciência de classe*, cit., p. 193.

[65] István Mészáros, *Para além do capital: rumo a uma teoria da transição* (trad. Paulo Cezar Castanheira e Sérgio Lessa, São Paulo, Boitempo, 2002), p. 405.

[66] G. Lukács, *História e consciência de classe*, cit., p. 20.

Considerações finais

De toda forma, também é importante ressaltar que a analítica presente em *HCC* não se estabelece, todavia, por intercorrência superficial e de forma unívoca. Essa obra também se destaca por manifestar um grande esforço em aprofundar a apreensão das determinações econômicas tipicamente capitalistas a partir de alguns de seus fundamentos. Poderíamos afirmar que, em *HCC*, Lukács ensaia, ainda que consubstanciada por vários ingredientes idealistas, uma ontologia da ordem societária burguesa e, para tanto, tenta erradicar efeitos laterais do centro da sua análise e vinculá-la aos aspectos fulcrais desse modo de produção. Diante desse fato, o autor advertiu que modos subjetivos de comportamentos não podem ser referenciados como basilares da objetividade humana sem, antes, serem relacionados com as "leis objetivas da produção e do movimento das mercadorias"[67].

Entretanto, apesar do esforço despendido, o resultado apresentado em *HCC* não pôde ser considerado satisfatório, especialmente porque a base analítica dessa obra apreende a economia de forma desfalcada do seu fundamento mais importante: o trabalho[68]. E foi exatamente a tentativa de superar essa lacuna e apreender uma ontologia materialista e histórica do ser social fundada a partir dessa categoria que marcou os principais estudos ulteriores de György Lukács.

Lukács se dedicou, por vários anos, à busca de uma análise marxista baseada na concepção materialista histórica. Sua trajetória, constituída por elementos de continuidades e de rupturas, apresentou fases distintas, marcadas por diferenças metodológicas importantes. Algumas décadas depois de escrever seu livro mais famoso (*HCC*), o filósofo húngaro se aproximou, de forma gradativa e idiossincrática, de uma perspectiva em que ele, segundo suas palavras, se baseava em uma "ontologia do ser social".

Para Lukács, a incursão nos estudos ontológicos lhe permitiu analisar de forma bem mais precisa a dinâmica histórica e a constituição do ser social.

---

[67] Ibidem, p. 230.

[68] Como certifica o autor, a categoria de economia aportada em *HCC* aparece fraturada da sua mediação primeira: "Procura-se, é verdade, tornar compreensíveis todos os fenômenos ideológicos a partir de sua base econômica, mas a economia torna-se estreita quando se elimina dela a categoria marxista fundamental: o trabalho como mediador do metabolismo da sociedade com a natureza" (ibidem, p. 15).

Referências bibliográficas

ARISTÓTELES. *A política*. Trad. Roberto Leal Ferreira, 3. ed., São Paulo, Martins Fontes, 2006, coleção Clássicos.

_____. *Metafísica*. Trad. Vincenzo Cocco, São Paulo, Abril Cultural, 1984, coleção Os Pensadores.

ENGELS, Friedrich. *Anti-Dühring*, São Paulo, Boitempo, 2015.

FRAGA, Paulo Denisar Vasconcelos. *A teoria das necessidades em Marx*: da dialética do reconhecimento à analítica do ser social. Dissertação (mestrado em filosofia) – IFC-Unicamp, Campinas, 2006.

FREDERICO, Celso. *A arte no mundo dos homens*: o itinerário de Lukács. São Paulo, Expressão Popular, 2013.

_____. *O jovem Marx*: 1843-44 – as origens da ontologia do ser social. São Paulo, Cortez, 1995.

GOLDMANN, Lucien. *Lukács and Heidegger*: Towards a New Philosophy. Nova York, Taylor & Francis, 2010.

HEGEL, Georg Wilhelm Friedrich. *Enciclopédia das ciências filosóficas em compêndio* [1830], v. 3. Trad. Paulo Meneses e José Machado, São Paulo, Loyola, 1997.

_____. *Fenomenologia do espírito*. Trad. Paulo Meneses, Karl-Heinz Efken e José Nogueira Machado, 2. ed., Petrópolis, Vozes, 1992.

HEIDEGGER, Martin. *Ser e tempo*. Trad. Marcia Sá Cavalcante Schuback, 5. ed., Petrópolis/Bragança Paulista, Vozes/Editora Universitária São Francisco, 2006, coleção Pensamento Humano.

LUKÁCS, G. A autocrítica do marxismo (entrevista concedida a Leandro Konder). *Revista Temas de Ciências Humanas*, v. 4, 1978.

_____. As bases ontológicas do pensamento e da atividade do homem. *Revista Temas de Ciências Humanas*, n. 4, 1978, p. 1-18.

_____. *Geschichte und Klassenbewusstsein*. In: _____. *Werke*. Bd. 2. Berlim, Luchterhand, 1968.

_____. *História e consciência de classe*: estudos sobre a dialética marxista. Trad. Rodnei Nascimento, São Paulo, Martins Fontes, 2003, coleção Tópicos.

_____. *Ontologia do ser social*: a falsa e a verdadeira ontologia de Hegel. Trad. Carlos Nelson Coutinho. São Paulo, Ciências Humanas, 1979.

_____. *Para uma ontologia do ser social*, v. 2. Trad. Carlos Nelson Coutinho, Mario Duayer e Nélio Schneider. São Paulo, Boitempo, 2013.

MAAR, Wolfgang Leo. *A formação da teoria em* História e consciência de classe, *de Georg Lukács*. Tese (doutorado em filosofia) – Departamento de Filosofia, FFLCH-USP, São Paulo, 1988.

MANDEL, Ernest. *A formação do pensamento econômico de Karl Marx*: de 1843 até a redação de *O capital*. Trad. Carlos Henrique de Escobar, Rio de Janeiro, Zahar, 1968.

MARX, Karl. O 18 brumário. In: _____. *O 18 brumário e cartas a Kugelmann*. Trad. Leandro Konder e Renato Guimarães, 6. ed., Rio de Janeiro, Paz e Terra, 1997.

_____. *O capital*: crítica da economia política, v. 1, t. 1: *O processo de produção capitalista*. Trad. Regis Barbosa e Flávio R. Kothe, 2. ed., São Paulo, Nova Cultural, 1985, coleção Os Economistas.

_____. O método da economia política (Introdução); In: MARX, K. *Grundrisse*. São Paulo, Boitempo, 2011.

MENDES, Bruno Moretti Falcão. O problema da reificação em *História e consciência de classe*, de Georg Lukács. In: Seminário de Pós-Graduação em Filosofia da UFSCar, 7., 2011, São Carlos. *Anais...* São Carlos, 2012.

A alienação no jovem Lukács | 307

MÉSZÁROS, István. *Para além do capital*: rumo a uma teoria da transição. Trad. Paulo Cezar Castanheira e Sérgio Lessa. São Paulo, Boitempo, 2002.

NETTO, José Paulo. *Capitalismo e reificação*. São Paulo, Ciências Humanas, 1981.

PLATÃO. *A República (ou da justiça)*. Trad. Edson Bini, Bauru, Edipro, 2006, coleção Clássicos Edipro.

POSTONE, Moishe. O sujeito e a teoria social: Marx e Lukács sobre Hegel. *Margem Esquerda*, n. 23, 2014.

TOLSTÓI, Liev. *Guerra e paz*, v. 1. Trad. Rubens Figueiredo, São Paulo, Cosac Naify, 2011.

WELLEN, Henrique. Realismo e irracionalismo nas obras de Liev Tolstói: contradições estéticas, filosóficas e políticas. In: *Revista Eletrônica Espaço Acadêmico (on-line)*, v. 18, 2018, p. 99-109.

Racionalismo e reificação em *História e consciência de classe**

Ricardo Musse

História e consciência de classe agrupa oito ensaios, a maioria artigos de circunstância elaborados no âmbito da vida partidária. No prefácio de 1922, György Lukács procura legitimar sua compilação destacando como fator de unidade a intenção comum e primordial de esclarecer "questões teóricas do movimento revolucionário". Nesse sentido, justifica a presença no livro de uma análise detalhada da filosofia de Kant por meio de uma recomendação: faz-se necessário "estudar as contradições do pensamento burguês nos casos em que esse pensamento encontrou sua mais alta expressão filosófica"[1].

Cabe observar que, apesar dos encômios, Lukács identifica na filosofia kantiana, de antemão, duas características a princípio paradoxais: considera-a em si contraditória e, ao mesmo tempo, como a versão mais bem acabada da racionalidade moderna. Não será casual, portanto, que o título do texto no qual se examina a obra de Kant seja "As antinomias do pensamento burguês".

Tais considerações decorrem em linha reta da afiliação de Kant ao "racionalismo moderno", entendido na acepção peculiar que esse termo adquire em *História e consciência de classe*. Por um lado, esse conceito designa – de forma similar à compreensão, firmada ao longo do idealismo alemão, da especificidade da filosofia moderna – um movimento que rejeita e supera as concepções que admitem o mundo como

---

* Texto originalmente publicado em *Tempo social*, revista de sociologia da USP, v. 3, ed. 3, 2018. (N. E.)

[1] G. Lukács, *História e consciência de classe: estudos sobre a dialética marxista* (trad. Rodnei Nascimento, São Paulo, Martins Fontes, 2003), p. 59.

algo independente do sujeito cognoscente, mas não chega ao ponto de concebê-lo como um produto do sujeito. Nomeia também, por outro lado, os sistemas formais nos quais os fenômenos, na medida em que podem ser objetos de apreensão e produção, são passíveis de cálculo, previsão e domínio pelo entendimento.

Na segunda parte do ensaio "A reificação e a consciência do proletariado" – um dos artigos redigidos especialmente para o livro –, intitulada "As antinomias do pensamento burguês", Lukács delineia o esboço de uma história da filosofia. Trata, em breves pinceladas, dos gregos, dos medievais e da filosofia contemporânea. Retarda-se, concentrando seus esforços, na reconstituição e na crítica imanente da filosofia moderna e do idealismo alemão.

Ponto terminal da filosofia do século XVIII, Kant, segundo Lukács, foi o pensador que desenvolveu de forma mais radical os princípios da filosofia moderna. Complementando seus predecessores, sua obra pode ser vista como um fecho tanto da linha evolutiva que se estende de Descartes e Hobbes a Spinoza e Leibniz, como do materialismo francês ou ainda do empirismo inglês. Desse modo, *História e consciência de classe* apresenta a filosofia kantiana como o elo principal da transição entre dois movimentos distintos, reconhecendo nela tanto o ápice do racionalismo moderno como o detonador do idealismo alemão.

A ruptura promovida pelo racionalismo moderno em relação ao pensamento medieval deriva, sobretudo, da "exigência de aplicação das categorias racionais e matemáticas na explicação de todos os fenômenos"[2]. Não se trata apenas da unificação do mundo fenomênico, suplantando a antiga separação entre as esferas sublunar e supralunar, ou mesmo do requisito de uma ligação causal, de uma conexão imanente entre os fenômenos; o decisivo, o traço comum da filosofia moderna consiste, na compreensão de Lukács, na introdução e na preponderância do princípio matemático.

História e consciência de classe ressalta que a estrutura constitutiva da filosofia desse período procede fundamentalmente da lógica própria dos sistemas científicos: "Os métodos da matemática, da geometria, da construção, da criação do objeto a partir de condições formais de uma objetividade em geral e, depois, os métodos da física matemática tornam-se, assim, os guias e as medidas da filosofia"[3].

A filosofia moderna erige, explicitamente e sem rodeios, a matemática em "ideal de conhecimento". Propõe, por conseguinte, uma formalização do saber, por meio

---

[2]   Ibidem, p. 244.

[3]   Ibidem, p. 242.

da criação de "um sistema racional de relações que englobe todas as possibilidades formais, todas as proporções e relações de existência racionalizada, com auxílio do qual todo fenômeno pode tornar-se objeto de um cálculo exato, independentemente de sua diferenciação material e real"[4].

O princípio matemático ocupa um lugar de destaque também na gênese das "antinomias kantianas". A tendência contemplativa – prerrogativa imputada por Lukács à filosofia crítica –, matriz de uma série de dilemas, decorre da adoção deste princípio: "O conceito formal do objeto do conhecimento, derivado de maneira inteiramente pura, a coesão matemática e a necessidade de leis da natureza como ideal de conhecimento transformam o conhecimento cada vez mais numa contemplação metódica e consciente dos puros conjuntos formais, das 'leis' que funcionam na realidade objetiva, sem intervenção do sujeito"[5].

Essa interpretação da filosofia transcendental, a ênfase no caráter "formal" do racionalismo kantiano, em especial na exegese da *Crítica da razão pura*, pode ser atribuída à presença e à convergência em *História e consciência de classe* de duas linhagens distintas: a da crítica de Hegel ao formalismo da teoria do conhecimento de Kant[6], e a da tese de Max Weber, que afirma o predomínio, na modernidade, da racionalização formal sobre a substantiva[7].

Nessa redução do âmbito e do perfil da revolução copernicana, nesse esforço para estabelecer mais afinidades da *Crítica da razão pura* com o racionalismo moderno do que com o idealismo alemão, não há como deixar de observar um eco da contraposição hegeliana entre o método matemático e o método dialético. *História e consciência de classe*, de certo modo, reatualiza esse tópico, desenvolvido por Hegel no prefácio à *Fenomenologia do espírito*, concedendo a essa distinção um papel proeminente em sua crítica da filosofia kantiana[8].

---

[4] Ibidem, p. 273.

[5] Ibidem, p. 270.

[6] A crítica de Hegel a Kant está espalhada, em diferentes versões, ao longo de sua obra. Um tratamento mais sistemático da filosofia transcendental encontra-se nos parágrafos 40 a 52 da *Enciclopédia das ciências filosóficas em epítome* (trad. Artur Morão, Lisboa, Edições 70, 1992, 3 v.) e na última seção de *Vorlesungen über die Geschichte der Philosophie* [Lições sobre a história da filosofia].

[7] Max Weber, "A psicologia social das religiões mundiais", em idem, *Ensaios de sociologia* (Rio de Janeiro, LTC, 2002), p. 209-10.

[8] Para uma análise dessa contraposição e para um relato das incoerências suscitadas pelo propósito da geração de Lukács de conferir ao método matemático uma posição determinante na

Lukács exime-se da tarefa de deslindar as diferentes concepções de formalismo desenvolvidas por Weber. Tende a tornar inseparável até mesmo sua distinção mais acentuada, entre um "tipo de racionalização que o pensador sistemático realiza sobre a imagem do mundo: um domínio cada vez mais teórico da realidade por meio de conceitos cada vez mais precisos e abstratos" e a "realização metódica de um fim, precisamente dado e prático, por meio de um cálculo cada vez mais preciso dos meios adequados"[9]. Os dois significados de racionalismo – cuidadosamente construídos por Weber como processos específicos, respectivamente, do campo da teoria do conhecimento e da esfera da ação – são, deliberadamente, embaralhados por Lukács.

A especificidade do racionalismo moderno demarcada em *História e consciência de classe* assenta-se em sua pretensão de se constituir como "totalidade". Em vez de assumir-se, à maneira dos antigos sistemas racionais, como parcial, a filosofia da era moderna proclama a descoberta do princípio de conexão de todos os dados, almejando, com a elevação dos conceitos racionais à condição de categorias universais, a racionalização do conjunto fenomênico. Nas palavras de Lukács: "A equivalência ingênua e dogmática (mesmo nos filósofos mais 'críticos') entre o conhecimento racional, formal e matemático e o conhecimento em geral, de um lado, e o 'nosso' conhecimento, de outro, aparece como o sinal característico de toda essa época"[10].

A articulação intelectual de uma imagem de mundo nos sistemas racionais antigos, em especial no território da religião, nunca é uma operação perfeita. Nesse caso, o cálculo racional não é afetado pela permanência de lacunas, frestas e restos. Max Weber caracteriza a religião, enquanto expressão de uma forma de vida racional e metódica, como uma "transferência para o ideal". Nesse movimento, ela aceita (fixando como dados) e incorpora a seu modo de vida, sem dificuldade, pressuposições irracionais.

A delimitação da racionalidade como um sistema parcial não acarreta, por conseguinte, complicações metodológicas adicionais. No entanto, adverte Lukács: "A situação é totalmente diferente se o racionalismo reivindica a representação do método universal para o conhecimento da totalidade do ser. Nesse caso, a questão da correlação necessária com o princípio irracional assume uma importância decisiva que dissolve e desintegra todo o sistema. É o caso do racionalismo (burguês) moderno"[11].

---

metodologia da *Crítica da razão pura*, ver Ricardo Musse, "Lukács e o racionalismo moderno", *Discurso – Revista do Departamento de Filosofia da USP*, São Paulo, v. 21, 1993, p. 137-49.

[9] Max Weber, "A psicologia social das religiões mundiais", cit., p. 206.

[10] G. Lukács, *História e consciência de classe*, cit., p. 243.

[11] Ibidem, p. 246.

História e consciência de classe avalia, portanto, que o racionalismo moderno, apesar de sua aspiração a sistema total, não consegue atingir a universalidade. Esse veredicto tem sua contraprova no teor incognoscível dos conteúdos sensíveis, na persistência de elementos irracionais, em suma, na impossibilidade – demonstrada pelas diversas vertentes da filosofia moderna – de derivar os dados fenomênicos a partir de conceitos do entendimento[12]. Mesmo colocando entre parênteses o caráter abstrato e formal desse racionalismo, não há como, observa Lukács, considerá-lo tal como ele se concebe, isto é, como um postulado supra-histórico.

As limitações da capacidade de conhecer do racionalismo moderno, seu confinamento na dimensão conceitual, encontram sua plena expressão na noção kantiana de "coisa em si". *História e consciência de classe* compreende esse conceito como uma espécie de súmula de dois complexos distintos, reportando tanto ao problema da aglomeração dos sistemas parciais numa totalidade como à questão do estatuto do material, do conteúdo das formas do entendimento.

Mesmo assim, Lukács atribui ao conceito de "coisa em si" uma raiz unitária, vinculando-o à (im)possibilidade de constituição de um sistema geral. Nessa chave, tende a equiparar suas duas valências, a "inapreensibilidade da totalidade a partir dos sistemas parciais" e a "irracionalidade dos conteúdos singulares". Essa junção se justifica a partir da exigência, imanente ao princípio da sistematização, de que cada momento específico possa ser "produzido, previsto e calculado exatamente a partir de seu princípio fundamental". Nessa linha argumentativa, ele conclui: "O racionalismo como método universal faz nascer, necessariamente, a exigência do sistema, mas, ao mesmo tempo, a reflexão sobre as condições de possibilidade de um sistema universal. Dito de outro modo, a questão do sistema, se formulada conscientemente, mostra a impossibilidade de satisfazer a exigência assim colocada"[13].

O núcleo da filosofia kantiana, sintetizado na questão da "coisa em si", confrontado com a demanda de sistematicidade e a exigência de totalidade, descortina uma série de antinomias: forma-conteúdo, racionalidade-irracionalidade, indivíduo-sociedade, liberdade-necessidade, teoria-prática, sujeito-objeto, pensamento-ser. Nessa lista, encontra-se a maior parte das contradições que, segundo Lukács,

---

[12] Lucio Colletti detecta a presença, nesse ponto, de uma influência da filosofia hegeliana, na medida em que "o termo *irracionalidade* indica a natureza extralógica dos fenômenos sensíveis e, portanto, sua irredutibilidade ao pensamento, com a consequente negação da identidade sujeito-objeto, pensamento-ser" (*Il marxismo e Hegel: materialismo dialletico e irrazionalismo*, Roma-Bari, Laterza, 1976, p. 345).

[13] G. Lukács, *História e consciência de classe*, cit., p. 251.

Kant herdou do racionalismo moderno e não pôde resolver, tendo-as, ao contrário, conduzido ao apogeu.

O paroxismo antinômico não se restringe ao campo da teoria do conhecimento. A "barreira intransponível do dado", o caráter incognoscível da "coisa em si" determina também a ética kantiana. Nesse território, embora em nova roupagem, ressaltam ainda mais, nos termos de Lukács, "as contradições inerentes ao pensamento burguês".

A ética desentranhada por Kant não consegue superar tais antinomias porque, embora postule um sujeito ativo – indicando a intenção de suplantar a atitude contemplativa própria da teoria do conhecimento –, sua instalação consiste num procedimento estritamente protocolar. O "ato ético", ao preservar a indiferença da forma em relação ao conteúdo, mostra-se insuficiente para deslindar as aporias inerentes ao conceito de "coisa em si". O máximo que alcança é desdobrar outra figura antinômica, condensada no dilema insolúvel entre o "voluntarismo", patente na liberdade puramente interior da prática individual, e o "fatalismo", intrínseco à adequação do devir a leis eternas[14].

O esforço de Kant, na *Crítica da razão prática*, para resolver na esfera da ação individual os paradoxos atinentes aos conteúdos do mundo sensível, teria intensificado ainda mais, conforme Lukács, o dualismo entre sujeito e objeto: "a dualidade intransponível entre a forma autoproduzida, mas totalmente voltada para o interior (forma da máxima ética em Kant), e a realidade estranha ao entendimento e ao sentido, o dado, a experiência impõem-se de maneira ainda mais abrupta à consciência ética do indivíduo que age do que ao sujeito contemplativo do conhecimento"[15].

O alvo dessa crítica, obviamente, não é a tentativa de ultrapassar a postura contemplativa, mas antes o modelo de sujeito pressuposto pela ética kantiana. Isso se torna evidente quando se observa o teor das considerações que levam Lukács a afirmar que tampouco a filosofia de Fichte solucionou o problema da relação entre forma e conteúdo.

Com Fichte, admite Lukács, em oposição à aceitação dogmática de uma realidade simplesmente dada e estranha ao sujeito, "nasce a exigência de compreender, a partir

---

[14] *História e consciência de classe* apresenta como solução para esse dilema entre liberdade e necessidade – presente em tons trágicos na obra anterior de Lukács – a ação revolucionária: "O proletariado, como sujeito do pensamento da sociedade, rompe de um só golpe o dilema da impotência, isto é, o dilema do fatalismo das leis puras e da ética das intenções puras" (ibidem, p. 125).

[15] Ibidem, p. 264.

do sujeito-objeto idêntico, todo dado como produto desse sujeito-objeto idêntico, toda dualidade como caso particular derivado dessa unidade primitiva"[16]. No entanto, embora Fichte tenha posto a atividade como princípio e destacado a necessidade de um sujeito-objeto idêntico, seu pensamento apenas "repete, num nível filosoficamente mais elevado, a impossibilidade de resolver a questão colocada pela filosofia clássica alemã"[17] – sua obra tampouco alcançou determinar a essência concreta desse sujeito-objeto idêntico.

O conceito de racionalismo moderno configurado em *História e consciência de classe* não decorre, porém, apenas de uma interpretação da história da filosofia; advém antes de uma determinada compreensão do processo histórico. Nesse diapasão, adquire um significado mais amplo que o de um mero sistema formal com validade restrita ao campo da teoria do conhecimento. O princípio da racionalização, a ação orientada pelo cálculo, é concebido como um dos vetores que organizam a sociedade capitalista. É sob a fórmula da racionalização que Lukács apresenta, por exemplo, a moderna divisão do trabalho, numa descrição que enfatiza o retalhamento da produção em operações parciais. O trabalho em parcelas, a especialização das funções promovida no interior da indústria manufatureira, a mecanização da linha de montagem derivam, assim, de um esforço reiterado de aprimoramento, de uma previsão que seleciona as técnicas adequadas em função dos resultados almejados.

A dinâmica desencadeada pela implantação da indústria capitalista impulsiona a tal ponto a mecanização e o parcelamento característicos da divisão manufatureira do trabalho que essas técnicas rapidamente suplantam os procedimentos comunitários típicos do modelo "orgânico" de produção. Junto com o progressivo rompimento da unidade do produto, da fragmentação das atividades, definham os laços sociais próprios do mundo pré-capitalista, a "vida em comunidade". Cedem lugar a uma racionalização social que promove

> [...] uma eliminação cada vez maior das propriedades qualitativas, humanas e individuais do trabalhador. [...] Com a moderna análise "psicológica" do processo de trabalho (sistema de Taylor), essa mecanização racional penetra até na "alma" do trabalhador: inclusive suas qualidades psicológicas são separadas do conjunto de sua personalidade e são objetivadas em relação a essa última, para poderem ser integradas em sistemas especiais e racionais e reconduzidas ao conceito calculador.[18]

---

[16] Ibidem, p. 262.

[17] Ibidem, p. 263.

[18] Ibidem, p. 201-2.

A similitude entre a lógica que orienta a constituição dos sistemas filosóficos e as regras que ordenam a sequência das modalidades do processo social de trabalho tende a reforçar ainda mais a tese de Lukács acerca do papel determinante do racionalismo no mundo moderno. Nesse registro, seu caráter antinômico, expresso no descompasso entre a pretensão universal de conhecimento e a impenetrabilidade do dado factual, deixa de ser uma questão atinente unicamente ao território do pensamento. Com ênfase, Lukács proclama que, "no caso da realidade social, essas contradições não são indícios de uma imperfeita compreensão científica da realidade, mas pertencem, *de maneira indissolúvel,* à *essência da própria realidade,* à *essência da sociedade capitalista*"[19].

Por conseguinte, as lacunas que impedem o agrupamento dos conceitos em uma totalidade, as barreiras criadas pela incognoscibilidade dos conteúdos singulares, as dificuldades para articular o saber de forma sistemática não podem de modo algum ser atribuídas a uma incapacidade pessoal dos filósofos. As "antinomias do pensamento burguês" decorrem de uma condição objetiva:

> [...] a contradição que nesse caso vem à luz entre a subjetividade e a objetividade nos sistemas formais modernos e racionalistas, os emaranhados e equívocos que se escondem em seus conceitos de sujeito e de objeto, a incompatibilidade entre sua essência de sistemas "produzidos" por "nós" e sua necessidade fatalista, estranha ao homem e distanciada dele, são apenas a formulação lógica e metodológica da situação da sociedade moderna.[20]

Mas, afinal, qual pressuposto permite a Lukács afirmar – a partir da equivalência entre a racionalização do conhecimento filosófico e a da produção econômica – uma homologia entre as antinomias do pensamento burguês e a estrutura da sociedade capitalista? Que fundamento lhe possibilita vincular a consciência às relações sociais, nessa tentativa de demonstrar, numa espécie de metacrítica das condições de possibilidade do conhecimento, os limites da filosofia moderna? Ou ainda, como confirmar a suposição da existência de uma relação determinada entre o comportamento subjetivo e as formas da objetividade?

Embora *História e consciência de classe* examine, a partir do âmbito econômico, em sequência, a jurisprudência, a administração, a filosofia e a historiografia burguesas, nada indica que esse itinerário tenha sido escolhido com a intenção de comprovar

---

[19] Ibidem, p. 79.

[20] Ibidem, p. 271.

a veracidade dessas pressuposições. No decorrer do livro, Lukács mostra-se bastante avesso às metodologias que se propõem a confirmar a teoria pela via indutiva, reportando-se, para tanto, à abrangência do conjunto.

A admissão de uma semelhança estrutural entre a lógica econômica e a totalidade da vida social, a suposição de que as diversas esferas da sociedade capitalista são impactadas pelo mesmo processo de racionalização, assenta-se em uma consideração preliminar, em uma conjectura que direciona e conduz tanto a investigação como a sua exposição. Lukács parte da convicção – manifesta desde as primeiras frases do artigo "A reificação e a consciência do proletariado" – de que "pode-se descobrir na estrutura da relação mercantil o protótipo de todas as formas de objetividade e de todas as suas formas correspondentes de subjetividade na sociedade burguesa"[21].

História e consciência de classe apresenta uma interpretação de *O capital* bastante distinta das prevalecentes, na época da redação do livro, nas linhagens principais do marxismo – leia-se Segunda e Terceira Internacionais. O fulcro dessa exegese consiste na compreensão da mercadoria como "categoria universal de todo o ser social".

Lukács recorre a passagens de *O capital* para destacar a diferença qualitativa entre as sociedades nas quais a mercadoria consiste em uma das múltiplas modalidades de intercâmbio de bens (logo, um fenômeno particular) e a situação que ocupa no mundo moderno. No capitalismo, a relação mercantil generaliza-se. Mais que isso, torna-se fator determinante do conjunto da vida social, adquirindo o estatuto de forma universal de objetividade.

A analogia, desdobrada por Lukács, entre as antinomias da tradição filosófica burguesa e a dinâmica contraditória da economia capitalista justifica-se, assim, por meio da identificação prévia da forma constitutiva da totalidade social, pela assunção de uma forma-única capaz de explicar tanto os fenômenos objetivos como os subjetivos: "A metamorfose da relação mercantil num objeto dotado de uma 'objetivação fantasmática' não pode, portanto, limitar-se à transformação em mercadoria de todos os objetos destinados à satisfação das necessidades. Ela imprime sua estrutura em toda a consciência do homem"[22].

Seguindo as indicações do quarto item do primeiro capítulo de *O capital*, Lukács destaca o caráter fetichista da mercadoria. A relação mercantil não pode ser, portanto,

---

[21] Ibidem, p. 193.

[22] Ibidem, p. 222.

desvinculada – na terminologia que *História e consciência de classe* adota e se tornou clássica – do fenômeno da reificação.

Entre as inúmeras recapitulações que buscam apresentar, no decorrer do livro, o fetichismo da mercadoria ao leitor, destaco uma, a título de exemplo – desconsiderando a recomendação, observada estritamente por Lukács, de que o ensaio não deve procurar estabelecer definições: "A essência da estrutura da mercadoria [...] baseia-se no fato de uma relação entre pessoas tomar o caráter de uma coisa, e, dessa maneira, o de uma 'objetividade fantasmagórica' que, em sua legalidade própria, rigorosa, aparentemente racional e inteiramente fechada, oculta todo traço de sua essência fundamental: a relação entre homens"[23].

História e consciência de classe ressalta os efeitos da reificação, de modo mais intenso, em três desdobramentos distintos: (a) atribui à generalização da relação mercantil a "extensão sempre crescente de uma divisão do trabalho que atomiza abstrata e racionalmente o processo de produção, sem se preocupar com as possibilidades e capacidades humanas dos produtores imediatos"[24]; (b) salienta que o fetichismo da mercadoria transborda o âmbito das atividades puramente econômicas, impactando as práticas e comportamentos em áreas como o Estado (e sua burocracia), o direito, a política etc.; (c) ressalta as repercussões da reificação na apreensão dos fenômenos, afetando tanto a consciência comum como as modalidades de vida intelectual – a ciência, a arte e a filosofia – características da sociedade burguesa.

A "concepção materialista da história", versão predominante na época em diferentes vertentes do marxismo, estabelecia uma relação causal e mecânica entre a base econômica e a superestrutura cultural, ignorando completamente o nexo proporcionado pela reificação. Conceder primazia à teoria do fetichismo da mercadoria, quase cinquenta anos após a publicação do primeiro volume de *O capital*, foi uma das novidades introduzidas por *História e consciência de classe*[25]; alvo, diga-se de passagem, de contestações virulentas de dirigentes e partidários tanto da Segunda como da Terceira Internacional[26].

---

[23] Ibidem, p. 194.

[24] Ibidem, p. 72.

[25] Nessa retomada da teoria do fetichismo, outro livro pioneiro foi, sem dúvida, *A teoria marxista do valor* (São Paulo, Polis, 1987), de Isaak Illich Rubin, publicado na União Soviética em 1924.

[26] Os principais textos da recepção de *História e consciência de classe* por ocasião de sua publicação foram coligidos em Boella (1977).

A reconstituição e a crítica da filosofia kantiana, desenvolvidas em *História e consciência de classe*, são moldadas, por conseguinte, em linha geral, pela consideração que consagra a relação mercantil, no mundo moderno, como "o protótipo de todas as formas de objetividade e de subjetividade". De acordo com essa teoria, a filosofia transcendental, "nascida da estrutura reificada da consciência", não deixa de repercutir, mesmo em seus meandros e detalhes técnicos, o processo de reificação.

Lukács explica o alargamento extensivo e intensivo da forma econômica de objetivação à totalidade da vida social, historicamente, como uma peculiaridade do sistema capitalista. Esse modo de produção difere das assim chamadas "sociedades pré-capitalistas", entre outros fatores, pelo fato de que, nele, as "leis naturais" abarcam o conjunto das manifestações vitais da sociedade, "de que – pela primeira vez na história – toda a sociedade está submetida, ou, pelo menos, tende a um processo econômico uniforme, e de que o destino de todos os membros da sociedade é movido por leis também uniformes"[27].

O sentido imanente do capitalismo é descrito, portanto, como um movimento que promove progressivamente a substituição da anterior transparência das atividades humanas por relações sociais reificadas. A própria esfera intelectual – malgrado se conceba como autônoma, independente, e, em certa medida, autossuficiente – não escapa à sina das demais formas da subjetividade. Como elas, encontra-se também submetida a "leis uniformes":

> Foi o capitalismo que produziu pela primeira vez, com uma estrutura econômica unificada para toda a sociedade, uma estrutura de consciência – formalmente – unitária para o conjunto da sociedade. E essa estrutura unitária exprime-se justamente pelo fato de que os problemas da consciência relacionados ao trabalhador assalariado se repetem na classe dominante de forma refinada, espiritualizada, mas, por outro lado, intensificados.[28]

História e consciência de classe desdobra a dinâmica capitalista em dois processos estreitamente imbricados: a ampliação da racionalização, proveniente da mecanização do trabalho de massa no interior da empresa industrial; e o incremento da reificação, resultante da dissimulação das relações pessoais em "relações sociais entre coisas, entre produtos do trabalho". A conexão entre eles não indica, porém – como muitos comentadores entenderam –, que constituam fatores com pesos idênticos.

---

[27] G. Lukács, *História e consciência de classe*, cit., p. 208.

[28] Ibidem, p. 221-2.

Na explicação da gênese de ambos, já se pode observar a prevalência que Lukács concede à reificação. Seguindo a trilha aberta por Marx, ele atribui a origem tanto da racionalização moderna como do fenômeno da reificação à generalização da forma-mercadoria, mais precisamente, a uma determinação específica desse movimento, à metamorfose do trabalho em mercadoria – situação que surge com a emergência do "'trabalhador livre', em condições de vender 'livremente' no mercado sua força de trabalho como uma mercadoria 'que lhe pertence', como uma coisa que possui"[29]. Além disso, convém não desconsiderar que o empenho de *História e consciência de classe* em ressaltar que a racionalização se restringe aos sistemas parciais consiste apenas no preâmbulo de um diagnóstico que imputa ao conjunto uma incoerência fundamental. Contra a avaliação de Max Weber, que concebe o capitalismo como uma sociedade modelada racionalmente por procedimentos formais em seu estágio mais elevado, Lukács salienta, recorrendo a Marx, a preponderância da anarquia da produção, "flagrante nas épocas de crise" e latente no cotidiano burguês. Nas suas palavras: "Toda a estrutura da produção capitalista repousa sobre essa interação entre uma necessidade submetida a leis estritas em todos os fenômenos isolados e uma irracionalidade relativa ao processo como um todo"[30].

Uma das travas que dificultam a percepção da "irracionalidade" do modo de produção capitalista – contraprova do incremento da reificação – decorre do próprio funcionamento da ciência burguesa. No modelo impulsionado pela divisão intelectual do trabalho, o conhecimento dos "especialistas" tende cada vez mais a negligenciar a perspectiva da totalidade. Daí porque, adverte Lukács, quase nunca se destaca a clivagem entre o cálculo racional das possibilidades dos sistemas parciais e a "contingência" de seu todo, ou mesmo a diferença qualitativa entre as leis que regem as partes e as que presidem o conjunto da vida social.

A coordenação pelo mercado do ritmo da produção e da própria divisão do trabalho, responsável em última instância pela "contingência sistêmica", e o predomínio da relação mercantil intensificam o processo de atomização dos indivíduos. A independência dos produtores privados, característica das sociedades mercantis, soma-se à situação dos trabalhadores assalariados, separados pela concorrência, isolados e ao mesmo tempo inseridos num sistema que lhes é estranho.

---

[29] Ibidem, p. 207.

[30] Ibidem, p. 225.

Racionalismo e reificação em *História e consciência de classe* | 321

No capitalismo, os trabalhadores – submetidos, assim como os demais agentes econômicos, à adequação rigorosa a leis (fundamento do cálculo racional); expostos à fragmentação que perpassa o aparato produtivo – tornam-se espectadores impotentes em relação às determinações de sua existência. Na terminologia de Lukács: "A atividade do trabalhador perde cada vez mais seu caráter ativo para tornar-se uma atitude *contemplativa*"[31].

A postura "contemplativa" não é privativa do trabalhador assalariado. Com a unificação da estrutura econômica, seu "destino", moldado pela condição de objeto no processo produtivo, torna-se "típico para toda a sociedade", numa generalização de comportamentos que não exclui tampouco os indivíduos da classe dominante:

> O homem da sociedade capitalista encontra-se diante da realidade "feita" – por si mesmo (enquanto classe) –, como se estivesse em frente a uma "natureza", cuja essência lhe é estranha; está entregue sem resistência às suas "leis", e sua atividade consiste apenas na utilização para seu proveito (egoísta) do cumprimento forçado das leis individuais. Mas, mesmo nessa "atividade", permanece – pela própria natureza da situação – objeto e não sujeito dos acontecimentos.[32]

História e consciência de classe reitera, assim, que até mesmo o empresário capitalista se encontra enredado nas malhas da reificação. Apesar de sua autoilusão, ele não é sujeito, porém, objeto, mero suporte do processo de acumulação do capital. Segundo Lukács, "é evidente, portanto, no espírito do marxismo, que a 'indústria', isto é, o capitalista como portador do progresso econômico, técnico etc., não age, mas sofre a ação, e que sua 'atividade' se esgota na observação e no cálculo exato do efeito objetivo das leis sociais naturais"[33].

Os passos rastreados até aqui, em especial a vinculação, postulada por Lukács, entre certa filosofia e um determinado modo de produção, entre o pensamento e o ser social de uma classe (exemplificada no caráter contemplativo da burguesia),

---

[31] Ibidem, p. 204. Os conceitos polares contemplativo/ativo remetem aos termos da crítica de Marx nas Teses "Ad Feuerbach" (*As "teses sobre Feuerbach" de Karl Marx*, Rio de Janeiro, Jorge Zahar, 1990, p. 21-5), eco de uma contraposição corrente no idealismo alemão. Evocam também – ainda que em menor medida – a tipologia weberiana do racionalismo religioso, isto é, a distinção entre a atitude "ativamente ascética em oposição à contemplativamente mística" (Max Weber, "Reflexão intermediária: teoria dos níveis e direções da rejeição religiosa do mundo", em André Botelho (org.), *Essencial sociologia*, São Paulo, Penguin, 2013, p. 508).

[32] G. Lukács, *História e consciência de classe*, cit., p. 284.

[33] Ibidem, p. 280.

reposicionam, de certo modo, a questão da "coisa em si". Nessa nova perspectiva, a incognoscibilidade do substrato concreto da realidade torna-se, para a burguesia, não apenas metodológica, mas também ontológica[34].

A identificação de um sujeito que, em oposição à postura contemplativa, seja "verdadeiramente ativo" assume, portanto, uma importância vital em *História e consciência de classe*. Na determinação desse sujeito – procurando satisfazer a dupla exigência de que ele possa ser, ao mesmo tempo, fundamento da apreensão "correta" da totalidade e motor de uma prática transformadora –, Lukács, aprofundando a vertente que considera o marxismo como herdeiro do idealismo alemão, não hesita em atribuir ao proletariado os traços característicos da concepção hegeliana de sujeito[35]. Complementa, assim, seu conceito de reificação com uma teoria da consciência de classe que descreve os movimentos do sujeito-objeto idêntico, o desenvolvimento lógico-filosófico narrado por Hegel na *Fenomenologia do espírito*, como um processo histórico e social.

A consciência de classe da burguesia nunca ultrapassa os limites inerentes à sociedade capitalista[36]. A "possibilidade objetiva" delimitada pela função histórica prática dessa classe impede-a de compreender a origem das configurações sociais, de reportar a coisidade destas às relações entre pessoas. Os detentores dos meios de produção (e seus representantes) não conseguem apreender a historicidade da vida social, não percebem que a objetividade, a conformidade às leis – enquanto objetivação de uma etapa do desenvolvimento humano –, tem sua vigência restrita a um determinado momento histórico.

A situação econômica e social da classe proprietária engendra essa "falsa consciência", ou melhor, como prefere Lukács, sua "inconsciência". A consequência política de sua modalidade de inserção na totalidade histórica seria, segundo *História e consciência de classe*, a atitude defensiva, advinda do aniquilamento da capacidade de comandar a sociedade. A burguesia "luta apenas por sua

---

[34] Lukács reconhece, no "Posfácio" de 1967, que determinadas passagens de *História e consciência de classe* antecipam o desenvolvimento posterior de sua obra, sobretudo no que tange à ontologia do ser social (ibidem, p. 30-1).

[35] Convém não ignorar que a principal fonte teórica da compreensão de proletariado desenvolvida em *História e consciência de classe* consiste numa revalorização dos escritos do jovem Marx (ver ibidem, p. 64-6 e 308-9) e George Lichtheim (*Lukács*, São Paulo, Cultrix, 1973), p. 59-60.

[36] Na teoria de Lukács, a consciência de classe expressa "a reação racional adequada, que deve ser *adjudicada* a uma situação típica determinada no processo de produção" (*História e consciência de classe*, cit., p. 142).

Racionalismo e reificação em *História e consciência de classe* | 323

subsistência (por mais agressivos que possam ser seus meios de luta); perdeu *irremediavelmente a força de condução*"[37].

O proletariado, produto da mesma ordem social capitalista, em tese, deveria compartilhar com a burguesia os impactos da reificação. Lukács, no entanto, considera que esses efeitos só atingem os membros da classe proletária, ou seja, os indivíduos em seus estados de consciência psicológica efetivos. Para o proletariado organizado como classe, a possibilidade objetiva é outra[38]: "A consciência de classe não é a consciência psicológica de cada proletário ou a consciência psicológica de massa do seu conjunto, mas o *sentido, que se tornou consciente, da situação histórica da classe*"[39].

Assim, Lukács considera as diferentes modalidades de manifestação da consciência de classe do proletariado como parte de um movimento de negação, prático e teórico, das formas de vida reificadas:

> O trabalhador vê sua posição no processo de produção ora como algo definitivo, ora como uma forma imediata do caráter em si da mercadoria (a insegurança da oscilação diária do mercado etc.). [...] Desse modo, a negatividade puramente abstrata na existência do trabalhador constitui objetivamente não apenas a forma mais típica de manifestação da reificação, o modelo estrutural da socialização capitalista; é também, *subjetivamente* e por essa razão, o ponto em que essa estrutura pode ser elevada à consciência e, dessa maneira, rompida na prática.[40]

Embora a reificação esteja presente em todas as formas sociais no capitalismo, segundo Lukács, seu impacto se torna consciente mais facilmente para o proletariado, devido à sua posição e situação no mercado capitalista. A necessidade que impulsiona cada trabalhador assalariado a vender sua força de trabalho deixa evidente o teor abstrato da mercadoria. Ponto culminante da reificação, o proletário, ao perceber sua posição como mero objeto no processo social de trabalho, tende a adquirir consciência de seu caráter de mercadoria. Consegue, assim, enquanto classe organizada, ao contrário da burguesia, não só ultrapassar a prioridade metodológica dos "fatos", isto é, a significação imediata dos fenômenos próprios do capitalismo, mas também direcionar sua ação para a transformação da totalidade social.

---

[37] Ibidem, p. 170.

[38] Para uma síntese dos argumentos de Lukács acerca dos resultados diferentes da reificação no que tange aos indivíduos ou à classe, ver ibidem, p. 383-4.

[39] Ibidem, p. 179.

[40] Ibidem, p. 347.

As diferentes reações ante a reificação derivam, em última instância, das posições distintas ocupadas pelas duas classes no processo econômico. Lukács, no entanto, não perde a oportunidade de atribuir um matiz ontológico a essa situação: "Não é nem um mero acaso, nem um problema puramente teórico-científico o fato de a burguesia deter-se teoricamente no imediatismo, enquanto o proletariado vai além dele. Na diferença dessas duas atitudes teóricas se expressa, antes, a distinção do ser social de ambas as classes"[41].

Elevada ao ponto de vista da totalidade, a consciência de classe do proletariado se transforma na consciência de si da sociedade, numa "autoconsciência" que desvela as formas fetichistas da estrutura mercantil[42]:

> [...] o trabalhador reconhece a si mesmo e suas próprias relações com o capital na mercadoria. Enquanto ele for capaz na prática de se elevar acima desse papel de objeto, sua consciência constituirá a *autoconsciência da mercadoria* ou, expresso de modo diferente, o autoconhecimento, o autodesvendamento da sociedade capitalista, fundada sobre a produção de mercadorias, sobre relações de mercado.[43]

Avesso ao individualismo metodológico, *História e consciência de classe* considera que o ponto de vista da totalidade na sociedade capitalista é prerrogativa de um coletivo: "A totalidade só pode ser determinada se o sujeito que a determina é ele mesmo uma totalidade; e se o sujeito deseja compreender a si mesmo, ele tem que pensar o objeto como totalidade. Somente as *classes* representam esse ponto de vista da totalidade como sujeito na sociedade moderna"[44]. Trata-se de um privilégio exclusivo do proletariado graças à coincidência que lhe permite ser, igualmente – preenchendo as condições prévias da teoria de Lukács –, objeto proposto e sujeito proponente.

Determinando tanto o objeto – a totalidade histórica –, como o sujeito do conhecimento, a perspectiva da totalidade possibilita que Lukács redefina o marxismo como o "ponto de vista científico do proletariado". O segundo ensaio de *História e consciência de classe*, intitulado "Rosa Luxemburg como marxista", começa com uma afirmação peremptória: "Não é o predomínio de motivos econômicos na

---

[41] Ibidem, p. 332.

[42] O pressuposto de Lukács é que, subjetivamente, "embora o processo que reifica o trabalhador e o transforma em mercadoria o desumanize, atrofiando e mutilando a sua 'alma' – enquanto ele não se rebelar conscientemente contra isso –, sua essência humana e anímica não são transformadas em mercadoria" (ibidem, p. 346).

[43] Ibidem, p. 340-1.

[44] Ibidem, p. 107.

explicação da história que distingue de maneira decisiva o marxismo da ciência burguesa, mas o ponto de vista da totalidade"[45].

Chave do conhecimento das relações sociais, da unidade de pensamento e história, a consciência de classe do proletariado é alçada a uma posição privilegiada. É ela que torna possível, pela via da determinação da sociedade como totalidade histórica, a superação das "antinomias do pensamento burguês"[46].

A consciência de classe, tal como concebida por Lukács, é, em sua essência, eminentemente prática: "O autoconhecimento do trabalhador como mercadoria já existe como conhecimento prático. Ou seja, *este conhecimento realiza uma modificação objetiva e estrutural no objeto do seu conhecimento*"[47]. A possibilidade de uma consciência adequada, "correta", conduzir a uma modificação em si mesma e nos seus objetos foi interpretada por Lukács como uma comprovação da hipótese de unidade entre teoria e prática – a "passagem sem transição do conhecimento à ação". Do ponto de vista político, o privilégio do proletariado, "a arma decisiva, a única superioridade eficaz do proletariado é sua capacidade de ver a totalidade da sociedade como totalidade concreta e histórica; de compreender as formas reificadas como processos entre homens; de elevar positivamente à consciência o sentido imanente do desenvolvimento, que se apresenta apenas negativamente nas contradições da forma abstrata da existência, e de transpô-lo para a prática"[48]. *História e consciência de classe*, em seus desdobramentos do conceito de totalidade, vincula estreitamente "consciência de classe" e filosofia da história. Ao proletariado se impõe, portanto, a tarefa de uma transformação consciente da sociedade. A revolução – para o proletariado, uma superação de si – aponta para a supressão tendencial da sociedade de classes: "Justamente porque é impossível para o proletariado libertar-se como classe sem suprimir a sociedade de classes em geral, sua consciência, que é a última consciência de classe na história da humanidade, deve coincidir, de um lado, com o desvendamento da essência da sociedade e, de outro, tornar-se uma unidade cada vez mais íntima de teoria e práxis"[49].

---

[45] Ibidem, p. 105.

[46] Lukács aborda explicitamente a superação do dualismo kantiano pelo ponto de vista do proletariado na mesma seção em que combate a teoria materialista do reflexo (ibidem, p. 394-404).

[47] Ibidem, p. 342.

[48] Ibidem, p. 390.

[49] Ibidem, p. 174. Lukács retoma aqui a determinação de Marx, na "Introdução" da *Crítica da filosofia do direito de Hegel*, do proletariado como uma esfera que não pode libertar-se sem com isso emancipar todos os demais estratos da sociedade (ibidem, p. 125).

A filosofia da história implícita em *História e consciência de classe* não deriva apenas de uma interpretação da parcela então conhecida da obra de Marx nos anos 1840, sobretudo do *Manifesto comunista*, assenta-se também numa determinada compreensão da dialética. Reforçando o subtítulo do livro – "Estudos sobre a dialética marxista" –, Lukács, no primeiro parágrafo do artigo inicial, adverte que o pertencimento à linhagem do materialismo histórico não advém de "[...] uma 'fé' numa ou noutra tese, nem da exegese de um livro 'sagrado'. Em matéria de marxismo, a ortodoxia se refere antes e exclusivamente ao *método*"[50]. Alçada ao primeiro plano, a consideração metodológica da dialética remete às relações entre Marx e Hegel[51]. A intenção de Lukács, aqui, é determinar de um modo mais preciso – indo além das afirmações indefinidas de Engels e Plekhanov, que concebiam abstratamente o marxismo e o movimento operário como "herdeiros da filosofia clássica alemã" – os pontos em que as categorias do método hegeliano se tornaram decisivas para o materialismo histórico.

O projeto explícito – assumido "modestamente" por Lukács como uma tentativa de tornar consciente o método de Marx – é refazer o percurso da apropriação das categorias da dialética hegeliana pelo fundador do materialismo histórico. A reconstrução desse itinerário – assentada na suposição de que é possível uma apropriação fragmentária das categorias da *Ciência da lógica* – parte de um pressuposto que desde Engels norteia a incorporação da filosofia de Hegel pelo materialismo histórico: a crença na possibilidade e factibilidade de uma separação que, por um lado, conserve o método, a dialética e, por outro, se desembarace das amarras do sistema.

Em *Ludwig Feuerbach e o fim da filosofia clássica alemã*, Engels interpreta o pensamento de Hegel a partir da contradição – motivadora da querela entre velhos e jovens hegelianos – que desmembra sistema (lado conservador) e método (lado revolucionário)[52]. Assume assim o pressuposto, compartilhado depois por toda uma geração de hegelianos no início do século XX, descrito sinteticamente na palavra de ordem de Croce: é preciso distinguir, na filosofia de Hegel, entre "aquilo que está vivo e aquilo que está morto".

---

[50] Ibidem, p. 64.

[51] Segundo Lukács, "é impossível tratar o problema da dialética concreta e histórica sem se estudar mais de perto o fundador deste método, Hegel, e as suas relações com Marx" (ibidem, p. 9).

[52] Friedrich Engels, *Ludwig Feuerbach e o fim da filosofia clássica alemã* (São Paulo, Edições Sociais, 1977), p. 84-5.

A primeira providência de Lukács, por conseguinte, é desmantelar a arquitetura "morta" do sistema, separando a dialética de seu arcabouço histórico. Em suas palavras: "A tarefa consiste em proceder a uma discriminação entre as tendências múltiplas que se entrecruzam e que, em parte, se contradizem violentamente e em *salvar*, enquanto *potência intelectual viva para o presente*, o que há de *metodologicamente fecundo* em seu pensamento"[53]. As categorias da filosofia de Hegel incorporadas em *História e consciência de classe*, a dialética cuidadosamente descolada do sistema, se prestam a um propósito nunca explicitado, diria mesmo a um projeto inconsciente. Transplantadas para a teoria marxista, visam aplainar as ambiguidades e promover uma interpretação unificada dos "fundamentos filosóficos" da teoria de Marx.

O que move Lukács a revitalizar o peso e a importância da dialética hegeliana na teoria de Marx não é apenas a constatação da existência de uma série de categorias continuamente usadas por Marx que provêm diretamente da *Lógica* de Hegel. Trata-se antes, como ele próprio afirma, da convicção de ter reencontrado o fio que permite, na interpretação da obra de Marx, "[...] compreender o sistema e o método – *tal como eles nos são dados* – em sua unidade coerente e de *preservar essa unidade*"[54].

Reconstruída em sua unidade, como um sistema aberto, a teoria marxista revela um "profundo parentesco" com a reinterpretação da filosofia hegeliana desenvolvida em *História e consciência de classe*. Essa proximidade não é casual: Marx, segundo Lukács, não apenas corrigiu, mas também "prolongou decisivamente" o pensamento de Hegel: "Assim, o método dialético de Marx nasceu como a continuação consequente do que Hegel havia almejado, mas não obteve concretamente"[55].

Apesar de conceber a dialética marxista como uma retomada da lógica hegeliana, Lukács não deixa de estabelecer alguns tópicos de descontinuidade entre Hegel e Marx. Condena, por exemplo, a "mitologia conceitual" – a tendência da filosofia hegeliana a conceber a história unicamente na representação dos filósofos, na imaginação especulativa, o que a impede de superar a dualidade contemplativa de pensamento e ser. Entretanto, a marca decisiva da ruptura entre Marx e Hegel consiste no seguinte ponto: "O jovem Hegel põe como primeira exigência de sua filosofia o princípio segundo o qual 'o verdadeiro deve ser compreendido e exprimido não somente como substância, mas igualmente como sujeito'. [...] Somente

---

[53] G. Lukács, *História e consciência de classe*, cit., p. 57.

[54] Idem.

[55] Ibidem, p. 91-2.

a Marx estava reservado descobrir concretamente essa 'verdade enquanto sujeito' e estabelecer, assim, a unidade da teoria e da práxis"[56].

Homem de sua época, Hegel não tinha como encontrar o "verdadeiro sujeito"[57]. Assim, sua filosofia permaneceu contemplativa, unificando os momentos separados da razão numa reconciliação aparente, meramente teórica: "A filosofia clássica só pode, portanto, deixar como herança para o desenvolvimento (burguês) futuro essas antinomias não resolvidas"[58].

Essas antinomias, os dilemas da filosofia idealista, só vieram a encontrar sua resolução na teoria de Marx: "A continuação desse novo rumo tomado pela filosofia clássica e que começava, pelo menos no que diz respeito ao método, a apontar para além desses limites, em outras palavras, o método dialético como método da história, foi reservado à classe que estava habilitada a descobrir em si mesma, a partir do seu fundamento vital, o sujeito-objeto idêntico, o sujeito da ação, o 'nós' da gênese: ao proletariado"[59].

O proletariado exerce, portanto, um papel crucial em *História e consciência de classe*. Intenção de totalidade ou totalidade em intenção, condição da verdade, mediador entre a consciência e a realidade, sujeito e objeto do processo histórico, somente ele permite superar as "antinomias do pensamento burguês". No mote de Lukács: "a unidade da teoria e da práxis é apenas a outra face da situação social e histórica do proletariado"[60].

De certo modo, é a concepção de práxis, a possibilidade – latente no proletariado – de uma ação revolucionária, que confere veracidade ao aparato teórico assentado em conceitos de extração idealista. As categorias hegelianas de totalidade e de unidade de sujeito e objeto adquirem assim nova vida útil, transfiguradas pela existência de uma classe que afirma e fundamenta, em sua essência, "a necessidade da revolução social, da transformação total da totalidade da sociedade"[61].

---

[56] Ibidem, p. 124-5.

[57] Segundo Lukács, "Hegel se esforçou ao máximo na busca por esse sujeito. O 'nós' que chega a encontrar é, como se sabe, o espírito do mundo, ou antes, suas figuras concretas, o espírito de cada povo. [...] Como principal resultado, o espírito do povo apenas aparentemente é o sujeito da história, o autor de seus atos" (ibidem, p. 303-4).

[58] Ibidem, p. 308.

[59] Idem.

[60] Ibidem, p. 97.

[61] Ibidem, p. 125.

A consciência do proletariado decorre do desenvolvimento histórico do capitalismo, mas, por outro lado, enquanto "autoconhecimento do objeto", significa também a autoconsciência da história[62]. Ao proceder à articulação conceitual de um sujeito global, que é, ao mesmo tempo, sujeito da ação e verdade do todo histórico, a "filosofia da história do materialismo dialético", tal como compreendida em *História e consciência de classe*, em seu ponto culminante, define o *proletariado*, em sua vocação para transformar a realidade, "como sujeito-objeto idêntico do processo histórico-social"[63]. O próprio Lukács reconhece – no posfácio de 1967 de *História e consciência de classe* – que conceber o proletariado como sujeito-objeto idêntico da história da humanidade não é uma realização materialista que supera as elaborações do pensamento idealista. Trata-se antes de um hegelianismo exacerbado, uma construção que tem a intenção de ultrapassar objetivamente o próprio mestre, elevando-se acima de toda realidade de maneira audaciosa[64].

Referências bibliográficas

BOELLA, Laura. *Intellettuali e coscienza di classe*: il dibattito su Lukács 1923-24. Milano, Feltrinelli, 1977.

COLLETTI, Lucio. *Il marxismo e Hegel*: materialismo dialettico e irrazionalismo. Roma-Bari, Laterza, 1976.

ENGELS, Friedrich. *Ludwig Feuerbach e o fim da filosofia clássica alemã*. São Paulo, Edições Sociais, 1977.

HEGEL, G. W. F. *Vorlesungen über die Geschichte der Philosophie, band III*. Frankfurt am Main, Suhrkamp, 1971.

_____. *Enciclopédia das ciências filosóficas em epítome*. Lisboa, Edições 70, 1988.

_____. *Fenomenologia do espírito*. Petrópolis, Vozes, 1992.

KANT, Immanuel. *Crítica da razão pura*. São Paulo, Nova Cultural, 1985.

_____. *Crítica da razão prática*. São Paulo, Martins Fontes, 2003.

LICHTHEIM, George. *Lukács*. São Paulo, Cultrix, 1973.

LUKÁCS, G., *História e consciência de classe*: estudos sobre a dialética marxista. Trad. Rodnei Nascimento, São Paulo, Martins Fontes, 2003.

MARX, Karl. "Ad Feuerbach". In: LABICA, Georges (org.). *As "teses sobre Feuerbach" de Karl Marx*. Rio de Janeiro, Jorge Zahar, 1990, p. 21-5.

_____. *Crítica da filosofia do direito de Hegel*. São Paulo, Boitempo, 2005.

---

[62] Ver ibidem, p. 100-1, e Maurice Merleau-Ponty, *Les Aventures de la dialectique* (Paris, Gallimard, 1955) [ed. bras.: *As aventuras da dialética*, trad. Claudia Berliner, São Paulo, WMF Martins Fontes, 2006], p. 49 e 63-4.

[63] G. Lukács, *História e consciência de classe*, cit., p. 308.

[64] Ibidem, p. 25.

_____. *O capital*: crítica da economia política, Livro I: *O processo de produção do capital*. Trad. Rubens Enderle. São Paulo, Boitempo, 2013, coleção Marx-Engels.

_____; ENGELS, Friedrich. *Manifesto comunista*. São Paulo, Hedra, 2010.

MERLEAU-PONTY, Maurice. *Les Aventures de la dialectique*. Paris, Gallimard, 1955. [Ed. bras.: *As aventuras da dialética*. Trad. Claudia Berliner, São Paulo, WMF Martins Fontes, 2006.]

MUSSE, Ricardo. "Lukács e o racionalismo moderno". Discurso. *Revista do Departamento de Filosofia da USP*. São Paulo, v. 21, 1993, p. 137-49.

RUBIN, Isaak Illich. *A teoria marxista do valor*. São Paulo, Polis, 1987.

WEBER, Max. "Reflexão intermediária: Teoria dos níveis e direções da rejeição religiosa do mundo". In: BOTELHO, André (org.). *Essencial sociologia*. São Paulo, Penguin, 2013, p. 506-52.

_____. "A psicologia social das religiões mundiais". In: _____. *Ensaios de sociologia*. Rio de Janeiro, LTC, 2002, p. 189-211.

Dialética revolucionária *versus* "reboquismo"
a resposta de Lukács à crítica a *História e consciência de classe**
Michael Löwy

O elo perdido: a resposta de György Lukács a seus críticos

*História e consciência de classe*** certamente é a obra filosófica mais importante de György Lukács e um escrito que influenciou o pensamento crítico no decurso do século XX. Um dos aspectos essenciais do livro, ao lado do método dialético, é o lugar central ocupado pela *dimensão subjetiva* da luta revolucionária: a consciência de classe. De fato, as duas dimensões estão diretamente vinculadas: uma compreensão dialética de história e política leva necessariamente a uma abordagem dialética da relação "sujeito-objeto", que substitui a interpretação materialista vulgar e unilateral do marxismo, na qual apenas as "condições objetivas", o nível de desenvolvimento das forças produtivas ou a crise econômica capitalista desempenham um papel decisivo na determinação da questão dos processos históricos. Nenhuma outra obra daqueles anos foi capaz de oferecer uma legitimação tão poderosa e filosoficamente sofisticada do programa comunista. No entanto, longe de receber as boas-vindas nos quartéis comunistas oficiais, ela foi recebida com um intenso bombardeio crítico logo após sua publicação em 1923. Não houve expulsões – tais práticas ainda não eram possíveis no início da década de 1920 –, mas era óbvio que a espécie de dialética revolucionária representada por *História e consciência de classe*

---

* O texto é o prefácio da obra *Reboquismo e dialética: uma resposta aos críticos de* História e consciência de classe (trad. Nélio Schneider, São Paulo, Boitempo, 2015), de G. Lukács. (N. E.)

** G. Lukács, *Geschichte und Klassenbewußtsein: Studien über marxistische Dialektik* (Berlim, Malik, 1923) [ed. bras.: *História e consciência de classe: estudos sobre a dialética marxista*, trad. Rodnei Nascimento, São Paulo, WMF Martins Fontes, 2003]. (N. E.)

dificilmente seria aceita pela *doxa* filosófica dominante do Comintern. Por muitos anos, estudiosos e leitores se perguntaram por que Lukács nunca respondeu a esses comentários críticos. É verdade que, na década de 1930, ele escreveu diversas avaliações "autocríticas" de seu livro, rejeitando-o como um texto "idealista". Mas não existe nenhuma evidência de que ele tenha compartilhado esse ponto de vista já no início da década de 1920: pelo contrário, pode-se supor, por exemplo, a partir de seu livro sobre Lênin, de 1924, ou de seus comentários críticos a Bukharin, de 1925, que ele *não* havia renegado sua perspectiva filosófica.

A descoberta, em meados da década de 1990, de *Chvostismus und Dialektik* [*Reboquismo e dialética*], no arquivo unificado do Comintern e do Arquivo Central do Partido Comunista da União Soviética, mostra que esse "elo perdido" existiu: Lukács *respondeu*, sim, e de modo bem explícito e vigoroso a esses ataques, e defendeu as principais ideias de seu brilhante trabalho hegeliano-marxista de 1923. Pode-se considerar essa resposta como seu último escrito ainda inspirado pela abordagem filosófica geral de *História e consciência de classe*, pouco antes de ocorrer uma guinada importante em sua orientação teórica e política.

O manuscrito em língua alemã foi publicado em Budapeste pela editora Áron, da revista *Magyar Filozófiai Szemle*, em 1996, e traduzido para o inglês pela Verso (Londres) no ano 2000 sob o título *Tailism and the Dialectics*. László Illés, o editor húngaro da versão original, acredita que ele tenha sido escrito em 1925 ou 1926, "concomitantemente às significativas resenhas sobre a edição de Lassalle e os escritos de Moses Hess"*. Penso que 1925 seja uma suposição mais acurada, pois não havia razão para que Lukács esperasse dois anos para responder a críticas publicadas em 1924 – o estilo do documento sugere, antes, que a resposta tenha sido imediata. Porém, acima de tudo, não acredito que ele seja contemporâneo do artigo sobre Moses Hess (1926), pela boa razão de que esse artigo, como tentarei mostrar mais adiante, tem uma orientação filosófica básica estritamente oposta à do ensaio descoberto postumamente.

Cientes agora de que Lukács achou necessário apresentar uma defesa de *História e consciência de classe* contra seus críticos comunistas "ortodoxos" – ele nunca se deu ao trabalho de responder aos sociais-democratas –, a questão óbvia, curiosamente não levantada pelos editores (tanto da edição húngara quanto da edição inglesa), é: *por que ele não a publicou?* Vislumbro três possíveis respostas a essa pergunta:

---

* Referência à seção "Apresentação à edição húngara", em G. Lukács, *Reboquismo e dialética*, cit., p. 25. (N. E.)

1) Lukács temia que sua resposta pudesse provocar uma reação de organismos soviéticos ou do Comintern, que viessem a agravar seu isolamento político. Não penso que essa seja uma explicação plausível, não só porque em 1925 – à diferença de 1935 – ainda havia espaço para discussão no movimento comunista, mas sobretudo considerando que, em 1925, ele publicou uma dura crítica à "sociologia marxista" de Bukharin, que tem muitos pontos em comum com *Reboquismo e dialética*[1]. Obviamente Bukharin era uma figura muito mais importante no movimento comunista do que Rudas ou Deborin, e, não obstante, Lukács não teve receio de submetê-lo a crítica pesada.

2) Lukács tentou publicar a resposta, mas não foi bem-sucedido. Uma hipótese possível é que ele a tenha enviado a um órgão de publicação soviético – por exemplo, *Pod Znamenem Marxisma* [Sob a bandeira do marxismo], no qual Deborin publicara um ataque contra ele em 1924 –, mas o ensaio foi recusado porque os editores tomaram o partido de Deborin. Isso explicaria por que o manuscrito foi encontrado em Moscou e – talvez – também por que Lukács usou a palavra russa "*Chvostismus*", conhecida somente dos leitores russos. Pode ser também que o ensaio fosse longo demais para ser publicado em uma revista e muito curto e polêmico para aparecer como livro.

3) Algum tempo depois de escrever o ensaio – poucos meses ou talvez um ano depois –, Lukács começou a ter dúvidas e, por fim, mudou de opinião e deixou de concordar com a orientação política e filosófica do escrito. Essa hipótese, por sinal, não contradiz necessariamente a anterior.

Quanto ao silêncio de Lukács a respeito desse documento durante os anos seguintes, ele pode ser explicado pela nova orientação "realista" inaugurada com o artigo sobre Moses Hess, de 1926 – o qual será discutido mais adiante –, sem mencionar sua rejeição – particularmente após a década de 1930 – de *História e consciência de classe*, ao considerá-lo um livro "idealista" e até "perigoso".

Reboquismo e dialética é, como dá a entender seu título, um ensaio em defesa da dialética revolucionária, uma resposta polêmica a seus principais críticos comunistas oficiais: László Rudas – um jovem intelectual comunista húngaro – e Abram Deborin – um ex-menchevique e seguidor de Plekhanov, que tardiamente

---

[1] A resenha crítica de Lukács à *Theorie des historischen Materialismus* [Teoria do materialismo histórico] de Bukharin foi publicada na revista *Archiv für die Geschichte des Sozialismus und der Arbeiterbewegung* [Arquivo de História do Socialismo e do Movimento dos Trabalhadores], editada por Carl Grünberg, em 1925.

se juntou aos bolcheviques; ambos representavam, no interior do movimento comunista, um ponto de vista influente e poderoso de cunho semipositivista e não dialético[2].

Não obstante seu notável valor nesse tocante, o ensaio de Lukács apresenta, a meu ver, algumas deficiências sérias.

A mais óbvia é a de ser uma polêmica contra autores de segunda categoria. Por si só, isso não é uma questão significativa: o próprio Marx não discutiu extensamente os escritos de Bruno e Edgard Bauer? No entanto, em certa medida, Lukács adotou a agenda proposta por seus críticos e limitou sua resposta aos problemas que eles levantaram: consciência de classe e dialética da natureza. O primeiro ponto certamente é uma questão essencial na dialética revolucionária, o que não se pode dizer do segundo. É difícil perceber a relevância filosófico-política das muitas páginas de *Reboquismo e dialética* dedicadas à epistemologia das ciências naturais ou à questão se experimento e indústria são, por si sós – como Engels pareceu acreditar –, resposta filosófica suficiente ao desafio posto pela coisa em si kantiana. Outra consequência dessa agenda limitada é que a teoria da reificação, que constitui um dos argumentos centrais de *História e consciência de classe* e a contribuição mais importante de Lukács para uma crítica radical da civilização capitalista – uma teoria que exerceria poderosa influência sobre o marxismo ocidental no decorrer do século XX, da Escola de Frankfurt e Walter Benjamin a Lucien Goldmann, Henri Lefebvre e Guy Debord – está totalmente ausente de *Reboquismo e dialética*, como esteve dos laboriosos esforços polêmicos de Rudas e Deborin. Será que eles estavam de acordo com a concepção de Lukács? Ou, o que é mais provável, eles só não a entenderam? Como quer que seja, eles a ignoraram, e o mesmo faz Lukács em sua resposta...

Em relação à consciência de classe e à teoria leninista do partido – com certeza a parte mais interessante do ensaio –, há um problema de outra ordem. Quando

---

[2] Em meu ensaio sobre Lukács, escrevi o seguinte: "Notemos que as duas críticas mais bem conhecidas, as de Rudas e Deborin, estavam firmemente postadas no chão do materialismo pré-dialético. Deborin usou citações de Plekhanov em profusão para mostrar que o marxismo provém justamente do 'materialismo naturalista' criticado por Lukács, ao passo que Rudas comparou as leis marxistas da sociedade com a lei darwinista da evolução e chegou à surpreendente conclusão de que o marxismo é 'pura ciência da natureza'"; Michael Löwy, *György Lukács: From Romanticism to Bolshevism* (Londres, New Left, 1979), p. 169 [ed. bras.: *A evolução política de Lukács: 1909-1929*, trad. Heloísa Helena A. Mello, Agostinho Ferreira Martins e Gildo Marçal Brandão, São Paulo, Cortez, 1998].

se compara a discussão sobre esses tópicos em *História e consciência de classe* e em *Reboquismo e dialética*, não há como se desfazer da impressão de que sua interpretação do leninismo no último escrito adquiriu um nítido viés autoritário. Enquanto na obra de 1923 há uma tentativa original de integrar algumas das noções de Rosa Luxemburgo em uma espécie de síntese de luxemburguismo e leninismo[3], nesse ensaio polêmico Luxemburgo aparece, de maneira bastante simplista, apenas como referência negativa e como corporificação do puro espontaneísmo. Enquanto em *História e consciência de classe* a relação entre a "consciência atribuída" e a consciência empírica é percebida como processo dialético em que a classe, assistida por sua vanguarda, alça-se à "consciência atribuída" (*zugerechnetes Bewusstsein*) por meio de sua própria experiência de luta, em *Reboquismo e dialética* a tese estritamente não dialética de Kautsky de que o socialismo é "introduzido a partir de fora" na classe pelos intelectuais – uma visão mecanicista assumida por Lênin em *O que fazer?* (1902), mas descartada após 1905 – é apresentada como a quintessência do "leninismo". Enquanto em *História e consciência de classe* Lukács insistiu que "o conselho de trabalhadores é a superação econômica e política da reificação capitalista"[4], *Reboquismo e dialética* ignora os sovietes e se refere somente ao partido, chegando ao ponto de identificar a ditadura do proletariado com a "ditadura de um partido comunista real".

Apologia da subjetividade revolucionária

A despeito desses problemas, *Reboquismo e dialética* pouca coisa tem em comum com o stalinismo: não só não há referência a Joseph Vissarionovitch e seus escritos ou a sua nova tese do "socialismo em um só país", mas todo o espírito do ensaio vai de encontro ao tipo de doutrinas metafísicas e dogmáticas impostas por Stálin e seus seguidores. Ele pode de fato ser considerado como um exercício poderoso de dialética revolucionária, oposto à variedade criptopositivista de "marxismo" que logo se tornaria a ideologia oficial da burocracia soviética. O elemento-chave nessa batalha polêmica é a ênfase de Lukács na *importância revolucionária decisiva*

---

[3] Por exemplo: "Rosa Luxemburgo percebeu corretamente que 'a organização tem de nascer como produto da luta'. Seu erro, porém, foi sobrevalorizar o caráter orgânico desse processo [...]". G. Lukács, *Geschichte und Klassenbewusstsein* (Berlim, Luchterhand, 1968), p. 494 [ed. bras.: *História e consciência de classe*, cit., p. 558]. Tentei analisar essa síntese em Michael Löwy, *György Lukács*, cit., p. 185.

[4] G. Lukács, *Geschichte und Klassenbewusstsein*, cit., p. 256 [ed. bras.: *História e consciência de classe*, cit., p. 190-1 (com modificações)].

do fator subjetivo na dialética histórica de sujeito-objeto. Se fosse preciso resumir o valor e a importância de *Reboquismo e dialética*, eu argumentaria que se trata de *uma poderosa apologia hegeliano-marxista da subjetividade revolucionária* – em um grau mais elevado ainda do que em *História e consciência de classe*. Esse motivo percorre todo o texto como um fio vermelho, particularmente na primeira parte, mas até certo ponto também na segunda. Tentaremos evidenciar a seguir os elementos principais desse argumento.

Comecemos com o misterioso termo "*Chvostismus*" no título do ensaio – que Lukács nunca se deu ao trabalho de explicar, supondo que seus leitores (russos?) estivessem familiarizados com ele. Essa palavra russa – que se originou do termo alemão "*Schwanz*", "rabo, cauda" – foi usada por Lênin em suas polêmicas – por exemplo, em *O que fazer?* – contra os "marxistas economicistas" que eram "caudatários" do movimento espontâneo dos trabalhadores. Lukács, no entanto, usa esse termo em um sentido filosófico e histórico muito mais amplo: *Chvostismus* significa seguir passivamente – "ir a reboque" – o curso "objetivo" dos eventos, ignorando os fatores subjetivos e revolucionários do processo histórico.

Lukács denuncia a tentativa de Rudas e Deborin de transformar o marxismo em uma "ciência" no sentido positivista, burguês. Fazendo um movimento retrógrado, Deborin tenta reconduzir o materialismo histórico "aos termos de Comte ou Herbert Spencer" ("*wird auf Comte oder Herbert Spencer zurückrevidiert*"), uma espécie de sociologia burguesa que estuda leis trans-históricas que excluem toda a atividade humana. E Rudas situa a si próprio como um observador "científico" do curso objetivo da história, governado por leis que tornam esse observador capaz de "prever" desenvolvimentos revolucionários. Ambos reputam como digno de investigação científica somente aquilo que está livre de qualquer participação do sujeito histórico e ambos rejeitam, em nome dessa ciência "marxista" (de fato, positivista), qualquer tentativa de atribuir "ao momento subjetivo na história um *papel ativo e positivo*"[5].

Lukács argumenta que a guerra contra o subjetivismo é a bandeira de que se vale o oportunismo para justificar a rejeição da dialética revolucionária: ela foi usada por Bernstein contra Marx e por Kautsky contra Lênin. Em nome do antissubjetivismo, Rudas desenvolve uma concepção fatalista da história, que inclui apenas "as condições objetivas", mas não deixa espaço para a decisão dos agentes

---

[5] Ver *Reboquismo e dialética*, cit., p. 116, 35, 114 e 35, respectivamente.

Dialética revolucionária *versus* "reboquismo" | 337

históricos. Em um artigo – criticado por Lukács em *Reboquismo e dialética* – contra Trótski, publicado na *Inprekorr*, o boletim oficial do Comintern, Rudas alega que a derrota da Revolução Húngara de 1919 deveu-se unicamente a "condições objetivas" e não a erros da liderança comunista; ele menciona tanto Trótski quanto Lukács como exemplos de uma concepção unilateral de política que confere importância exagerada à consciência da classe proletária[6]. Aparentemente, Rudas suspeitou que Lukács tivesse inclinações trotskistas; na verdade, ele não foi adepto de Trótski, mas até 1926 não hesitou em mencioná-lo sob uma luz favorável em seus escritos – o que para os porta-vozes oficiais equivalia a uma grande heresia.

Ao rejeitar a acusação de "idealismo subjetivo", Lukács não se retrata de seu ponto de vista "subjetivista" e voluntarista: nos momentos decisivos da luta "tudo depende da consciência de classe, da vontade consciente do proletariado" – que é o componente subjetivo. Obviamente, há uma interação dialética entre sujeito e objeto no processo histórico, mas, no *Augenblick* [instante] da crise, é esse o componente que direciona os eventos, na forma da consciência e da práxis revolucionárias. Em sua atitude fatalista, Rudas ignora a práxis e desenvolve uma teoria do "ir a reboque" passivo, do *Chvostismus*, considerando que história é um processo que "desenrola-se independentemente [...] da consciência humana"[7].

O que é o leninismo, indaga Lukács, senão a insistência permanente no "papel *ativo e consciente* do fator subjetivo"? Como se poderia imaginar, "sem essa função do fator subjetivo", a concepção leninista da insurreição como arte? A insurreição é precisamente o *Augenblick*, o instante do processo revolucionário em que "*o fator subjetivo possui uma preponderância decisiva*" (*ein entscheidendes Übergewicht*). No referido instante, o destino da revolução e, por isso, o da humanidade, "dependem do fator subjetivo". Isso não significa que os revolucionários devam "esperar" a chegada desse *Augenblick*: não existe momento do

---

[6] Como comenta com muita propriedade John Rees, Rudas e Deborin estavam em continuidade direta com o marxismo positivista-determinista da Segunda Internacional: "Na mente de Rudas, Trótski e Lukács estão vinculados pelo fato de ambos ressaltarem a importância do fator subjetivo na revolução. Rudas se apresenta como defensor das 'condições objetivas' enquanto garantia de que a revolução estava fadada a fracassar. A notável similaridade com a resenha de Karl Kautsky sobre o livro *Marxismus und Philosophie* [Marxismo e filosofia] [Leipzig, C. L. Hirschfeld, 1923], de [Karl] Korsch, na qual ele atribui o fracasso da Revolução Alemã exatamente a tais condições objetivas, constitui um testemunho marcante da persistência do marxismo vulgar na burocracia stalinista emergente"; John Rees, "Introduction", em G. Lukács, *Tailism and the Dialectics* (Londres, Verso, 2000), p. 24-5.

[7] Ver *Reboquismo e dialética*, cit., p. 142 e 36, respectivamente.

processo histórico em que esteja completamente ausente a possibilidade de um papel *ativo* dos fatores subjetivos[8].

Nesse contexto, Lukács volta seu arsenal crítico contra uma das principais expressões dessa concepção positivista, "sociológica", contemplativa, fatalista – *chvostistisch*, na terminologia de *Reboquismo e dialética* – e objetivista de história: a *ideologia do progresso*. Rudas e Deborin acreditam que o processo histórico constitui uma evolução que leva ao próximo estágio de modo mecanicista e fatalista. De acordo com os dogmas do evolucionismo, a história é concebida como um avanço permanente, um progresso infinito: o estágio temporalmente posterior é necessariamente o mais elevado em todos os aspectos. De um ponto de vista dialético, contudo, o processo histórico é "não evolutivo, não orgânico", sendo antes contraditório, desdobrando-se convulsivamente em avanços e retrocessos[9]. Infelizmente, Lukács não desenvolveu essas noções que apontam para uma ruptura radical com a ideologia do progresso inevitável, comum ao marxismo da Segunda e – após 1924 – da Terceira Internacional.

Outro aspecto importante relacionado com essa batalha contra a degradação positivista do marxismo é a crítica formulada por Lukács, na segunda parte do ensaio, ao ponto de vista de Rudas sobre tecnologia e indústria como um sistema "objetivo" e neutro de "intercâmbio entre ser humano e natureza". A objeção de Lukács é que isso significaria uma "igualdade essencial entre a sociedade capitalista e a sociedade socialista"! Para ele, a revolução não só tem de mudar as relações de produção, mas revolucionar também, em grande medida, as formas concretas da tecnologia e da indústria existentes no capitalismo, já que elas estão intimamente vinculadas à divisão capitalista do trabalho. Também nessa questão, Lukács estava muito à frente de seu tempo – os ecossocialistas começaram a valer-se desse argumento na última década –, mas essa ideia não chega a ser desenvolvida nesse ensaio[10].

A propósito, há uma notável analogia entre algumas das formulações de Lukács em *Reboquismo e dialética* – a importância do *Augenblick* revolucionário, a crítica à ideologia do progresso, o chamado a uma transformação radical do aparato

---

[8] Ver ibidem, p. 43-5 e 48-9. Os grifos são do original. É claro que esse argumento é desenvolvido principalmente no primeiro capítulo da primeira parte do ensaio, que traz explicitamente o título "Subjetivismo"; mas pode-se encontrá-lo também em outras partes do documento.

[9] Ver ibidem, p. 41, 65-6, 94 e 48, respectivamente.

[10] Ver ibidem, p. 124-5.

técnico – e as das últimas reflexões de Walter Benjamin. É claro que Benjamin estava familiarizado com *História e consciência de classe*, que desempenhou um papel importante em sua evolução rumo ao comunismo, mas ele obviamente não podia ter conhecimento do texto inédito de Lukács. Por isso, foi seguindo seu próprio caminho que ele chegou a conclusões tão surpreendentemente similares às desse ensaio.

Poucos meses depois de escrever *Reboquismo e dialética* – em todo caso, menos de um ano depois –, Lukács escreveu o ensaio *Moses Hess und die Probleme des idealistischen Dialektik* [Moses Hess e os problemas da dialética idealista] (1926)[11], que representa uma perspectiva político-filosófica totalmente diferente. Nesse texto brilhante, mas sumamente problemático, Lukács celebra a "reconciliação com a realidade", de Hegel, como prova de seu "grandioso realismo" e da sua "rejeição de todas as utopias". Enquanto esse realismo lhe permitiu entender "a dialética objetiva do processo histórico", o utopismo e o subjetivismo moralistas de Moses Hess e dos hegelianos de esquerda os levaram a um beco sem saída. Como se tentou mostrar em outra parte, esse ensaio forneceu a Lukács a justificação filosófica para sua própria "reconciliação com a realidade", isto é, com a União Soviética stalinista, que representava implicitamente "a dialética objetiva do processo histórico"[12]. O "antissubjetivismo" incisivo e unilateral desse escrito é prova suficiente de que – diferentemente da hipótese de László Illés – a resposta de Lukács a seus críticos foi escrita *antes* do texto sobre Moses Hess – isto é, por volta de 1925 – e não concomitantemente. Pouco depois disso, em 1927, Lukács, que ainda havia citado Trótski favoravelmente em um ensaio que apareceu em junho de 1926, publicou seu primeiro texto "antitrotskista", em *Die Internationale*, o órgão teórico do Partido Comunista Alemão[13].

Como explicar a mudança tão súbita, ocorrida entre 1925 e 1926, que levou Lukács do subjetivismo revolucionário de *Reboquismo e dialética* à "reconciliação

---

[11] G. Lukács, "Moses Hess und die Probleme des idealistischen Dialektik" (1926), em *Werke*, v. 2: *Frühschriften II* [Escritos juvenis, parte 2] (Darmstadt/Neuwied, Hermann Luchterhand, 1977), p. 641-86. Desse ensaio ainda não há edição em português. (N. E.)

[12] Michael Löwy, *György Lukács*, cit., p. 194-8. A tradução para o inglês do ensaio de Lukács sobre Hess pode ser encontrada em G. Lukács, "Moses Hess and the Problems of Idealist Dialectics" (1926), em *Political Writings 1919-1929* (Londres, New Left, 1972), p. 181-223.

[13] Para uma referência favorável à crítica de Trótski ao *Proletkult*, ver G. Lukács, "L'art pour l'art und proletarische Dichtung", *Die Tat*, Jena, v. 18, n. 3, jun. 1926, p. 220-3; para uma crítica antitrotskista, ver idem, "Eine Marxkritik im Dienste des Trotzkismus, Rezension von Max Eastman: Marx, Lenin and the Science of Revolution", *Die Internationale*, v. 10, n. 6, 1927, p. 189-90.

com a realidade" do ensaio sobre Moses Hess? Provavelmente a sensação de que a onda revolucionária de 1917-1923 fora detida na Europa e de que tudo o que restara fora o "socialismo em um só país" soviético. Lukács de modo nenhum foi o único a tirar essa conclusão: muitos outros intelectuais comunistas seguiram o mesmo raciocínio "realista". Somente uma minoria – na qual naturalmente se incluíam Leon Trótski e seus seguidores – permaneceu fiel à esperança internacionalista-revolucionária do Outubro. Mas isso é outra história...

O movimento estratégico de Lukács que o levou do subjetivismo revolucionário ao "realismo" da "dialética objetiva" talvez seja a razão pela qual ele não tentou publicar seu trabalho contra o *Chvostismus*, depois de este (provavelmente) ter sido recusado por algum jornal soviético – como, por exemplo, o *Pod Znamenem Marxisma*. Na época em que recebeu a resposta definitiva do editor soviético – vários meses ou até um ano depois de escrito –, Lukács não mais acreditava no poder da iniciativa subjetiva e já estava escrevendo seu texto sobre Moses Hess. Isso explica por que *Reboquismo e dialética* permaneceu sepultado por décadas em algum arquivo soviético empoeirado...

Concluindo: não obstante suas deficiências, *Reboquismo e dialética* é um documento fascinante de Lukács, não só do ponto de vista de sua biografia intelectual, mas por sua pertinência teórica e política *hoje*, como um antídoto eficaz contra as tentativas de reduzir o marxismo ou a teoria crítica a mera observação "científica" do curso dos eventos, a uma descrição "positiva" dos altos e baixos da conjuntura econômica. Ademais, por sua ênfase na consciência e na subjetividade, por sua crítica à ideologia do progresso linear e por sua compreensão da necessidade de revolucionar o aparato técnico-industrial predominante, ele se mostra surpreendentemente sintonizado com questões atuais ora em discussão no movimento radical internacional contra a globalização capitalista.

Sobre o organizador e os autores

Antonino Infranca (1957-). Filósofo e pesquisador italiano, com mestrado em Filosofia pela Università degli Studi di Pavia (1985) e doutorado na mesma área pela Academia Húngara das Ciências (1989), que se dedica ao estudo da filosofia marxista e da obra de G. Lukács em particular. Em seu livro *Trabalho, indivíduo, história: o conceito de trabalho em Lukács* (Boitempo, 2014), ele explora a compreensão desse autor sobre o trabalho como uma categoria fundamental para a análise da sociedade capitalista.

Celso Frederico (1947-). Sociólogo, doutor em sociologia e livre-docente pela Universidade de São Paulo (USP). É professor da Faculdade de Filosofia, Letras e Ciências Humanas (FFLCH) da USP, onde leciona desde 1993. Suas principais áreas de pesquisa são a teoria social, a sociologia da cultura e a sociologia do trabalho. Além de seu trabalho acadêmico, é um ativista político e social, envolvido em movimentos sociais e organizações da sociedade civil.

Eduardo Sartelli (1963-). Historiador, escritor e ativista político argentino, também é conhecido por seu trabalho como tradutor. Atua como professor de história na Universidade Nacional de La Plata, na Argentina, e tem muitos textos publicados sobre história, política e cultura. Traduziu obras de autores como Karl Marx, Friedrich Engels, V. I. Lênin, Leon Trótski, Antonio Gramsci e Slavoj Žižek. É autor da tradução de *O capital*, de Karl Marx, para o espanhol, lançada pela editora argentina Ciencias Sociales em 2007.

Guido Oldrini (1935-). Professor de história da Filosofia da Universidade de Bolonha, na Itália. É especializado na história do Iluminismo e da cultura italiana do século XVIII, bem como no pensamento político italiano e marxista. Escreveu sobre György Lukács uma longa série de ensaios, notas, resenhas, artigos, livros, entre eles *György Lukács e os problemas do marxismo do século 20* (trad. Mariana Andrade, Coletivo Veredas, Maceió, 2017).

György Lukács (1885-1971). Nascido em Budapeste, Hungria, foi um dos mais influentes filósofos marxistas do século XX. Doutorou-se em Ciências Jurídicas e depois em Filosofia pela Universidade de Budapeste. No final de 1918, aderiu ao Partido Comunista e no ano seguinte foi designado vice-comissário do Povo para a Cultura e a Educação. De 1919 a 1929, esteve exilado em Viena, na Áustria. Entre 1929 e 1930, passou alguns meses em Moscou, fazendo pesquisas. Ao cabo desse estágio moscovita, cumpriria tarefas em Berlim. No primeiro semestre de 1933, foi de novo para Moscou, tendo retornado à Hungria em 1945, quando assumiu a cátedra de Estética e Filosofia da Cultura na Universidade de Budapeste.

Henrique Wellen (1978-). Pós-doutor em Teoria Política na University of Kent, Inglaterra (2019), doutor em Serviço Social na UFRJ, mestre em Gestão e Políticas Públicas na UFRN e graduado em Administração de Empresas e em Administração Pública na UFPB. Professor associado da UFRN, efetuou várias pesquisas e publicações, entre as quais pode-se citar o livro *Para a crítica da "economia solidária"* (São Paulo, Outras Expressões, 2012).

José Paulo Netto (1947-). Professor Emérito da Universidade Federal do Rio de Janeiro (UFRJ), com títulos de *honoris causa* recebidos na América Latina e na Europa. É reconhecido pelo seu trabalho como ensaísta e tradutor na área das ciências sociais. Para a Boitempo, organizou antologias e edições de autores clássicos, como Karl Marx, Friedrich Engels e György Lukács. É autor de *Karl Marx: uma biografia*, lançado em 2020, e *Da erótica: muito além do obsceno,* uma antologia comentada de Bocage, de 2022, ambos pela Boitempo.

Koenraad Geldof (1954-). Pesquisador e professor universitário belga. Seus interesses de pesquisa incluem a literatura contemporânea, a teoria literária, a história cultural e os estudos de gênero. Autor de vários artigos acadêmicos sobre literatura e cultura contemporâneas. Além de suas atividades de pesquisa, ministrou aulas de literatura, teoria literária e estudos culturais em várias universidades da Bélgica e do exterior.

Lucien Goldmann (1913-1970). Filósofo e sociólogo francês de origem romena, é conhecido por suas contribuições na área da teoria literária, crítica literária e estudos culturais e tido como um dos pensadores marxistas mais originais de sua geração. Entre seus livros, estão: *Sociologia do romance* (2. ed., trad. Álvaro Cabral, Rio de Janeiro, Paz e Terra, 1976), *Origem da dialética: a comunidade humana e o universo em Kant* (trad. Haroldo Santiago, Rio de Janeiro, Paz e Terra, 1967) e *Dialética e cultura* (trad. Luiz Fernando Cardoso, Carlos Nelson Coutinho, Giseh Vianna Konder, Rio de Janeiro, Paz e Terra, 1967).

Marcos Nobre (1965-). Filósofo e cientista social, professor titular de Filosofia Política da Universidade Estadual de Campinas (Unicamp) e pesquisador do Centro Brasileiro de Análise e Planejamento (Cebrap), atua na área de teoria crítica e publicou livros como *A dialética negativa de Theodor W. Adorno* (São Paulo, Iluminuras, 1998), *Lukács e os limites* *da reificação* (São Paulo, 34, 2001) e *Como nasce o novo: experiência e diagnóstico de tempo na fenomenologia do espírito de Hegel* (São Paulo, Todavia, 2018).

Mauro Luis Iasi (1960-). Graduado em História pela Pontifícia Universidade Católica de São Paulo (1983), é mestre em Sociologia pela Universidade de São Paulo (1999) e doutor em Sociologia pela mesma universidade (2004). Tem experiência na área de Serviço Social e Sociologia, com ênfase em Teoria Sociológica, Sociologia Política e Sociologia do Trabalho. É autor de diversos livros e artigos sobre teoria política, marxismo e cultura.

Michael Löwy (1938-). Sociólogo e filósofo franco-brasileiro, nascido no Brasil. É um dos principais teóricos marxistas da atualidade e tem contribuído para a renovação da teoria crítica. É professor emérito de sociologia na École des Hautes Études en Sciences Sociales (Ehess), em Paris, onde lecionou por muitos anos. Tornou-se conhecido por suas contribuições para a teoria do marxismo e para a crítica da ideologia.

Nicolas Tertulian (1929-1919). Filósofo, esteta e ensaísta romeno. Professor--pesquisador na Faculdade de Filosofia de Bucareste, foi afastado em 1977 por razões ideológicas e políticas. Deixou então a Romênia e se instalou na França, onde lecionou, como diretor de estudos na École des Hautes Études en Sciences Sociales (Ehess). Autor, entre outros, de *Georg Lukács: etapas de seu pensamento estético* (trad. Renira Lisboa de Moura Lima, São Paulo, Editora Unesp, 2008).

Ricardo Musse (1956). Professor no Departamento de Sociologia da Universidade de São Paulo (USP), é doutor em filosofia e livre-docente em sociologia por essa universidade. É autor de *Trajetórias do marxismo europeu* (Editora Unicamp) e *Émile Durkheim: fato social e divisão do trabalho* (Ática). Organizou, entre outros, o livro *Capítulos do marxismo ocidental* (Editora Unesp). Edita o site *A Terra é Redonda* (aterraeredonda.com.br).

Slavoj Žižek (1949-). Filósofo, sociólogo e crítico cultural esloveno, pesquisador da Universidade de Liubliana (Eslovênia). É autor de vários livros, entre os quais se destacam *Às portas da revolução* (2005), *A visão em paralaxe* (2008), *Lacrimae rerum* (2009), *Em defesa das causas perdidas* (2011), *Primeiro como tragédia, depois como farsa* (2011), *Vivendo no fim dos tempos* (2012), *O ano em que sonhamos perigosamente* (2012) e *Menos que nada* (2013), todos publicados pela Boitempo.

Desenho de Cassio Loredano

Com este lançamento, ao celebrarmos os cem anos de *História e consciência de classe*, homenageamos também seu genial autor, György Lukács (1885-1971). Composto em Adobe Garamond Pro, corpo 11/14,3, este livro foi impresso em papel Pólen Natural 70 g/m² pela Rettec para a Boitempo, em setembro de 2023, com tiragem de 3 mil exemplares.